华章经管
HZBOOKS | Economics Finance Business & Management

企业内部控制
从懂到用

冯萌 宋志强◎著

机械工业出版社

China Machine Press

图书在版编目（CIP）数据

企业内部控制从懂到用 / 冯萌，宋志强著 . -- 北京：机械工业出版社，2021.8
ISBN 978-7-111-68916-4

I. ①企… II. ①冯… ②宋… III. ①企业内部管理 IV. ①F272.3

中国版本图书馆 CIP 数据核字（2021）第 158979 号

本书将作者近 20 年内控咨询、培训及与企业各级管理人员沟通交流的经验进行归纳沉淀，通过完备的理论框架及丰富的现实案例，帮助企业管理人员理解：内控本质是什么；内控如何为企业带来价值；如何做好风险识别与评价；典型的内控工具有哪些；如何在具体业务中有效地应用企业内控工具；如何搭建企业内控体系等关键问题，以增强企业管理人员的内控意识及全面系统地提升其内控技能，促进企业持续健康发展。

企业内部控制从懂到用

出版发行：机械工业出版社（北京市西城区百万庄大街 22 号 邮政编码：100037）
责任编辑：杨振英　　　　　　　　　　　　　责任校对：殷　虹
印　　刷：北京市荣盛彩色印刷有限公司　　　版　　次：2021 年 9 月第 1 版第 1 次印刷
开　　本：170mm×230mm　1/16　　　　　　印　　张：23.75
书　　号：ISBN 978-7-111-68916-4　　　　　定　　价：99.00 元

客服电话：（010）88361066　88379833　68326294　　投稿热线：（010）88379007
华章网站：www.hzbook.com　　　　　　　　　　　　　　读者信箱：hzjg@hzbook.com

2020 年，中国经济注定在一段不平凡的岁月中度过。新冠肺炎疫情给中国经济带来巨大的冲击，无数中小企业因市场变化而面临经营危机，甚至数家超大型企业也面临破产：万亿级的海航因不能清偿到期债务而不得不进行破产重整，千亿级的北大方正因债务违约而等待清算，百亿级的中澳集团因涉嫌非法经营而倒闭。是什么原因让这些企业在当前形势下如此不堪一击？疫情为什么偏偏击中这些曾经傲视"群雄"的头部企业？

其实，说到底，这些面临窘境的企业在管理上本身就存在许多问题，尤其是内部控制问题。疫情的到来，只不过是加了一根"稻草"而已。这根"稻草"，就成了压垮骆驼的最后一根"稻草"，使得这些早就存在严重内部控制问题的企业，在疫情之下现了原形。内部控制问题已经成为我国当前经济转型过程中，所有企业不得不重新思考的关乎生死存亡的大问题。

中国经济的发展，从全面短缺到部分饱和，从满足基本需求到实现品质提升，对企业管理提出了更高的要求。过去在不愁市场、不愁盈利的情况下，赚钱效应掩盖了企业存在的诸多漏洞与矛盾。许多企业家将市场风口带来的盈利机会，误当作自己的才干与智慧。这些企业家轻视管理中的问题，淡化管理中的危机，凭借自己的本能与直觉，通过不断试错来总结管理中的得失，并使之成为今后管理中的"圣经"，直到最后重大危机爆发，他们才悔之晚矣。

事实上，中国企业家遇到的问题，世界各国在发展经济的过程中也都经历过。不管是美国 1929 年的经济危机，还是 2008 年的金融危机；不管是 1992 年的欧洲汇率危机，还是 1990 年的日本金融业危机，这些危机无一例外都冲击了一大批毫无准备的大中小企业。危机过后才发现，大部分被摧垮的企业或多或少都存在企业管理问题，尤其是内部控制问题。因此，各相关方总结出企业在发展过程中必须建立并完善企业内部控制体系，并相应地提出了一批理论与操作指引，在全世界进行推广与运用。

从 1996 年我国财政部发布《会计基础工作规范》，首先提出了企业要加强会计控制与监督开始，到 2008 年五部委联合推出《企业内部控制基本规范》，其间有关内部控制的理论图书可谓汗牛充栋。由于教学工作需要，我读了其中不少图书，掩卷之余，总有隔靴搔痒之感：这些书要么是外国理论图书的意译，要么是制度设计的翻版，既没有与国内当前形势紧密结合，也无法在中国企业管理具体实践中落地。为此，在教学中我一直没有选到合适的教材。

前不久，我曾经的博士研究生冯萌先生，寄来一本他的大作《企业内部控制从懂到用》。拿到手后，我一口气读完。全书共 6 章，洋洋洒洒几十万字，从理论到实践，从案例到总结，从国际到国内，不仅语言幽默活泼，案例新鲜生动，而且最大的特点就是与中国企业的具体实践紧密结合。我如此欣赏本书的原因，正如本书前言中所说的那样，在于本书清晰地归纳了我国企业当前内部控制中的四大通病：一是无视风险和基本内控要求，犯了掩耳盗铃的错误；二是追求形式而不解决实际问题，犯了形而上学的毛病；三是设计了流程制度，但缺乏可操作的手段与方法，犯了空中楼阁的大忌；四是企业不断发展转型，但企业内部控制流程没有相应同步变化，成为刻舟求剑的样本。此外，冯萌博士的这本大作不仅对以上问题进行了分析，而且提出了切实可行的解决办法。

之所以本书如此具有价值，与冯萌博士的经历有关。十余年前，冯萌同学博士毕业，他既没有选择进入高校当教师，也没去企业应聘做高管，而是凭借他个人完备的知识体系，以及在四大实习的实践经验，以惊人的勇气创业，专门从事企业内部控制的咨询与培训工作。

在近 20 年的创业经历中，他不仅为数十家大中型企业的内部控制业务做过咨询，而且培训了数千名企业高级管理人员。通过咨询与培训，他积累了大量的实践经验，加上他坚实的理论功底与善于思考的习惯，长年笔耕不辍，完成了这本极具指导价值的大作。

作为他当年的博士生导师，帮他写序，为本书做推广，既是我的荣幸，也是对我的鞭策。现在是后浪的时代。后浪们如此努力，如此成就斐然，应了复旦大学对毕业生常用的一句话：当年你们以复旦大学为荣，现在复旦大学以你们为傲！当你们读完本书后，请不要忘了为本书点赞！这的确是一本非常好的内部控制图书！

李若山教授

复旦大学管理学院会计系

2021 年 3 月

前　言

近年来，在外部监管压力加大和企业自身管理需求提升的双重推动之下，我国社会各界对企业内部控制的重视程度得到了巨大改观。然而，笔者结合多年从业的经验发现，我国企业的内部控制实践中仍然普遍存在下面几类问题。

掩耳盗铃——企业无视风险和基本内控要求，管理跟着感觉走。

形而上学——企业虽然有了基本内控概念，但工作开展套用监管要求、照搬模板、追求形式，无法解决现实问题。

空中楼阁——企业内控中体现了风险导向，制度流程也基本符合企业实际情况，但因为缺乏有效的落地手段，最终流于形式。

刻舟求剑——企业基本完成了内控体系的搭建和执行，但因长期一成不变，无法适应环境变化。

上述情况，一方面体现了企业并未理解内控核心要求，另一方面体现了企业无法驾驭内控实操落地，可谓"知不易，行更难"。

本书基于成熟的内控理论框架，采用丰富的现实案例及企业实操经验教训，力图在"懂"和"用"两个方面实现下列目标。

在"懂"的方面，帮助读者理解：

（1）内部控制能够产生什么价值？

（2）内部控制的内在原理是什么？

（3）内部控制应遵循哪些原则？

（4）内部控制的应用前提有哪些？

在"用"的方面，帮助读者掌握：

（1）如何识别与评价风险？

（2）有哪些内控工具？在具体业务场景下如何应用这些内控工具？

（3）如何编制内控成果？

（4）如何推进企业整体内控体系搭建？

（5）如何实现内控"落地"？

正如世界畅销管理读物《基业长青》中所提出的，伟大的企业应该将精力用于"造钟"而非"报时"，即企业应建立持续解决问题的机制而非解决表面问题——笔者希望企业在深刻理解内部控制的基础上灵活应用，以实现这样一种良性机制。

从事风控事业近 20 年，笔者深刻理解中国企业的管理实际及内控痛点。笔者的内控咨询、培训经验及与从事企业实务的同人交流的收获和心得，也将借此机会与读者分享。

期待本书能为企业家、企业管理人员、内控相关从业人员、高校商科学子及其他希望了解内部控制的读者带来帮助。

冯萌

2021 年 3 月

目 录

第 1 章

认识内部控制

1.1　内部控制的由来

在我们的生活中，为了应对风险，人们采取了各种各样的措施，"内部控制"的影子随处可见。例如：

- 在街边小店铺，顾客扫描二维码付款后，店员采用扩音器语音提示的方式确认实际收款金额。
- 停车场利用自动缴费系统管理车辆的出入，减少了人为操作，大幅度降低了停车费用被侵占的风险。
- 新冠肺炎疫情中，我国为管控人口流动带来的疫情风险，借助信息化、数据化手段研发出"健康码"。作为个人日常通行的电子凭证，"健康码"被广泛应用于各类生活场景，同时为企业复工提供了技术支持。

追溯历史，在古罗马时代，人们对会计账簿实施"双人记账制"，即当某笔经济业务发生后，由两名记账人员同时在各自的账簿上加以登记，然后定期核对双方账簿记录，以检查有无记账差错或舞弊行为，进而达到控制财物收支的目的。

之后，"相互牵制"逐步细化为"以职务分离和账目核对为手法，以钱、账、物等会计事项为主要控制对象"等具体措施。比如，《柯氏会计辞典》（*Kohler's Dictionary for Accountant*）这样定义内部控制：

（1）为提供有效的组织和经营，并防止错误和非法活动发生而制定的业务流程。其中"错误"和"非法活动"的主要区别在于，前者是因为"无意疏忽"等导致的，而后者则表现为"有意为之"。

（2）任何个人或部门不能单独拥有控制任何一项业务的权力，并以此为基础进行组织上的责任分工。

（3）每项业务通过充分发挥其他个人或部门的功能进行交叉检查或交叉控制。

随着管理手段的不断发展，内部控制的范围在不断扩大。美国《1934 年证券交易法》（*Securities Exchange Act of 1934*）首次提出了"内部会计控制"的概念，明确提出企业应设计并维护一套能为下列目的提供合理保证的内部会计控制系统：

（1）交易依据管理部门的一般和特殊授权执行。

（2）交易需要以 GAAP 或其他适当标准编制财务报表，并能落实资产责任。

（3）接触资产必须经过管理部门的一般和特殊授权。

（4）按适当时间间隔，将资产账面记录与资产实物进行核对，并对差异采取适当的补救措施。

内部控制理论发展到今天，全球范围的多家机构取得了系统的内部控制框架成果，例如加拿大 CoCo 报告、英国《特恩布尔报告》、巴塞尔银行监管委员会报告（见表 1-1）以及美国 COSO 报告等。其中，美国 COSO 报告在内部控制领域得到了普遍的应用，已经成为主流框架。

表 1-1　主要内部控制框架示例

研 究 机 构	研 究 成 果	框 架 简 介
加拿大特许会计师协会（Canadian Institute of Chartered Accountants，CICA）下的控制规范委员会（Criteria of Control Board，简称"CoCo 委员会"）	《控制指南》（*Guidance on Control*）（1995 年首次提出）	内部控制是组织中有助于实现其目标的各个要素（包括企业资源、信息系统、企业文化、组织结构和运作过程等）的总和 　　CoCo 委员会在《控制指南》中提出了三类目标：经营的效率和效果，内部和外部报告的可靠性，遵守适用的法律、规章及内部政策。同时指出了《控制指南》的目的在于"为企业设计、评估、报告内部控制系统以及相关的公司治理事宜提供指导"，它不是对企业内部控制的最低法定要求。要素包括以下几项： 　　①目的。明确企业发展的方向及发展过程中的风险和机遇，包括目标（使命、远景和战略）、内外部风险、政策、计划、绩效目标及其评价指标 　　②承诺。形成企业的同一性和价值观，包括诚信在内的伦理价值观、人力资源政策、职权、职责和责任 　　③能力。增强企业的竞争力，员工应拥有设计和执行控制活动所必需的知识、资源、技术和工具，并注重沟通过程及信息协调 　　④监控和学习。着眼于企业的发展，从工作中持续学习和在工作中持续进行自我检查，包括监督内部和外部环境，监督经营绩效，对内部控制的有效性进行评价

（续）

研 究 机 构	研 究 成 果	框架简介
英格兰和威尔士特许会计师协会（Institute of Chartered Accountants in England and Wales, ICAEW）	《特恩布尔报告》（*Turnbull Report*），即《内部控制：董事综合准则指南》（1999年首次提出）	内部控制是由董事会和管理层共同实施，旨在防止风险的发生或使风险降低到可接受水平的系统 内部控制的目标：发现并控制企业风险，保护企业资产，明确和落实责任；提高会计信息质量，防止财务欺诈；遵循法律规章 《特恩布尔报告》将内部控制视为一个系统并将其嵌入企业经营中，该系统包括企业的政策、流程、任务、行为和其他方面
巴塞尔银行监管委员会（Basel Committee on Banking Supervision）	《银行组织内部控制系统的框架》（*Framework for the Internal Control Systems in Banking Organizations*）（1998年首次提出）	《银行组织内部控制系统的框架》提出了如下目标：行为的效率和效力（绩效目标），金融和管理信息的可靠性、完整性和及时性（信息目标），遵守适合的法律和规则（遵守目标）。要素包括： ①管理监督与控制文化。其中，框架中明确了董事会、高级管理者以及内部审计部门等相关各方在内部控制方面的责任 ②风险识别与评估 ③控制活动与职责分离 ④信息与沟通 ⑤监督活动与纠正缺陷 ⑥监管当局对内部控制系统的评价

COSO（Committee of Sponsoring Organizations of the Tread-way Commission）框架（见图 1-1，关于 COSO 框架应用，将在本书第 6.1.1 节做进一步探讨）下的

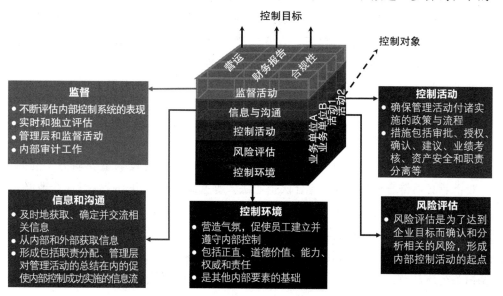

图 1-1　经典 COSO 框架

内部控制定义是：由公司董事会、管理层及其他人士为实现三类核心目标（即运营的效益和效率目标，财务报告的可靠性目标，遵守适用法律法规目标）提供合理保证而实施的程序。COSO 报告认为：

（1）内部控制的目标是实现组织目标。

（2）内部控制实现目标的手段是一种与目标共存的动态行为。

（3）内部控制渗透在组织基本业务流中，是规范作业行为方式的程序和标准。

（4）内部控制依赖全体人员的共同行为。

1.2　内部控制在中国的发展

总的来说，我国内部控制的发展主要受到企业自身需求和政府部门监管要求两方面的影响，从企业自身的角度来看，前者表现为内在动力，后者表现为外部压力。

1. 企业自身发展需求的推动

企业在经营发展过程中，会遇到各类风险因素。企业为了生存和发展，会产生加强管理的内在动力，客观上推动了内部控制的发展。例如在青岛海尔建厂之初，张瑞敏抡起铁锤砸掉了 76 台质量不合格的产品，从而树立了严格的品质管控理念，并在后续建立了 "OEC"（overall every control and clear，全方位地对每人每天所做的每件事进行控制和清理）企业内部经营管理体系，促进了企业高效发展；又如华为在成立之初编制且持续修订《华为基本法》，将其作为华为的顶层设计，明确了华为的基本经营、组织、人力资源以及控制政策等要求，为华为的经营发展提供了重要保障。

2. 政府监管的推动

一方面，企业满足政府合规要求是其加强内部控制建设的重要动力。例如，一般企业必须符合《公司法》《合伙企业法》等基础法律规定，特殊行业企业必须遵守环保、安全等方面适用的法律法规，上市公司或拟上市公司必须满足五部委联合发布的《企业内部控制基本规范》及适用的证券法律法规要求。另一方面，政府监管要求为企业内部控制的实施提供了规范参考，如《商业银行法》《反洗钱法》等相关行政法规、部门规章以及规范性文件均涉及内部控制的要求。除了一般法律法规，我国内部控制相关法规突出表现为以下几种形式。

（1）我国各政府部门、机构发布的各项规定。例如：

- 1996 年财政部发布的《会计基础工作规范》立足内控会计实操层面，为企业夯实会计基础工作、加强内部会计控制和监督、提高会计信息质量提供了重要参考。
- 2001 年财政部印发的《内部会计控制规范——基本规范（试行）》和《内部会计控制规范——货币资金（试行）》及陆续发布的一系列内部会计控制规范奠定了内部会计控制标准体系的建立基础。
- 2003 年审计署发布《审计机关内部控制测评准则》，对审计机关实施内部控制测评的步骤、方法和内容做出规范。
- 2003 年证监会发布修订后的《证券公司内部控制指引》，以引导证券公司规范经营，完善证券公司内部控制机制，防范和化解金融风险。
- 2004 年银监[⊖]发布《商业银行内部控制评价试行办法》，对内部控制评价的目标和原则、内容、程序和方法、评价标准与等级等做出规定。
- 2006 年国务院国有资产监督管理委员会发布《中央企业总会计师工作职责管理暂行办法》，该办法将建立健全内部控制作为总会计师的重要职责之一，并对内部会计控制相关事项做出了规定。
- 2006 年上海证券交易所、深圳证券交易所先后发布《上海证券交易所上市公司内部控制指引》以及《深圳证券交易所上市公司内部控制指引》，以推动上市公司建立健全内部控制制度，促进公司规范运作和发展。

（2）《企业内部控制基本规范》及其配套指引。

2008 年，财政部、证监会、审计署、银监会、保监会[⊖]（以下简称"五部委"）联合发布了《企业内部控制基本规范》，该规范包括七章内容：总则、内部环境、风险评估、控制活动、信息与沟通、内部监督以及附则。该规范指出内部控制是由企业董事会、监事会、经理层和全体员工实施的、旨在实现控制目标的过程。内部控制的目标是合理保证企业经营合法合规、资产安全、财务报告及相关信息

⊖　2003 年 3 月，中国银行业监督管理委员会（简称"银监会"）设立，2018 年 3 月，银监会撤销。

⊖　1998 年 11 月，中国保险监督管理委员会（简称"保监会"）成立。2018 年 3 月，保监会撤销。

真实完整，提高经营效率和效果，促进企业实现发展战略。

2010年，五部委又联合发布了《企业内部控制配套指引》。该配套指引包括《企业内部控制应用指引》(18项)、《企业内部控制评价指引》和《企业内部控制审计指引》。

1.3　内部控制中的三个关键问题

整体来看，经过长期实践，人们对内部控制的认识经历了逐步改进和完善的过程。从实际操作的角度，企业本质上需要回答如下三个问题。

1. 企业为什么需要采取控制措施

（1）支撑企业所开展的业务活动。

企业为实现长远的发展，需要将发展战略转化为具体的经营目标，进而转化为围绕经营目标去执行的一系列具体的业务活动（如生产、送货、回款等），而这些活动需要在内部控制的支撑下进行。

（2）化解企业业务活动所面临的风险。

企业在开展业务活动时，不可避免地将面临各类风险，如生产中断、送货错误、回款拖延风险等，企业需要利用内部控制将这些风险控制在可接受的水平内。

2. 企业需要采取什么样的控制措施

在完成了前述问题的分析后，企业需要充分考虑企业的组织架构、人员配备、信息化程度等关键因素，基于专业判断选择恰当的控制措施工具。

企业的控制措施必须是具体的、可操作的管理活动。具体是指：

（1）对某一个具体的经营事项进行复核或检查。例如对所有即将下线的产品进行质量检查，对即将盖章的合同进行专业审核。

（2）对某一类事项的情况进行持续的记录，并对记录进行持续的检查核对。例如对企业的各类资产进行持续的会计账簿登记，并依据账簿记录对资产情况进行检查。

3. 企业如何确保控制措施落实到位

控制措施只有得到有效执行才能发挥效果，确保控制措施落实到位的手段通常包括：

- 制定清晰的工作职责。
- 开展持续有效的宣传贯彻。
- 采取有效的绩效考核与奖惩。
- 实施持续的监督及纠偏。

综上所述，内部控制向上衔接企业整体战略，向下衔接企业日常运营，具体体现为企业的组织机构设计、工作职责设计与分配、业务流程设计等一系列非常现实的企业管理问题。对大多数持续经营的企业而言，内部控制不是一个锦上添花的奢侈品，而是企业应对风险、稳健经营的必需品。

第 2 章

企业内部控制的核心价值

一位理性的企业管理者应努力确保企业所投入的各类资源能够获得满意的产出。同样，搭建内部控制需要企业投入各类资源，因此需要对内部控制的核心价值及其实现逻辑进行探讨。

所谓"价值"，是指内部控制能够对企业健康发展产生的帮助；所谓"价值实现逻辑"，是指内部控制实现价值的方式。笔者认为优良的企业内部控制将从企业战略执行、风险管理、业务执行力、管理经验及资源沉淀、舞弊遏制及合规等多个方面产生价值。这里需要指出，上述分类在逻辑上并非完全相互独立。例如，风险管理能力的提升也可以在一定程度上遏制舞弊。

2.1 内控与战略

企业为了完成自身使命，实现企业价值，必须进行有效的战略管理。一般而言，企业战略管理可以划分为战略制定（通常包括战略目标和战略路径的制定）和战略落地两个阶段。有效的内部控制体系能够从"制定"和"落地"两个方面对战略发挥支撑作用。

2.1.1 内控支撑战略制定

企业制定任何战略都需要基于一定的组织架构、职责分配和操作流程。一个完善的内控体系应能够保障下列事项的有效开展。

（1）与战略制定有关的信息能够得到及时、准确的归集，如财务部门、市场部门等部门能够为战略制定工作提供有效的信息。

（2）企业高层的战略设想能够得到清晰有效的沟通传递，如基于规范的流程，企业高层能够制定并下发关键目标及战略路径。

（3）与战略制定有关的人员具备战略管理能力，并且能够有效地进行战略讨论，如通过举行战略研讨会，充分吸收各方的意见和建议。

（4）战略制定工作能够输出清晰的、易于理解的战略成果，如编制、审批及下发《战略规划》。

（5）战略制定工作输出能够有效支持工作计划、预算等后端工作的开展。

在笔者调研企业的过程中，对企业中高层管理人员进行访谈时，经常出现以下情景。

笔者问："贵司有战略吗？"

对方答："当然有战略。"

笔者问："我好像没有看到过贵司的《战略规划》，战略在哪里呢？"

对方答："成文的战略是没有的，战略都在老板的脑袋里。"

笔者问："那么在您看来，贵司的战略清晰吗？"

对方答："清晰不清晰不好说，倒是老板每次开会的时候讲的好像都不一样。"

笔者问："如果是这样，您和您所在的部门如何制定年度目标、确定工作重点呢？"

对方答："那没事，老板随时交代工作，让我干啥就干啥。"

2.1.2　内控支撑战略落地

企业在完成战略制定工作之后，即会面临"落地"的挑战，如彼得·德鲁克所言："战略管理是实现企业使命与目标的一系列决策和行动计划，任何行动从语义学的角度分析都包含这样几个问题——做什么？由谁做和为谁做？怎么做？在哪里做和何时做？"对于战略"落地"，企业内控体系至少应解决如下两个方面的问题。

（1）与战略实施有关的工作事项已在职责、流程中充分体现，即确保"有战略意义的事有人干、有办法干"。企业想要把战略转变为现实，必须将其分解成非常具体的工作要求，并将这些工作要求转化为职责或流程并匹配至具体的部门和岗位。一个更加完整的路径为：企业整体战略目标及规划→战略路径及实施方案→工作计划体系→职责或流程体系→考核或绩效体系。

（2）针对战略实施可能面临的重大风险，已制定有针对性的控制措施，即"针对威胁战略目标实现的因素，已有应对方案"。例如某企业拟通过境外并购实现境外投资，并购标的所在国为某小语种国家。通过投资中介机构完成收购后，企业拟派驻管理团队在办妥签证、订好机票临出发之前才发现：①团队里还缺少该国小语种专业的翻译人员，他们到了当地很可能无法与被并购企业的团队交流，而在国内该小语种翻译人才非常抢手，具备本次项目所需专业能力的更是凤毛麟角；②该国家存在特殊传染病风险，管理团队尚未接种疫苗，大家人心惶惶。

综上，缺乏有效的内控体系，企业可能无法制定出战略，或者即使有了战略，也只能永远停留在设想阶段。

2.2　内控与风险控制

企业时刻存在于充满"不确定性"的环境中，而能够威胁企业战略目标达成的"不确定性"因素可称为"风险"。内控体系的核心功能即在于对"风险"的控制。

2.2.1　内控实现风险控制"常态化"

面对充满不确定性的经营环境，企业必然需要面对风险事件。如果缺乏常态化的控制手段，企业往往只能在事后陷入对风险事件的被动反应，即"救火式"的管理和控制。例如，某生产型企业由于对主要设备缺乏专业的保养维护，最终其设备管理陷入"坏了抢修，抢修了再坏"的怪圈。持续地"救火"最终只会让企业管理层因疲于应付各类具体问题而焦头烂额，却无暇顾及重大战略事项。

对于已经发生的风险事件，去"救火"固然是必要的，但更重要的是事后反思并及时改进管理方式，在长期内降低"着火"和"救火"频次。相对于"救火式"的风险控制，企业内控体系更像企业的"交通信号灯"，让企业实现有序化、常态化的风险控制。正如彼得·德鲁克所说："管理得好的工厂，总是单调无味，没有任何刺激动人的事件，那是因为凡是可能发生的危机，都早已预见且已将解决办法变成例行的工作了。"

2.2.2　内控实现风险控制"系统化"

很多时候，对于非常直观的风险，企业却可能表现出令人费解的"麻木"。

☕ **案例：被忽视的"小"缺陷**

2010 年，南京玄武区 83 岁的徐老太太在所住小区下楼时，走到最后一个台阶，踏空摔倒当场昏迷，被诊断为颅内大出血、重型颅脑外伤，成了植物人。2011 年 3 月，法院审理认为，根据《住宅设计规范》，楼梯踏步高度不应大于 0.175 米，而徐老太太踏空的超高台阶约 0.27 米，并且与其他台阶高度明显不一样。法院认定，开发商建设房屋的质量不合格，与徐老太太摔倒存在因果关系，判令开发商赔偿。

在这个案例中，房地产开发商、施工方、监理方同时忽视这样一个"显而易见"的设计缺陷（整改也非常容易，再增加一级台阶即可），并最终导致了严重的后果。

资料来源：台阶太高致老太踩空摔成植物人，家属五告开发商，2013 年 10 月 17 日，央视网。

出现此类问题，最常见的原因是在风险识别与控制措施制定过程中出现"断点"（如发现了风险没人提，提了风险没有处理措施），或者是控制措施在落地过程中，由于职责不清、相互推诿而未能发挥效果。良好的内部控制能在组织内打通风险识别与风险应对措施制定之间的通路，将管理责任细化至具体部门或岗位并通过持续监督推动"落地"，进而提高企业的"风险智商"。

风险的识别、评价与控制，本书第 3 章中还将详细探讨。

2.3　内控与执行力

美国学者拉里·博西迪、拉姆·查兰和查尔斯·伯克在《执行：如何完成任务的学问》一书中将企业执行力阐述为："企业执行力是企业生存、发展乃至走向卓越的关键所在，是管理者管理决策并组织实施的能力，是将企业目标转化为结果的过程。"由此可见，执行力在企业经营中的重要性不言而喻。正如华为任正非所说，"没有行动力，一切都是空谈。成功，与其说是取决于决策，不如说是取决于执行"。

执行力低下是很多中国企业面临的现实问题，而有效的内控体系能够通过下述几个方面提升企业执行力。

2.3.1 优化工作职责提升执行力

所谓"三个和尚没水吃",职责不清、遇事推诿是损害企业执行力的最主要因素之一。

某企业在接受外部审计的过程中,被外部审计师提出"其主要资产尚未购买财产险"的问题。董事长对该审计发现非常困惑,因为他曾在多次会议上提出过购买保险的要求。经分析,主要原因是企业并未明确"购买保险"的工作职责归属,购买保险事宜在采购部门、资产管理部门和财务部门间相互推诿,一直未能落实。

在另一家企业,董事长牵头组建了诸多专业委员会(如投资决策委员会、审计委员会等),但由于这些委员会的职责与权限并未在业务中清晰界定,且未配置常设执行部门,导致委员会形成的各类决策无人推进与跟踪。久而久之,包括董事长在内的"委员"们都感觉索然无味,慢慢地也就不再开会了。

具体而言,企业内控中的工作职责体系可以让企业人员在如下方面厘清认识,进而提升执行力水平。

(1)知道要做成什么样——工作任务与目标明确。

(2)知道是谁的事——工作分工明确。

(3)知道该怎么做——工作程序与标准明确。

(4)知道工作成果与自身利益的关系——考核与奖惩明确。

2.3.2 优化工作衔接提升执行力

企业经营过程中的诸多场景都会涉及多部门与岗位的衔接。部门与岗位间的衔接通常会涉及信息流转、对接人员、时间要求、具体衔接方式(如工作流衔接、工作会议等)等诸多内容。各部门与岗位之间缺乏有效衔接是企业执行力低下的另一大原因。例如,某集团总部多个部门都对下属分支机构提出信息呈报要求,但总部各个部门间缺乏有效衔接,进而出现了不同部门向下属分支机构重复索要同类信息、不同部门下发的信息搜集模板不统一等情况,在分支机构中引发普遍抱怨。

在得到有效设计的内控体系下,一方面,各部门与岗位明确的分工本身就是提高衔接效率的保证。比如完成一项原材料采购工作,通常会涉及需求部门、采购部门、质检部门以及财务部门，而这些部门会基于自身职责分配，按照采购步骤有序执行各项工作。另一方面，一个部门或岗位在业务执行过程中，会充分考虑其他部门或岗位的工作需求，进而提高衔接水平。比如，如果销售部门对新客户建立了详细档案，就会为后续的信用调查、物流发运、财务结算等工作创造良好条件。再如，在资产调拨过程中，调入或调出部门不仅应完成资产的物理转移，还应完成交接验收确认、台账登记、建卡、传递调拨信息至财务部门等工作，以明确资产管理责任归属，并为后续的资产盘点、资产核算、维护保养等工作奠定基础。

2.3.3　通过计划与反馈提升执行力

内控体系中的计划工具能够通过合理分配资源提高工作协调性，并通过不断地发现"实绩"与"计划"的差距提高执行力。例如，某房地产企业针对各项目都制定了清晰的项目节点，定期反馈项目实际推进情况与节点的差异，并根据差异程度呈现"绿灯""黄灯"和"红灯"。对于"黄灯"，项目团队需在规定时间内赶上进度，如果连续出现超过 2 次"红灯"，项目负责人则会面临"下岗"。

2.3.4　利用最佳实践提升执行力

企业可通过制度化、流程化和标准化手段，在其内部推广"最佳实践"。首先，企业利用"最佳实践"可以避免非成熟操作所带来的效率损失，如企业通过制定与执行设备标准操作规程，可提升企业设备使用效率，并显著降低由于设备操作不当所导致的工伤风险。其次，企业将经过验证的"最佳实践"进行固化，可以避免重复沟通、协调所造成的效率损失。例如，某企业财务部门基于历史经验积累，梳理并发布了主要费用类型的报销执行操作程序，由于标准清晰、易于操作，该企业的费用报销执行效率得到明显提升。

2.4　内控与企业管理沉淀

2.4.1　内控对管理经验的沉淀

企业在发展过程中，不可避免地会遇到各种各样的问题。针对已经发生的问题，如果企业采用"整风式、头疼医头"的处理方案（例如仅仅依靠领导在大会上训话），并未从根源上解决这些问题，那么未来这些问题很可能会"一而再，再而三"地出现。因此，所谓"前事不忘后事之师"，企业需要不断地总结、沉淀管理经验以提升其核心竞争力。

企业不断建立、升级内控体系，实际上是一个积累管理经验、教训的过程，从这个角度，内控体系本质上是记录企业历史管理经验、最佳实践的重要载体。

☕ 案例：上海动物园华南虎伤人事件后续管理改进

2013 年 12 月，上海动物园一名饲养员在打扫笼舍时被华南虎咬死。此后，该动物园制定了严格的岗位责任制和管理操作流程，要点包括：每扇笼门上都有两把锁，两位工作人员各带一把钥匙，清扫工作必须两人配合进行。工作人员如果忘记关门就去开另一扇门，报警装置就会亮起红灯并发出声响，确保有效隔离清扫区域和动物活动区域。笼舍内外都装有摄像头，有专人在监控室内密切监督。动物园每个月都会抽查工作人员的操作流程，违反规定就要扣发奖金。

资料来源：上海动物园华南虎咬人，被咬饲养员已死亡，2013 年 12 月 17 日，中国网。

2.4.2　内控将管理资源沉淀于企业

基于内控体系，能够实现资源在企业的沉淀，从而在很大程度上减少企业对特定员工个人经验的依赖。例如，编制清晰的设备操作规程或财务处理程序，能够帮助新设备操作员及新财务人员很快上手。

与之相对应，在极端缺乏内控的条件下，企业必须依赖个人能力去完成各类工作事务（例如，在制度流程缺失、缺乏前后台有效分工协作的销售模式下，由一个销售员完成销售机会获取、销售洽谈、销售合同签订、销售执行、客户关系维护等一系列工作，是很常见的），而这些个人可以名正言顺地获取企业的各项资源。在缺乏企业资源管控机制（如客户档案规范管理）的企业，企业资源会慢慢内化为员工个人资源，这意味着企业赖以生存的关键资源实际掌控在个人手中。这可能导致：①企业资源被滥用，如利用企业资源为自身牟取私利，如"飞单"；②企业资源流失，如关键岗位人员离职"带走"客户；③企业资源成为个人与企业"讨价还价"的筹码。

☕ **案例：采购人员"全流程"垄断采购活动**

　　某大型生产型企业为方便员工就餐，在企业内部开办了食堂，由行政部门实施内部管理。该食堂在日常经营中需要采购大量的菜品，但围绕食堂涉及的采购事项尚未建立供应商管理、比价管理、公对公支付管理、品质验证管理等机制。为了保证食堂正常运转，企业"默许"了由食堂几位厨师至当地菜市场现场采购的模式，最后这些人员实际上控制了从菜品选择、验收到付款（甚至采取企业报销至其个人账户的形式）的全过程，导致采购程序基本失控。后续审计发现，这个阶段的采购成本超出市场正常价格水平的 1/3。

2.5　内控与舞弊遏制

2.5.1　舞弊的特征与危害

☕ **案例：大疆反舞弊公告**

　　2019 年 1 月 17 日，深圳市大疆创新科技有限公司内部发布《大疆创新反腐公告》，公告中称，2018 年公司在开展管理改革过程中意外发现，由于公司供应链舞弊，造成大疆的平均采购价格超过市场合理水平 20% 以上，其中高价物料的采购价格高出市场合理水平 20%～50%，不少低价物料的采购价格高于市场合理水平 2～3 倍，公司保守估计涉及的舞弊金额可能超过 10 亿元。截至目前，公司处理了涉嫌舞弊行为的员工 45 人，其中涉及供应链决策舞弊的研发、采购人员最多，共计 26 人；销售、行政、售后、工厂共计 19 人。问题严重移交司法处理的有 16 人，直接开除的共计 29 人。舞弊的巨大危害性由此可见一斑。

　　资料来源：大疆反腐：涉嫌腐败和渎职行为共45人，2019年1月18日，新京报。

　　相比其他管理问题，舞弊主体往往抱着主观恶意进行串通和故意掩盖，因此舞弊风险通常具有隐蔽性强、爆发突然、破坏力大等特点。典型的舞弊情形包括：收受贿赂或者回扣，将正常情况下可以使组织获利的交易事项转移给他人，贪污、挪用、盗窃组织资产，使组织为虚假的交易事项支付款项，故意隐瞒、错报交易事项，泄露组织的商业秘密，等等。

　　请注意，舞弊通常可以进一步划分为：①腐败（如收受供应商回扣）；②侵占资产（如盗窃企业资金）；③虚假财务报表。本书在表述过程中不做细分。

2.5.2 通过优化控制环境抑制舞弊

☕ 案例：反舞弊基调的建立

大连万达集团股份有限公司针对舞弊贪腐人员采取零容忍的态度，其在官方网站向外部人员开放除名查询服务（查询网址：http://www.wanda.cn/help/quit/)，反馈内容包括被除名人在万达工作期间的职务、除名时间、除名原因等信息，永久警示。京东集团创始人刘强东谈到内部腐败问题时，讲道："你贪一万，我宁愿花一百万、一千万去调查你，我要想办法让你受到处分，把你送到牢里去！"

资料来源：刘强东，"在京东谁敢贪污一万，我就敢花千万把你送进监狱"，腾讯视频。

☕ 案例：TCL 2020 年反舞弊通报

TCL 要求员工重信守诺、求真务实、廉洁自律，并制定了"TCL 十条红线"：以权谋私，滥用职权，违规关联交易，违规投资或兼职，严重违反财务纪律，违规担保，泄露商业秘密，"违反品牌、商标和字号管理规定"，发生重大事故或不良事件，妨碍监督或包庇违法乱纪行为。

TCL 对于违法乱纪、触犯红线、损害企业利益的行为，秉持"零容忍"态度，重拳打击。2020 年，TCL 共查处触犯"红线"案件 27 宗，其中 29 人被开除，8 人因涉嫌违法犯罪被移送司法机关，4 人已被判刑，20 人被录入中国企业反舞弊联盟和阳光诚信联盟"失信员工"信息系统。同时，TCL 建立了舞弊举报渠道，员工和社会各界可通过举报邮箱 jubao@tcl.com 对 TCL 员工涉嫌违规违纪违法的问题进行监督举报。

TCL 通过定基调、定规则、重执行等手段，优化控制环境，控制舞弊风险。

资料来源：TCL 发布《2020 年反舞弊通报》：开除 29 人，移送 8 人，判刑 4 人，2020 年 12 月 30 日，TCL 动态微信公众号。

企业要从上至下制定清晰的反舞弊原则和具有威慑性的惩罚措施，尽可能使舞弊成本显著大于舞弊收益，进而抑制舞弊行为的发生。企业对舞弊的零容忍态度是建立健康内控环境的重要组成部分，就好似人体免疫系统，免疫系统一旦发现"病毒"，就会立即发起"攻击"，这样才能使机体保持健康。

2.5.3　通过制定反舞弊流程打击舞弊

每个组织都存在发生舞弊的可能，并非所有的舞弊都能够避免。企业除了通过内控环境的优化抑制舞弊的发生，还应建立一套打击舞弊的内部舞弊防范体系。

1.建立舞弊举报及调查机制

反舞弊调查程序一般包括接收举报、初步核实、立案调查和结案处理四个阶段。

接收举报及初步核实阶段：通过设立举报热线等方式接收举报内容，并初步核实举报内容，判定是否立案调查。若启动立案调查，需要预估调查工作所需投入的资源、时间，并制订详细的工作计划。

立案调查阶段：该阶段最主要的是获取关键证据，可采取电子取证和数据收集、第三方背景调查、文件验证及线索整理、盘问及个人陈述、实地走访及访谈等方式。

结案处理阶段：该阶段主要针对调查发现提出处理意见，上报管理层予以决策。

舞弊被发现通常是因为企业内部员工或利益相关方的举报。企业应建立有效的举报及举报人保护管理机制，以维护该重要途径和关键防线，让举报人充分信任，并愿意与企业合作。建议从以下几点着手。

（1）建立高层重视与参与的举报管理机制以及独立、专业的举报信息处理专职部门。

（2）为了促使潜在举报者了解举报流程和方式，企业可提供多种举报方式，并通过合适的方式予以公布，如在公开招标现场由企业法务人员向投标供应商公布举报方式，又如在企业官网对举报方式予以公告。

（3）建立举报人保护管理机制，除了对投诉举报人信息严格保密，采用必要措施确保其合法权益不受侵犯，企业也可考虑予以举报人一定的奖励。某企业将举报信箱设在企业大门口，并且暴露在多个监控之下，多年过去，实际收到的举报信寥寥无几。

此外，针对借用举报实施打击报复等行为的"捣乱者"，企业应进行必要的处罚。在调查过程中，企业也要充分考虑对被举报员工的保护，以免对无辜人员造成伤害。

☕ 案例：中央巡视组反舞弊工作的开展

中央巡视组在开展举报处理等反舞弊工作过程中，贯彻的要点及对应启示如下。

（1）中央巡视组"只报告不办案"：反舞弊机构应明确内部工作分工，各司其职，各负其责并相互制衡。

（2）中央巡视组以"一对一方式""在双方都认为方便的地点"与举报人接触，报告中不出现举报人身份信息：落实举报人保护措施。

（3）"情况属实，纪检监察机关依法依纪进行处理"：对举报线索，由专门部门或岗位进行有效评估与积极跟进。

（4）加强巡视组"自身建设"：在反舞弊机构内部形成有力的监督机制。

（5）巡视组实行"三个不固定"（组长人选不固定，巡视地区或单位不固定，巡视与被巡视关系不固定），组长不是"铁帽子"：降低被监督对象与反舞弊机构人员串通的可能性。

（6）巡视过程接受"多方外部监督"：对反舞弊过程实行外部监督。

（7）实现对巡视组成员工作可能失职行为进行"问责"：明确反舞弊人员应承担的个人责任。

（8）巡视成果"落实情况"将向"中央汇报"：反舞弊工作成果应向企业高层（如董事会及其下属审计委员会）汇报，以体现反舞弊工作委托方权威性。

资料来源：第一回应：巡视组如何当好中央"千里眼"？中纪委副书记张军答网友问，2013年11月5日，人民网。

2. 利用内部审计防范舞弊

内部审计作为内部控制的重要组成部分，在舞弊治理中能够起到"防御"和"纠错"的作用。首先，企业内部审计通过对内部控制程序设计实施评价，促使企业建立、完善与提升各种管理程序对舞弊行为的防御能力，例如在管理程序中加强对重大交易、紧急或非常规业务的审核审批流程设计和事后评价；其次，内部审计对内部控制执行有效性的检查，提高了舞弊被发现的概率。

相对而言，内部审计人员更加了解与熟悉企业经营中可能存在的风险，通过对所获取审计信息的检查与评价，更容易觉察企业危险信号，及时发现并尽早控制各种舞弊行为。内审部门一旦发现舞弊迹象，应及时启动舞弊调查程序，确定调查对象，证实舞弊事实，汇报和公布调查结果。在调查结束之后，内部审计部门应总结经验教训，提出并落实整改建议。

3. 其他反舞弊手段

除上述流程与机制外，企业可结合其实际需求，采用下述遏制舞弊的手段。

（1）在相关制度、员工手册、供方准入、合同等关键文件中明确诚信与反舞弊要求及对违反人员的处罚或赔偿要求。

（2）评估各项交易中的利益冲突与输送风险（如关键人员操纵企业向其关联方以非公允的方式采购），通过权限设置、职责制衡、轮岗等方式遏制舞弊。

（3）将严重违法人员移交法办，充分利用国家执法威慑力。

（4）关键岗位用人，在入职、晋升等环节做好背景调查等评价工作。例如2020年新冠肺炎疫情初期，南京某民企财务总监詹某某卷跑企业账上1900多万元，而此人竟是9年前犯下职务侵占罪并登上央视《今日说法》节目的一位有犯罪经历的人员。2019年2月詹某某出狱后，故技重施，冒用他人身份，伪造学历证书等，应聘到这家民企并担任财务总监，利用职务便利修改财务付款流程，盗用企业账户U盾及密码，卷走了企业账上巨款。[⊖]

（5）在合法范围内实施财产申报及查询授权，签署杜绝违规收入承诺书。

（6）关键岗位人员应签订个人关系说明书，填报亲属和其他特定关系人及其所办企业与本企业业务往来情况，识别关联方关系以规避利益冲突。

（7）加强反舞弊培训与宣传贯彻。

综上，企业内部控制虽非以反舞弊为唯一目的，但健全的内部控制仍应充分考虑舞弊风险，并且具备将舞弊风险控制在较低水平的能力。

2.6　内控与合规

2.6.1　内控合规的两层含义

按照2018年11月9日国资委印发的《中央企业合规管理指引（试行）》中的定义，合规是指企业及其员工的经营管理行为符合法律法规、监管规定、行业准

⊖　资料来源：复工复产关键期惊现1900万盗窃大案！嫌疑人曾上《今日说法》，2020年2月24日，搜狐网。

则和企业章程、规章制度以及国际条约、规则等要求。例如，江苏天嘉宜化工证照过期，长春长生生物严重违反药品生产质量管理规范和国家药品标准的有关规定。从上述定义可以看出：

（1）合规集中体现为"经营管理行为"与"合规要求"的符合程度。

（2）"经营管理行为"涵盖企业行为和员工行为两类行为。

（3）"合规要求"涵盖国家法律法规、国际条约规则、企业规章制度等多种标准。

具体到企业内控合规，则可以分解为以下两层含义。

第一，"满足合规要求"是内部控制的关键目标之一，即企业内部控制体系应提升企业合规水平，降低合规风险。例如，企业的内部管理制度应充分体现企业适用的环保、安全、税务、反洗钱、反商业贿赂等规范要求，从过程和结果两个方面降低合规风险。

☕ 案例：葛兰素史克（中国）商业贿赂事件

从 2008 年到 2012 年，葛兰素史克（中国）的销售额从 20 多亿元增至 72 亿元，销售额增长了近 3 倍。葛兰素史克（中国）销售额大幅上涨是其各部门集体串通、密切合作，帮助销售人员通过虚假会议、讲课费、餐费等手段套现后向医生行贿的结果。这种商业贿赂等违规行为也使葛兰素史克（中国）遭受了巨额的罚款，付出了惨重的代价。

资料来源：新华社：葛兰素史克中国公司被罚人民币 30 亿元，2014 年 9 月 19 日，中华人民共和国公安部网站。

☕ 案例：荆州关羽的巨额搬家费

湖北荆州有一个高达 58 米的关公像，坐落于关义公园，该公园于 2014 年动工，基础建设部分于 2016 年建成和试营业，但消防验收一直未通过。据官方披露，该关公雕像也未经规划许可，系违法建设。2020 年 10 月 8 日，巨型关公像被住建部通报，责令整改。据央视《焦点访谈》2020 年 11 月 16 日报道，在巨型关公像没有获得审批的情况下，相关部门在雕像长达两年的建设期中，始终不闻不问。

《焦点访谈》播出此事后，荆州市即刻组织专家等制订了搬移方案。湖北省投资项目在线审批监管平台显示，荆州区发展和改革局 2020 年 12 月 17 日批复的"关公雕像搬移工程"已审核通过，项目总投资为 1.55 亿元，计划开工时间为 2021 年 1 月。

很显然，出现这些问题的根源是项目操作违规。

资料来源：热议：关公雕像搬家，要花 1.55 亿，2020 年 12 月 31 日，搜狐网。

第二，内控体系自身需要满足合规要求，即企业内控体系自身的要素、结构、质量等应遵循外部内控规范。例如，我国境内外上市公司内控体系的建立、实施与评价必须遵循我国五部委联合发布的《企业内部控制基本规范》及相关配套指引。在此基础上，针对不同规模、行业企业，我国还颁布了《小企业内部控制规范》《证券公司内部控制指引》《私募投资基金管理人内部控制指引》《商业银行内部控制指引》《石油石化行业内部控制操作指南》《电力行业内部控制操作指南》等规范文件。

2.6.2　从 IPO 审核看企业内控合规要点

1. IPO 出现"被否"情况的原因划分

2017 年"力合科技"IPO 被否案例[○]中所披露的问题点为："报告期内，发行人存在因涉嫌单位行贿被司法机关立案和部分高管、员工涉及多起商业贿赂案件的情形，发行人有关销售、投标、资金费用管理等方面的内部控制制度是否健全且被有效执行，是否能够合理保证生产经营的合法性。"换言之，监管层既关心内控合规目标实现的程度（是否发生现实"商业贿赂"），又关心现有内控体系的健全性（"销售、投标、资金费用管理等方面的内部控制制度是否健全且被有效执行"），同时体现了前文所述的两层含义。由此可见，内部控制水平已成为资本市场"入门门槛"之一。从 IPO 审核结果来看，因内控问题出现"被否"的情况可进一步划分为以下三种。

（1）申请上市企业已出现重大合规风险事件。

（2）申请上市企业已暴露重大内控缺陷。

（3）发审委对申请上市企业已表现出的特定重大风险是否已得到有效控制存在"顾虑"。

○ 资料来源：主板发审委 2017 年第 102 次会议审核结果公示，2017 年 7 月 11 日，中国证券监督管理委员会网站。

2. IPO审核中的监管重点与典型情形

结合2017～2020年的IPO审核实例，我们将监管层对企业内部控制的具体关注点归纳如下。

（1）对法律法规的遵循是否存在重大内控缺陷，具体可以划分为如下几个方面。

1）行业证照和资质不全或行政审批手续不完备或未按审批事项执行，典型情形包括以下几种。

- 企业及其上游供应商、下游经销商未按照相关规定及时取得生产经营所需相关证照和资质。
- 企业实际生产量可能超过证载生产能力。
- 存在使用集体建设用地、划拨地、农用地等农田商用情形，且未取得相关证书或批准。
- 经营房产存在产权不清晰或实际用途与规划用途不一致等问题。
- 相关资质及许可到期后可能无法续期。

2）可能违背国家相关法律法规、政策标准等，典型情形包括以下几种。

- 在环境、健康、安全（environment, health, safety，EHS）领域存在重大违法违规行为，相关内控制度健全性和执行有效性存疑。
- 存在因违背国家协议或行业约定被迫终止服务的可能。
- 产品质量不符合国家或行业标准被行政处罚，质量相关内控制度健全性和执行有效性存疑。例如，在2017年"圣华曦药业"IPO被否案例⊖中，发审委提出质疑："报告期内和截至目前，发行人关于原材料采购、药品生产、包装、存储、运输、售后服务等方面的产品质量的内控制度是否健全并得到有效执行。"
- 违反医药行业"两票制"政策。
- 社保、公积金缴纳不合规。
- 未及时足额缴纳相关税费。
- 企业派遣员工占比超出规定限制。

⊖ 资料来源：主板发审委2017年第65次会议审核结果公告，2017年5月2日，中国证券监督管理委员会网站。

- 国有资产处置不合规。
- 商业贿赂防范机制缺失。
- 违规配合第三方获得贷款。例如，在 2017 年"欧维姆机械"IPO 被否案例⊖中，发审委提出质疑："柳工集团为了获取银行短期流动贷款，借用欧维姆及其下属子公司的采购、销售等业务合同，与银行签订贷款合同，向银行申请贷款。"
- 企业面临法律诉讼风险或已处于法律纠纷。
- 企业存在承担连带赔偿责任的潜在可能。
- 企业可能面临刑事处罚、行政处罚或被政府部门采取行政监管等措施。

（2）经营活动是否存在重大内控缺陷，具体可以划分为如下几个方面。

1）销售与收款相关缺陷，典型情形包括以下几种。

- 销售未签订合同。
- 通过第三方间接回款。例如，在 2018 年"北京时代凌宇科技"IPO 被否案例⊜中，发审委提出质疑："报告期内客户委托第三方回款占比较高，第三方回款 2017 年大幅增长，平谷项目资金由北京绿都基础设施投资有限公司支付给发行人的原因及合理性；客户委托第三方回款交易背景的真实性，是否存在潜在纠纷，是否存在资金体外循环情形，是否制定了相应的内部控制制度并有效执行。"
- 终端销售管控缺失。例如，在 2018 年"国科恒泰（北京）医疗科技"IPO 被否案例⊝中，发审委提出质疑："发行人的销售以经销为主，经销商数量增长较快。经销商的选取标准，报告期内经销商的增减变化是否合理，是否存在大量个人等非法人实体，经销商的终端销售及期末存货情况如何。"

⊖ 资料来源：创业板发审委 2017 年第 8 次会议审核结果公告，2017 年 1 月 20 日，中国证券监督管理委员会网站。

⊜ 资料来源：第十七届发审委 2018 年第 76 次会议审核结果公告，2018 年 5 月 8 日，中国证券监督管理委员会网站。

⊝ 资料来源：第十七届发审委 2018 年第 180 次会议审核结果公告，2018 年 11 月 27 日，中国证券监督管理委员会网站。

- 现金交易比重较高。例如，在 2017 年"威尔曼制药"IPO 被否案例⊖中，发审委提出质疑："报告期内现金交易金额较大，相关的资金管理制度对现金的提现标准与现金使用无明确规定等。"又如，在 2017 年"如意情生物"IPO 被否案例⊜中，发审委提出质疑："针对现金回款的情形，说明如何核查现金回款的真实性，并说明发行人关于现金回款的内控制度的有效性。"

- 通过个人账户收款。例如，在 2017 年"普华制药"IPO 被否案例⊜中，发审委提出质疑："发行人在报告期内存在业务员直接收取货款和客户以个人名义回款、以货款冲抵销售费用等多项财务不规范的情形。"又如，在 2017 年"诺特健康"IPO 被否案例⊛中，发审委提出质疑："发行人报告期 2014～2016 年度收入主要采用现金、POS 机刷卡、银行转账和个人卡收款模式。发行人报告期内存在'POS 机刷卡'中销售最终客户与实际付款人不一致的情形。"又如，在 2020 年"北京嘉曼服饰"被否案例⊛中，发审委提出质疑："发行人申报后至 2019 年 6 月仍存在使用个人账户支付款项或代垫费用情形的原因，相关内控制度是否健全有效。"

- 销售操作流程不规范。例如，在 2017 年"威尔曼制药"IPO 被否案例中，发审委提出质疑："报告期发行人存在以下问题：①无实际销售活动的发票开具行为；②发货指令单上无发货人、储运部主管、出纳签字，产成品出库单上仅有制单人名字，无复核人、发货人、主管签字审核。"

- 应收款项的余额大幅上升，应收款项占总资产的比例大幅上升，应收款

⊖ 资料来源：第十七届发审委 2017 年第 9 次会议审核结果公告，2017 年 10 月 24 日，中国证券监督管理委员会网站。

⊜ 资料来源：创业板发审委 2017 年第 67 次会议审核结果公告，2017 年 8 月 30 日，中国证券监督管理委员会网站。

⊜ 资料来源：创业板发审委 2017 年第 13 次会议审核结果公告，2017 年 2 月 24 日，中国证券监督管理委员会网站。

⊛ 资料来源：创业板发审委 2017 年第 40 次会议审核结果公告，2017 年 5 月 10 日，中国证券监督管理委员会网站。

⊛ 资料来源：第十八届发审委 2020 年第 10 次会议审核结果公告，2020 年 1 月 9 日，中国证券监督管理委员会网站。

项周转能力薄弱。

2）存货管理相关缺陷，典型情形包括以下几种。

- 存货盘点程序设计及执行存在缺陷。
- 存货余额较大，库存水平较高，库龄较长，存货周转率大幅下降。
- 存货业务操作流程不规范。例如，在 2017 年"威尔曼制药"IPO 被否案例中，发审委提出质疑："原材料采购入库环节原始单据无编号，车间到仓库的产成品入库环节原始单据无编号。"

3）合同管理相关缺陷，典型情形包括以下几种。

- 合同限制性条款存在违约风险。
- 应签订合同情形下未签订合同。
- 合同签订或履约瑕疵导致无效风险。例如，在 2018 年"煜邦电力"IPO 被否案例⊖中，发审委提出质疑："发行人主要生产经营场所为租赁取得，租赁房屋建筑面积合计约 27 000 平方米，部分租赁房屋合同存在无效风险。发行人瑕疵租赁房屋是否用于主营业务，租赁房屋对发行人生产经营的影响及应对措施。"

4）采购与供应商管理相关缺陷，典型情形包括以下几种。

- 未规范履行招投标程序。例如，在 2020 年"山东兆物网络技术"IPO 被否案例⊜中，发审委提出质疑："报告期内是否存在应履行招投标程序而未履行招投标的情形，是否存在商业贿赂或不正当竞争等情形，是否构成本次发行的障碍。"
- 采购价格明显高于市场价格水平。
- 供应商或经销商管理缺陷，如引入不规范、无标准，合同履约过程中频繁出现对供应商的赔偿等。

⊖　资料来源：第十七届发审委 2018 年第 87 次会议审核结果公告，2018 年 6 月 12 日，中国证券监督管理委员会网站。
⊜　资料来源：第十八届发审委 2020 年第 112 次会议审核结果公告，2020 年 7 月 30 日，中国证券监督管理委员会网站。

5）固定资产或无形资产管理相关缺陷，典型情形包括以下几种。

- 未制订和实施固定资产年度维护计划。
- 固定资产处置程序存在缺陷。
- 固定资产投资规划不合理，如在产能利用率不足的情形下继续增加投资规模。
- 存在产权纠纷风险，如共同专利未清晰约定商业利益分配方式。

6）人力资源管理缺陷，典型情形如下：所引进高管人员违背竞业禁止限制。

7）资金管理相关缺陷，典型情形包括以下几种。

- 募集资金使用不符合法律法规。
- 资金支付不规范，如存在利用个人账户进行资金支付的行为。
- 企业实控人与企业间资金往来的真实性、合理性存疑。
- 个人备用金管理失控。例如，在 2017 年"欧维姆机械"IPO 被否案例中，发审委提出质疑："报告期内，发行人在其他应收款中反映的备用金余额分别为 1056.25 万元、3383.49 万元、2679.36 万元、3603.80 万元，申报材料披露期末备用金主要系工程公司及东方公司减隔震业务拓展过程中发生的员工借支、工程施工项目借款和业务费借款。"

（3）企业持续盈利能力存在重大不确定性，典型情形包括以下几种。

- 企业流动负债总额显著大于流动资产，后续偿债能力存疑。
- 主营业务收入或毛利率持续下降。
- 业务模式的稳定、可持续存疑。
- 产品应用领域及市场份额明显萎缩。
- 重点客户营收水平持续下降。
- 外部市场环境（如新冠肺炎疫情、国际贸易摩擦）、监管政策（如房地产调控）、技术的变化或更新（如乙醇汽油的推广）对企业的经营前景造成重大影响。
- 税收优惠和政府补助的可持续性存疑。
- 受让的专利、商标、特许经营权存在被收回情况。

- 产品或服务不符合国家政策，可能受到限制。
- 较多地依赖授权、代理渠道，且与代理渠道未签订长期合作协议。
- 企业经营区域变化（如企业大部分生产经营用地被列入拆迁计划）对企业正常经营产生重大影响。
- 企业缺乏独立的研发能力，设备更新迭代较慢，产品创新力不足。

（4）会计处理不规范性，典型情形包括以下几种。

- 收入确认时点、费用确认时点、折旧计提、坏账计提、存货跌价准备计提等关键政策不符合会计标准或不统一。
- 存在较多会计差错。例如，在 2017 年"稳健医疗用品股份有限公司"IPO 被否案例⊖中，发审委提出质疑："发行人存在较多会计差错，发行人会计基础工作是否规范，是否符合《企业会计准则》和相关会计制度的规定。"
- 原始财务报表、历史披露信息和申报财务报表存在差异。例如，在 2018 年"天津立中集团股份有限公司"IPO 被否案例⊜中，发审委提出质疑："报告期内，发行人原始财务报表和申报财务报表存在差异。发行人的相关内部控制制度是否健全且被有效执行，发行人会计基础工作是否规范，财务报表的编制是否符合企业会计准则的规定。"
- 关联交易对财务报表产生影响，如关联方信息披露不完整，关联交易可能导致利润调节、成本转移，与关联方资金往来（如大额无息拆借）无实质交易背景。

2.6.3 将合规要求内化于内部控制

企业只有将合规要求转化为内部控制，才能在日常的运营中发挥内部控制的核心价值。合规要求转化为内部控制往往是一个"从外到内"的过程，需要回答以下核心事项。

⊖ 资料来源：第十七届发审委 2017 年第 22 次会议审核结果公告，2017 年 10 月 31 日，中国证券监督管理委员会网站。
⊜ 资料来源：第十七届发审委 2018 年第 15 次会议审核结果公告，2018 年 1 月 16 日，中国证券监督管理委员会网站。

（1）明确企业需要遵循的法律、法规及规章，国家法律法规、地方性法规、行业规范、资本市场监管规章、国资监管规章、境外法规等往往体现了对企业的强制性、禁止性或建议性要求，可作为企业识别已存在的重大合规风险的依据。例如，我国国有企业除需要遵循通用法律法规外，还需要按照国资监管要求制定"三重一大"相关管理制度，明确"三重一大"事项范围、决策主体和职责、决策的基本程序等内容。

（2）明确企业对适用法律法规的遵循路径，具体表现为企业需要在内部通过建立职能、制度流程等，将外部合规要求整合到企业内部控制体系之中。

（3）企业应对自身的合规水平进行有效的评价，并针对所识别的合规问题进行及时的整改。

（4）如果已经发生了合规风险事件，企业应及时有效地应对。

2.7 典型内控缺陷后果归纳

与企业内控能够从多个角度为企业创造价值相对应，当企业内控存在严重缺陷时，也可能给企业带来一系列典型不利后果（见表2-1）。请注意，企业可能同时存在多个类型的内控缺陷后果。

表 2-1 典型内控缺陷后果类型及示例

序号	典型内控缺陷后果类型	示　例
1	企业在长期内遭受运营损失	• 如在采购成本方面：采购成本过高、原材料质量低下 • 如在收入方面：收入减少、坏账增加 • 如在费用方面：费用过高 • 如在投资方面：遭受投资损失 • 如在资产管理方面：存货积压或短缺，固定资产维护不当、无形资产权属不清等
2	企业短期内经营"终结"	• 如由于资金链断裂，导致企业破产
3	企业出现重大 EHS 风险事件	• 如由于安全责任事故导致重大人员伤亡
4	企业执行效率低下	• 如权限不清、部门或岗位界面模糊导致工作推诿 • 如考核奖惩缺位导致员工工作积极性低下
5	企业财务报表等信息质量低下	• 如会计政策应用错误 • 如报表间数据钩稽差错

（续）

序号	典型内控缺陷后果类型	示　　例
6	企业遭受违规处罚	● 如由于企业违法违规，企业或法人代表或管理层遭受监管当局处罚
7	企业出现内部舞弊	● 如出现企业人员实施职务侵占、收受商业贿赂
8	企业中的个人"垄断"企业资源	● 如企业的客户、供应渠道、专有技术等资源被内部少数人员所掌控，难以进行监督，甚至出现个人离职带走企业核心资源的现象

2.8　典型内控认识误区

在现实中，人们对于内部控制的本质存在各种错误理解，这些错误理解在很大程度上阻碍了内部控制价值的发挥。

错误理解 1："内部控制就是领导审核与签字"

分析：在内控体系中，"领导签字"可能是最容易被观察到的现象。在追求管理形式而非管理实质的企业文化氛围里，特别是当企业设置了大量不恰当的审核要求和步骤，同时由于审核过程流于形式而导致签字之后企业仍然出现问题时，内控体系很容易被异化为"就是领导签字"。这种错误认识会对企业内控产生非常不利的影响，具体表现为：①加剧内控措施形式化倾向，导致企业普遍视内控为一种官僚机制；②将所有内控管理责任归结至签字领导，阻碍企业内各部门与岗位"各司其职、各负其责"。

澄清：一方面，审核只是内控完整框架中非常细节的一项具体控制活动，而签字也不过是这项控制活动的一种表现形式；另一方面，只有签字人真正有效地履行审核责任，才能达成有效的管理结果。企业只有将有效设计的审核程序与具备专业能力和责任心的签字执行人结合起来，同时配合相关的其他管理措施，才能实现内控管理形式与实质的统一。

错误理解 2："内部控制就是一堆打印的制度"

分析：做完制度流程文档，打印出来锁在档案柜里，内控工作就算完成了；除了应付检查，对企业实际管理不产生任何影响——让制度束之高阁，这不仅让内控要求形同虚设，还会让企业成员普遍形成"制度可以是闹着玩的"的严重错误认识。

澄清：内控要求只有制度化，才能确保其严肃性和可传承性。内控制度的编制过程应该是体现风险评估、内控措施制定、实施与监督改进的完整管理闭环。制度文档是内控要求的重要形式载体，其内核在于促使和规范企业各部门、岗位按照制定的内控措施将具体管理活动落到实处。总之，内控制度与任何规章制度一样，你真正用它，它就能为你创造价值；你不用它，它真就是一堆废纸。

错误理解 3："内部控制就是固定的流程、步骤和表单"

分析：在内控体系中，预先设定的流程、步骤和表单，往往以管理制度的方式体现，这是内控体系非常突出的特征。如果仅仅将注意力集中于这些内容，则会产生一类错误理解，即内部控制就是制定好的流程、步骤和表单，只要表单填写完整，完全按照步骤执行就万事大吉。如果内控最终执行效果不好，则一定是流程、步骤和表单有问题。这种错误理解基本上把内部控制与机械化的管理画上了等号，一方面严重忽略了管理过程中人的因素，另一方面忽略了内控体系的动态性和灵活性。

澄清：有形化的流程、步骤和表单是为了实现相对无形的管理实质。为了实现这一点，企业必须做到以下几点：①任何流程、步骤和表单，都需要合适的人来执行，执行人员的个人专业判断不可能也不应被完全取代。所谓"没有规矩，不成方圆"，但"匠无才，有规有矩，亦不成方圆"。②任何流程、步骤和表单的执行效果，都需要通过建立有效的执行监督体系予以检验与监督。③任何流程、步骤和表单的设计有效性，都需要进行持续评价和改进。

错误理解 4："内部控制就是反舞弊"

分析：在职业舞弊屡见不鲜的当下，内部控制往往会和反舞弊联系起来。但如果说内部控制就是反舞弊，则是一种会产生较大负面作用的片面理解：一方面会导致企业严重忽视除舞弊以外的其他风险，另一方面会对企业内控体系搭建造成很大的意愿阻碍。

澄清：内控体系所要应对的风险涵盖合规、运营、报告等多个层面，涉及企业经营的各个领域，而舞弊风险只是其中非常特殊的一个组成部分。同时，常规的内控措施对职业舞弊往往是失效的，如企业经评估需要应对舞弊风险，则应该制定专门的、有针对性的反舞弊机制。开个玩笑，如果内部控制仅仅是为了反舞弊，就不该将其设置为商科专业，将其放在犯罪学专业更合适。

错误理解 5："内部控制是为了合规"

分析：随着美国《萨班斯法案》、我国五部委内控规范体系等政府法规的出台，众多企业迫于合规压力或者受到法规引导，开始着手搭建其自身的内控体系。在这样的背景下，将合规作为内控建设的唯一目标，成为很多企业的一种共识。这种认识的不良后果包括：视内控建设为一种合规"成本"；追求达到合规条款所规定的各种形式要求，而不考虑企业自身实际情况，进而忽视内控体系的真实管理效果。

澄清：合规是企业市场经营的"底线"，而内控体系所需达成的重要目标同时包括战略、运营和报告等诸多内容。应该搭建怎样的内控体系，取决于企业面临怎样的风险，其最根本的落脚点是为企业实际经营服务。正如，个人坚持锻炼保持身体健康，绝对不仅仅是为了找工作时可以顺利通过单位体检，搭建内控是为了企业的健康发展，而不仅仅是为了满足外部法规的条条框框。

错误理解 6："内部控制会削减老板权力"

分析：在内控体系中，一个非常重要的基础结构是授权体系。授权体系意味着在实际操作过程中，有一些决策需要由老板之外的人做出。因此，建立内控体系往往被理解为对老板的一种权力剥夺。这种理解会导致企业实际控制人对内控体系的抵触。

澄清：毫无疑问，企业的最终权力在老板手中。但是，为了实现高效的企业运转，必须建立基于授权和转授权的体系。原因是老板精力有限，更应关注战略制定等重大或长期事项。因此，无论是否建立内控体系，实现绝对集权是不可能的。既然授权不可避免，建立内控体系恰恰可以帮助企业建立更加清晰、规范的授权体系，并且同时维持老板的决策影响。因此，在内控体系下：①所有授权围绕战略展开；②所有授权并非孤立事项，围绕授权将建立基于职责划分的牵制体系；③老板保留监督权及考核奖惩权。鱼与熊掌不能兼得，所有权与经营权的适当分离不可回避，而有效的内控体系是为了更加高效地实现并利用这样的分离。

错误理解 7："内部控制影响业务执行效率"

分析：就具体的工作而言，内控体系从无到有往往体现了工作程序的调整以及规范性的增强，可能导致特定部门或岗位的工作事项增加或性质改变，而这通常意味着特定工作人员工作负担的增加。在这种情况下，出现诸如"内控体系太麻烦""内控体系影响效率"的抱怨，非常正常。这种错误理解，可能在整体上将内控体系"负面化"，动摇内控体系的企业文化基础，对实施效果产生巨大的消极影响。

澄清：如果对内控体系的特点稍加分析，就能发现上述观点是非常片面的：①所谓"磨刀不误砍柴工"，内控体系中的计划及其他事前准备工作要求，可以更加有效地协调企业资源，提高长期内的工作效率。②内控体系中的各项控制措施，其设立宗旨就在于减少企业的各项损失，这些损失既可能体现为经济损失，也可能体现为效率损失（如各种"返工"所徒增的工作时间，当然，在抱怨内控体系影响效率的人眼里，这些成本通常是不纳入考虑范围的）。③内控体系仅针对经过风险评估、被认定需要进行控制的事项实施控制；在一个健康的内控体系中，被认定为仅仅影响效率、没有收益的控制活动，将会被及时清理。④内控体系关注的是企业整体的、长期的效率，孤立部门或岗位抱怨其自身工作效率受到影响，很可能是一种"只见树木不见森林"的狭隘观点。正好比，绿灯变成红灯，对于刚刚减速停下的车辆而言，确实耽误了司机的时间，但如果没有红绿灯，整个城市的交通必定陷入瘫痪。同理，内控体系关注的是企业整体及长期内的整体效率，而不是孤立部门或岗位的短期效率。

错误理解 8："内部控制就是为了管人"

分析：内控体系的建立，必然伴随着对特定人员的行为限制以及配套的监督，这会使企业人员产生"我是不是不被信任""这些制度是不是为了管我"的疑问。这种错误理解可能导致企业各级成员内心对内控体系产生抵触情绪。

澄清：应该说，这种说法之所以错误，在于其故意混淆了手段和结果。内控体系的确需要对人（特别是关键岗位人员）的行为进行约束，但这种约束本身不是目的——通过对人员进行行为约束进而控制企业的重大风险，才是真实目的。在职业舞弊案高发的社会环境下，遵守规则、接受监督，实现对人行为的有效约束，既是对企业有效运行的保证，也是对企业成员个人本身的切实保护。

错误理解 9："内部控制净管些鸡毛蒜皮的事情"

分析：一方面，在企业实施内部控制的过程中，很多部门或岗位可能并未理解某些具体控制要求的控制目的；另一方面，一些企业由于风险评估活动缺失、管理官僚化等原因，对一些不重要的事项常常过度控制（如任何费用开支不论金额大小一律需要总裁签批）。上述原因可能会让企业成员认为内控体系没有关注重点，从而对内控体系的实施产生明显的负面影响。

澄清：内部控制与"鸡毛蒜皮"应该是格格不入的，如果内控体系被戴上"鸡毛蒜皮"的帽子，则无外乎在如下两个方面出了问题：①是不是鸡毛蒜皮，要站在企业整体层面，用长远的战略视角进行判断。在特定部门或岗位看来是鸡毛蒜皮的事情，对于企业可能意味着重大风险；在当前看来是鸡毛蒜皮的事情，从长期来看可能意味着重大风险（在"岁月号"沉没之前，将货物在货仓甲板有效固定，一定也是被当事游船公司当作"鸡毛蒜皮"的事情吧）。②如果确实是鸡毛蒜皮的事情，要么是风险评估环节出现了问题，要么是经营环境发生了变化，那就应该对控制措施进行及时调整。"合理规划，突出重点，合理分配管理资源"是任何管理活动的基本法则，通过科学、客观的评估识别并剔除"鸡毛蒜皮"的事项，本来就是内部控制的基本要义。

错误理解 10："只有那些大企业才需要内部控制"

分析：一般而言，规模较大的成熟企业内控体系更加体系化、规范化，并且受到更多人的关注。因此，很多人会产生这样的误解：只有大企业才需要搞内部控制，规模小的企业就没有必要了。

澄清：如 COSO 框架所提出的，任何组织，无论规模大小，都需要建立与自身特征相匹配的内控体系。其理由包括：①内部控制关注的是响应风险，企业只要面临需要管理的风险，就需要采取一定控制措施（煎饼摊老板收钱会仔细检查一下是不是伪钞，就是典型的内控程序），尽管不同规模、不同成熟度的企业，会体现出不同的特点。②任何企业的内控体系搭建，都会体现为从粗糙到细致、从单线条到系统化的发展过程。正好比，无论什么身材的人都需要衣服，人们应该关注的是如何做到量体裁衣。无论规模大小，只要是企业，就需要一定的内部控制制度，企业应该关注的是如何让内部控制从根本上符合企业特征，满足企业需要。阿里巴巴集团的马云先生在演讲时讲过，在其创业初期，有一次通过查账发现一位财务工作人员"偷钱"，这个事件让他明白创业者应避免犯"抓大不抓小"的错误，即使四五个人的小企业也需要制度，也需要管理，没有好的制度会给企业造成灾难性的伤害。

如同任何管理方法，企业只有对内部控制形成正确的认识，才能真正有效地应用内部控制。

第 3 章

风险识别、评价与策略制定

如前文所述，企业内部控制的关键价值在于有效应对企业所面临的各类风险，进而支撑企业实现战略目标。企业如果希望从根本上提升内控体系建设的针对性、有效性，就必须清晰地回答下列关键问题。

（1）企业面临哪些风险？如何有效识别这些风险？

（2）这些风险对企业可能造成怎样的影响？其影响程度如何？

（3）对于这些风险，企业应该持怎样的态度，制定何种应对策略？

（4）企业如何将应对策略落地执行？

简言之，把握风险是企业内控工作的基本逻辑起点。

3.1 什么是风险

对于"风险"（risk）一词比较权威的说法是，它源自意大利语中的"risqué"，本意是在充满危险的礁石之间航行。只有在描述未来某些事件是否发生时才使用"风险"这个词，而过去发生的危险并不能被称作"风险"。

美国经济学家海尼斯（Haynes）在其 1895 年出版的《风险：一项经济因素》（*Risk as An Economic Factor*）中将"风险"定义为"亏损产生的概率"，他认为："某种行为能否产生有害的后果应以其不确定性界定，如果某种行为具有不确定性，该行为就反映了风险的负担。"这种观点自 19 世纪提出便代表了传统意义上的风险，影响深远。美国经济学家富兰克·H. 奈特（Frank H. Knight）在其 1921

年出版的《风险、不确定性和利润》（*Risk,Uncertainty and Profit*）中认为："一个事物在以后的时间内可能出现各种各样的变化或者走向，这种未知性即代表风险的存在，风险是一系列概率型随机事件，这些事件具备可计量的不确定性。"美国的小阿瑟·威廉姆斯（C. Arthur Willianms）、理查德·M. 汉斯（Richard M. Heins）在其 1985 年出版的《风险管理与保险》（*Risk Management and Insurance*）一书中，把风险定义为"在给定的情况下和特定的时间内，那些可能发生的结果间的差异。如果肯定只有一个结果发生，则差异为零，风险为零。如果有多种可能结果，则有风险，且差异越大，风险越大"。

综上，从经济学的视角，"风险"的定义主要有两类：一是不确定性观，即风险是指可用具体概率来描述的未来的不确定性；二是结果差异观，即风险是实际结果与预期结果之间的差异，或风险是实际结果之间的差异。

从企业经营的角度，对"风险"的关注要点包括：

（1）风险是影响企业战略、经营目标实现的不确定性因素，这种不确定性因素是客观存在的。

（2）风险可能对企业造成损失，同时企业为了取得收益，必须承担一定的风险。

（3）企业的风险与企业各类经营活动密切关联。

（4）通过有效地降低企业风险，可以增加企业价值。

3.2 风险的识别与评价

企业为了有效地管理风险，需要对风险进行"识别"和"评价"，前者回答"我们面临哪些风险"，后者回答"这些风险有多严重"，而缺乏对风险的识别与评价，本身就是我国企业存在的一类内部控制缺陷。图 3-1 为风险识别与评价的典型框架。

3.2.1 风险识别与评价机制及职能配备

企业为了完成风险识别与评价工作，需要搭建运行机制（见图 3-2），并配备所需职能（见表 3-1 ）。

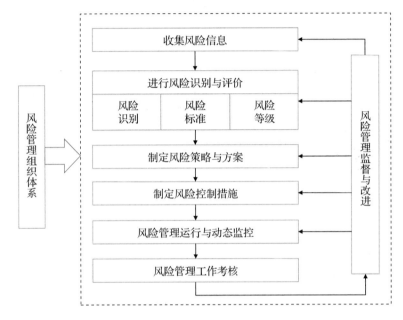

图 3-1 风险识别与评价的典型框架

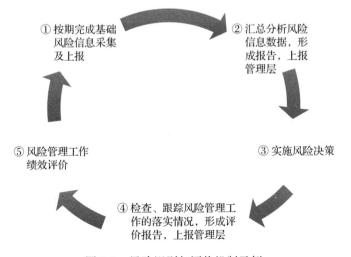

图 3-2 风险识别与评价机制示例

表 3-1　风险识别与评价配套组织示例

职能	职责	实施主体
基础风险信息采集职能	• 按期上报更新的风险信息 • 按期计算、跟踪风险预警指标 • 按期跟进、上报风险指标自查情况 • 按期上报检查发现的问题和自查或整改计划的完成情况	风险管理牵头部门及各部门风险管理岗（专职或兼职）
风险信息分析处理职能	• 对收集的风险信息数据进行汇总分析后形成报告，上报管理层 • 对重大风险按期形成重点风险监控报告，上报管理层 • 检查、跟踪风险管理工作相关的落实情况，形成评价报告，上报管理层	风险管理牵头部门
风险决策及评价职能	• 采用专题会议、审议风险报告等形式进行风险决策 • 评价风险管理工作绩效	管理层

3.2.2　风险分类及颗粒度

1. 风险分类框架的选择

风险的识别和评价，需要在合适的风险分类框架上完成。例如，金融行业企业通常按照《巴塞尔协议》[⊖]（Basel Accord），依据诱发风险的原因将风险分为信用风险、市场风险、操作风险、流动性风险、国家风险、法律风险、声誉风险和战略风险。从企业实际操作角度，风险主要有三种分类方式，其各有利弊（见表 3-2）。

表 3-2　企业风险分类方式

序号	风险分类方式	示例	主要优势	主要劣势
1	按内外部风险来源	战略风险、运营风险、财务风险、法律风险、市场风险	风险识别全面	风险点与企业职责体系对应关系不清晰，不易管理落地
2	按企业具体业务领域	销售风险、采购风险、人资风险、资金风险、资产管理风险、信息风险等	易于对应到具体业务部门或岗位职责，易于管理落地	通常基于现有职责进行梳理，容易遗漏风险事项
3	按管理对象类别	特定产品风险、特定业务风险、特定市场区域风险、特定资产风险等	能有效聚焦至具体管理对象	与企业级风险（如战略风险、负债率风险等）关联度较低，且容易遗漏与管理对象关系并不明确的风险事项（如员工满意度风险）

⊖ 《巴塞尔协议》全名为《资本充足协议》（Capital Accord），是巴塞尔委员会制定的在全球范围内主要的银行资本和风险监管标准，于 1988 年 7 月制定。

企业为了充分利用不同风险分类方式的优势，也可以采取多维分类的方式，即将一个具体风险点，采用不同的分类方式分别进行划分。例如"由于缺乏有效的实物与账务管理导致存货账实不符"的风险，可以分别按内外部风险来源划分为财务风险，按企业具体业务领域划分为资产管理风险，按管理对象类别划分为存货风险。

除了上述风险分类方式，风险还可以进行其他方式的分类，例如：

（1）可控风险 vs. 不可控风险。

（2）纯粹风险（如企业仓库面临的火灾风险）vs. 投机风险（如企业在股票市场上的投资风险）。

（3）"无意行为"导致的风险 vs. "故意行为"导致的风险。

企业在进行风险分析时，也可以同时参考这些分类方式。

2. 风险颗粒度的选择

企业在实施风险识别与评价过程中，还需要考虑风险颗粒度的大小。风险颗粒度可以理解为对风险描述的细化程度，例如在"企业风险—企业经营风险—企业经营中的采购风险—采购计划风险—采购计划及时性与准确性风险"系列风险描述中，从前到后，风险颗粒度依次逐渐减小。

具体而言，对风险颗粒度的调整，至少可以从以下几个方面入手。

（1）风险所处业务环节：通过对经营过程的细分，逐步减小风险颗粒度。例如存货账实不符风险，可以分解为入库、出库、核算、日常实物接触等多个风险点，进而减小风险颗粒度。

（2）风险对应业务范围：通过减小风险对应的业务范围，逐步减小风险颗粒度。例如从"销售业务整体信用风险"到"特定销售订单信用风险"，即减小了风险颗粒度。

（3）风险对应责任主体：如企业可将各类风险划分为"企业级""部门级"和"岗位级"，下级风险是上级风险的分解，风险颗粒度依次变小。

风险颗粒度的"大"和"小"各有利弊，颗粒度大涵盖范围广，风险描述宽泛（如"战略风险""运营风险"等），更多地用于体现风险类别，但难以有针对性地设计控制措施。相对而言，颗粒度小则利于设计控制措施，但可能遗漏风险事项。

首先，企业应根据具体管理目的来选择风险颗粒度，例如：

（1）企业在制定整体采购目标时，应从"采购风险"角度出发，而在制定具体控制措施时，则应该选择"采购订单差错风险""采购发票规范性风险"等更小的风险颗粒度。

（2）企业在制定整体信用政策时，应从"整体销售业务的信用风险"角度出发，而在具体销售业务中的信用评审过程中，则可以从"特定销售订单信用风险"角度出发。

其次，通常风险颗粒度越小，越容易找到风险责任主体，越能落实控制责任。例如，在"企业核算准确性风险"颗粒度下，风险责任可能需要归属到整个财务部门及与核算相关的各个业务部门，而在"××分类账科目录入准确性风险"颗粒度下，风险责任则能归属到一位具体的会计人员。因此，风险颗粒度的选择也会受到企业责任体系的影响。

3.2.3　风险识别与评价工具

在风险识别过程中，企业可借助对已有风险信息的发现与积累、相关分析工具等，及时、全面和准确地获取风险信息。典型的风险识别工具如下所述，具体的应用实操过程可参看第 3.3.4 节"综合案例：风险识别、评价与措施制定实例"。

1. 企业内外部风险基础信息收集

企业内部风险信息收集来源通常包括（不限于）：

- 企业内部审计或内控评价工作中发现的风险信息。
- 企业内部各项工作、事件、事故的记录及报告。
- 利用企业内部风险评估问卷调查等手段识别的风险信息。
- 企业管理制度、流程等文件中所体现的风险信息。

另外，外部环境的风险因素（如 2020 年新冠肺炎疫情）可能会对企业产生重大影响。企业外部风险信息收集渠道通常包括（不限于）：

- 通过公开渠道（例如新闻、行业会议、行业通报、法院公告等）获取风险信息。
- 通过调研考察、座谈交流等方式获取外部风险信息。
- 通过与专业平台（如舆情监控平台、咨询顾问、第三方审计）合作、利用企业信用查询工具等，获取外部风险信息。

2. 风险识别与评价的工具及方法

在基本确定风险框架和颗粒度的基础上，企业可利用下述识别与评价实施工具（见表3-3）开展具体工作。在企业的实际操作过程中，下述工具可以组合使用，具体可参看第3.3.4节"综合案例：风险识别、评价与措施制定实例"。

表 3-3　风险识别与评价实施工具

工具名称	说　明	优　点
业务分析	通过对企业战略与经营目标及指标体系、主要业务、配套制度、配套流程、配套职责文件等进行梳理、分析及讨论，识别并评价各类风险	涵盖业务主要信息
管理层与业务层访谈	围绕企业风险管理现状，与企业有代表性的管理层与业务层岗位人员访谈交流，以识别并评价各类风险	能够深入收集观点信息
经营情况检查	选取业务样本，采用穿行测试等方法，对管理活动的实际情况进行检查，以识别并评价各类风险	客观性较强
风险问卷调查	在企业各层级人员中选取调查对象，向其发放问卷获取所需信息，以识别并评价各类风险	能够广泛收集观点信息
风险研讨会	通过组织企业高层、管理人员、专业人员与专家座谈，识别并评价各类风险	专业性强，信息获取较为深入

在实施上述活动的过程中，企业可以灵活应用下列风险识别与评价方法（见表3-4）。

表 3-4　风险识别与评价方法

方法名称	说　明	优　点
专家调查法	凭借专家的知识和经验，对研究对象的风险进行综合分析研究（具体实施可采取头脑风暴等形式）	简单易行，能够较全面地识别风险因素
头脑风暴法	通过开展集体讨论的方式，组织和鼓励知悉风险情况的人员积极发表意见	能充分获取各方风险意见
影响图法	影响图是由结点和有向弧组成的有向图。其中，结点代表主要变量，有向弧表示变量间的相互关系	有助于明确各种风险因素之间的关系
故障树分析法	表示初始事件发生之后各种互斥性后果的图解技术	有助于识别风险诱因并提出应对措施
检查表法	将必须考虑的因素一一列出，然后在对这些因素进行逐一分析后做出判断	分析事项覆盖面广，易操作
情景分析法	通过分析未来可能出现的各种情景，以及各种情景下可能产生的影响来分析风险	能够将情景特征与风险建立联系
财务报表分析	通过对企业财务报表数据的分析来识别与评价风险	能够将财务数据与风险建立联系

3.2.4 风险评价"共识"的达成

如前文所述，在企业组织架构框架内，目标的制定是"自上而下"的，而风险信息的归集是"自下而上"的。我国企业的内控工作中经常会出现一项影响重大但极易被忽略的问题——企业上下并未就一项风险的评价结果达成共识，具体可以划分为如下两种情况。

情况 1: 对于特定事项，执行层认为是重大风险，但管理高层并未认同

当针对一类风险，执行层认为是重大风险并且应该采取严格的控制措施时，管理高层可能内心深处并不赞同这种判断，但从保护执行层"积极性"的角度，他们往往不会明示反对，常给出"那你们先做吧"的态度。但在上述情况下，针对该类风险的控制措施会因缺乏管理高层实质性的推动而最终不了了之。

例如，某企业财务部门应上级集团要求，开始规范及优化资金支付程序（比如资金支付必须通过 OA 流程签批），然而企业领导者一直认为这些措施是"多此一举，影响效率"，经常采取先微信指令、后 OA 系统补录的方式下达付款指令。久而久之，财务人员也习以为常。数月后，该企业财务负责人被骗子拉入一个虚假"领导微信群"，骗子利用该企业一把手乘飞机出差的机会冒用其身份下达支付投标保证金指令，成功诈骗数十万元。

情况 2: 对于特定事项，管理高层认为是重大风险，但执行层并未认同

当管理高层意识到一类风险为重大风险时，他们可以通过行政命令的方式向执行层传递，由于企业内部宣传贯彻机制缺失等原因，执行层可能并未真正认同管理高层对风险的判断，进而在风险控制执行过程中动力不足，影响后续持续的内控建设工作。

例如，在我国日趋严格的安全监管环境下，某资源采掘集团顶层领导事实上非常关注安全风险，然而基层，包括安全员在内的一线人员却不以为然，长期违规作业，最终酿成了一起造成数十人死亡的特别重大安全责任事故，包括集团一把手在内的十余位领导，全部被追究刑事责任。

无论是为缓和上下级关系而形成的"礼节性共识"，还是利用上下级领导关系达成的"填鸭式共识"，都会影响风险控制的实际效果。企业应至少在下述几个方

面予以探讨，促使企业上下围绕风险评价达成"实质性共识"。

（1）企业建立连接各层级的共同的沟通平台。

例如，某企业每年会召开开放式风险研讨会，由风险管理部门牵头组织上下级共同讨论风险的影响等话题，并对风险评价结果予以优先级排序和输出确认。

（2）针对专业风险时，专业部门应设法突破专业沟通壁垒，将专业性很强的信息转化成直观、易懂的信息（如某企业专业部门会持续发布典型案例分析成果），帮助非专业人员对风险形成正确理解。

（3）企业各层级对风险评价结果一旦达成共识，应立即制定可操作的控制措施，管理层围绕这些措施合理分配资源，执行层应给出执行承诺。

（4）整体上，企业应积极宣传贯彻风险意识，形成良好的风险控制文化基础，提升各层级参与风险评价、控制的积极性。

综上，企业在完成风险识别与评价工作的同时，应加强沟通、宣传贯彻等以确保企业上下围绕风险评价达成基本共识，形成"合力"，推动内控工作真正落地。

3.2.5　风险评价成果输出

1. 关键输出：风险清单

企业在完成前述风险识别及评价工作中，应形成以风险清单为代表的成果输出。风险清单是指企业根据自身战略、业务特点和风险管理要求，以清单形式进行风险识别、风险分析、风险应对措施制定、风险报告和沟通的工具方法。企业应用风险清单的主要目标是使企业系统掌握自身存在的重大风险，明晰各相关部门的风险管理责任，规范风险管理流程，并为企业构建风险预警和风险考评机制奠定基础。其中，风险清单应采用恰当的风险分类框架及风险颗粒度，涵盖企业重要业务领域及风险源，并确保风险信息准确且更新及时。

企业风险清单基本框架一般包括风险识别结果、风险分析情况、风险应对措施三部分。其中，风险识别结果部分主要包括风险描述、风险类型、关键风险指标等要素；风险分析情况部分主要包括风险责任主体、风险发生可能性、风险后果严重程度、风险重要性等级等要素；风险应对措施部分主要包括风险控制措施等要素（见表3-5）。

表 3-5　典型风险清单示例

循环	风险描述	风险类型	风险级别	责任部门或岗位	控制措施	内控手册索引号
10-营运资金管理	R7-1 由出纳岗位进行银行账户对账，可能由于缺乏有效监督导致无法有效识别账实不符，甚至产生舞弊	运营风险	重要	财务部	银行账户对账应由非出纳岗位执行，银行账户对账结果应报财务负责人审批	银行存款对账流程第 4 步关键控制点

2. 风险清单的核心要素

（1）风险描述。

1）风险描述结构。

风险描述是指采用一定的结构方式描述风险，通常为"在何种情况下，导致何种后果"，体现风险形成的原因和将导致的后果。

2）风险承担者。

根据《中央企业全面风险管理指引》[⊖]，企业开展风险管理需要建立三道防线，以各有关职能部门和业务单位为第一道防线，以风险管理职能部门和董事会下设的风险管理委员会为第二道防线，以内部审计部门和董事会下设的审计委员会为第三道防线。

为了将上述理念落地，企业通常会设置风险管理部门进行风险归口管理，并将风险管理责任层层分解。在风险清单中，"风险责任主体"则指应对各项具体风险负责的主体，通常同时也是执行控制措施的主体。

（2）风险评价结果。

风险事件发生的概率和如果发生可能导致的后果是两个常见的风险衡量维度。从风险事件后果的角度来看，风险事件既有灾难性的，也有损害企业于无形的（如采购过程中的管理失控、工程实施中的管理失控等）。需要指出，企业在评价风险的后果和频率以及设置重要性水平标准时，均需要考虑风险的颗粒度。比如对企业整个的销售额而言，100 万元的坏账损失风险可能重要性水平不高，但对于一单总额为 200 万元的销售订单而言，100 万元的坏账损失风险显然重要性水平较高。

风险评价一方面需要对风险本身进行评价，另一方面还应对风险的管理现状

⊖　资料来源：关于印发《中央企业全面风险管理指引》的通知，国资发改革〔2006〕108 号，国务院国有资产监督管理委员会网站。

进行评价。因此，企业可采取"两步法"：首先，根据风险特征评价风险的"固有风险"水平；然后，基于企业已采取的控制措施评价"剩余风险"水平。例如，公园杨树树枝断裂掉落导致人员受伤的"固有风险"很高，因此需要通过加强警示等手段降低风险，使得"剩余风险"在可接受的范围内（见图 3-3）。

图 3-3　某公园风险警示牌

　　具体而言，风险评价的顺序为：①先在假设不存在风险控制措施的情况下判断风险发生的概率及可能的后果水平，并综合得出风险的固有风险水平；②对现有的风险控制措施的有效性进行评价，评价经过风险控制后的剩余风险水平（即企业在已实施各项控制措施的条件下，经过"缓释"之后的风险水平）；③综合各项具体风险的固有风险水平和剩余风险水平，得出最终风险评价结论。

　　（3）一个风险评价结果的典型示例。

　　1）设定风险发生频率评价标准（见表 3-6）。

表 3-6　风险发生频率评价标准示例

分　值	频　率	定　义
3	很高	极有可能发生
2.5	高	有可能发生
2	一般	有极低的可能发生
1.5	低	有极低的可能在特定时期发生
1	很低	在本企业基本不可能发生

　　说明：设置风险发生频率时，需要考虑"风险颗粒度"的大小。

　　2）设定风险后果评价标准（见表 3-7）。

表 3-7　风险后果评价标准示例

分值	后果	经济（损失）	声　誉	安　全	环　境
3	严重	占企业最近一期经审计净资产绝对值的 0.5% 以上	负面消息流传世界各地，政府或监管机构进行调查，引起公众关注，对企业声誉造成无法弥补的损害	导致多位企业员工或公民死亡	对周围环境造成永久污染或无法弥补的破坏

（续）

分值	后果	经济（损失）	声誉	安全	环境
2.5	重大	占企业最近一期经审计净资产绝对值的0.05%～0.5%	负面消息在全国各地流传，对企业声誉造成重大损害	导致一位企业员工或公民死亡	对周围环境造成严重污染或者需高额恢复成本
2	重要	5万元至占企业最近一期经审计净资产绝对值的0.05%	负面消息在某区域流传，对企业声誉造成中等损害	长期影响多位企业员工或公民的身体健康	环境污染和破坏在可控范围内，没有造成永久的环境影响
1.5	中等	5 000元至5万元	负面消息在当地局部流传，对企业声誉造成轻微损害	长期影响一位员工或公民的身体健康	无污染，没有产生永久的环境影响
1	轻微	少于5 000元	负面消息在企业内部流传，企业声誉没有受损	短暂影响员工或公民的身体健康	系统内危害，无外界污染和环境影响

说明：某项具体风险往往会导致多种后果。在评价其后果严重程度时，应以其导致的最严重后果作为评判标准，同时考虑风险颗粒度的大小。

☕ 案例：山东诸城发生违法倾倒化工废料导致严重后果

2021年1月31日，山东诸城市舜王街道发生一起违法倾倒化工废料事件，已致使4名中毒人员死亡，经相关专家紧急进行现场勘查初步确定，中毒系违法倾倒的化工废料挥发产生的有害气体所致。这个事件会同时在经济（损失）、声誉、安全和环境四个方面产生严重后果，同时考虑其业务发生的频繁程度，可以得出企业危废品贮存、转移以及处置风险属于典型"高风险"领域。

资料来源：山东诸城发生违法倾倒化工废料事件，2021年2月2日，中国安全生产网。

3）形成风险评价矩阵，确定风险等级，得出固定风险水平（见图3-4）。

后果	3	中	中高	高	高	高
	2.5	中低	中	中高	高	高
	2	低	中	中高	中高	高
	1.5	低	中低	中	中	中高
	1	低	低	低	中低	中
		1	1.5	2	2.5	3
				频　率		

图 3-4　风险评价矩阵示例

说明：风险评价矩阵可分别用于评价"固有风险"和"剩余风险"。其中，各风险具体内容如下。

- 高风险（深色区域，后果与频率相乘在 6 分及以上的风险）：管理优先级为高，需要重点关注，优先调配资源进行管理，从而把风险排序降低。
- 中风险 [中间色区域，后果与频率相乘在 2 分（不含）至 6 分（不含）的风险]：管理优先级为中。另外，中风险区域又可以细分为中低级 [2 分（不含）至 3 分（不含）]、中级 [3 分（含）至 4 分（不含）]、中高级 [4 分（含）至 6 分（不含）] 三个级别。需要关注风险趋势变化，适当地调整资源进行管理，以有效的成本代价降低风险排序。
- 低风险（浅色区域，后果与频率相乘在 2 分及以下的风险）：管理优先级为低，可维持现有管理水平，适当地调配资源用以管理其他风险。

4）画出剩余风险与固有风险关系矩阵（见图 3-5）并对其进行分析（见表 3-8）。

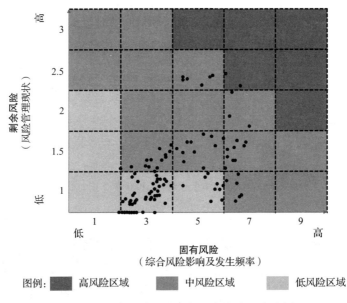

图 3-5　剩余风险 vs. 固有风险关系矩阵示例

结合风险评价的整个过程，风险的评价工作尽管能够得出量化的结果，但在整个过程中不可避免地存在主观判断的因素。企业从落地管理的角度出发，完全可以采用主观判断和客观数据相结合的方式。当然，做出主观判断的人员必须对企业情况充分了解，同时具备足够的专业性。

表 3-8　剩余风险 vs. 固有风险关系矩阵分析

固有风险：低 剩余风险：相对于固有风险未实质性降低 **分析**：鉴于固有风险水平较低，对该风险的控制措施可能是恰当的，不存在过度控制的问题 **应对**：保持当前的控制措施水平	固有风险：高 剩余风险：相对于固有风险未实质性降低 **分析**：该风险需要得到有效管控，但尚未得到有效管控 **应对**：应立即采取有效措施，降低剩余风险水平
固有风险：低 剩余风险：相对于固有风险已实质性降低 **分析**：鉴于固有风险水平较低，要考虑是否存在过度控制的问题 **应对**：充分评估当前控制措施的成本，考虑适当减少控制措施	固有风险：高 剩余风险：相对于固有风险已实质性降低 **分析**：该风险需要得到有效管控，同时在有效管控的情况下，剩余风险已经降低至较低水平 **应对**：应持续关注控制措施的有效执行情况，将剩余风险保持在较低水平

3. 关键风险指标

基于风险评价结果，企业可以实施风险排序，明确风险控制优先级，关注重要风险。在此基础上，企业可以通过下述步骤分析得出重点风险领域或事件变化情况的统计指标，形成关键风险指标，并予以定期监控。

（1）通过分析重要风险的成因，找出关键成因。

（2）量化关键成因，确定导致风险事件发生的关键风险指标（阈值）。

（3）持续跟踪监控关键风险成因的数值变化，当关键风险成因数值达到阈值时，发出风险预警信息，启动风险控制措施。

其中，关键风险指标的风险颗粒度较小，具备易辨识、可量化、自动化及可视化（结合信息系统）的特点，在企业风险管控中具有较强的实用性。但需要注意，关键风险指标一方面具有实时性，一旦达到风险阈值，必须及时采取措施；另一方面具有动态性，随着企业内外部环境的变化，关键风险指标应及时得到调整。一家企业的关键风险指标示例如表 3-9 所示。

表 3-9　一家企业的关键风险指标示例

管理环节	风险类别	业务指标	财务指标
采购管理	供应商选择	供应商选择与评价指标	—

（续）

管理环节	风险类别	业务指标	财务指标
采购管理	资金安全	供方授信额度指标	预付款账龄指标
	货物保障	订单执行有效性指标	—
	账务核对	供应商往来核对准确性指标	
销售管理	客户评价	客户质量评价指标	—
	资金安全	客户授信指标	应收账龄指标
	财务核对	客户往来核对准确性指标	
	库存水平与结构	现货库存水平控制指标	存货成本结构指标、存货库龄指标
	仓储安全	仓库技术评价指标	库存盘点准确性指标

3.2.6 综合案例：风险热图"西北角顶端"上的极端风险

我国台湾新北市八仙乐园 2015 年 6 月 27 日晚间举办"彩虹派对"起火，导致助燃性粉尘爆炸，造成 516 人受伤。[一]中新网 7 月 18 日电，据台湾新闻主管部门报道，台湾卫生主管部门统计，新北八仙尘爆目前还有 370 人留院治疗，其中 174 人病危，洗肾 6 人，插管 74 人，平均烧烫伤面积 44%。尘爆累计已造成 7 人死亡。据称，这是新北市救灾史上受伤人数最多的意外事故。

如很多相关文章所论述的，这是一起典型的由于缺乏有效的事前风险评估，同时控制策略及具体控制措施皆不到位，进而导致惨烈后果的重大风险事件。

1. 风险评估与风险矩阵"西北角顶端"风险事件

对于风险评估，通常从风险事件发生概率（风险矩阵的横轴）和风险事件发生将带来的后果（风险矩阵的纵轴）两个维度进行衡量，并通过综合考量两个维度评估的结果来确定风险管理优先级，如图 3-6 所示。

在上述框架下，有一类特殊的事项——发生概率非常低，但一旦发生后果非常严重的风险事项。如果置于风险矩阵之上，此类风险处于纵轴最上端、横轴最左端的位置（例如图 3-6 中第 37 号风险），因此称其为"西北角顶端"风险。如果继续套用前述框架，对此类风险的管理会面临"一个极大值乘以一个极小值等于多

[一] 资料来源：台湾新北市水上乐园粉尘爆炸致 516 人受伤，2015 年 6 月 28 日，搜狐新闻。

少""对应风险应该如何管理"的诡异问题。

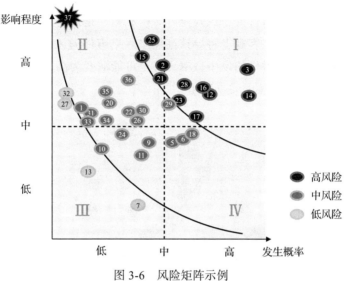

图 3-6　风险矩阵示例

如本次爆炸案中所体现的，在风险管理实践中，由于人们普遍存在"侥幸心理"，这类风险往往以"反正发生概率极低"为由而处于管理真空之中。

台湾粉尘爆炸案中，导致爆炸的"元凶"——彩色玉米粉早已在各类户外娱乐活动中普遍使用，可谓风靡一时，且几乎没有听说发生过爆炸事件；同时，根据材料研究人员的分析，玉米粉发生爆炸需要同时满足玉米粉单位空间浓度、湿度、火源等一系列条件。因此，无论从先验还是后验的观点，发生此类爆炸的概率都是极低的。

但此风险事件一旦发生，其后果就是灾难性的，台湾爆炸案不仅造成巨大人员伤亡，对活动主办企业及责任人的打击也是毁灭性的。

除了我国台湾地区的这次粉尘爆炸案，可比的风险事件还包括苏联"切尔诺贝利"事件、印度"博帕尔事件"等。

2. 风险从"西北角顶端"向"东北角"的逐步转移

对于游乐园粉尘爆炸甚至地震、海啸等类型的风险事件，导致其发生的客观条件决定这类事件发生的概率较低。但对于某些行业，例如化工行业、石油开采行业，高风险后果事件（如化工产品爆炸、原油泄漏等）的"低发生概率"更多地依赖于人为控制因素。这些行业在其百年发展历程中，针对高风险后果事件形成了相对比较成熟的风险管理机制。但上述行业的企业需要特别警惕一种危险的思想——认为高风险后果事件处于风险矩阵"西北角"是理所应当的。这种有意或无意的风险意识淡薄，在客观上将导致高风险后果事件向风险矩阵"东北角"转移——增加高风险后果事件的发生概率，甚至可能演变为高风险后果和高发生概率的"双高"风险事件，如图3-7所示。

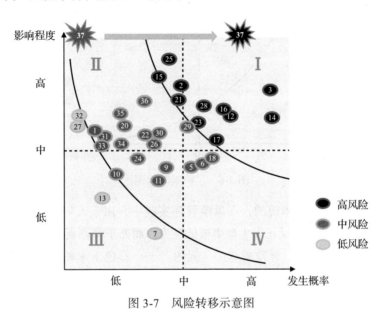

图 3-7　风险转移示意图

上述情况在现实中并不鲜见。2010年4月20日，英国石油公司在美国墨西哥湾租用的钻井平台"深水地平线"发生爆炸，导致大量原油泄漏，酿成一场经济和环境惨剧。事后的调查表明，英国石油公司、钻井平台经营公司和政府监管机构的一系列工作疏忽及对风险的误判是此次事故发生的重要原因。

为防止原油泄漏，钻井平台一般都安装了防喷阀，防喷阀是阻止原油泄漏的关键装置。但在灾难发生前的数周，钻井平台工作人员发现控制全封闭防喷阀闸板的液压和电子装备所在的两个容器中的一个发生了泄漏现象，但英国石油公司考虑到停产将增加运营成本（钻探平台每日的运营费用达33.7万英镑，折合约300万元），因此并未停产检修，而是关闭了出现故障的容器，启用了另一个容器。最终在钻井平台发生爆炸后，防喷阀未能启动堵住漏油点。

此外，政府相关监管机构也存在失职行为。在事故发生前的 9 年里，英国石油公司在墨西哥湾地区的原油开采中已多次违规，共遭到美国海岸警卫队发出的 6 次警告和 2 次起诉。但政府相关监管机构并未因此对英国石油公司进行更加严格的监管，联邦矿产资源管理局更是玩忽职守，对钻井平台设备的检测流于形式，甚至允许被监管的石油公司用铅笔自行填写检查报告。

3. 风险矩阵"西北角顶端"风险事件的管理

对于此类风险矩阵"西北角顶端"上的风险，应该如何管理呢？

根据 COSO 框架等经典分析框架，对于此类风险，应该采取的风险管理原则是：无论发生概率的高低，均采取最严格的风险控制措施。例如，在"恒天然召回案"中，恒天然针对发生概率极低的"高致病细菌"污染，采取了全球召回的风险控制措施，尽管在随后的 2013 年 8 月 28 日，新西兰初级产业部发布声明，恒天然乳粉污染事件是虚惊一场。最终检测确认，恒天然三批次乳清蛋白粉中的细菌为普通产芽孢梭状芽孢杆菌，而非高致病性的肉毒杆菌。宣布召回后的两周内，恒天然在中国的销售额骤降，不及原先水平的五成，然而到 2013 年 12 月初，恒天然在华销量已经恢复到风波前的 90%～100%。

识别此类风险事件的主要手段包括：

- 极端情景假设，即通过不断假设"极端情景"，识别可能发生的严重后果。
- 专业团队的充分评估，即引入对应事件所在领域的专业人员，进行充分的风险探讨。

针对此类风险，典型的控制措施包括：

- 直接采取"风险规避"策略（相关内容本书第 3.3 节将进行阐述）。如由于彩色跑中存在玉米粉尘风险因素，2015 年 7 月之后，彩色跑官方取消了重庆、沈阳等多地的彩色跑活动。
- 针对风险源设置各类应对机制。围绕灾难性风险事件的风险源，设置多重控制机制。例如在存在粉尘爆炸隐患的环境下，严格执行通风等技术措施。
- 设置充分的应急措施。在企业的具体风控实践中，通常体现为各类"重大风险应急预案"。

- 针对存在严重风险后果的风险事项，通过建立"不可接受事件"的禁止清单（即可能导致严重后果的风险事件清单，例如在存在粉尘爆炸隐患的场所吸烟），对相关人员严格问责——禁止清单中的事件发生时，责任人会面临严厉处罚。

3.3 风险策略的制定

3.3.1 风险策略的选择

企业完成风险识别与评价工作后，应根据各项风险的评价结果，综合考虑企业自身战略、管理基础、风险偏好、风险承受能力等因素制定风险策略，以便在风险策略的基础上制定具体的控制措施。在企业实务操作中，主要的风险应对策略包括以下四类。

1. 风险规避策略

在风险规避策略下，企业会采取措施以消除一类风险发生的前提条件。例如，某企业决定将危化品运输业务整体出售，以彻底规避危化品运输安全风险。又如，某企业拒绝向低信用水平客户提供赊销额度，同时不从事金融衍生品交易等高风险领域业务。需要指出，企业在采取风险规避策略的同时，往往也必须放弃一些潜在收益。

2. 风险降低策略

在风险降低策略下，企业针对特定风险采取有针对性的控制措施，以降低企业实际承担的风险。例如，某企业针对赊销客户实施信用审核，以控制坏账率。风险降低策略表现为降低风险发生频率和降低风险危害程度两个方面，具体控制措施可分布于事前、事中和事后三个阶段。例如通过市场调研和论证，降低新产品开发风险，这属于事前控制；对生产线良品率进行持续监控，对产成品进行质量抽检，则属于事中控制和事后控制。一般而言，事前控制的重要性高于事中控制和事后控制。

3. 风险转移策略

风险转移是指通过订立契约的方式，将企业的风险转嫁给受让人承担的行为。在该策略下，企业通过与第三方合作，将自身所承担特定风险的部分甚至全部转嫁给第三方。例如，某企业每年向保险公司购买财产险，一旦出现保单范围内意外财产损毁，保险公司将给予保险赔偿。此外，企业还可以通过建立战略联盟、技术转让、特许经营、业务外包等形式实现特定风险转移。

4. 风险承受策略

在风险承受策略下，企业会承担特定风险。例如，某企业为特种设备操作人员等特殊岗位人员购买人身意外险，但未给一般员工购买此险种。对于风险承受策略，需要注意：①此策略应基于风险评价结果制定，确保风险后果在企业可承受范围之内；②应保持对此风险的持续监控，以便及时调整策略。

请注意，一些专业文献将风险应对策略划分为：①风险承担；②风险规避；③风险转移；④风险转换；⑤风险对冲；⑥风险补偿；⑦风险控制。本书将其中一些类别进行了合并。

☕ 案例：明星艺人行为风险应对策略选择

近几年，不少当红明星艺人接连被曝出行为不端、价值观扭曲事件，让"吃瓜群众"过了瘾，但给明星艺人的合作方带来了巨大损失——比如在广告发布或影视作品拍摄完成后，若曝出相关明星行为不端或相关明星遭到管辖单位处罚、"封杀"，那么广告宣传价值将大打折扣，而影视作品制作方甚至不得不全片"换脸"，或全片删减相关明星的镜头。那么，在名人效应仍旧发挥重要作用的今天，针对明星艺人行为的风险应如何选择应对策略？

若合作方为一般生产型企业，在利用具有一定知名度的艺人作为代言人开展营销推广、品牌宣传活动前，企业可以通过充分的尽调、合同约定等方法降低代言艺人的行为风险，或者企业在充分调查和考量后，也可选择风险规避策略，即放弃明星代言这种推广形式。但若合作方为影视作品制作方，除非摄制动漫等类型产品，否则明星艺人必须参演，影视作品制作方往往只能选择前面已述及的风险降低策略。

由此可见，风险策略的选择往往受风险对象、风险承担主体的风险控制能力、偏好以及行业特征等影响。

3.3.2　从风险策略到具体控制措施：以合同管理为例

风险策略通常表现出原则性的特征，而控制措施是基于风险策略所制定的具体的、可落地的管理手段。在正常业务开展过程中，企业不可避免地需要签订合同，因此企业通常无法采取"风险规避策略"。同时，企业也不能采取"风险承受策略"，因为合同风险可能导致法律纠纷或重大经济损失。因此，企业通常会针对合同管理采取风险降低策略和风险转移策略。其中，风险转移策略通常体现为将部分合同风险通过合同条款转嫁给第三方，这里不再展开。在风险降低策略下，合同管理典型风险及控制措施如表 3-10 所示。

表 3-10　风险降低策略下，合同管理典型风险及控制措施示例

业务环节	典型风险	控制措施
合同订立依据	未明确评估并确定可签订书面合同的条件，可能导致重要经济业务未签订合同或擅自签订合同，无法有效保障企业利益	● 评估并确定需要签订书面合同的条件，如规定除即时结清的小额交易外，应订立相关合同
合同调查与谈判	未对合同对手的履约能力进行恰当评估，可能导致企业业务不能正常开展	● 调查合同签约对象的资质、信用和履约能力，并进行恰当评价
	合同谈判人员缺乏专业性或独立性，可能导致谈判失败，或谈判结果有损企业合理利益	● 结合合同特征，确保合同谈判人员构成的专业性和多样性，可与财务、法律、技术等专业人员保持必要沟通，对重大合同组织其参与谈判
	合同谈判过程缺乏监督，可能导致合同谈判过程不规范，甚至出现舞弊行为，企业利益未得到适当保护	● 针对合同谈判重大事项进行记录，组织各部门联合审议，并可邀请监督部门（如审计部门）列席
合同文本选择	未有效使用格式合同或未对格式合同版本进行有效评价与更新，导致相关风险未能得到有效控制，同时降低了工作效率	● 确保合同文本内容规范，对关键条款的描述应完整、规范、符合企业要求；针对常见的合同类型，企业可通过制定标准合同文本的方式予以规范，并定期评估、更新标准合同文本。若在合同使用中对格式合同的关键条款进行了调整，应视同为非格式合同进行审核、审批及签署
合同审核	合同草案审核、审批授权不合理，审核或审批人的专业性或管理层级存在瑕疵，或合同草案正式签订前，缺少必要的、充分的专业或独立审核，可能影响审核意见的专业性和独立性，无法保障企业利益	● 明确合同的审核方法或标准，明确各类合同的审核、审批主体及责任、权限、程序以及重大合同的会审、会签要求 ● 严格遵守审核或审批的程序（包括时间、顺序等要求）以及执行标准
合同签署与用印管理	合同签署文件未经完整的审核审批，或与合同生效相关的印鉴或签字缺乏集中管理，可能导致合同签字、盖章未按规定程序办理	● 合同签署前，检查拟用印合同与经审核合同文本的一致性 ● 建立合同专用章保管制度，合同经编号、审批及企业法定代表人或由其授权的代理人签署后，方可盖章。其中：

（续）

业务环节	典型风险	控制措施
合同签署与用印管理	合同签署文件未经完整的审核审批，或与合同生效相关的印鉴或签字缺乏集中管理，可能导致合同签字、盖章未按规定程序办理	a. 企业可结合合同的性质、合同标的涉及部门、签订年份以及流水号等要素制定合同编号规则，合同编号应连续，保证合同信息完整性和可追溯性 b. 企业应制定用印审批流程，并对用印过程进行记录 • 印章保管人应妥善保管印章，合同章外借需要双人管理，防止滥用
合同履行	未对合同履行状态进行有效跟踪和反馈，导致无法有效跟踪合同履行状态，无法及时发现和处理异常情况	• 持续收集与评估合同执行情况信息，识别异常情况并及时反馈；强化对合同履行情况及效果的检查、分析和验收（包括阶段性履约及最终履约情况） • 定期对合同履行的整体情况和重大合同的履行情况进行分析、评估及内部审计；对合同订立、履行过程中出现的违规行为应追究相关责任
合同付款	未按合同规定期限、金额或方式付款；或疏于管理，未能及时催收到期合同款项；或在没有合同依据的情况下盲目付款等，导致企业经济受损	• 财会部门应当在审核合同条款、获取相关结算依据后办理结算业务，按照合同规定收付款 • 依据催收程序，及时催收到期欠款
合同登记归档与保管	缺乏基于合同编号或台账体系的合同汇总管理系统，无法保证合同登记、归档的完整性、及时性，影响合同执行状态监控、合同查阅工作的有效开展	• 合同管理部门应当加强合同登记管理，充分利用信息化手段，定期对合同进行统计、分类和归档，详细登记合同的订立、履行、变更和终结等情况 • 明确合同信息安全保密工作，未经批准，任何人不得以任何形式泄露合同订立与履行过程中涉及的国家或商业秘密
合同管理职责权限设置	合同管理缺乏集中归口管理（部门、岗位、职责），影响合同管理效果效率	• 将法律部门等作为合同归口管理部门，对合同实施统一规范管理
	缺乏基于合同分类的合同谈判、审核、审批的授权体系，可能难以确认合同管理责任，导致合同业务办理效率低下，合同风险缺乏管控	• 建立分级授权管理制度，根据自身业务和组织特征，按照一定标准（如合同性质和金额）建立合同审核审批的分级授权。不得越权审核、审批 • 明确各业务部门、职能部门在各类合同管理活动（包括但不限于调查、谈判、起草、审核审批、签订、履行、结算、监督等）中的职责，并确保不相容职责应分离 • 建立健全考核与责任追究制度，在明确合同管理权限、责任的基础上，建立责任认定机制，制定考核标准和激励措施

3.3.3　风险管理工作的动态化

企业的风险识别与评价工作必须具备动态性，典型原因如下。

（1）风险本身是动态的。例如，银行体系中的流动性风险本身会随着业务组合、资产负债情况等因素的变化而变化。又如，在项目管理过程中，在项目的不同阶段，风险会表现出不同的特征。

（2）企业在发展过程中，需要不断平衡风险控制与业务发展的关系。例如，相对于成熟期，企业在初创期对风险的容忍度往往更高。

（3）外部环境的变化。例如，外部监管要求趋严，企业需要更新内部管理要求以达到合规要求。又如，2020～2021年，我国一些知名企业频现因个别基层员工公开举报企业不当行为而陷入舆论旋涡，这与当前社会极高的信息化水平关系密切。

（4）风险评价主体的变化。例如，企业前后任管理者可能具有不同的风险偏好，会影响风险评价结果。

（5）控制措施本身在不断发展。例如，随着新技术的不断发展，机场在安检中已逐步用人脸识别技术替代之前的人工检视手段。

☕ 案例：利用"纯白户"线上骗贷案

近几年，多家银行推出了公积金线上贷款业务，银行按照贷款者的公积金缴纳情况可以反推出其收入水平，然后按照一定的授信比例对贷款者放贷。银行认为公积金与贷款人的收入水平直接相关，且数据简单、易于验证、风险可控。然而，这个模型中的漏洞被几位在金融行业具有丰富从业经验的人员发现了，于是他们进行了非常"疯狂"的诈骗操作。

（1）首先，犯罪团伙组织了上百人的专业团队，在市场上找到了大量的纯白户（即没有任何征信记录的用户），大多数是来自偏远地区的务农人员。

（2）其次，犯罪团伙利用黑客技术、贿买手段等入侵住房公积金系统，盗用企业账号，为从市场上找到的纯白户补缴公积金。

（3）最后，犯罪团伙补缴公积金、伪造贷款所需证明后，利用纯白户身份通过银行线上业务进行贷款申请。

据披露，诈骗团伙共募集补缴公积金1.2亿元，然后通过银行线上贷款业务实际贷出金额高达10亿元。

该案例体现出了风险控制的复杂性和动态性，企业应不断结合市场上的风险因素优化风控手段，如在该案例中，银行可对贷款者公积金缴纳的连续性、年限等予以限制，或者通过线下贷款业务办理核实贷款者身份等，增强风控手段。

资料来源：四川破获特大包装"纯白户"骗贷案：某 POS 机代理涉案，金额高达 10 亿，2020年 9 月 30 日，新浪网。

企业需要建立一套风险动态管理的机制，并将其嵌入日常运营与管理活动中，提升风险信息的准确性和及时性。其关键点包括以下几个方面。

第一，实现对风险信息持续的归集和评价。流程示例如表 3-11 所示。

表 3-11　风险信息归集流程示例

步骤	工作步骤说明	实施部门、岗位	文件、表单使用
1	从各个渠道归集风险事项相关信息，收集的渠道包括（但不限于）： ● 风险管理部门自行收集 ● 各部门风险管理岗信息提报 ● 其他部门与岗位提供的风险信息	风险管理部门、各部门风险管理岗	风险注册登记表
2	对风险事项信息进行初步评价，剔除不符合条件的信息	风险管理部门、各部门风险管理岗	风险注册登记表
3	判断是否属于风险清单已归集的风险事项，如为风险清单已归集的风险事项，则结束本流程。风险清单中已归集的风险事项，将在风险清单相关管理流程中得到评价	风险管理部门、各部门风险管理岗	风险清单
4	如风险事项不在风险清单中，依据风险可能产生的后果以及发生概率，初步判断风险是否为重大风险	风险管理部门、各部门风险管理岗	风险注册登记表
5	如评价为非重大风险，则由风险管理部门协同风险相关部门，对风险进行评价，并将评价结果上报至管理层	风险管理部门、各部门风险管理岗、管理层	风险报告
6	如初步评价为重大风险，则依据重大风险评价流程进行评价（如由风险管理委员会进行评价），并将评价结果上报至管理层	风险管理部门、各部门风险管理岗、管理层、重大风险评价相关部门	风险报告
7	汇报与沟通风险评价结果，经管理层审批后更新风险清单，并依据风险策略制定相关流程进行后续处理	风险管理部门、各部门风险管理岗、管理层	风险报告风险清单

第二，持续更新风险评价标准。

第三，建立风险监控及报告机制，基于风险清单对风险管理实际效果进行反馈。

第四，针对控制措施设计和执行有效性进行持续评价，并反馈评价结果。

3.3.4 综合案例：风险识别、评价与措施制定实例

综上，对于风险，企业实操关键点包括：

（1）建立风险管理组织，明确权责。

（2）选择合适的风险识别、评价工具，输出清晰的评价结果。

（3）制定风险应对策略及可落地的控制措施。

接下来，将以一家企业的实际操作为例，展示其通过风险信息收集、问卷调查、访谈、抽凭测试、风险评价矩阵以及风险研讨会等工具，对多个业务循环的风险进行识别与评价。限于篇幅，本书选取采购与付款业务循环作为示例。

1.风险识别与评价组织配备

为了完成风险识别与评价工作，该企业内部组建了风险识别与评价小组（下文称"项目组"），小组人员构成包括企业内部专业人员及外部专家。

2.风险识别与评价工作的实施

步骤1：利用风险调查问卷识别风险。

结合行业特征及采购业务主要风险，项目组设计了风险调查问卷。该问卷涉及采购计划管理、设备采购实施、物资采购实施、供应商管理、验收与付款、采购争议管理 6 个业务流程的 128 个风险现象。

项目组结合调研需求，组织企业相关员工现场填写问卷，现场共发放及回收 35 份问卷。经评价，回收问卷皆为有效问卷。问卷填写人的分布情况如图 3-8 所示。

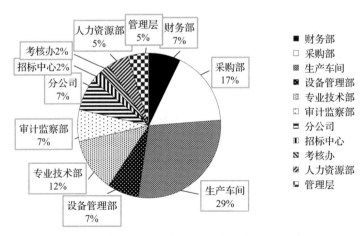

图 3-8　问卷填写人的分布情况

步骤 2：开展访谈了解风险管控情况。

项目组为进一步了解业务现状及风险管控情况，设计了访谈问题，对重要业务岗位和管理层人员进行了访谈，共访谈人员 20 名，其分布情况如图 3-9 所示。

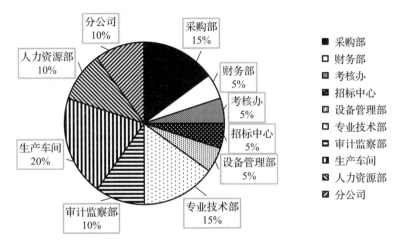

图 3-9　访谈人员的分布情况

步骤 3：利用经营情况检查及抽凭深入了解风险管控现状。

结合前期基础调研，项目组抽取了与采购业务相关的 181 份文件，涉及采购合同、招标过程记录、供应商清单、经济考核资料、管理制度等，以检查业务控制措施设计及执行情况。具体如表 3-12 所示。

表 3-12　项目组的资料获取情况

提供部门	资料获取情况
采购部	93 份业务记录
审计监察部	19 个项目（合同）、3 份业务清单、1 份制度规定
招标中心	18 个项目（合同）、3 份业务清单、1 份制度规定
设备管理部	1 份业务记录
专业技术部	32 份业务记录
财务部	2 份业务记录
人力资源部	2 份业务记录
考核办	3 份制度、3 份业务记录

步骤 4：风险问卷调查初步统计分析，评价风险。

（1）采购管理循环总体风险评价。

项目组统计制作了"风险分布图"（见图 3-10），以反映参与问卷调查员工对采购管理业务循环 128 个风险现象的总体评价结果。该坐标图中的散点即代表本业务循环的各个风险现象。越靠近坐标图右上方，代表风险严重程度越高且管理现状越差。

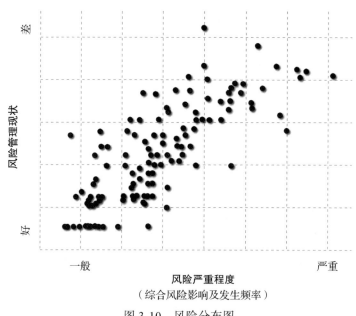

图 3-10   风险分布图

（2）最受关注的 15 大重要风险。

结合参与问卷调查员工对采购管理业务循环 128 个风险现象的综合评价结果，项目组从中选取了 15 个最应关注的重要风险（风险严重程度高且管理现状差），主要集中在采购计划管理、设备采购实施、物资采购实施以及验收与付款几个方面，详见表 3-13。

表 3-13   项目组选取的重要风险

业务流程	重要风险描述
采购计划管理	物资材料市场价格上升，导致采购成本增加
	所采购物资材料库存经常短缺，影响企业正常经营活动

（续）

业务流程	重要风险描述
采购计划管理	没有及时采购生产急需的设备和物资，影响企业正常生产经营活动
	采购计划内容不准确，与企业生产经营安排不匹配，导致采购不足或浪费
	采购计划编制过程缺乏与生产部门、物资管理部门、设备管理部门、财务部门的沟通，导致采购计划编制质量低下（例如，未核实存货情况，未确认生产计划情况）
	仅关注短期采购计划（如月度计划）的编制，忽略长期采购计划（如年度、双年度计划）的编制，导致采购活动缺乏前瞻性
	采购计划编制相关人员的专业能力不足，影响采购计划质量
	未对采购计划编制的准确性进行严格考核，影响采购计划编制质量
设备采购实施	采购的设备的规格特性不符合企业生产需要（如设备技术落后，功能缺失，效能低下，规格与其他设备不匹配，不适应企业工作环境等），导致资源浪费且影响正常生产经营
物资采购实施	采购的物资材料不符合企业生产需要（如型号、尺寸、技术参数等不符合企业生产需要），导致资源浪费
	采购的物资材料质量不合格，不能满足生产需要
	采购中采取的运输方式不当，导致货物交期延迟或产生货损货差
验收与付款	缺少质检设备投入，导致质检能力不足，不能有效对采购质量进行检验
	未按时提报采购支付计划，影响采购支付效率
	未及时按合同付款，导致供应商停止供货，企业信誉受损

步骤 5：确定风险研讨会议题。

结合风险调查问卷统计分析、风险访谈分析以及采购业务抽凭分析结果，在缩小风险描述颗粒度，聚焦重点风险类型后，项目组制定了 6 个风险研讨会议题。

- 风险类型 1：采购计划的合理性和准确性。
- 风险类型 2：物资库存合理性。
- 风险类型 3：采购财务管理规范性。
- 风险类型 4：采购验收效率效果。
- 风险类型 5：供应商名录及评价管理规范性。
- 风险类型 6：采购招标与比价规范性。

3. 风险评价成果的输出：制定风险应对措施

针对所确定的风险研讨会议题，项目组及研讨会参与人员通过剖析典型的风险现象，明确风险发生的原因，制定了风险应对措施。同时，该研讨会列示了尚未决策的待跟进事项，待后续进一步分析与决策。

（1）风险类型 1：采购计划的合理性和准确性。其风险评价成果的输出如表 3-14 所示。

表 3-14　风险类型 1 的评价成果输出

典型风险现象	确认的风险应对措施	待跟进事项
• 生产车间上报物资型号错误 • 由于计划编制时间紧张等，物资采购计划与实际生产安排不匹配 • 材料计划审核缺乏明确的标准（如应核减哪些物资材料） • 生产车间上报物资计划缺乏系统性，导致常用材料采购零星分散，通用性水平低，影响采购效率和成本	• 采购部门逐步建立物资型号的详细数据清单 • 合理安排月度、年度采购计划编制时间，保证生产车间有充足的时间编制计划 • 采购部门加强技术数据积累，提高物资采购统一性（如尽量统一采购选型），以提高配件的互换通用性 • 有效利用月度、年度采购计划，针对常用物资进行统一集中采购	• 除了时间因素，采购计划不准确还有哪些原因——计划编制人员能力不足？计划审核责任不清？采购人员专业能力不足？物资系统设计缺陷 • 应制定怎样的采购计划审核标准 • 目前设备管理部门等专业职能部门人才缺乏，如何提升人才专业性

（2）风险类型 2：物资库存合理性。其风险评价成果的输出如表 3-15 所示。

表 3-15　风险类型 2 的评价成果输出

典型风险现象	确认的风险应对措施	待跟进事项
• 部分常用物资短缺，部分物资由于重复采购等导致积压 • 部分设备配件型号匹配性较差，造成库存浪费。例如，出现过生产车间使用三种不同型号设备的情况，而且三种设备的配件不通用，导致仓库同时准备三类配件 • 现有物资管理系统无法满足管理需要，物资仓储管理主要依靠手工记账方式	• 整理常用物资、易损物资清单，并建立上述物资的安全库存标准 • 在专业技术部门及采购部门建立有效的管理台账，清晰记录已提交、已收到的采购申请，避免重复采购 • 在采购部门与专业技术部门间建立通畅的沟通渠道（如例会等），便于双方积累相关物资使用技术数据，以保证采购的准确性和安全库存的合理性 • 配件通用性问题整改方案见"风险类型 1：采购计划的合理性和准确性"部分 • 升级物资管理系统，将计划编制、采购及仓储管理协同纳入信息系统管理	• 付款不及时，采购订单错误导致退换货，生产车间计划错误导致退换货，这几类情况各自对物资库存短缺的影响程度如何？应如何整改

（3）风险类型 3：采购财务管理规范性。其风险评价成果的输出如表 3-16 所示。

表 3-16　风险类型 3 的评价成果输出

典型风险现象	确认的风险应对措施	待跟进事项
• 采购或生产车间未提前上报资金支付需求，影响整体资金计划工作 • 财务部门不参与采购合同审核，且采购合同签订后也未及时在财务部门归档，财务部门在采购付款前对采购合同签订情况不知晓，无法及时获知未来的采购资金需求信息	• 采购部门与财务部门之间加强互动，就企业资金状况、采购支付金额、支付方式、支付优先级等事项加强沟通。其中，采购部门定期上报采购资金需求，同时财务部门定期向采购部门确认支付需求，以形成支付计划 • 财务部门参与采购合同的审核 • 采购合同签署完成后及时在财务部门备案	无

（4）风险类型 4：采购验收效率效果。其风险评价成果的输出如表 3-17 所示。

表 3-17　风险类型 4 的评价成果输出

典型风险现象	确认的风险应对措施	待跟进事项
• 缺少必要的专业验收设备 • 缺少明确的验收标准 • 专业技术人员紧缺，无法满足设备、物资验收需求	• 成立专门的质检部门，引进专业检验设备 • 逐步明确验收标准 • 引入更多的专业技术人才参与验收	• 物资质量不高可能导致使用部门物资耗用费用增加，其责任在使用部门和采购部门之间如何认定、分担

（5）风险类型 5：供应商名录及评价管理规范性。其风险评价成果的输出如表 3-18 所示。

表 3-18　风险类型 5 的评价成果输出

典型风险现象	确认的风险应对措施	待跟进事项
• 尚未建立系统的合格供应商名录 • 未对现有供应商开展评价工作 • 生产车间反映的设备、物资质量问题，未及时有效地传递至采购部门，以与供应商沟通并对其进行评价	• 梳理现有合格供应商清单 • 针对设备、物资供应商，明确各部门管理职责，制定供应商评价信息收集、传递及使用流程，启动供应商评价工作 • 建立设备、物资使用与验收异常处理程序，明确使用与验收异常上报路径及标准	无

（6）风险类型 6：采购招标与比价规范性。其风险评价成果的输出如表 3-19 所示。

表 3-19　风险类型 6 的评价成果输出

典型风险现象	确认的风险应对措施	待跟进事项
• 采购部门在实施设备采购时，未充分咨询设备管理部门、生产车间的专业意见，影响设备采购决策质量	• 在设备物资比价采购过程中，采购部门应听取设备管理部门、技术部门及生产车间的建议	

（续）

典型风险现象	确认的风险应对措施	待跟进事项
• 地理位置交通不便，影响供应商参加现场投标意愿 • 招标程序或评标标准存在瑕疵，存在低价中标、招标排名靠后的投标人中标等情况 • 在部分招标工作中，存在因计划外招标、紧急招标而采取简化招标程序、定向采购的问题	• 应用远程会议系统等技术手段，提高供应商参与招标的便利性 • 严格执行招标程序，如存在评标标准瑕疵，应及时总结并改进评标标准 • 加强招标计划管理，并将计划执行情况纳入考核 • 强化对简化招标、定向采购的审核审批	• 招标采购耗时是否过长？有无缩短招标采购时长的可能

在本轮风险识别、评价与措施制定程序执行完毕之后，根据相关管理制度，该企业在不超过 6 个月的时间范围内，会对主要业务循环再次执行上述程序，以便对各项风险及对应控制措施的状态保持持续评价。

第 4 章

内部控制措施工具

4.1 措施制定原则、"强度"与"时间"因素

4.1.1 内部控制措施制定原则

如第 3 章所述，当企业决定对特定风险采取风险降低策略时，需要对这些风险采取必要的控制措施。在既定的战略下，风险降低策略是企业内控体系中最主要的策略类型，而控制措施工具的选择与应用则成为企业内控具体工作中的一项重要内容。控制措施工具选择与应用的科学性、合理性、可落地性，在很大程度上决定了企业风险控制的有效性、控制资源的投入产出比以及内控体系的可持续性。因此，企业管理者应熟练掌握一系列控制措施工具，并且结合企业经营的实际情况，灵活选择应用。

另外，企业在进行内部控制建设时，要坚持风险导向、科学分析的原则，避免在控制措施工具选择中追求"形式"，忽略"实效"。在内控流程设计过程中，企业应该遵循如下原则。

（1）风险导向原则：应充分关注对应业务中存在的各类风险，并设置具备实际控制效果的控制措施。关于风险的识别、评价与策略的制定可参看本书第 3 章。

（2）可操作原则：应充分考虑流程的可操作性。提高内控体系"可操作性"的具体手段可参看第 6.5.2 节"提高内控'可操作性'"。

（3）成本效益原则：应充分考虑流程所对应的投入产出效益比，并且应在不影响流程实施质量的前提下，提高执行效率。

4.1.2 对控制措施"强度"的考虑

基于前述内控流程设计原则，企业应科学设置控制措施的"强度"，既要防止控制不足，也要防止过度控制。

关于控制措施"强度"，可参见表 4-1 中的几组示例。

表 4-1 控制措施"强度"示例

控制措施强度 示例	高强度控制措施	低强度控制措施
示例 1	道路隔离带	道路双黄线
示例 2	使用生物识别智能锁	使用门禁卡
示例 3	集团总部通过银行资金池对下属企业进行资金管控	集团总部通过下属企业上报的资金计划审批，对下属企业进行资金管控
示例 4	对拟入职人员进行专业背景调查	对拟入职人员背景进行面试询问
示例 5	对存货进行高频率的全面盘点	对存货进行低频率的抽查盘点
示例 6	双人双岗审核	单人单岗审核
示例 7	特定违规行为一经发现，企业即与责任人解除劳动合同	特定违规行为一经发现，企业即对责任人进行勤勉谈话
示例 8	与客户沟通的同时现场同步录音录像，与客户沟通完毕形成书面记录后让客户签字	与客户沟通完毕形成书面记录后让客户签字

高强度和低强度控制措施的差异归纳如表 4-2 所示。

表 4-2 高强度和低强度控制措施的差异

控制措施强度 比较事项	高强度控制措施	低强度控制措施
逾越控制的技术难度	高	低
记录留痕	高要求	低要求
监督	• 监督频率高 • 监督范围广 • 更多地引入业务交叉检查或第三方监督	• 监督频率低 • 监督范围窄 • 更少地引入业务交叉检查或第三方监督
违规处罚	严厉	温和
实施成本	相对较高	相对较低
风险应对	通常应对重大风险	通常应对非重大风险

4.1.3 对"时间"因素的考虑

在具体控制措施的制定过程中,"时间"是另一个需要重点考虑的因素。"时间"与控制措施的关系体现在如下两个方面。

一方面,任何控制措施都需要消耗一定的时间,时间消耗的多寡可能因控制措施而异。例如,相对于一般询比价,公开招标往往会消耗更多的时间。又如,相对于由一位管理人员进行审核,委员会形式下的评审会消耗更多的时间。因此,在制定具体控制措施时,企业应考虑以下两点。

(1)控制措施将消耗的时间是否值得?时间是企业宝贵的管理资源,对于非重大风险投入过多的时间进行控制同样也是一种过度控制。

(2)所需投入的时间是否符合客观条件?例如,某集团总部内审部人员不足10人,"一把手"却对总部内审部提出对集团下属数十家企业每年必须审计至少一轮的要求,让审计人员无所适从。

另一方面,时间因素是导致控制措施失效的重要因素之一。企业在经营过程中,时常会遇到非常紧急的事项。例如,主要设备发生意外故障,工程项目施工中出现意外异常,领导提出需要在很短时间内落实投资项目等。如前文所述,任何控制措施都需要消耗一定的时间。在时间紧迫、领导催促的情况下,由于客观上时间要求无法满足,一些控制措施必然被"跳过",或者流于形式。例如,应该招标的采购项目改为竞争性谈判,应该先进行可行性研究、尽职调查、协议谈判等活动的投资项目改为先投入资金、后补相关程序性内容。现实中,大量的风险事件发生、内控失效案例,都与"时间紧迫"有关。因此,企业应该通过加强计划管理等手段,尽量避免出现这些情况,以为各项控制措施真正发挥作用留出合理的时间。

接下来,本章将阐述内控实践过程中的各类典型控制措施工具。请注意,本章中的一些控制措施与 COSO 框架中的"控制活动"要素并非完全对应,例如"信息与沟通""监督"在 COSO 框架下是与"控制活动"并列的要素,在本章中将分别作为一类控制措施工具进行探讨。

4.2 职责

企业的职责体系,体现为企业部门设置、岗位职责划分及其协作方式,是企业开展经营活动的基础。同时，企业职责体系本身，也是企业内控体系中的关键工具，具体体现在以下两个方面。

一方面，当企业需要采取特定措施时，最直接的做法莫过于新增部门或岗位，并赋予其所需的工作职责，或者在已有岗位的基础上调整其工作职责。比如当企业信用风险失控时，则会引入信用审核岗位；当生产经营过程中生产事故频发时，则会引入安全员岗位；当发生多次不合规发票入账的情况时，则应在财务岗位的职责中涵盖发票审核工作要求。

另一方面，企业各部门或岗位的高质量履职是企业防范风险的重要手段。职责不清、不合理，履职不尽责、不专业是产生风险的重要来源。

需要注意的一点是，职责并不等同于部门或岗位，在一般情况下，应尽量在现有组织架构基础上有效分配、整合职责，避免盲目增设部门或岗位。

4.2.1 合理设置岗位职责

在设置相应岗位职责体系的过程中，企业应遵循以下原则。

1. 职责清晰，避免职责空白或职责重叠

职责空白意味着管理缺位，职责重叠则意味着管理资源低效，两者均对企业经营产生不利影响。例如某中型生产企业，由于频繁进行组织架构、分管领导调整等，针对"采购过程中核实库存数据的工作职责"形成了不同理解，使用部门、采购部门和仓储部门相互推诿，最后均未承担库存核实工作。结果，采购部门为了保证生产物资供应，直接按照使用部门所提报的采购需求向供应商采购，导致严重的过量采购、存货积压问题。因此，企业应结合自身业务特点、组织架构、资源配置情况等因素，清晰、合理地设置各项工作职责，并努力实现职责之间的有效衔接，不重不漏。

对于工作"补位"（如政府机关对外办公大厅，为防止在对外接待过程中出现工作推诿，实施"首问负责制"），从内控的角度应理解为：补位是在职责清晰的前提下所设置的一种处置原则。比如，客户经理 A 外出不在岗时，为了提高客户满意度，客户经理 B 可以对 A 的客户进行现场接待，提供联系 A 等帮助，但不能越权代替 A 做出商务承诺。同时，补位必须满足专业性要求，例如特种设备操作必须由特种设备操作员来完成，非专业人员操作可能导致严重后果。

2. 职责要求能够被有效传递

职责要求应有效传递至各部门、岗位，具体要求包括：

（1）所涉及的特定部门或岗位职责及与之相关的部门或岗位之间的界限描述明确，没有歧义，易于理解。

（2）突出各部门或岗位在风险控制方面的职责。

（3）建立有效的职责信息宣传贯彻机制，如培训，在职责说明书上签字确认等。

4.2.2　资源配备契合职责要求

企业需要为各部门、岗位履职配备其所需的资源，典型的资源包括：

（1）足够数量的人员配备，人员具备胜任能力或专业性。

（2）信息系统配备。

（3）基础数据等。

以人力资源为例，即使职责清晰，履职质量仍在很大程度上依赖于执行者的专业胜任能力、工作态度等因素。

☕ 案例：错误"人"为，险酿大祸

2016 年 10 月 11 日，东航飞行员准备驾驶 A320 飞机执行 MU5643 航班，由上海虹桥机场起飞，将 147 名旅客送往天津。11 点 54 分，飞机接到塔台指令滑出。12 点 03 分，塔台指挥飞机进跑道 36L，机组在执行完起飞前检查单之后飞机进跑道。12 点 04 分，塔台指挥下令"跑道 36L，可以起飞"。之后，A320机组在确认跑道无障碍的情况下，执行了起飞动作，飞机速度已达 130 节（每小时 240 公里）。而此时，东航 MU5106 航班（由横跨 36L 的 A330 飞机执飞）正载着 266 名旅客从北京飞抵上海，并得到空管指令穿越跑道前往航站楼停靠，在穿越 36L 跑道过程中，MU5106 航班机组也发现了有飞机正在滑跑起飞，于是立即加速滑行以尽快脱离跑道。

A320 机长观察并确认该 A330 飞机确实是在穿越跑道的情况下，迅速操纵飞机以 7.03 度 / 秒的速率带杆到机械止动位，从 A330 飞机的上空惊险飞越，避免了可能的撞机事故（机上旅客 413 人、机组 26 人）。根据民航局初步调查后召

开的视频会议透露的细节，当时两架飞机的垂直距离最小时仅 19 米，情况非常危险。

2016 年 10 月 21 日，民航局认定该事件是一起因塔台管制员遗忘动态、指挥失误而造成的人为原因严重事故征候。民航局要求空管系统检查安全生产责任制是否健全；关键岗位人员培训是否严格落实，资质能力和工作作风是否符合岗位要求；是否存在超能力运行；管制运行程序是否合理优化；是否存在违章运行情况等触碰红线的问题。

在该案例中，塔台人员在履职过程中出现严重工作失误，险些酿成大祸。

资料来源："沪两客机险相撞"民航局出调查结论，2016 年 10 月 15 日，网易新闻。

4.2.3　避免利益冲突

利益冲突是指特定部门或岗位在履职过程中，因为绩效考核、汇报路径等因素导致其无法有效履职。企业在进行部门、岗位职责设置及人员任命时，需要充分考虑可能存在的利益冲突。

例如，企业主要围绕产量对生产部门进行目标设定，当生产部门发现某一批产品可能存在一定质量隐患时，如果生产部门在质量管理方面的话语权过大，则其很可能基于侥幸心理推动该批产品通过质检。

又如，某企业审计部门向某一个分管副总汇报，这位副总同时分管企业其他部门的经营业务。当内审部门对由这位副总分管的经营业务进行审计时，受前述汇报关系影响，审计人员会产生顾虑，进而影响其审计独立性。

4.2.4　权责利平衡

在进行职责设置时，企业应充分考虑各部门和岗位的权力、职责以及利益平衡。例如，在海底捞，服务员承担提高客户满意度的责任，因此被赋予了一些现场权限（《海底捞你学不会》书中描述："普通服务员都拥有八大权力：抹零，换菜，退菜，送菜，送礼物，打折，免单，代替就餐顾客外出购买店内没有的物品"），同时服务员个人经济利益也会与客户满意度密切挂钩，进而实现权责利三者之间的平衡。我们在第 6.2.2 节将对"权责利"做进一步的探讨。

4.3 控制文化

台塑集团王永庆强调制度，他自始至终都认为经营理念是企业最大的制度。他认为："没有理念，制度就没有灵魂；没有制度，责任心就没有根基；没有责任心，企业管理就没有效率。企业文化的形成，可以说是经由经营理念长期孕育而成的。而台塑集团的经营理念，归纳起来就是：以勤劳朴实的态度，针对企业经营所涉及的各个环节，都能追根究底，点点滴滴追求一切事务的合理化，并且以'止于至善'为最终的努力目标。经营理念和企业之间的关系就像是人的心灵与肌肤一样，只有在彻底地融为一体之后，人才是一个有生命力的人。"

COSO 框架中的"控制环境"包括：员工的诚信度、道德观和能力；管理哲学和经营风格；管理层授权和职责分工、人员组织和发展方式以及治理层的重视程度和提供的指导等。

为方便讨论，我们可以将上述"经营理念""控制环境"等内容归纳为企业的"控制文化"。

4.3.1 控制文化的功能

一方面，企业内控体系的有效运行，离不开良好的控制文化氛围。换言之，如果缺乏必要的控制环境，那么一些控制措施往往难以发挥其预期效果。例如，汽车设计者为了督促驾驶员在行驶过程中系好安全带，通常会设计警告机制，若行驶过程中安全带扣无法感应到锁片插入，则汽车会发出警报音。然而，在很多司机并非真正认识到安全带重要性的环境下，一种专门用来"欺骗"系统的锁片卡应运而生。又如，在一家控制文化严重失效的企业，考勤卡系统上线马上催生了大量"代人打卡"等现象。在很多企业，管理制度"写在纸上，贴在墙上——给人看""说一套，做一套""潜规则压倒明规则""领导说啥就是啥"，归根结底是文化出了问题。

☕ 案例：银行员工盗窃金库现金 5100 万元

在 2007 年震惊全国的河北邯郸农行金库特大盗窃案中，河北农业银行邯郸分行的金库管库员任某某与马某某携巨款出逃，在不到一年的时间里，这两名"家境优裕"的银行"模范工作人员"和"点钞高手"多次监守自盗，截至出逃时共盗走现金 5100 万元。

　　按照农行金库管理规定，两名管库员各有一把钥匙，每天 24 小时值班，进出金库至少有 3 道门，每道门都必须由两名管库员同时带齐钥匙才能开启，制约这两名管库员的是金库门口的监控探头。每拿一次钱按规定要登记，行长、主任、任意主管领导随时都可以"验库"，有时一天验 3 次，间隔天数最长不能超过 10 天。如果按照上述制度执行，金库现金不可能屡次被盗。但是，河北邯郸农行连续遭窃数十次，显然银行的这些制度是彻头彻尾的"一纸空文"。

　　资料来源：办案检察官把脉邯郸农行金库 5100 万元被盗案，2007 年 8 月 14 日，中国新闻网。

　　另一方面，良好的控制文化自身就能防范一些风险。例如，在保密相关制度流程并非特别完善的企业，如果员工普遍具有良好的保密意识，企业信息泄露的整体风险就会大幅度降低。从这个角度看，文化是对规则无法有效涵盖领域的"补偿性控制"。

4.3.2　控制文化的建设

　　在内控文化的建设过程中，企业首先需要做的是"设定高层基调"。俗话说"上梁不正下梁歪"，管理层在企业控制文化建设中的垂范作用至关重要。企业文化的沦陷往往始于管理层的行为"失范"，如管理层逾越企业的内控规范"滥用权力"，往往给基层员工的违规行为以口实。

　　纵观国内外各行业领先的标杆企业，其管理层无不重视通过各种方式进行内部控制文化的宣传贯彻，以促进控制文化的上行下效，具体表现为企业最高层以"明确的、坚定的"方式向企业全体阐明在基本道德规范、行为准则等方面的期望。

　　企业可以通过制定行为规范文件的形式，明确员工所需遵循的职业道德规范，以及对企业内各类违规行为应采取的措施。例如，可口可乐公司为贯彻诚信与道德文化，专门制定了《商业行为规范》，并将其作为行动指南，具体内容如下：

- 明确强调"员工应诚实行事，公正而尊重地彼此相待以及公正而尊重地对待我们的客户、合作伙伴、供应商和消费者"。
- 明确该规范适用于可口可乐公司的所有员工，并特别强调了企业管理人员在建设职业道德和遵纪守法文化中的表率作用。

- 设置道德官员岗位，解答员工关于行为规范的疑虑。
- 如员工针对企业内不当行为提出举报，企业承诺严肃对待，并对实名举报员工的信息严格保密。
- 清晰界定利益冲突的范畴。
- 明确员工与政府、供应商及消费者打交道时所需遵循的行为规范。

此外，企业可以通过持续内部培训、高层新年讲话、高层内部邮件以及各种表彰仪式等形式，向全体员工持续宣传贯彻控制文化要求。优秀控制文化的建设往往需要企业长期、持续的投入，同时其回报也是长期的、巨大的。

4.4　规划

在我国现阶段，很多企业在进行各项决策或业务操作时，可能抱着"图省事、图快速"的侥幸心理，严重忽略计划工作，导致企业存在决策风险识别不全面、风险评价不深入的问题。例如常见的"三边工程"，对工程成本、进度和质量都会产生显著的负面影响。从企业实际应用角度，常见的规划可表现为"计划与预算"和"预设业务规则"两种形式，前者的重点在于对"如何在有限的资源范围内实施经营活动"进行规划，后者则倾向于对"事前设定何种规则以确保经营活动有序开展"进行规划。

☕ **案例：深圳地铁因小区施工两次被打穿，前期规划成儿戏**

2017 年 10 月 28 日晚，深圳深湾片区某小区进行钻探施工时打穿地铁 9 号线深湾站至深圳湾公园站区间（通往文锦方向）隧道，导致涌泥。据悉，该事件主要由施工方违反规定，在未向地铁集团报批的情况下擅自组织施工导致。事实上，同类事件已非第一次发生。2016 年 4 月 28 日，因施工单位在未经地铁集团审批的情况下擅自进行钻探施工作业，深圳地铁 5 号线在临海站至前海湾站区间被打穿。

这两次事件均由外部施工违规钻探所致，反映出施工方在施工前缺乏全面、充分的技术评估，前期规划工作存在严重缺陷。

资料来源：惊险！深圳小区内钻探打穿地铁隧道，2 斤重石砸了下来，2017 年 11 月 1 日，凤凰网。

4.4.1　计划与预算

1. 计划与预算的核心功能

计划是指企业针对未来各类经营活动开展所事先制定的规划，典型的企业计划包括销售计划、生产计划、人力资源计划、采购计划等，预算则可以理解为企业计划的货币量化。

在战略管理层面，计划是衔接企业整体战略与企业各项资源的"桥梁"，企业需要通过系统完善的计划体系将整体战略自上而下分解至部门及岗位层级，即部门通过认领任务形成部门工作计划，岗位通过认领任务形成岗位工作计划，各项工作计划在执行过程中可能会充分调用企业资源（如资金、外包等），以此形成相应的计划（如资金计划及外包计划）等。

任何企业都需要计划，根据企业的战略、业务特征、管理基础的因素，需要决定：①计划的期间（短期 vs. 长期），当企业没有能力制订长期计划时，就制订短期计划；②计划调整的灵活度，如果计划本身面临较高的不确定性，就需设置灵活的计划调整机制。

在具体执行层面，计划与预算应同时解决谁来做，做什么，什么时候做，需要什么资源，各方如何配合，应形成什么样的成果以及如何评价及考核成果的问题。

在内控体系中，计划与预算作为一类控制措施，其核心功能可以归纳为以下几点。

（1）设定目标。计划与预算（特别是中长期计划与预算）中的量化数值实际是为了设定"努力需达成的结果"。例如，企业制订了年度销售计划与预算后，销售部门绩效激励水平通常会与销售计划与预算的实际完成情况挂钩。

（2）通过制订计划与预算，迫使企业在具体开展工作、投入资源之前进行充分的风险识别和评价。例如，在预算编制阶段，企业预算评审机构会针对预算申请部门所提报的预算进行挑战，进而促使预算申请部门充分考虑预算制定基础的合理性，并对可能出现的风险制订应对方案。

（3）计划与预算（特别是短期计划与预算）协调、指导企业各部门或岗位开展具体工作。例如，采购部门根据生产、物资等计划与预算编制采购计划与预算，然后采购部门再根据计划与预算执行具体的采购活动。

2. 计划与预算的关键点

计划与预算管理"软化"与"僵化"是企业通常面临的问题（见表 4-3）。

表 4-3　计划与预算管理中常见的问题类型及表现

问题类型及表现	后　果	典 型 例 子
计划与预算管理"软化"：计划预算调整随意，计划预算与绩效考核脱节	计划与预算形同虚设	合理的差旅费用标准得不到有效执行，导致资金浪费
计划与预算"僵化"：当原计划与预算已不具备合理性的前提下，仍然坚持原有计划与预算	计划与预算导致行为异化	• 在达成销售指标无望的情况下，采取"压货""与客户勾结""数据造假"等手段，以期在表面上达成销售指标 • 在外包协议还未达到付款条件的前提下，为了降低"预算执行偏离度"考核指标，坚持付款 • 在错误的销售计划基础上编制错误的生产、采购等计划

因此，企业需要在"计划与预算必须具备严肃性"和"计划与预算必须具备灵活性"之间达成平衡。例如，当企业发现外部市场环境发生重大变化时，应及时对包括销售预算在内的各项预算进行调整，并同时对预算跟踪、预算绩效考核等活动进行必要调整。计划与预算是一个可能形成"内控恶性循环"和"内控良性循环"的典型场景，以预算为例，其管理中的恶性循环与良性循环如图 4-1 所示。

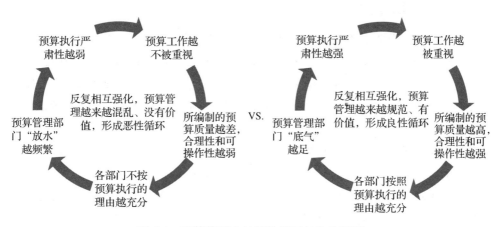

图 4-1　预算管理中的恶性循环与良性循环

不仅仅是预算管理，其他管理活动也可能出现上面两类循环，企业需要努力构建良性循环，避免恶性循环。要想实现良性循环，一方面需要企业提高制度流程质量；另一方面则需要高层的持续推动。相关内容可参看本书第 6.3 节及第 6.5.1 节。

计划与预算关键点可以归纳为以下几个。

- 计划与预算管理组织及流程配备。以预算为例，相应的预算管理组织包括预算最高决策机构、预算日常工作管理专职机构以及参与预算的职能部门等；预算流程包括预算编制与审批、预算信息传递、预算过程监控与分析调整（如通过预算台账对预算执行情况进行跟踪与分析）以及预算考核评价等。

- 计划与预算审议或者质询机制。例如针对具体预算项目，企业通过召开预算评审会，聚焦两类问题：①立项必要性，这通常与企业战略和资源平衡有关；②项目执行方案合理性，这通常是围绕项目技术、财务等因素的技术问题。

- 配备专业团队。例如针对工程预算、IT项目开发预算等，在编制、审议、质询环节都需要引入专业人员。

- 利用专业工具。例如中大型企业通过预算信息化的建设，在整合业务数据的基础上，形成预算编制、执行控制、分析、考核的一体化平台。

4.4.2　预设业务规则

除了计划与预算，企业另一类重要的规划性工作是在业务操作程序上的事前规划。在企业各项管理活动中，有一些管理事项的工作步骤、职责分配已相对成熟稳定（如费用报销、常规物资采购、定岗定编条件下的人员招聘等），企业通常以《费用管理制度》《采购制度》《招聘制度》等制度形式将这些事项的操作要求"固化"下来。

与之相对应，另一些管理事项由于具有个性化特点（如企业拟开展一次无前例可参照的大型市场拓展活动），其具体操作很难套用预设规则，需要"一事一议"。针对此类事项，企业通常按照项目管理要求预设工作程序，并以《项目管理制度》之类的制度形式进行规范。当然，是否采取项目管理方式，还需要考虑具体事项重要性水平，对于涉及金额水平很低、无重大影响的管理事项，完全可以简化管理。

上述两类管理事项，尽管在预设规则形式上存在差异，但都需要企业有效开展风险评估、设置控制点。两类工作事项预设规则差异可参见表4-4。

表 4-4　不同工作事项类型预设规则差异比较

不同工作事项类型 比较内容	重复、常态化工作事项	非重复、非常态化工作事项
业务特点	经过反复执行，业务操作已基本成熟。例如，主要产品销售、日常费用管理等	各项工作存在"显著个性"，如何操作可能需要一事一议。例如，IT 系统开发等
制度流程特点	直接在制度流程中，基于"最佳实践"制定流程操作详细规范。例如，在制度中明确请购单开具、传递、审批、处理的详细操作要求	制度流程主要用以规范企业项目管理，并不直接呈现具体项目中的操作细节。规范重点环节通常包括：立项、项目方案制订、项目方案执行、项目执行效果评价与反馈
控制点特点	在制度流程中直接植入具体操作控制点。例如，在付款前明确要求单据审核、授权人审批等	围绕项目生命周期设置控制点。例如，立项前必须开展尽职调查、可行性研究等工作；项目执行过程中需要持续评价项目执行情况，针对项目异常应及时采取措施等

4.5　授权及审核与审批

从广义上讲，授权是指上级把一定的职权授予下级，使下级拥有对应的自主行动权。授权以及在授权基础上的审核与审批，都是非常重要且常用的控制措施。

4.5.1　授权

1. "授权"的典型缺陷与权限分析维度

COSO 框架（2013 版）中将"在董事会的监督下，管理层建立相应的组织结构、汇报路径、恰当的授权体系，以实现组织目标"作为一条重要原则提出。企业通过授权让企业内各部门及岗位获得相应的权限，是企业高效运作的基础。授权作为重要的内控措施工具之一，具有下述内控功能（见表 4-5）。

表 4-5　授权内控功能

内控功能	说　明	示　例
1. 阐明关键工作决策点，增加决策专业性和合理性	通过适当的授权管理，对业务办理中应关注的决策环节进行界定，体现关键控制点	合同签订流程中明确财务、法务部门审核与审批权限，即明确了财务部门、法务部门从其专业角度识别合同草案风险的职责，而财务、法务审核与审批即为该流程的关键控制点
2. 明确职责范围	通过分级、分类的权限分配，明确业务办理中各部门及岗位的工作责任	在合同管理制度中，明确规定所有销售合同的付款条件都应经过信用管理部审核，其中，付款期超过 90 天的应由信用管理分管副总审批

(续)

内控功能	说　明	示　例
3. 明确工作流转顺序	通过授权工具（如表单、系统）的合理设计，体现各类各级权限在流程中的作用	在合同申请表单上设置不同职能、不同层级的签批顺序，以提示业务流转顺序

而在现实中，由于授权管理不当而导致的权限界定不清晰，权限设置不合理，越权行为等是很多企业所面临的现实问题（见表4-6）。

表4-6　授权典型缺陷

典 型 缺 陷	说　明
1. 不进行授权	一方面，可能导致权力过于集中且整体效率低下，企业难以有效运转；另一方面，可能影响对下级人员的能力培养
2. 授权范围、对象、权限描述不清晰	可能导致难以确定被授权人，或者难以界定被授权人的权责范围
3. 授权程序不完备。例如，无书面授权，缺乏恰当的授权流程步骤	可能导致授权有效性无法确认或者责任追溯缺乏依据
4. 被授权人管理层级过高或过低	被授权人管理层级过高，可能导致浪费企业管理资源或影响其他人员决策独立性；被授权人管理层级过低，其权威性易受挑战，影响决策效率效果。例如，某企业在对经营提案进行审核审批过程中，董事长经常首先表态，导致一些管理人员不愿意表达自己的观点
5. 被授权人专业能力不足或职业道德缺失	专业能力不足，可能导致权力的错用、误用；职业道德缺失，可能导致权力滥用甚至舞弊行为
6. 授权的同时没有明确被授权人相应的责任，或缺少对被授权人的考核机制	被授权人的责、权、利不清，可能影响其工作的积极性和责任心
7. 缺乏对转授权的有效管理，如未明确哪些事项可以转授权；未明确授权人针对转授权事项的责任	可能导致不恰当的转授权，或者让转授权成为规避责任的借口。企业应明确授权人对经转授权事项负有最终责任
8. 授权违背不相容职责分离要求	可能导致授权活动缺乏牵制与监督

2.10 大维度权限分析框架

授权体系受到企业内外部众多因素的影响，企业在梳理、设计及评价其授权体系时，通常需要解决如下几类问题。

（1）企业应该如何设置权限？这个问题可以进一步分解为：应该设置哪些权限？应以怎样的方式设置权限？

（2）企业应如何分析并应对权限可能存在的风险？

下面将从 10 个维度对权限进行分析。企业可从各个维度识别授权体系分析要点，并根据分析结论优化自身授权体系。

分析维度 1：从管理动作维度，即从权限对应的管理动作角度出发分析相关权限。

从微观的视角，企业的经营活动经过分解成为一系列管理动作。这个分析维度聚焦于根据企业各部门与岗位所完成的管理动作进行权限分类（见表 4-7）。

表 4-7 管理动作维度下权限的分类、说明及示例

分 类	说 明	示 例
1. 提出权	提出或者发起某项工作的权力	物料需求部门，根据生产计划、仓储数据等依据，向采购部门提出请购
2. 审核权	对某项业务相关程序是否完备，支持材料是否规范，数据是否正确等进行检查、核实的权力	技术部门对供应商的技术能力进行检查，确认其符合技术标准
3. 审批权	对某项业务申请、方案进行核准与决策或对某项成果进行确认的权力	采购部门负责人决定是否引入某供应商
4. 执行权	执行某项指令，实施某项经营活动的权力	采购员经授权后，可代表企业与指定供应商进行商务谈判
5. 记录权	对特定经营活动进行正式记录的权力	销售部门的商务人员根据销售情况登记销售台账，财务部门的会计人员对经营业务进行会计处理和账目登记
6. 检查权	对特定经营活动进行检查监督的权力	内审部门对业务部门的经营活动实施审计，市场督导部门对企业经销商的业务规范性进行检查
7. 知情权	及时、完整、准确地获知特定经营活动相关信息的权力	总部各职能部门向子公司要求其报备重大经营事项
8. 建议权	对特定经营活动提出优化建议的权力	企业各部门向品牌部门提出品牌方案优化建议
9. 考核权	对特定经营活动、经营主体进行考核的权力	企业绩效管理委员会对企业各部门进行年度绩效考核

在上述维度下，权限分析的关键点包括：

● 针对各经营事项的权限配备是否完整并形成管控"闭环"？例如，是否明确必要的记录工作？重要的管理工作是否已经被纳入绩效考核？

● 权限分配是否满足基本不相容职责分离原则？例如，执行权与记录权、

执行权与审批权、监督权与其他权限之间，应考虑不相容职责的分离。

分析维度 2：从业务功能维度，即结合各项业务的关键环节来分析相关权限。

企业经营过程中的各类业务活动（如销售、采购、生产、人资等）可以有序地划分为一系列关键环节，该分析维度聚焦于依据企业各项业务开展所涉及的关键环节进行权限分类。由于企业的业务类型较多，仅示例如下。

- 在典型的销售业务中涉及的关键权限包括：销售计划权、谈判权、定价权、授信权、合同权、发货权、收款权、会计处理权等。
- 在典型的采购业务中涉及的关键权限包括：请购权、谈判权、合同权、供应商选择权、验收权、付款权、会计处理权等。
- 在典型的废旧物资处置业务中涉及的关键权限包括：废旧物资鉴定权、废旧物资实物管理权、废旧物资交易单位选择权、废旧物资定价权、废旧物资称重权、废旧物资款项回收权、会计处理权等。

请注意，在此分析维度下，特定权限通常表现为一系列细分权限的组合。例如，销售及采购业务中的合同权，还可以进一步划分为合同文本制定、合同审核审批、合同用印等权限。在后续其他维度中，也会出现这种情况。

在上述维度下，权限分析的关键点包括：

- 权限分配能否支撑各项业务的高效开展？各项业务中应明确的权限是否已经明确并清晰地划分至具体部门或岗位？
- 权限分配是否满足基本不相容职责分离原则？例如，销售发货权与会计处理权之间应考虑不相容职责的分离。
- 权限分配是否满足专业分工原则？例如负责信审的部门，是否已经配备具备信用分析能力的人员并通过可靠路径获取信审所需要的基础数据？

分析维度 3：从权限来源维度，即从企业中各个主体获取权力的方式来分析相关权限。

企业作为一个在法律框架下的运行实体，其授权体系必须遵循所适用的法律。企业内部的各项授权，则可以理解为在法定授权基础上的进一步分解。本维度聚焦于依据企业各项权限的来源进行权限分类（见表4-8）。

表 4-8 权限来源维度下权限的分类、说明及示例

分 类	说 明	示 例
1. 法定授权	基于《公司法》等法律法规规定，企业对应机构与人员所获得的权限	根据《公司法》，股东会、董事会、监事会、经营层被分别赋予特定的基本权限
2. 企业内部授权	在法定授权的基础之上，在企业内部进行分级授权，通常体现为法定授权的进一步分解	企业董事会在自己的授权范围之内，在企业内进行各类权限设定

在上述维度下，权限分析的关键点包括：

● 权限分配是否合法合规？例如，是否符合《公司法》等法律法规的要求？

● 企业内部授权是否有恰当的法定授权基础？例如，业务部门权限不能超过董事会授予总经理的经营权限范围。

分析维度 4：从重要性维度，即根据事项的相对重要性水平分析相关权限。

"抓大放小"是贯穿于各类管理活动的基本原则，基于对"重要性"的正确评估，能够帮助企业识别管理重点，合理分配管理资源，这一点在授权方面也得到了明显的体现。一般而言，企业可以从战略影响程度、涉及金额大小、风险水平高低等角度，对各项权限进行重要性评价。本维度聚焦于依据企业各项权限的相对重要性进行权限分类（见表 4-9）。

表 4-9 重要性维度下权限的分类、示例及控制特点

分 类	示 例	控制特点
重大授权	某企业规定合同金额超过 100 万元为重大合同，需要经总经理办公会审议通过后方可签署	设置更多的权限节点，权限节点尽可能前移，指定较高阶的管理人员作为审批人，分配更多的专业资源，更多地采用集体决策，制定更加规范的过程记录要求，制定更加严格的监督机制
非重大授权	某企业规定采用标准定价的标准格式销售合同，销售人员可与客户直接签署后提交备案	简化权限节点，授权节点可后移（包括报备制），指定较低阶的管理人员作为审批人，分配更少的专业资源，更少采用集体决策，简化过程记录要求，制定相对宽松的监督要求

在上述维度下，权限分析的关键点包括：

- 重大授权或非重大授权的划分是否合理？是否与风险评价结果相一致？
- 企业针对重大或非重大授权所分配的资源是否恰当？是否存在资源配备不足或者过度分配资源的情况？

分析维度 5：从计划与预算管理维度，即围绕计划和预算管理来分析相关权限。

在已经建立计划及预算管理体系的条件下，企业经营活动会在企业计划及预算框架下运行。本维度聚焦于依据企业各项权限及计划与预算的关系进行权限分类（见表 4-10）。

表 4-10　计划与预算管理维度下权限的分类、示例及控制特点

分　类	示　例	控　制　特　点
计划与预算内权限	某企业规定，对于计划与预算内的部门费用，经部门负责人同意即可列支	通常无须再履行计划与预算相关程序，权限设计应以提高执行效率为导向
计划与预算外权限	某企业规定，对于计划与预算外的部门费用，必须先履行计划与预算增补流程，经部门分管副总同意后方可列支	通常需补充履行计划与预算程序，授权设计应充分考虑计划与预算相关风险

在上述维度下，权限分析的关键点包括：

- 企业计划与预算管理的有效性如何？各类权限能否依赖企业计划与预算管理机制？
- 针对计划与预算外的权限设置是否满足计划与预算管理要求？例如，针对计划与预算外投资项目，是否充分履行了立项论证工作（此工作通常是计划与预算阶段的重点工作内容）？

分析维度 6：从集团管控维度，即从集团内成员单位的角度分析相关权限。

在集团化运作的条件下，企业需要考虑在不同法人主体间的权限设置，特别是集团总部与下属企业的权限划分。本维度聚焦于依据集团管控要求进行权限分类（见表 4-11）。

表 4-11　集团管控维度下权限的分类、说明及示例

分　类	说　明	示　例
集团总部权限	在集团内，归属于集团总部的各项权限	在某集团，所有成员单位的年度预算的审批权归属于总部
集团总部下属企业权限	在集团内，归属于总部下属企业的各项权限	在某集团，总部下属企业有在预算内列支单笔不超过 2 万元管理费用的权力

在上述维度下，权限分析的关键点包括：

- 针对重大管控风险，是否采取了恰当的权限方式？例如，针对下属企业重大事项，应采取总部报批制而非总部报备制。
- 集团授权体系是否合法合规？涉及总部下属企业其他股东的，是否获得了股东会的授权？
- 集团内授权体系是否在集团各主体间形成有效的执行机制？例如，下属企业与总部之间是否建立了顺畅的报批、报备工作机制？

例如，某企业集团总部针对下属分支机构，采取了一系列控制措施，其中比较典型的包括：①财务总监及财务部部长直接由总部委派；②利用银行服务，将分支机构资金在集团财务中心层面进行集中管理；③分支机构重大合同需经总部审批同意后方能签署；④分支机构如需采购集团总部集采清单内物资，由集团总部采购中心执行招投标等程序，分支机构依据集团总部采购中心输出结论执行。

分析维度 7：从治理与经营维度，即从公司治理和公司经营的角度分析相关权限。

一般而言，企业的整体组织架构能够划分为治理层和经营层，并结合两者的职能赋予各自一定的权限。本维度聚焦于依据企业治理与企业经营进行权限分类（见表 4-12）。

表 4-12　治理与经营维度下权限的分类、说明及示例

分　类	说　明	示　例
治理权限	体现在企业治理层的权限，如股东会、董事会、监事会的权限。涉及企业顶层权力分配，主要依赖适用法律法规、《公司章程》等文件内容	在某企业，董事会拥有审议金额超过 1000 万元的合同的权限
经营权限	体现在企业经营层的权限，如总经理及其下设经营团队的权限。涉及企业日常经营的权力分配，主要依赖股东会、董事会对经营层的授权	在某企业，总经理办公会有审议金额低于 1000 万元（含 1000 万元）的合同的权限

在上述维度下，权限分析的关键点包括：

- 治理权限与经营权限的划分是否合法合规？是否符合《公司章程》规定及股东间达成的其他协议安排？
- 治理权限与经营权限的划分是否清晰？两类权限是否有效衔接？例如，在经营层授权范围之外的事项，是否能够有效地提报董事会、股东会审议？

分析维度 8：从业务涉外性维度，即从是否涉及企业外主体的角度分析相关权限。

在企业开展经营活动的过程中，不可避免地需要和企业外部主体形成经济、法律关系。本维度聚焦于依据各项业务特点的涉外性进行权限分类（见表 4-13）。

表 4-13   业务涉外性维度下权限的分类、说明及控制特点

分　类	说　明	控制特点
涉外业务权限	该权限在应用过程中，会直接和企业外部主体形成业务、法律等关系。例如，企业人员以企业名义对外签署经济合同	该权限设计过程中，要充分考虑外部经营、法律环境特点，例如需要确保涉外业务经办人在办理业务前经过了有效授权，降低未经授权人出现"表见代理"情形的风险
非涉外业务权限	该权限在应用过程中，不会直接和企业外部主体形成业务、法律等关系。例如，企业仓储部门进行内部存货盘点	通常不存在与企业外部主体相关的风险

在上述维度下，权限分析的关键点包括：

- 企业有哪些业务存在涉外性？它们会产生怎样的涉外风险？
- 涉外业务如何实现"有效授权前置"？如何控制"表见代理"风险？

☕ 案例：董事长私刻公章开展涉外性业务，所签合同构成表见代理吗

翁某某为万翔房地产开发有限公司（以下简称"万翔公司"）董事长，但非法定代表人。翁某某因投资房地产开发，从 2009 年 8 月开始向游某某融资，游某某于 2009 年 8 月至 2010 年 2 月间分 4 次向翁某某投入资金总计 245 万元，翁某某也分别向游某某出具 4 张借条，华鑫公司、万翔公司作为担保人在该 4 张借条上盖章表示担保。

2014 年 4 月 30 日，游某某、翁某某签订《协议书》，该《协议书》对以上 4 笔借款及利息进行了结算，重新约定了还款期限和以物抵债的偿还方式。华鑫

公司、万翔公司亦作为保证人在《协议书》上盖章。之后，经游某某多次催还，翁某某仍拒不偿还借款本息。

　　游某某向福建省龙岩市中级人民法院（以下简称"龙岩中院"）起诉，要求翁某某还本付息，华鑫公司、万翔公司承担连带保证责任。龙岩中院一审判决支持了游某某的诉请。万翔公司不服，上诉至福建省高级人民法院（以下简称"福建高院"），福建高院判决驳回上诉，维持原判。万翔公司仍不服，向最高人民法院申请再审。再审期间，万翔公司提交了武平县法院刑事判决，该判决称2014年下半年翁某某私刻万翔公司印章，并在向游某某出具的借条、《协议书》上加盖了该枚印章。但最高法院仍裁定驳回了万翔公司的再审申请。

　　最高人民法院认为，尽管刑事判决已经认定该公章为翁某某私刻，但结合翁某某在万翔公司所任特殊职务以及股东身份等权利外观，已经足以让交易相对人游某某产生合理信赖。法院认为，翁某某的行为已构成表见代理，万翔公司应对翁某某的涉案债务承担担保责任。

　　资料来源：游斌琼与福建省万翔房地产开发有限公司、翁炎金等民间借贷纠纷申诉、申请民事裁定书，2016年12月14日，中国裁判文书网。

☕ 案例：一枚私刻公章，掀起翻盘大浪

　　中国裁判文书网2020年1月3日公布了一则有关中泰信托和财富证券回购合同纠纷的二审民事判决书[①]，揭开了两家金融机构纠缠许久的债券回购的案件始末。据判决书显示，此前中泰信托与财富证券就"中泰债券投资（HH1期）单一资金信托"产品中的15兴安债、16红果小微债签订债券交易协议，约定财富证券向中泰信托或其指定第三方购买上述两项债券，这两项债券的面值均为1亿元。但在双方约定的回购日期，中泰信托却没有依约回购15兴安债。为此，财富证券将中泰信托告上了法庭。湖南省高级人民法院在2019年1月20日给出的一审判决显示，要求中泰信托继续履行与财富证券的回购义务，并支付财富证券相应的违约金。

　　在二审中，中泰信托却指出，财富证券出示双方签订的协议书中使用的该产品信托专用章为伪造品，中泰信托从未刻制过该信托专用章，没有与财富证券签订债券交易协议，并指出协议书中的落款人和联系方式分别为中泰信托的客户康思资本的员工和康思资本的联系方式。同时，中泰信托提交了一份公证

书，并让康思资本当时的法定代表人平某康出庭作证，证明了平某康在中泰信托不知情的情况下私自刻制了"中泰信托公司投资（HH1期）单一资金信托专用章"，并以该印章与财富证券签署多份《债券远期买卖协议》等事实，根本不涉及中泰信托自身的经济事务。此外，财富证券虽主张涉案《债券远期买卖协议》是中泰信托公司与其所签，但在庭审中对中泰信托公司的签约经办人及签约细节均未能做出回答，也未有事实证明两者形成了既定的交易习惯和模式。最高人民法院二审判决，撤销一审判决，驳回财富证券要求中泰信托履行该笔债券回购义务的诉讼请求，并由财富证券负担这两次案件的相关费用共计120万元左右。[2]

① 资料来源：中泰信托有限责任公司、财富证券有限责任公司证券回购合同纠纷、买卖合同纠纷二审民事判决书，2020年1月3日，中国裁判文书网。
② 资料来源：太罕见！"萝卜章"竟然翻盘！打赢官司又被改判，"损失"1个亿，2020年1月19日，搜狐网。

对比以上两个案例，同样是一枚"萝卜章"，为什么判决结果却截然相反？根据表见代理的概念和立法规定，其中构成表见代理的条件之一为"须有使相对人相信行为人具有代理权的事实或理由"。在第一个案例中，翁炎金董事长的身份是成为法院认定"表见代理"的关键因素。但在第二个案例中，中泰信托一方提供了协议所盖印章为虚假印章的实质性证据，并从合同落款人和联系方式、签约经办人并非中泰信托工作人员及签约等细节证明财富证券并非"善意第三人"，因此并不构成"表见代理"。

分析维度9：从授权频率与时效性维度，即依据企业内部各项权限的时效性来分析相关权限。

时效性是权限的一个重要属性，本维度聚焦于依据权限的"授权频率与时效性"进行权限分类（见表4-14）。

表4-14　授权频率与时效性维度下权限的分类、说明及示例

分　类	说　明	示　例
1. 常态授权	在管理制度、岗位职责说明等管理文件中予以明确的权限规定，除非被取消授权，此权限持续有效	某企业费用管理制度规定，财务总监有权审批10万元以下的报销申请
2. 临时授权	通过申请、审批等方式，在常态授权范围外进行授权。与常态授权不同，此类授权通常采取一事一议的形式，该授权通常会设定权限范围及有效期，对应事项结束则对应权限自动终止	采购人员在向采购经理提出申请并获得批准后，办理一笔自己常规权限之外的采购业务。例如，对某项重大收购项目，企业法人代表出具授权书，授权由某副总经理负责项目商务谈判、合同签订等事宜

在上述维度下，权限分析的关键点包括：

- 授权频率设定是否合理？是否兼顾了授权效率和风险？例如采取常态授权，高层的管理在授权方面的成本是比较低的，但当出现特殊情况时，也可能因为干预不及时而出现风险。
- 临时授权是否及时进行了权限终止或者更新？
- 常态授权是否得到了持续评估？是否及时进行了必要的调整？

分析维度 10：从权限固化方式维度，即围绕权限在企业的设定形式、载体等内容分析相关权限。

企业在制定了各类权限之后，为了在企业内实现有效沟通和执行落地，必须采取一定的方式将权限"固化"下来。本维度聚焦于依据权限固化方式进行权限分类（见表 4-15）。

表 4-15　权限固化方式维度下权限的分类及说明

分　类	说　明
制度文件固化权限	在管理制度文件（包括职责描述等）中，对各类权限进行描述，对分配原则、具体分配对象、权限使用原则进行说明
权限表固化权限	对企业的各类授权进行集中归集
授权书固化权限	围绕特定业务，对特定人员进行书面授权
表单固化权限	在表单设计中体现权限分配。例如，在特定表单的"审批人"一栏中体现岗位名称
信息系统设置固化权限	在信息系统的节点设置、用户权限等内容中体现授权

在上述维度下，权限分析的关键点包括：

- 各类授权是否已经配置了有效的设定方式？例如针对关键权限，相对于口头授权方式，采用制度化、系统化的方式，无疑会产生更好的固化效果。
- 各类授权方式之间的内在一致性如何？例如针对同一个授权事项，在制度、权限表、信息系统设置中应该保持一致。

3. 框架整合应用

在区分各个维度对权限进行剖析之后，我们回到前文所提到的两类权限问题。

（1）企业应该如何设置权限？这个问题可以进一步分解为：应该设置哪些权限？应以怎样的方式设置权限？

（2）企业应如何分析并应对权限可能存在的风险？

在 10 大维度权限分析框架下，围绕上述问题的关键点可以归纳为表 4-16 中的内容。

表 4-16　10 大分析维度及权限设置要点

10 大分析维度	企业应该如何设置权限	企业应如何分析并应对权限可能存在的风险
1. "管理动作" 维度	权限设置应该全面考虑各类管理动作	需要考虑管理动作权限的不相容职责分离要求
2. "业务功能" 维度	权限设置应该保障业务的有效开展	需要考虑不同业务功能权限的不相容职责分离要求，需要考虑不同业务功能权限的专业性要求
3. "权限来源" 维度	法律法规要求的权限应得到合法、清晰的设置	各项权限应该满足法律法规的要求
4. "重要性" 维度	权限设置应根据风险评价结果等划分重要性水平	针对重要权限，应充分匹配资源，加强监督
5. "计划与预算管理" 维度	权限设置应与企业的计划与预算体系充分结合	针对计划外或预算外权限，应确保相关计划或预算管理要求的落实
6. "集团管控" 维度	权限设置应考虑集团管控需要	根据集团管控风险设定恰当的权限
7. "治理与经营" 维度	权限设置需要考虑企业治理及经营要求	权限设置应满足治理法规要求，应实现治理层与经营层的有效衔接
8. "业务涉外性" 维度	对企业涉外业务，应清晰设置权限	对于涉外业务，应重点关注外部业务、法律风险（如表见代理）
9. "授权频率与时效性" 维度	各项权限应该明确授权频率与时效性要求	考虑常态授权下出现例外情况所导致的风险，考虑临时授权对执行效率的影响
10. "权限固化方式" 维度	各项权限都采取了恰当的固化方式	关注不同载体权限设置的内在一致性，关注不同固化方式下的权限不清、越权等风险

4. 授权设计要点

结合授权特征，企业应对授权采取分阶段、闭环管理。授权阶段划分及设计要点如表 4-17 所示。

表 4-17　授权阶段划分及设计要点

阶　段	设　计　要　点
阶段 1：授权设计	1. 仅对重要控制事项设置关键控制点 2. 授权层级兼顾控制效果和执行效率 3. 关键事项权限分配不重不漏 4. 满足不相容职责分离 5. 满足权责利对等
阶段 2：授权执行	1. 对授权人胜任能力进行评估 2. 确保被授权人能够获得充分的行权资源 3. 授权范围、对象、权限、时效清晰 4. 授权程序完备，留下可审查的授权记录
阶段 3：授权监督	对授权行为和行使权力进行监督，其中： （1）关注重大授权 （2）关注例外事项授权 （3）关注临时授权
阶段 4：授权考核	1. 授权人与被授权人责任明确划分 2. 建立授权责任追溯及考核机制

4.5.2　审核与审批

在管理动作中，由于审核与审批易于操作，控制效果明显，很多企业都非常依赖审核与审批机制，企业"一把手"常常也把审批权作为自己应掌握的最重要的权限。恰当设计的审核与审批制度，能够有效地降低企业经营过程中的决策风险和操作风险。

1. 审核与审批的关系

审核权与审批权的比较如表 4-18 所示。

表 4-18　审核权与审批权的比较

比 较 事 项	审 核 权	审 批 权
对提案提出改善建议	有	有
否决提案事项	可选择	有
核准提案事项	无	有
在业务流程中的顺序	处于决策程序前端	后置，通常为决策程序最后一环
执行岗位所处权力层级	相对较低	相对较高
责任承担	对所负责的审核内容负责	对整个提案负责

2. 审核与审批典型控制缺陷

企业审核与审批存在的典型控制缺陷包括以下几点。

（1）审核与审批缺乏清晰标准。

例如，某企业在审核供应商准入过程中，由于未设置规范的供应商审核标准，主要依赖员工主观判断进行审核，导致所引入的供应商良莠不齐。

（2）针对同一事项重复审核与审批或针对非重要事项过度设置审核与审批程序。

例如，某企业在有经营计划管理的条件下，对计划内和计划外事项却采用几乎完全一致的审核审批程序，无法体现经营计划管理价值，导致决策效率下降。

（3）针对关键事项决策未设置对应的审核与审批要求。

例如，某企业对重大工程现场签证，由现场项目经理直接确认，未设置任何审核审批节点，导致工程项目签证失控。

（4）审核与审批人缺乏专业性或在执行时无法获得必要支持（如取得关键信息）。

例如，某企业合同审核人员既不参与重要合同前期工作（如合同谈判、条款制定），也无法获取合同草案支持性材料（如围绕合同事项的重要会议的会议纪要），在合同草案审核过程中无据可依。

（5）审核、审批程序不完备，无书面记录。

例如，某企业管理人员习惯通过电话进行口头审批，导致记录缺失，出现问题无法明确责任。

3. "专业审核与审批"和"行政审核与审批"的关系

从本质上说，审核审批需要解决的是"信息不对称"和"专业不对称"两类问题。例如，在对一笔费用报销采取审核审批措施之前，这笔费用报销是否真实以及是否合理，属于只有报销申请人自己的"私有信息"，通过设置费用报销审核审批点，解决的是"信息不对称"问题。又如，针对外部设计单位提交的一张设计图纸，在由企业对口专业人员对这张图纸进行审图之前，企业对这张图纸的质量水平不得而知。在这里，审图在解决信息不对称的同时，解决了"专业不对称"问题。结合审核审批的功能，审核审批可以划分为专业审核与审批和行政审核与审批两类，具体如表 4-19 所示。

表 4-19　"专业审核与审批"和"行政审核与审批"的比较及示例

比较内容	专业审核与审批	行政审核与审批	以采购请购为例
关键审核内容	对待审核方案中的专业要素提出审核意见	对待审核方案中的一般管理内容提出审核意见	专业审核与审批：采购需求数量、品类、质量要求、送货时间、价格、验收标准等 行政审核与审批：与采购有关的各类管理要件（申请、框架协议、已确认的供应商等）是否完备，是否一致，专业审核事项是否规范齐备
审核主体要求	具备充分的专业能力	具备充分的管理决策权限	专业审核与审批：采购部、采购管理委员会 行政审核与审批：分管副总、总经理
审核基础与信息要求	与待审核方案专业要素对应的各类所需基础信息	与待审核方案管理状态对应的各类所需基础信息	专业审核与审批：采购相关各类技术参数（应符合的工艺指标、目标库存水平等） 行政审核与审批：各专业部门的专业审核意见、所基于的合同、各类过程决策结论（如供应商入围意见等）
关注的主要风险	待审核方案中存在的各类专业疏漏或错误	待审核方案中存在的各类管理瑕疵（如越权、计划不匹配等）	专业审核与审批：采购数量错误，采购规格错误，交货期错误，采购价格错误等 行政审核与审批：采购未经专业审核，计划外采购未经授权，供应商为非合格供应商，超权限采购等

企业中用"行政审核"去取代必要的"专业审核"，是我国企业普遍存在的一类问题，即在一些本来需要专业人员发表的意见，被行政领导的意见取代，进而影响决策的科学性。针对这个问题，一方面需要企业行政领导（特别是高层领导）在意识上认识到很多问题具备专业属性，需要充分听取专业人员的意见；另一方面则需要企业针对专业事项设置合理的流程节点，确保专业人员在流程实施中能够充分获取信息、发表意见。例如，某玩具制造企业，在未派出专业团队对某油漆企业进行专业审核的情况下，直接根据"一把手"指令将其纳入自己的供应商体系。后由于该供应商所供应的油漆中有害成分检测超标，该企业产品遭遇大量海外订单退货甚至诉讼，损失惨重。

4. 审核与审批要点归纳

企业在设置审核与审批权限时应注意如下要点。

（1）仅针对关键控制点设定审核与审批：审核与审批点不在多，而在于抓住关键节点，评估核心风险，对风险事项实现有效过滤。

（2）审核与审批人应具有恰当权限、专业能力，以及对业务信息有充分的了解。

（3）审核与审批标准科学，与预算管理体系等有机融合。

（4）审核与审批有效留痕，以便后续对权限的执行有效性进行检查。

4.6 账簿

账簿是一种非常古老的管理实践。如在前文已经提到的，在古罗马时代，对会计账簿实施"双人记账制"，即某笔经济业务发生后，由两名记账人员同时在各自的账簿上加以登记，然后定期核对双方账簿记录，以检查有无记账差错或舞弊行为，进而达到控制财物收支的目的。而在现代企业，以财务账簿（或称会计账簿）和各类管理台账为基础的账簿系统，则构成企业内控体系的重要支撑。

简而言之，广义账簿是一种系统化、格式化、规范化、正式的业务确认与记录体系。通过这个体系，企业能够对各类信息进行及时、准确、完整的确认、记录与反馈。

4.6.1 账簿的种类与功能

一般而言，企业的账簿可以分为财务账和管理台账两个类别，其主要差异如表 4-20 所示。

表 4-20　财务账与管理台账的比较

事　项	财　务　账	管 理 台 账
记录事项	会计处理结果	• 资产进、出、存（如仓库台账） • 资产状态及管理责任（如固定资产台账） • 特定经营事项情况（如销售台账、发票台账、合同管理台账、对外投资管理台账）
功能概括	基于会计系统对业务的持续会计处理与记录，并最终形成财务报表 财务账簿用于记录资产负债，反映经营业绩和现金流信息，支持绩效考核等	用于对业务事项的持续记录及跟踪管理，实现责任认定、核对、记录跟踪等功能
记录实施部门	通常为财务部门	通常为各具体业务执行部门
记录规则	通常需同时考虑经营业务和会计准则的要求	主要根据经营管理需要进行记录

由于存在上述差异，财务账和管理台账之间需要建立一定的钩稽与引用关系，利用一个账簿上的相关记录可以索引到另一个账簿上对应项目记录，这样可以进一步提升账簿体系的系统性、准确性和台账使用效率。

在账簿间建立索引关系的措施包括：①建立系统的编码措施，通过编码解决账簿间的交叉索引；②确保编码或其他索引方式的固定性；③建立账簿间有效的索引路径。此外，企业可通过账簿间的定期互查确保索引方式的持续有效，并可复核账簿间相关信息的一致性。例如企业对所采购的设备，按照一定流程分别在财务账、固定资产管理台账、合同台账等账簿进行同步登记，并且通过采购单号、固定资产编码、合同编号等数据在前述各项账簿间建立索引关系。

在内控方面，账簿的用途可以划分为如下几类。

1. 确认交易，明确责任

在企业范畴内，任何账簿上的记录都是一种"正式"的确认。在确认经济事项的同时，也会同时确认相应的责任归属。例如，存货办理入库之后，即需要在存货台账及财务存货账上及时登记确认，与此同时所对应存货相关的管理责任则将由仓库部门与岗位承担。

2. 动态提供业务信息

通过账簿的持续登记，能够持续提供与各类业务有关的信息，具体可以实现：

（1）对经济事项进行跟踪，如通过销售台账跟踪开票、发货、回款情况。

（2）支持决策，如利用仓储台账信息提高采购决策质量。

（3）进行绩效考核，如根据销售账目统计考核销售部门销售任务完成情况。

3. 相互钩稽，形成牵制

通过不同账簿间的信息实现钩稽核对，如财务账簿与资产管理台账可以持续核对，形成牵制，并有效识别及处理差异。从严格意义上说，凡是事后需要确认状态、确认责任的事项，都应该在账簿中体现。通俗地讲，账上有的东西，则责任相对明确，异常易于识别，过程可以追溯。

4.6.2　账簿典型内控缺陷

在对账簿的"建""管""用"方面，我国企业典型的控制缺陷主要集中在以下几方面。

1. 不建账，不入账

企业在需要进行账簿登记的业务环节没有设置相应的账簿，具体又分为"完全没有账"和"员工依个人习惯记账，企业未规定正式建账"两种情况。

这两种情况均容易形成"账外资产"，而相对于"账内资产"，"账外资产"由于缺乏账簿数据基础，往往成为职务侵占、利益输送的常见对象。

☕ 案例：某电厂老总的腐败账

2014年3月，镇江电厂原总经理、华润电力常熟发电有限公司时任总经理（正处级）陈某被镇江市丹徒区人民检察院立案侦查。在2007年下半年至2014年春节期间，陈某在担任镇江发电有限公司助理总经理、副总经理、总经理、华润电力（常熟）有限公司总经理期间，利用废弃物销售、工程机械维修业务招投标、煤炭采购、设备技术改造、办公楼装修等便利条件，收受贿赂，并为他人谋取利益，价值共计折合人民币461.916 883万元。

关于侵占电厂废弃物方面，火电厂的燃煤在烧尽后会排出粉煤灰，粉煤灰作为一种典型的"副产品"，是生产混凝土的重要原料，在建筑领域用途非常广泛。陈某利用职务便利，控制粉煤灰的招标工作，从中持续获得中标单位几百万元的好处费。

此外，陈某伙同镇江发电有限公司副总经理李某采用截留单位收入、变卖账外资产、编造虚假工程及奖金等手段骗取公款164.562 6万元。其中，为了掩人耳目，李某独创了一套"绝活"——给部门员工制作效益嘉奖发放表，但是员工只能签字领钱，却看不到奖金的数额。员工这边处理好后，李某再在员工签好字的表格上把金额加上，向上级申报。这样一"过滤"，截留下的60多万元款项进了陈某、李某的小账。

资料来源：陈钰受贿罪、贪污罪一审刑事判决书，2015年2月9日，中国裁判文书网。

上述电厂老总的账外账、虚假账最终把自己送进了大牢。企业出现账外资产会有以下几种不同的原因。

（1）由于业务特殊性，导致一些资产缺乏初始入账依据。例如原材料包装物，由于采购成本通常结转至原材料，导致包装物无可作为入账的采购成本，进而导致账外成本的出现。对于此类账外资产，应采取补录管理台账的方式将其及时进行登记。

（2）由于账簿处理不规范，导致出现账外资产。例如，应该入账的凭证由于会计差错，导致应入账资产未入账，出现账外资产。例如，在资产处置过程中，对拟处置资产从原有账务出账的同时并未转移至"待处置资产科目"或其他管理台账，进而在一段时期内形成账外资产。对于这类问题，企业应该通过提高账务处理规范性来解决。

2. 糊涂账

企业在账簿质量、时间等方面，缺乏规范性。糊涂账的形成原因一般如下：

（1）未明确账簿记录工作流程、配套工作职责及责任人。

（2）记账人员缺乏所需的专业技能。

（3）缺乏核对、检查等监督机制，无法及时识别和纠正错账、漏账。

（4）无账簿登记时间节点要求，登记时间严重滞后。

（5）账务所需输入信息质量低下。如用未经核实、无有效原始凭证支撑的统计数据作为账簿登记入账依据。

3. 孤岛账、无用账

一方面，我国很多企业的各套账目互不关联，各自形成信息孤岛，无法有效使用。例如某企业销售部门和财务部门分别统计销售额，区别在于销售部门以发货量进行统计，财务部门分别以开票金额和回款金额进行统计，但由于两套账目之间一直未建立钩稽关系及对账调账机制，导致在绩效考核等环节，双方由于数据无法统一而矛盾频发。

另一方面，我国很多企业缺乏有效的财务报表分析机制，有的根本不分析报表，有的分析报表"浅尝辄止"、流于形式，无法有效分析及利用财务信息。例如某集团每季度经营分析会时，各分子公司财务负责人需进行现场财务指标呈报，但由于各项财务指标颗粒度过大（如仅计算整体存货周转率），无有效比较标准，无法指出重大问题并提出解决方案，很多集团领导对此颇有微词，认为是在浪费时间。

4.6.3　提高账簿质量

1. 系统、科学地设置账簿体系

账簿的系统性、科学性可以体现在如下几个方面。

（1）账簿的系统性可以从时间和空间两个维度理解，其中序时账说明了账簿记录的时间维度，而财务账和管理台账的建立与使用则说明了账簿的空间分布。

（2）账簿记录应真实、完整、及时地还原业务。

（3）建立独立的账簿体系，全面记录业务，杜绝账外账，严格控制"账务资产"范围及其影响。

（4）明确各类账簿之间的钩稽关系，确保相互印证，差异可追溯。

（5）制定科学、规范的账簿登记规则，如账簿记录都应基于一手业务信息（如原始凭证），避免盲从二手信息的被动记录（如从其他部门传递过来的统计表）。

2. 规范使用账簿

在建立了系统、科学的账目后，企业还需要确保账目的规范使用，具体可以体现在如下方面。

（1）重视人员管理，明确工作职责，加强考核。

（2）通过核对、盘点等手段，动态实现账簿体系的"六相符"（即账账、账款、账据、账实、账表、账卡相符）。

3. 充分利用账簿

账簿信息能够充分反映企业在财务、业务等方面的信息，充分挖掘和利用账簿信息的价值有助于为企业经营决策提供帮助。例如在财务方面，通过对主要经营成本的分析，可以为优化成本结构提供参考。

4. 加强监督审计

企业应将各类账簿纳入其内部审计及其他监督机制范围，及时发现账簿存在的问题。

4.7　牵制

从严格意义上说，牵制通常不是一项独立的控制措施，而是多项控制措施的组合所达成的效果。牵制在企业内控中扮演着非常突出的角色，由于串通舞弊通常会导致牵制失效进而导致内控无效，因此被认为是内控的内在局限性之一（另一内在局限性为"高层凌驾于内控之上"）。例如在震惊全国的中国银行黑龙江分行双鸭山四马路支行账外汇票案[一]中，涉案的 5 名银行工作人员分别为凭证管理员、印章管理员、票据业务复核人和审批人，本应发挥相互牵制功能的各个岗位人员相互勾结，最终为一企业开出无业务背景的银行承兑汇票数十张，该企业在其他银行陆续进行汇票贴现后套取数亿元资金。

4.7.1 牵制的含义

牵制可以理解为企业中的一个单位（部门、岗位等）的经济行为会受到另一个单位（部门、岗位等）的制约，为了清晰阐述牵制原理，下文用一个简单的存货管理的实例进行展示。

1. 实例背景介绍

生产型企业的张老板建了一间仓库，用于存储原材料 A。原材料 A 价格不菲，张老板决定亲自把关。张老板确认了仓库硬件无问题，门锁坚固后，仍担心下述问题：

（1）原材料被浪费。

（2）原材料被冒领。

（3）原材料记账变成糊涂账，成本算不清。

（4）原材料管理责任不清，出了问题相互推诿。

（5）相关人员不遵守制度流程，违规操作。

张老板结合自己的管理经验，主要利用"主体间的相互牵制"手段，分两个阶段进行了如下内控设计。

2. 利用内控设计实现"牵制"

（1）第一阶段内控设计如图 4-2 所示，其中的牵制工具应用分析如表 4-21 所示。

　　⊖ 资料来源：中行双鸭山票据诈骗窝案揭秘：涉案金额达 4 亿，2006 年 4 月 22 日，搜狐网。

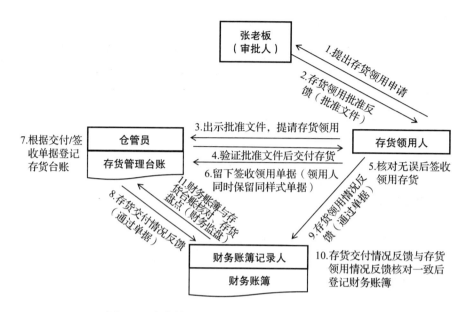

图 4-2　存货管理实例中的内控设计（第一阶段）

注：图中序号体现步骤先后顺序。

表 4-21　存货管理内控设计中的牵制工具应用分析（第一阶段）

序　号	风　险	控　制　方　式	相互牵制的主体
1	仓管员盗用或未经授权发出存货	财务账簿记录人对存货情况持续账簿记录并定期或不定期核对盘点，存货短少会被及时有效识别	仓管员 vs. 财务账簿记录人
2	存货领用人冒领或多领用存货	仓管员基于审批人批准放行存货	存货领用人 vs. 审批人和仓管员
3	存货发出与接收过程中出现数量或品类差错，账务处理不准确	● 存货移交时，仓管员与存货领用人之间进行核对、签收确认，仓管员基于确认、签收结果登记存货台账 ● 财务账簿入账前，财务账簿记录人基于各单据进行信息核对 ● 财务账簿及存货台账间相互核对及存货盘点	● 仓管员 vs. 存货领用人 ● 仓管员与存货领用人 vs. 财务账簿记录人
4	各方责任不清，出现问题无法追责	各方工作职责清晰，并都保留了关键记录和必要的账簿记录，可清晰、可验证地认定责任	各类主体之间

在上述内控框架下，各方责任清晰明确、恪守职责，不存在串通舞弊的前提

下，几类最主要的风险在业务执行过程中，通过特定控制措施以及另一方的牵制而得到应对，进而确保业务平稳进行。

（2）第二阶段内控设计。

在第一阶段内控设计的基础上，张老板仍有如下顾虑：

1）领料过程中，仓管员单纯依靠存货领用人所持有的批准文件发货，是否会导致发货错误甚至存货冒领（如篡改或伪造批准文件）？

2）张老板是否有足够的专业性来完成有效审批（数量合理性、规格合理性等）？

3）各部门或岗位是否恪尽职守？是否存在串通舞弊？

于是，张老板进一步改进了内控体系（改进内容见图 4-3 中下画线文字）。

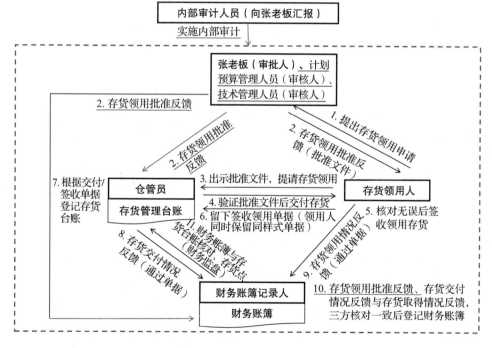

图 4-3　存货管理实例中的内控设计（第二阶段）

注：图中序号体现步骤先后顺序。

存货管理内控设计第二阶段中的牵制工具应用分析如表 4-22 所示。

表 4-22　存货管理内控设计中的牵制工具应用分析（第二阶段）

序　号	风　险	控 制 方 式	相互牵制的主体
1	存货领用缺乏计划性	将存货管理纳入计划与预算管理，存货领用时由计划与预算人员进行审核	存货领用人 vs. 计划与预算审核人
2	存货领用在技术（数量、品类等）上不合理	存货领用中由技术人员进行审核	存货领用人 vs. 技术审核人
3	存货领用批准信息流转不畅	审批人在将批准文件给予存货领用人的同时，也将信息传递给仓管员和财务账簿记录人	存货领用人 vs. 仓管员与财务账簿记录人
4	内控系统整体未得到有效执行或存在串通舞弊现象	实施内部审计	内部审计人员 vs. 内控体系中所有主体（除张老板外）

3. 牵制手段的总结

综上，牵制工具可以进一步细化为牵制手段，本例中涉及的牵制手段总结如表 4-23 所示。

表 4-23　常用牵制手段及说明

序　号	牵制手段	说　明
1	基于授权开展业务	如本例所示，存货领用应经审批人授权后方能执行，执行过程中的各方应持续检验其授权状态
2	明确职责及确保不相容职责分离	如本例所示，如果流程中的各项职能都各司其职、各负其责，则可以应对主要风险。为实现有效监督，应保证不相容职责分离（如本例中的领用申请审核审批、存货实物管理、存货领用与财务账簿记录等职能）
3	维护独立账簿记录	针对控制事项（如本例中的存货），应由直接管理人（本例中的仓管员）与间接管理人（本例中的财务账簿记录人）分别进行账簿登记。独立的账簿记录通常是实施责任认定和监督的重要依据
4	维护信息沟通基础	为执行控制，责任主体应能获得关键控制信息。本例中：①存货使用批准反馈信息会同时传递至仓管员、存货使用人及财务账簿记录人，作为其后续工作依据；②存货移交授权、发出、验收信息会在财务账簿记录人处归集并比对。信息沟通传递可采取凭证传递，也可基于管理信息系统。应确保信息产生与传递的独立性、完整性、准确性及及时性
5	实施交叉检查核对	在业务执行过程中（如仓管员对领用批准的检查）以及业务执行后（财务账簿记录人对管理台账的核对及存货盘点等）体现检查与监督。为配合交叉检查核对，须确保不相容职责分离并设置所需的管理记录

（续）

序　号	牵制手段	说　明
6	实施计划与预算管理	在各项活动中，企业应该体现"计划与预算先行"原则。本例中，围绕存货领用应事前制订对应计划与预算；在实际领用过程中，应结合计划与预算情况进行审核
7	引入专业技术审核	在业务实际开展过程中，应由具备专业能力的人员对业务的专业技术合理性进行审核把关。本例中，对存货领用的技术合理性，可安排专业人员审核
8	实施独立监督	针对内控体系的整体运行情况，可引入具备独立性与专业性的人员进行审计监督，并且将审计监督结果反馈至企业管理高层

4.7.2　不相容职责分离

不相容职责分离是指企业中的特定职责需要由不同的业务单元来完成。不相容职责分离，可以理解为"自己无法牵制自己，只有相互牵制才可能有效"观点的逻辑推演。在实务中，由于企业违反"不相容职责分离"原则（如由出纳人员负责与银行对账），已导致了大量的风险事件甚至重大舞弊。请注意，根据具体情况的不同，这里的"不同的业务单元"可能表现为"不同的部门""不同的岗位"或者"不同的自然人"等情况。作为企业内控中非常重要的基本原则，如前文示例中所体现的，不相容职责分离是实现有效牵制的重要措施。在具体操作中，关于不相容职责分离的核心问题可以归纳为以下几点。

（1）有哪些职责需要进行分离？一般来讲，企业经济业务的授权者和执行者要分离；执行者与记录者、监督者三者要分离；物资财产的保管者、使用者与记录者三者要相互分离。

（2）在什么组织层面进行分离？企业的职责分离可能体现在岗位、部门、管理层、治理层等不同的层面。比如合资企业各方股东在人员委派中，可能体现出在财务关键岗位上的分离，如甲股东委派财务总监，则乙股东可以委派财务经理。又如在一个企业的财务部门内部，则可能体现为"会计核算"和"资金收付"之间的不相容职责分离，并因此单独设置会计岗和出纳岗。

（3）在未对不相容职责进行分离的情况下，如何设置必需的补偿措施？例如在一些小规模企业，由于人力资源有限等难以实施完全严格的不相容职责分离。针对这种情况，企业可考虑采取加强账目核对、物资盘点等事后监督检查手段。

在实务之中，导致违反不相容职责分离的常见情况包括：①在部门或岗位设置时即违背不相容职责分离，如申请、审核权限集中在同一个岗位；②出现了不恰当的工作委托，例如财务负责人出差，为方便单位款项支付将复核 U 盾暂交给出纳人员管理；③一人兼任不相容的两个职责，例如中海集团韩国釜山公司舞弊案中，犯罪分子身兼财务负责人和内部审计两职。

4.8　资产保护

企业为了持续经营，需要拥有并使用一系列资产。根据能否在企业资产负债表上体现，资产可以划分为狭义和广义两类。狭义企业资产，即资产负债表上能够体现的资产，包括有形资产和无形资产，其中有形资产通常是指企业的固定资产和流动资金，如房屋、设备、经营资金等；无形资产是指企业拥有或控制的没有实物形态的可辨别非货币性资产，如企业所拥有的专利权、商标权等。广义企业资产，则包括企业的资金、资源、产品、设备、装置、厂房、人才、用户信息、经营数据、品牌、最佳管理实践等，其中既包括狭义企业资产，也包括通常不能在企业资产负债表上体现的资产（如客户信息、最佳管理实践、自创品牌等）。由于资产存在被侵占、滥用的风险，因此企业需要针对资产采取一系列控制措施。

4.8.1　资产保护的目标

资产保护的核心目标主要为确保资产的安全性和完整性，具体包括以下几点。

1. 确保资产不被侵占

☕ **案例：农行票据失踪案**

2016 年 1 月 22 日，农行发布公告称，该行北京分行票据买入返售业务发生重大风险事件，经核查，涉及风险金额为 39.15 亿元。2015 年 5 月，王某（票据中介）与姚某某（农行北京分行投资银行与金融市场部下属票据业务科工作人员）共谋挪用票据二次贴现用于购买理财产品等经营活动。后姚某某与其他三位农行北京分行工作人员共谋，利用分别承担的审查审批客户提交的票据及资料、办理票据封包移交及入出库手续等职务便利，共同将已入库保管的银行承兑汇票票据包提前出库交由王某使用。王某将挪用票据二次贴现后的资金部分用于购买理财产品和支付票据回购款，部分用于高风险股票投资交易等活动。但因投资不当，资金产生巨额亏损。[①]2017 年 9 月 18 日，北京银监局做出《行政处罚决定书》[②]，处罚书中认为，农行北京分行存在七大问题：

1）员工管理不当。

2）部门分离缺失，人员岗位混用，前中后台串岗。

3）关键岗位人员长期不轮岗。

4）票据保管安全层级低、出库审批层级低，导致票据包频繁提前出库。

5）票据审验流于形式、虚假审验或不审验。

6）资金划款环节把控不严，资金票据同时悬空。

7）印章管理使用混乱。

[①] 资料来源：农行"票据变报纸"大案后续：北京分行相关责任人反诉监管被驳回，2020 年 3 月 13 日，界面新闻。

[②] 资料来源：龙芳与中国银行业监督管理委员会北京监管局一审行政判决书，2020 年 3 月 5 日，中国裁判文书网。

上述案例说明农行北京分行所设置的企业资产控制措施，在资产管理人员、资产管理流程以及资产保护条件失效的情况下，其资产极可能被侵占，从而造成巨大的损失。

2. 确保资产不被滥用

☕ 案例：百度员工利用公司服务器部署"挖矿"程序获利 10 万被判刑 3 年

百度员工安某 2018 年 1 月至 7 月担任服务器运维管理人员期间，利用其负责维护百度公司搜索服务器的工作便利，超越权限，以技术手段在百度公司服务器上部署"挖矿"程序，通过占用计算机信息系统硬件及网络资源获取比特币、门罗币等虚拟货币，后将部分虚拟货币出售并获利人民币 10 万元。

百度称，公司通过安全管理系统发现 155 台服务器上存在"挖矿"程序，占用了企业运算能力资源。2018 年 7 月，百度认为安某涉嫌犯有非法控制计算机信息系统罪，向公安机关报案。法院判决：安某犯非法控制计算机信息系统罪，判处有期徒刑 3 年，罚金人民币 1.1 万元。

资料来源：安邦非法控制计算机信息系统二审刑事裁定书，2020 年 3 月 5 日，中国裁判文书网。

从上述案例可见，企业需对易于被滥用的资产进行监控。

3.信息资产得到有效保护

信息资产是指由企业拥有或者控制的能够为企业带来未来经济利益的信息资源，其积累与形成的过程往往基于其他资源的消耗或利用，如科学技术信息资产、市场与销售信息资产、财务信息资产等。信息资产一般具有机密性的属性，一旦泄露，其传播成本低、速度快，将对企业造成极大的损失，需要引起企业的重视。如某研发企业，将其研发信息及资源进行了严格的密级分类，并且通过信息技术、物理隔离等手段管控研发信息的可接触性，以防止研究成果泄露。

例如，某企业随着业务量、市场份额的不断增加，其销售人员数量也在持续增加，但在销售管理制度、销售管理信息化等方面一直未得到有效提升，进而导致客户管理主要依赖销售人员个人，客户信息主要掌握在销售人员个人手中，销售人员"飞单"、销售人员离职"带走"客户等现象随之频繁发生。

4.8.2 资产保护措施

1.清晰定义需进行保护的资产

企业可按重要性程度及价值等维度，对需进行保护的资产进行识别、分类与赋值（如编号、登记等）。其中，因下列资产往往面临较大的被侵占风险，企业应予以重点关注：

（1）闲置资产。

（2）报废待处置资产。

（3）特殊原因形成的"账外资产"，如未单独核算的原材料包装物。

2.明确资产管理职责

对任何一项资产，企业都应该明确管理责任。在任何情况下，资产使用部门必须承担资产管理责任。同时，针对一些资产，出于集中管理、专业维护等目的，企业还会在使用部门之外设置专门的归口管理部门。围绕具体资产，归口部门与使用部门既相互支持，也相互牵制。例如，某企业设备管理部一方面会在设备维修、改造等方面提供关键技术支持，同时也会对设备的使用、维护情况进行持续监控与反馈。

典型的资产管理职责包括防止资产遗失或损坏，规范使用、调拨、处置，确保账实相符等内容。

☕ 案例：茅台集团对品牌的保护

茅台 2019 年 9 号文《茅台集团关于全面停止定制、贴牌和未经审批产品业务的通知》中提出：个别子公司无视集团品牌管理规定，严重伤害集团品牌声誉，全面停止包括茅台酒在内的各子公司定制、贴牌和未经审批产品所涉业务，相关产品和包材在未经集团允许的情况下，就地封存，不再生产和销售。其中，鉴于白金酒公司在生产经营中多次违反集团品牌管理规定，对茅台品牌声誉造成了严重影响，集团公司不再授权其使用集团知识产权。责令法律知保处认真履职，切实加强品牌管理，做好上述事宜的监督检查。请各子公司在本通知下发六个工作日内，对涉及的产品和包材登记造册、编制清单，报法律知保处。

在茅台集团看来，子公司对茅台品牌及商标等无形资产的滥用会严重干扰市场对品牌价值的认同感，降低集团整体价值。

资料来源：茅台"清理门户"：停止定制贴牌接管白金酒，2019 年 2 月 21 日，中国经济网。

3. 利用物理保护措施

物理保护主要通过利用相关设施、设备的功能达到对资产隔离保护的目的，如利用保险箱保存现金、票据，利用门禁系统管控资产接触权限。同时，不同类别的资产对物理环境的要求和标准也不尽相同，如企业 IT 机房对物理环境有着较高的要求，需配备温控、火灾预防以及监控等功能，而一般性存货的物理环境主要要求空间隔离，不易接触即可。

4. 控制关键环节

资产管理的关键环节主要包括以下几点。

（1）资产生命周期内闭环管理，有清晰的交接程序。

（2）有效的账簿记录（财务账与备查簿台账）。

（3）接触、使用授权：只允许按照管理层的授权接触和处置资产，做好资产保存、监控和维护。

（4）资产盘点清查：按照一定的时间频率进行实物盘点，检查核对资产的账面记录与实物资产的一致性，其主要流程及关键点如表4-24所示。

表4-24　资产盘点的主要流程及关键点

主要流程	关键点	备注
1.拟定盘点计划	编制盘点表，明确盘点时间、盘点范围、盘点人员组成以及盘点方法等关键事项	盘点人员须由多部门组成，充分体现牵制原则
2.盘点实施与记录	按照盘点清查结果及时编制盘点表，形成书面报告，包括盘点人员、时间、地点、实际盘点资产名称、品种、数量、存放情况以及盘点过程中发现的账实不符等情况	—
3.盘点分析及报批	分析盘点清查中发现的问题，查明原因，落实责任，按照规定权限报批	—
4.盘点账务处理	按照经审批的盘点报告及时进行账务处理	—

5.其他资产保护补偿措施

（1）购买保险。

企业针对重要资产购买保险是风险规避的重要策略之一，如针对重要固定资产购买财产险、针对价值较高的在途物资购买运输险。但需注意的是，一旦发生意外，保险能让企业在发生损失时获取一定的资金赔偿，但不能完全消除企业所面临的其他损失。

（2）制定资产损失发生时的应对预案。

企业若发生资产损失，针对一般的有形资产，应及时启动调查程序，及时追回损失。针对数据资产等无形资产，则一般应建立数据异地备份、灾备计划，一旦数据受损，可进行恢复。

4.9　监督

《企业内部控制基本规范》中指出："内部监督是企业对内部控制建立和实施情况进行监督检查，评价内部控制的有效性，发现内部控制缺陷，并应当及时加以改进。"简言之，监督是各类控制措施得到有效执行、持续改进的重要保障，是企业内控体系的重要组成部分。监督缺失，是企业内控无法落地、流于形式甚至出现重大舞弊的首要原因。

4.9.1　监督的功能

☕ **案例：质押黄金造假骗贷超百亿元**

2016 年 5 月初，陕西潼关县联社因一笔约 2000 万元的黄金质押贷款发生逾期，潼关县联社工作人员一直联系不上贷款人，催款无果后决定处置质押黄金，在处置过程中发现这批黄金是假的，遂报案。

2016 年 5 月中旬，潼关县公安局正式立案后，一起横跨陕西、河南两省的假黄金巨额骗贷案浮出水面。调查结果发现，多名外部不法人员横跨陕西、河南两省，以纯度不足的非标准黄金做质押物，骗取 19 家银行业金融机构（陕西省联社、邮储银行和工商银行等）高达 190 亿元的贷款。

根据银监局罚单，这几家银行在非标金质押贷款业务中存在许多严重违规行为，如贷款"三查"形同虚设（贷前调查不尽职，贷款审查不严格，贷后管理缺位）、押品管理严重失效（相关银行业金融机构对贷款质押物的检测及价值评估存在重大纰漏）等。

资料来源：银监会依法查处陕西、河南银行业金融机构质押贷款案件，2018 年 2 月 2 日，中国银行保险监督管理委员会网站。

从另一个角度，在上述案例中，无论是否存在内外串通（既可能是银行工作人员被客户蒙骗，也可能是基层银行人员与客户串通骗取信贷），银行内部的监督机制以及上级银行的监督机制（如定期或不定期抽验押品）都存在严重缺失。

整体上，监督的内控功能可以归纳为如下几个方面。

（1）通过监督能够推动内控措施落地执行。

（2）通过监督能够对内控设计和执行的有效性进行评价、反馈和优化。

（3）监督是针对腐败、舞弊等行为最主要的应对手段。

4.9.2　监督的分类

监督通常表现为企业中一个主体主动检查另一个主体，获取并分析另一个主体的信息，并根据分析结论采取措施。企业可对监督进行如下分类。

1. 按照监督实施主体进行分类

从企业实施监督的主体角度分类，监督可以划分为职能部门内部监督、职能部门之间监督以及独立部门与第三方监督（见表 4-25）。

表 4-25   监督实施主体维度下监督的分类、说明及示例

分 类	说 明	示 例	特 点
职能部门内部监督	主要是在各职能部门内部，结合业务情况，由职能部门人员所实施的监督	● 仓储部门内实施的存货盘点清查 ● 财务部门内实施的现金盘点、凭证抽查	● 独立性：较弱 ● 时效性：较强 ● 专业性：较强 ● 执行成本：较低
职能部门之间监督	主要表现为专业部门（财务部、法务部、质量部、安全部等）所实施的监督	● 财务部对业务部门财务活动规范性的检查 ● 安全部门对各部门安全措施执行情况的检查	● 独立性：中等 ● 时效性：中等 ● 专业性：较强 ● 执行成本：中等
独立部门与第三方监督	主要是独立监督部门（主要形式是内审部）或独立第三方所实施的监督	● 内部审计部门实施的审计工作 ● 外聘第三方机构人员实施的监督活动	● 独立性：很强 ● 时效性：较弱 ● 专业性：中等 ● 执行成本：较高

☕ 案例：采购业务监督

某企业对于所有存在合作关系的供应商，都会由审计部向其发出邮件（内容见图 4-4），明确审计部为甲方独立部门，如"遇到企业人员吃拿卡要、索要回扣、操纵询价或者招标等违规违纪行为时，及时与审计部联系，并提供相应证据便于快速处理"，以形成监督。

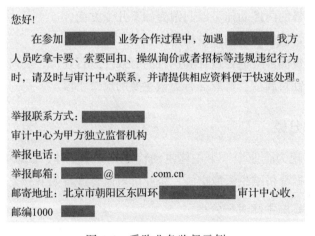

您好！

　　在参加　　　　　　业务合作过程中，如遇　　　　　　我方人员吃拿卡要、索要回扣、操纵询价或者招标等违规违纪行为时，请及时与审计中心联系，并请提供相应资料便于快速处理。

举报联系方式：

审计中心为甲方独立监督机构

举报电话：

举报邮箱：　　　　　@　　　　.com.cn

邮寄地址：北京市朝阳区东四环　　　　　　审计中心收，

邮编1000

图 4-4   采购业务监督示例

2. 按照汇报关系进行分类

从汇报关系角度分类，监督可以分为横向平级监督和纵向上下级监督（见表 4-26 ）。

表 4-26 汇报关系维度下监督的分类、说明及示例

分 类	说 明	示 例	特 点
平级监督	按照职级和职责管辖范围，主要为横向职能部门间的监督	如财务部门对各部门的监督	• 权威性：较弱 • 执行成本：较低
上下级监督	按照职级和职责管辖范围，由上级对下级实施监督	如分管副总对其所负责部门的检查	• 权威性：很强 • 执行成本：较高

3. 按照主体与监督实施频率进行分类

企业可通过设置监督实施频率影响监督强度。从主体与监督实施频率角度分类，监督可以划分为如下类别（见表 4-27 ）。

表 4-27 主体与监督实施频率维度下监督的分类、说明及示例

分 类	说 明	示 例
确定主体定期监督	由确定主体按照设定的时间频率所开展的监督	由内审部门定期开展的内部审计活动
确定主体非定期监督	由确定主体非定期开展的监督	由安全部门突击进行的安全检查
不固定主体持续监督	由不确定的主体持续完成的监督	在企业举报机制下，由举报人实施的监督

4.9.3 提高监督有效性

企业可以从如下几个方面入手，提高监督有效性。

1. 监督文化

企业应努力营造监督文化氛围，积极影响全员对于内部监督的态度。当"接受检查"成为企业绝大多数成员的职业习惯之一，监督工作就能得到有效开展。

2. 监督主体的素质

根据监督的特征，监督主体的素质要求集中体现在专业性和独立性两个方面。

（1）在专业性方面，监督主体需要具备实施监督所需的专业能力（对业务的了解、检查的技能等），同时配备监督所需的其他资源（如审计信息系统）。

（2）在独立性方面，监督主体与其所监督的对象或内容之间不存在利益冲突或管理层级冲突。例如，让仓库保管员独立完成企业存货盘点属于监督主体与监督内容（库存账实相符）存在利益冲突；内审人员与被审计人员存在亲属关系，监督主体与被监督对象之间就存在利益冲突；让部门基层员工监督部门负责人，监督主体与被监督对象之间就存在管理层级冲突。

同时，监督工作的开展还需要具备较强的沟通、人际关系管理等其他能力。

☕ 案例：某企业对第三方工程质量抽检服务的应用

围绕工程质量，某企业为提高监督效果，选择第三方进行监督，具体措施如下。

（1）现场抽检内容完全随机。

该企业有两家合作的第三方机构，每家机构设有 5 个小组。每次去现场做抽检的人员人选均是随机选取，且到现场之前只能提前半小时通知现场人员，不允许一线人员提前接送，避免提前"打招呼"。现场的每一个抽检项目，都是现场摇号得出，摇到的号直接备案到企业，无须告知施工单位。抽检项目的分数必须当天出结果，且每次抽检的分数都记录在案，由审计部门全程监控。一旦前后两次评估分差在 2 分以上的，企业就会评估这个分数是否合理，如认为存在疑虑，审计部门会立即进行检查。

（2）检查数据全程备案。

第三方人员的行程提前系统备案，实际行程也需在系统中持续记录，从进入现场至离开现场全程录音进行备案。

3. 监督闭环

企业应避免出现"为了监督而监督"的情况，而应围绕管理价值提升构建监督"闭环"。监督闭环应覆盖监督目标制定、信息获取、监督实施、结果反馈、落实整改以及监督结果应用等关键环节，具体如下。

（1）应结合风险评价结果，以风险为导向，明确需要实施监督的领域及目标。

（2）应通过明确记录要求、提升信息化水平等手段，提升监督所需信息的可获得性。

（3）应将在监督过程中发现的风险、缺陷、成因和整改方案进行及时反馈。

（4）应通过定期整改、严格验收等手段确保监督发现产生管理价值，并以考核为抓手，落实管理责任。

4.10　表单与记录

企业在经营过程中通过表单等记录形式实现留痕，一方面为企业还原管理路径、具体活动提供了依据；另一方面，表单记录在"事中"可以作为其他管理环节的输入，在"事后"可以作为明确责任与义务、奖惩考核的证据与依据。

4.10.1　表单记录的功能

内控表单的常见功能归纳如表4-28所示。请注意，实际应用中可能存在一种表单融合多类功能的情况。

表 4-28　表单功能一览表

表单功能描述	说　　明	备　　注
1. 传递信息	作为最核心的功能，表单能够在部门与岗位间传递信息	—
2. 明确工作程序	通过表单上填写事项的顺序安排，能够明确对应工作的程序设计	—
3. 明确工作要点	通过在表单上列明确认事项，可对特定工作的关键点予以明确	例如，在采购验收单上明确验收需关注的重点事项，并列明逐项确认要求
4. 设定权限	通过设定表单上各填写事项的对应岗位及填写效果（如某项表单内容填写确认后，对应决策生效），能够明确对应岗位的权限	—
5. 实现授权	对表单各填写岗位而言，授予了他们对事项特定方面的确认权力。因此，当表单填写完毕，能够使得事项正式生效，进而实现授权	例如，合同审批表各要素全部填写完毕后，通常对应着授权合同审核提交人正式签订合同的情形
6. 明确责任与义务	在对各表单填写人的责任及填写后果进行预设的前提下，正式填写表单即表明责任归属、填写后果得到了明确和证据固定。其中企业内部表单主要用于明确企业内部人员的责任，而企业从外部取得的表单则可能用于明确不同企业实体的责任与义务	例如，经客户签字盖章的收货单，是企业用于销售结算的重要依据与证据

（续）

表单功能描述	说　明	备　注
7. 实现核对钩稽	参照不同表单信息，可实现核对钩稽	例如，财务在采购入账时，会对请购单与验收单间的信息进行核对
8. 存档备查	各类表单在使用完毕后通常会进行归档，进而作为各类核查的重要依据	内外部审计过程中，通常将各类存档表单及对其所做的评价结论作为重要审计依据

☕ 案例：八达岭动物园老虎伤人事件

2016 年 7 月 23 日下午，赵女士一家三口与母亲周女士乘坐私家车到北京八达岭野生动物世界游玩，游览至东北虎园出口附近时，赵女士从副驾驶下车，从车头绕到驾驶室旁边位置，后被老虎咬住背部拖至不远处的山坡平台处，其母亲周女士下车救助也遭老虎袭击，事故导致赵女士受伤、周女士死亡。事发后，赵女士起诉了八达岭野生动物世界。

调查组通过调查取证和对各类证据材料的分析论证，结合专家组意见，对事发原因做出如下认定：八达岭野生动物世界在事发前进行了口头告知，发放了"六严禁"告知单，与赵某签订了《自驾车入园游览车损责任协议书》，猛兽区游览沿途设置了明显的警示牌和指示牌，事发后工作开展有序，及时进行了现场处置和救援。结合原因分析，调查组认定"7·23"东北虎致游客伤亡事件不属于生产安全责任事故。

上述这起悲剧中，动物园方面向调查组及媒体提供了伤亡游客的相关记录，真实地还原了事件发生前的管理活动及其职责履行情况，为有效认定责任提供了重要依据。

资料来源："7·23"东北虎致游客伤亡事件调查结果：不属于生产安全责任事故，2016 年 8 月 24 日，央视新闻客户端。

☕ 案例：转包实施中未取得结算证据而陷入被动

A 企业拟投 C 集团一工程项目，考虑到项目投标资质等因素，A 企业找到 B 企业约定，由 B 企业投标取得项目，然后将主要工作转包给 A 企业完成。B 企业中标后，C 集团与 B 企业签订了合同，然后 B 企业与 A 企业签订了合同，具体施工、物资采购等由 A 企业负责。两份合同采取"背靠背"形式，即 C 集团先向 B 企业付款后，B 企业再向 A 企业付款。

之后，在 B 企业的提议下，A 企业与 B 企业分别派出人员组成"联合项目组"进驻项目现场，其中 A 企业派出人员主要为项目现场管理人员和技术人员，而这些人员并不了解合同签订具体情况，甚至认为 A、B 企业就是一家。在项目执行过程中，采取的模式是：业主 C 集团与"联合项目组"对接，"联合项目组"根据业主要求及工程方案，将采购、施工等指令发至供应商、外包商，供应商、外包商供货或提供服务，由 A 企业向其付款。

然而，到项目结算时，A 企业才发现这样操作的一个后果是：B 企业取得了向 C 集团收款的关键原始表单（如工程进度确认单、签证单等），而 A 企业并未取得向 B 企业收款的关键原始表单。B 企业在收到 C 集团款项后，以工程质量瑕疵、结算异议等理由拖欠 A 企业款项，而 A 企业承担了主要项目成本，且手上关键证据严重缺失，陷入极大被动。

在这个案例中，A 企业未能深刻理解交易结构，未能及时、有效地取得由 B 企业签发的结算所需的关键原始表单，是导致结算风险发生的主要原因。

4.10.2　表单记录的流转

随着业务的开展，表单处于不断的流转过程中。几类常见的表单产生流转方式如表 4-29 所示。请注意：部分表单可能综合了几种流转方式。

表 4-29　常见的表单产生流转方式

产生流转方式	适用条件	备　注
1. 一点产生同时传递到多点	多方在相同时间段内需确认同一信息的情形	例如，关于发货的授权文件，由主管产生后，同时传递至销售、仓库、财务等多个部门
2. 一点产生依次流转多点	多方需按一定先后次序对同一事项予以确认的情形	例如，合同审批单，由多个岗位审核或审批后执行
3. 两点间交换	一方需另一方对特定事项予以确认	例如，入库申请单由入库方填写，由仓库管理员确认后返还给入库方

4.10.3　提高表单记录质量

表 4-30 描述了表单应体现的各类质量特征。请注意，大部分质量特征在表单

自身设计上体现，少量质量特征可能体现于直接相关的制度要求。在评价时，应充分考虑表单自身的重要性。

表 4-30 表单质量特征表

质量特征	说　明	备　注
1. 表单信息要素齐全	在对应的表单上，应填写的要素信息及填写人留空应完整	缺陷示例：在实务中，常常出现在表单非正常处（例如页眉、页脚）填写内容及签字以及多个字段放在一个留空中的情况
2. 表单要素无冗余	在对应的表单上，不应出现冗余的需填写要素及填写人留空	缺陷示例：在实务中，常常出现由于职责或部门调整等导致表单上存在空白的情况
3. 表单联数设计合理	表单联数应符合表单传递要求	缺陷示例：在实务中，存在业务相关部门或岗位在正常业务执行过程中需借阅其他部门或岗位所持有表单的情况
4. 表单流转方式清晰	表单上应清晰表达表单的流转顺序，或者提供可随时查阅的表单流转说明。涉及在企业外部流转的（如在供应商或客户处流转），应明确外部流转方式	——
5. 表单关联信息索引方式明确	如表单上需引用其他信息来源，应在表单上进行清晰索引	例如，在特定合同采购审批单中，对于选定的供应商，应标明其在合格供应商库中的相关信息（如编号、纳入合格供应商库的时间等）
6. 表单连续预编号	表单应事先连续编号，并按照顺序使用	缺陷示例：在实务中，常常存在不连续编号或者连续编号但使用混乱的情况，导致无法确保归档表单的完整性，甚至出现违规、舞弊空间
7. 充分的填写提示信息	对于易出差错的表单事项，表单上应清晰注明填写要求，或者提供可随时查阅的填写说明	——
8. 表单要素填写责任明确	在表单上应明确各主要要素的填写责任人，并且在对应表单上或者相关制度里明确说明对应的填写责任	缺陷示例：实务中的责任不清往往成为表单填写随意，最终使表单填写流于形式的重要原因
9. 表单难以伪造、变造、调换	表单本身应通过连续编号、专门印制、增加防伪标识、规范填写方式等方法，降低被伪造、变造可能。另外，应通过在表单本身增加附件关键信息，降低附件本身被违规调换的可能	缺陷示例：实务中常常出现随意复印空白表单作为正式表单等情况，为违规、舞弊创造了条件
10. 表单附件要求明确	表单本身如需匹配其他附件，应明确说明	例如，费用报销单后应附有合法有效且经当事人确认的消费原始凭证
11. 重要表单信息严格保密	某些特定表单可能载有涉密信息，因此应明确相应的保密要求	例如，价格审批表涉及企业重要商业机密，表单上应明确传递责任人、保密要求等内容

（续）

质量特征	说　明	备　注
12. 对重要表单使用进行台账记录	对于特定岗位发起的重要表单，应在此岗位进行持续的台账登记，以供后续跟踪核对	例如，销售部门应对开出的提货单进行持续记录，以跟踪其执行情况并进行后续核对
13. 归档要求明确	各类使用完毕后的表单，应明确其归档要求（包括在表单上明确或援引相关制度要求）	常见的归档要求包括：归档环节、原件或复印件归档、移交档案室前部门应归档的时间、表单各联归档责任人、目录及索引方式等
14. 充分匹配制度流程设计	制度与流程设计过程中，应对表单需求进行充分评价，并进行相应的设计使用	—

综上，企业为有效地发挥表单记录的内控功能，应在综合评价业务需求的前提下，明确特定表单记录的核心功能，明确其流转方式并满足相应的质量特征。

4.11　信息沟通

4.11.1　信息与沟通的功能

根据 COSO 框架（2013 版），信息沟通是指信息在企业内部通过以下方式传递：自上而下，企业所有成员必须从管理层得到清楚的信息，认真履行其控制职责；横向，企业成员必须理解自身在整个内控系统中的位置，理解个人行为与其他员工工作的关系；自下而上，员工必须有向上传递重要信息的途径。同时，企业与外部诸如客户、供应商、政府和股东之间也需要建立有效的沟通机制。

COSO 框架（2013 版）第十三条原则为"组织获取或者产生符合使用者需求的、高质量的信息，以支持内控体系发挥功能"（the organization obtains or generates and uses relevant, quality information to support the functioning of internal control），即任何主体在实施特定控制措施时，往往都需要获得一定的信息支持。信息质量（包括及时性、完整性和准确性）的高低对控制措施的实施效果会产生巨大影响。企业应当建立完善信息获取的渠道和信息产生的方法、工具，进一步地明确信息输入、输出的标准、口径以及配套措施。

一般而言，信息沟通本身不构成具体的控制措施，但信息沟通是一系列控制措施能够有效执行的前提条件。企业内控体系中，信息沟通的具体功能包括以下几项。

（1）信息需求方在取得信息输出方的信息后，可进行决策参考或进行工作配合。例如，投资决策委员会基于投资项目前期部门所收集及处理过的信息进行投资决策；财务部门根据各部门所提报的工作计划编制财务预算。

（2）信息需求方取得信息输出方的信息后，可对其进行评价。例如，人资部门对各业务部门的工作目标完成情况进行行业绩考核。

（3）信息需求方取得信息输出方的信息后，可对其进行监督。例如，审计部门基于业务部门所产生的数据对其进行内部审计。

4.11.2　信息沟通壁垒：影响和分类

1. 信息沟通不畅的后果

根据信息经济学理论，当信息沟通不畅时，可能会因信息不对称而导致"道德风险"和"逆向选择"。结合前文分析，在企业经营环境中，信息沟通不畅所导致的典型后果包括：①由于缺乏有效的信息输入，导致经营决策质量低下；②由于缺乏有效的信息互动，导致整体业务执行效率低下；③由于缺乏信息基础，针对特定业务部门或岗位，无法进行有效评价；④由于缺乏信息基础，针对特定业务部门或岗位，无法有效监督；⑤由于缺乏沟通，引发内部冲突，破坏企业文化。

2. 信息沟通壁垒的分类

企业内部的各类信息壁垒是导致企业内部信息沟通不畅的主要原因，基于其特点，企业内部信息沟通壁垒可以划分为两类：信息传递壁垒和信息专业壁垒。

（1）信息传递壁垒。

由于企业组织架构、职能边界及与之对应的利益格局的影响，会导致信息输出方不配合向信息需求方提供其所需信息，或者传递给信息需求方的信息质量低下。

首先，当企业内一个主体不存在向另一个主体的正式汇报路径（例如很多平级部门之间，部门与其非直接分管副总之间）时，在协调机制缺失的前提下，企业将无法保证这个主体会向另一个主体传递其所需的信息。例如，某企业财务部门为了对其预算分析报告中人资数据进行解释，提请人资部门提供全年人事分类数据（如入职、离职、异动等），但人资部门以工作量过大为由怠于提供。

☕ 案例：人事变动导致合同印章管理混乱

　　某大型生产型企业规定，合同印章的刻制、发放、回收以及销毁工作由行政管理部归口负责。同时，为了提高合同签订效率，企业允许将合同印章交至拥有业务权限（如采购合同签订权等）的部门，但合同印章的保管、使用必须严格遵守适用管理制度，合同印章信息需在行政管理部备案。

　　但行政部门通过后续检查发现，当持章人员的岗位或权限发生变更时，其人事变更信息未能及时传递至行政管理部及合同印章保管部门内相关人员，进而导致合同印章未能及时收回或交接，出现违规用印、印章丢失等现象。

　　经过整改，人事变动信息需流转至行政部门及各合同印章保管部门相关岗位，由行政部门落实印章管理工作，同时行政部门加强了对合同印章保管和使用事项的检查。

　　其次，即使存在正式的信息沟通路径，但如果针对信息沟通行为缺乏有效的保障机制（如审计监督、绩效评价），也可能影响信息沟通质量。

　　在菲达环保 2017 年年报中，天健会计师事务所对其内部控制审计出具了否定意见的审计报告，导致否定意见的事项包括：内部信息传递滞后，导致未能及时发现兰科项目大额损失并进行信息披露。菲达环保公司海外客户 Lanco Enterprise Pte. Ltd.（位于新加坡）的母公司 Lanco Infratech Limited（位于印度）于 2017 年 8 月 7 日被银行申请破产清算，印度当地法院准许其在 2018 年 5 月前进行自救重整。菲达环保公司由于各部门之间信息传递滞后，导致未能及时发现该等损失并进行信息披露。上述内部控制重大缺陷影响了应收账款、存货、资产减值损失等报表项目的准确性，导致与之相关的财务报告内部控制失效。

<small>资料来源：浙江菲达环保科技股份有限公司独立董事关于会计师事务所出具否定意见的内部控制审计报告的独立意见，2018 年 4 月 19 日，上海证券交易所。</small>

（2）信息专业壁垒。

　　在另一些情况下，尽管企业已经建立了信息传递机制，但由于信息输出方和接收方存在专业隔阂，所传递信息无法被理解和应用，因此仍然无法解决信息不对称问题。例如，某企业 IT 部门在进行新职场 IT 系统搭建时，向采购部门提供了一系列的 IT 需求及技术参数，采购部门及其上级领导尽管感觉对应预算水平偏高，但均无法提出有针对性的专业意见，最终基本"照单全收"。又如，某集团公司内审职能未配备足够的工程专业人员，导致下属子公司各工程项目部尽管形式上提供了集团内审部门所需的各类资料、数据，但仍然无法形成有效的审计发现。

☕ **案例：以假乱真调包名画，监守自盗获利亿元**

2015年7月21日，广州美术学院图书馆原馆长萧某在广州中院受审。2002年10月至2010年3月期间，萧某利用其担任广州美术学院图书馆馆长的职务便利，利用其事先配备的图书馆藏画库的全套钥匙开门进入画库，把自己事先临摹好的赝品，以"狸猫换太子"方式，将馆藏的张大千、齐白石等书画家的143幅书画窃为己有，涉案金额逾亿元。

本案中的涉案资产都属于艺术品，对其真伪的鉴证需要很高的专业能力。如本案主犯萧某所述，正是因为"当时自己是图书馆里唯一懂美术的人，其他人都不懂，只会点数"，才使得其作案在长达10年内无人察觉。

资料来源："以假乱真"调包名画 监守自盗涉案近亿元——广州美术学院图书馆原馆长涉嫌贪污案庭审直击，2015年7月22日，新华网。

两类壁垒对信息沟通的影响如图4-5所示。

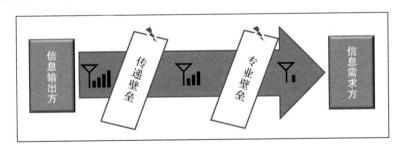

图4-5　两类壁垒对信息沟通的影响

注：两类壁垒导致信息质量逐渐下降。

4.11.3　信息沟通壁垒产生的内在原因

产生信息沟通壁垒的原因是比较复杂的，会受到组织架构、专业分工、权责利格局、企业文化等多方面因素的影响。

1. 企业职能划分及专业分工

为确保企业整体有效运行，企业会设置正式的组织架构、隶属关系及汇报路径。企业组织架构的设置，对于信息沟通而言，通常会是一把"双刃剑"：设置了正式沟通路径的结构，会促进信息的沟通，如部门向其企业分管负责人的汇报；对于未设置正式沟通路径的结构，则可能会产生信息沟通障碍，如并没有直接汇报关系的平级部门之间，信息沟通就会受到部门边界的阻隔。

另外，在企业进行职能划分时，进行专业化集中往往是一个重要的考虑因素。如前文所述，专业分工在集中企业专业资源，提高企业运行效率的同时，也会增加专业部门与非专业部门之间的沟通困难，形成壁垒。

2. 权责利格局及企业文化

在特定时点，企业中各个部门或岗位都有其自身的"权责利"格局，而这种"权责利"格局会对其行为产生影响。如特定部门或岗位认为提供某些信息会增加其自身工作量而无好处，或者会对其自身的绩效考核产生负面影响时，则可能产生信息沟通壁垒。

企业文化等因素也会对企业内部信息沟通情况产生影响，如企业高层积极鼓励内部沟通交流，则企业内部信息沟通往往会得到强化；如果分管副总有采取各种非正式的手段（如通过暗示）阻止其下属部门向其分管领域之外的部门提供信息的习惯，那么不同分管副总所管辖领域间的信息沟通就会受到很大影响。

4.11.4　信息沟通壁垒的应对措施

在企业已充分识别内部各类信息需求及确认存在沟通壁垒的前提下，企业应有针对性地采取应对措施。

1. 针对信息传递壁垒

针对信息传递壁垒，企业需要从横向沟通和纵向沟通等多个维度，制定正式的信息沟通职责、权限、程序，并设置必要的沟通保障机制。

- 对信息输出方：明确其根据信息需求进行信息归集、报批、报备、抄送、发起与参加会议、进行信息澄清等职责或程序。
- 对信息需求方：明确其提出信息需求、获取信息、要求信息澄清、发起与参加会议等权限或程序。
- 从第三方（可能是独立部门，也可能是管理高层）角度：协调（通过成立临时工作小组、组织会议等）、审计、围绕信息沟通的评价与绩效考核等。

在企业整体层面，应建立必要的信息质量标准，同时明确信息沟通的具体方式，以提高企业内部信息沟通效率。信息质量标准通常涵盖如下几个方面。

- 信息及时性要求：信息沟通的截止时间、信息沟通周期或频次等。
- 信息准确性要求：信息数据计算口径、事实依据、与其他信息的钩稽准确性等。
- 信息完整性要求：信息需涵盖的要素、主体、周期等。

通过在企业已有组织架构的基础上建立正式的信息沟通职责、权限、程序，设置审计、围绕信息沟通的评价与绩效考核机制，则能够在企业已有职能间搭建信息渠道，同时能够调整各部门与岗位的既有权责利格局（强化获得信息的权力、提供信息的责任以及围绕信息沟通工作的奖惩考核），进而打破信息沟通壁垒。

2. 针对信息专业壁垒

针对信息专业壁垒，企业应在组织架构基础上，对专业力量进行优化配置，可以采取的具体措施包括以下几点。

（1）调整企业内部专业力量配备。

具体来讲，企业可以通过人员配备、专业培训等方式，提升信息需求方的专业水平，减少信息需求方与信息提供方之间的专业差距。

例如，台塑集团的采购实践中采取由前台（请购方）统一提交采购申请，中台（采购部）进行采购准备，后台（资材审核组）审核，集团负责人审批后交由中台（采购部）实施采购。为实现专业制衡，台塑集团在后台（资材审核组）配备了足以制约中台（采购部）的专业采购人员。

又如，很多企业会针对非财务专业部门的人员进行有针对性的财务培训，同时对财务人员进行必要的专业培训，以减少财务部门与非财务部门之间的沟通障碍。

（2）引入外部第三方专业力量。

针对非持续性的业务，企业可以通过引入社会第三方专业力量，协助企业完成专业信息提供、验证、解读等工作。例如，针对企业的工程项目，引入第三方造价咨询企业围绕工程项目相关需求来提供服务（如项目工程概算、预算、竣工结算决算、工程招标标底和投标报价的编制和审核）。

在引入第三方专业力量时，企业应关注针对第三方的引入方式、汇报路径、评价主体等要素，以保证其具备合理的工作独立性。例如，如果由工程部门全面负责第三方造价咨询企业的引入、工作对接和评价，其履职时可能受到工程部门掣肘而缺乏独立性，企业非工程部门可能仍然无法通过第三方有效获取与应用工程信息，无法真正解决专业信息壁垒问题。

必须强调，调整内部专业力量配备或者引入外部第三方专业力量，很可能意味着增加企业成本（如人力成本、培训成本、服务外包成本等），对此企业需要进行审慎的成本效益权衡。

（3）将强专业化信息转化成弱专业化信息。

企业可以通过信息指标转化降低信息专业壁垒，即将需要很强专业性才能理解、应用的信息转化成直观、对专业程度要求更低的信息。例如，把生产设备维护各类专业数据转化成更加易于理解的指标，如设备故障率、设备有效运行时间等指标，并基于这些指标对设备维护相关部门进行评价。

除了这些技术措施，企业加强企业文化建设，提升全员沟通主动性，也是非常重要的补充。

我国企业各部门或岗位在履职时，往往会面临无法有效获取所需信息、无法及时获取所需信息、获取的信息扭曲等问题。识别并打破企业内部存在的各类信息沟通壁垒，是解决信息沟通问题的关键环节。反过来，在需要进行信息隔离的情况下（如针对企业涉密信息），企业应主动构建并合理利用信息沟通壁垒。

4.12　考核与奖惩

4.12.1　内控体系中人的因素

杰克·韦尔奇在其著作《赢》一书中阐述：公司资源可以分为两个部分——软件和硬件。软件是指公司的员工，硬件是指公司资产组合中的各种具体业务。结合前文讨论，在内控体系中"人"的影响可以体现在如下几个方面。

（1）"人"是内控体系的设计、搭建以及维护者，也是内控体系中诸多控制措施的执行者。例如，审核岗位人员对资料执行审核程序。而"人"的不尽职是内控体系缺陷的重要来源。

（2）"人"所面临的风险是企业内控体系需要应对的重点风险之一，如人员工伤风险。

（3）"人"本身可能成为一类风险的源头，并且可能对内控体系造成严重破坏。例如，我国某大型设备生产企业研发部门数十名研发人员串通，盗取企业新产品图纸并提供给企业竞争对手，对企业造成不可估量的经济损失，最终被警方一网打尽。

企业内控体系的有效运行是需要具体去执行落地的，因此"管好人"是内控体系发挥其功能的基本前提。需要说明的是，除了这里所强调的考核与奖惩，企业控制文化建设，完善反舞弊机制等内容也会对人产生影响，具体可参看本书相关章节内容。

围绕"人"的因素需要回答这么几个问题：①需要他做什么？②如何判断他做得如何？③做得好或者不好，怎么处理？基本内在逻辑是：从"战略"识别"关键职能"，然后分解刻画"岗位需求"，进而用配套的人力资源管理机制与流程实现"考核与奖惩"，即在管理职责明确的前提下，通过"利益驱动"和"后果惩戒"，来影响"人的行为"。在内控方面，对人的"考核与奖惩"集中体现在如下两个方面。

第一，专业性，即高质量完成本职工作所需的专业技能，如熟练、正确操作企业信息系统。

第二，职业操守，即高质量完成本职工作所需的专注、忠诚、廉洁、保密等要求。

4.12.2　提高考核与奖惩质量

企业没有考核，管理要求难以落实到位。没有奖惩，考核效果也会大打折扣。

1. 企业考核与奖惩典型的内控问题

企业考核与奖惩典型的内控问题可以归纳为以下几种。

（1）考核缺失，企业未建立考核制度或未有效开展考核工作。

（2）考核指标设计存在严重缺陷。例如对于销售或信用职能，缺乏对周转率、逾期率、资金占用程度等关键指标的考核；又如在考核指标设计时，基于量化客观数据水平过低，主观评价水平过高。

（3）考核与奖惩基础工作存在瑕疵，如考核过程组织混乱，考核及奖惩缺乏依据，考核过程不透明，考核结果缺乏反馈与沟通。

（4）奖惩不严，导致考核流于形式。

☕ 案例：某企业奖惩机制的建立

某矿业企业为确保生产安全，组织了专业人员对生产过程中的危险源进行全面识别与评价，并制定了风险应对措施，但执行效果一般。

后来，企业管理人员为确保生产安全落到实处，决定引入基于"安全基金池"的奖惩机制，即针对违规违章操作，根据违规违章行为等级扣取其月度绩效工资、月度安全奖、季度奖等作为"安全基金池"来源。同时，针对能够及时发现作业危险源并妥善处置的人员，从"安全基金池"中提取资金予以奖励。实施之后，企业安全管理水平得到显著提升。例如，在一次松石处理过程中，一位员工及时发现一块巨石处于"老鹰嘴"状态，立即采取了人员及设备撤离措施，避免了重大安全事故，而该员工个人也从"安全基金池"中获取金额不菲的安全奖励。

2.考核与奖惩的要点

在企业内部控制体系中，考核与奖惩是一种控制措施；反过来讲，内控工作本身也是考核内容的组成部分。作为控制措施，考核与奖惩要点可以归纳为以下几种。

（1）实现考核与奖惩的闭环管理：主要包括明确考核周期（何时考核）、考核主体（由谁考核）、考核内容（考核什么）、考核基本原则及流程（如何考核）以及考核结果运用（如何奖惩）。

（2）科学选择考核内容和方法。企业应设计易观察、可量化的考核指标，进行持续、准确的记录。考核内容可以同时关注过程和结果。

（3）合理应用考核结果。企业可依据考核内容的重要性和风险程度，制定有威慑力的奖惩方案，并基于客观、公正的原则兑现奖惩。

需要强调的是，内控工作也应纳入考核范围，通常包括以下关键点。

第一，制度与流程设计规范性和执行有效性。

在企业、部门、岗位等多个层面，应建立健全的内控规范，同时内控规范应该得到有效执行。企业可通过制度检查、内控评价等工作对这些内容进行检查。

第二，缺陷整改的有效性。

企业应针对发现的制度与流程的设计与执行缺陷进行及时整改，整改效果应纳入考核范围。

第三，风险管理实施效果。

企业应该将各类风险事件实际发生情况纳入对应风险责任部门或岗位的考核

范围，并结合风险事件严重性、主客观原因、责任认定结论等因素实施考核。

4.13 流程及标准

4.13.1 业务流程及其固化

业务流程是指为达到特定的价值目标而由不同的人分别或共同完成的一系列活动，活动之间不仅有清晰的先后顺序限定，而且活动的内容、方式、责任等也都必须有明确的安排和界定，以使不同活动在不同岗位角色之间高效衔接成为可能。简单地讲，业务流程清晰地解释了实施一项具体工作所对应的工作输入、具体工作步骤、对应的工作实施主体、工作成果输出等内容。常见的业务流程固化成果可参看第 6.1.3 节"内控体系建设四大成果编制"。

1. 业务流程的固化手段

为了提高企业业务执行的一致性，使流程得到固化、宣传贯彻与推行，常用的方法包括：

- 编制制度、流程。
- 表单记录。
- 信息系统设置。
- 制定部门、岗位职责。

2. 需要固化的流程要素

需要固化的流程关键要素如下：

- 流程产出及目标。
- 流程启动条件。
- 流程关键步骤，各工作步骤、工作职责分配及工作标准。
- 流程表单、记录、信息流转等要求。

4.13.2 在流程中实施内控

流程中需考虑的关键控制要求通常包括以下内容，表 4-31 为流程中体现内控要求的一个示例。

- 风险应对措施。
- 不相容职责分离。
- 表单记录。
- 权限。
- 监督检查。

表 4-31　差旅报销与核算流程中所体现的内控要求示例

步 骤 描 述	体现的内控要求
1. 当发生差旅费用报销时，由申请人员填写"费用报销申请单"，附上相关原始单据，发起报销申请	表单记录
2. 根据费用发生金额，经直接主管（≤5000 元）、上级领导（＞5000 元）审核审批后，交至财务部办理报销。其中，直接主管与上级领导需审核报销内容的合理性与真实性	权限设置、监督检查、风险应对措施
3. 财务部会计人员负责审核发票等原始单据的真实性、报销申请单填写的完整性、正确性以及报销的合理性，编制记账凭证，并由出纳负责根据经审核的报销单实施付款	不相容职责分离、监督检查、风险应对措施

4.13.3　工作标准的制定

对于不同的业务流程，标准化的深度和具体表现形式会有差异。企业可根据不同业务及其基本环节的特征，设置不同偏好的标准，如指导性、提示性标准或者具体操作指引性的标准。例如，对于合同审核流程，可以制定关键的审核要素及其基本原则、标准；对于常规化业务操作（如销售订单录入系统的流程），可以制定教科书式的操作性标准。前者强调基于一定框架同时应用专业判断，后者强调细致地完成既定管理动作。

1. 标准的定义与价值

国际标准化组织（International Organization for Standardization，ISO）的国家标准化管理委员会（STACO）一直致力于标准化概念的研究，先后以"指南"的形式给"标准"的定义做出统一规定：标准是由一个公认的机构制定和批准的文件。它对活动或活动的结果规定了规则、导则或特殊值，供共同和反复使用，以实现在预定领域内最佳秩序的效果。

标准体现为一定的规则或赋值，因其得到反复的研讨和论证，在很大程度上支撑其自身的科学性或有效性。同时，因需要被"共同"（对应不同的主体）和"反复"（对应不同的时间、频率）使用，可以降低主体差异或时间差异带来的随机性或不确定性的影响。

　　企业标准化是以获得企业的最佳生产经营秩序和经济效益为目标，对企业生产经营活动范围内的重复性事物和概念，以制定和实施企业标准，以及贯彻实施相关的国家、行业、地方标准等为主要内容的过程。具体到企业工作标准层面，其体现的价值归纳如下：

- 降低工作中"因人而异"的影响。
- 为实际工作提供操作指导。
- 便于不同部门或岗位间的沟通衔接。
- 便于考核。

☕ 案例：褚橙管理中的标准化

　　褚时健对此的方法是强行执行：一方面，年复一年地培训农户们的科学技术知识和具体操作能力；另一方面，强化作业长们的带头作用，农户学习培训的每一步，都要有作业长带着走。与此配合的，则是精细到家的奖惩制度。北京大学黄铁鹰教授曾经就褚橙的生产经营案例做过研究，他录下了这么一份2013年褚橙基地的工作计划：

　　2月份溃疡病检查，四年生树及挂果树按15片叶/株的标准，扣除预支生活费10元/株；一、二、三年生树按3片叶/株的标准，扣除预支生活费10元/株。

　　春季修剪不到位，树冠内堂通风透光不好，检查时扣除预支生活费100～200元。

　　在焚烧疏除枝梢及剪除的干枯枝时，若烧着果树，扣除预支生活费50～100元。

　　…………

　　看得出来，褚时健是用细到不能再细的条文约束农户们必须往工厂化管理的方向上走，行也得行，不行也得行。

　　一次褚时健到果园巡看果树，发现树上有一种先期打药本该灭干净了的虫子，马上把质保主任叫来："这是什么？"质保主任慌了："打药了呀。"褚时健叫他把当时打药的一些工具收上来查看查看，拿过来一看，褚时健火了："制度上写得很清楚，树长到 3 米以上，树体很大的情况下，要更换大的打药机，你这么一些小小的喷雾器怎么行？工作这么马虎，你对谁负责？人家看着你是打药了，其实一点作用不起！"最后褚时健一摆手："我看这件事你不要搞了，换人。这种事开不得玩笑。"

褚橙质量稳定，受到市场的青睐，与果园标准化管理流程不无关系。

资料来源：周桦. 褚时健传 [M]. 北京：中信出版社，2016：398-399.

2. 标准的建立与分类

（1）工作标准的建立。

在解释了标准化的好处之后，企业需要考虑下述事项。

- 哪些事项适合并需要建立标准？一般来讲，企业制定标准时应针对重点事项、重要内容制定标准。
- 在哪些维度上建立标准？如在流程层面，应划分为整体标准要求以及针对各个具体工作步骤的标准要求，后者可视为前者的细化和分解。
- 标准的来源是什么？企业可基于内外部整体要求及最佳实践经验进行标准的制定。
- 如何确保标准的有效落实，确保标准在不同主体与不同时间得到有效的遵循？企业应确保所建立的标准具体且可量化，现有资源可实现，并对所制定的标准进行持续评估与更新。
- 如何有效评估标准调整的必要性？

（2）标准的分类。

- 效率标准：通常与时间要求有关，如启动时间、完成时间等（见表 4-32）。
- 效果标准：通常与质量要求有关，如技术参数要求、操作要求步骤等（见表 4-32）。

表 4-32　标准类型及典型示例

标准大类	主要子项标准	典型示例	备注
1. 时间标准（效率标准）	1.1 启动时间	"年度 12 月中旬前需启动……"	—
	1.2 完成时间	"次月第一周内需完成……"	—
	1.3 执行持续时间	"在接收到上游部门需求后，需在 2 个工作日内完成……"	可要求"长于"或"短于"

（续）

标 准 大 类	主要子项标准	典 型 示 例	备 注
1. 时 间 标 准（效率标准）	1.4 频率要求	"此项工作，每年不少于……次"	可要求"最高"或"最低"频率
2. 质 量 标 准（效果标准）	2.1 要素完整性要求	"申请表上需明确注明：申请部门、部门负责人意见、申请日期……"	—
	2.2 技术参数要求	"验收通过，则……参数不得低于……标准"	—
	2.3 执行主体要求	"此工作需由部门负责人完成""此工作需由车间负责人与安全员共同完成"	—
	2.4 操作步骤要求	"此工作需遵循的步骤要求为：共分为 4 个步骤，其中步骤 1 为……，步骤 2 为……"	—
	2.5 基础工作要求	"在开展本项工作前，需完成……工作""本工作应基于……工作结果进行开展"	—
	2.6 钩稽准确性要求	"本报表数据应与财务预算数据一致""各品类加总金额应等于合计总数"	—
	2.7 形式介质（数量）要求	"应提供一份电子版材料"	—

与此同时，效率与效果标准应在流程步骤中予以体现和描述，以增强流程的可操作性。

按照上述标准要求，几类基本流程动作类型及对应工作标准示例如表 4-33 所示。

表 4-33　基本流程动作类型及对应工作标准示例

基本流程动作类型	典型示例	对应工作标准示例
1. 方案或申请编制动作	编制月度采购计划	● 时间标准： （1）每月需完成月度采购计划制订工作（"1.4 频率要求"，见表 4-32，下同） （2）需于每月 20 日前启动次月采购计划编制工作，并于每月月底前完成次月采购计划的编制与审核审批工作（"1.1 启动时间""1.2 完成时间"） ● 质量标准： （1）采购计划需涵盖的要素包括采购品类、需求部门、需求数量、预计单价等（"2.1 要素完整性要求"） （2）采购计划应基于各采购需求部门所提交的采购需求表编制（"2.5 基础工作要求"） （3）采购计划应与次月财务预算对应内容相一致（"2.6 钩稽准确性要求"）

（续）

基本流程动作类型	典型示例	对应工作标准示例
2. 操作动作	完成款项支付	● 时间标准： 　在接到符合要求的付款申请后，需在 10 个工作日内完成付款操作（"1.3 执行持续时间"） ● 质量标准： 　（1）在执行款项支付之前，各项支付所需要件需齐备，并经过适当的审核审批（"2.5 基础工作要求"） 　（2）款项支付应由经授权的出纳人员完成（"2.3 执行主体要求"） 　（3）所支付款项金额需与付款申请及相关支撑要件金额一致（"2.6 钩稽准确性要求"）
3. 记录动作	完成台账登记	● 时间标准： 　在对应业务完成后，需在 2 个工作日内完成台账登记工作（"1.3 执行持续时间"） ● 质量标准： 　（1）需登记台账内容应包含：①业务编号；②业务概述；③经办部门；④业务完成日期；⑤业务金额；⑥备注（"2.1 要素完整性要求"） 　（2）台账登记工作需在业务各基础要件齐备条件下完成（"2.5 基础工作要求"） 　（3）台账登记内容需与业务基础要件信息一致（"2.6 钩稽准确性要求"）
4. 归档动作	进行资料归档	● 时间标准： 　在对应业务完成后，需在 2 个工作日内完成资料归档工作（"1.3 执行持续时间"） ● 质量标准： 　（1）需进行资料归档的内容包括：①申请表；②审核审批记录；③业务执行及验收记录（"2.1 要素完整性要求"） 　（2）应同时归档电子版及纸质版资料（各一份）（"2.7 形式介质（数量）要求"） 　（3）归档需在对应业务已最终完成，且需归档内容完备并履行归档前所需程序后进行（"2.5 基础工作要求"）
5. 审核审议审批动作	对××事项进行审核	● 时间标准： 　在接受符合要求的审核申请后，需在 5 个工作日内完成审核操作（"1.3 执行持续时间"） ● 质量标准： 　（1）在执行审核之前，各项审核所需要件已齐备并已经过必要程序（"2.5 基础工作要求"） 　（2）审核内容需与审核基础要件所载内容一致（"2.6 钩稽准确性要求"） 　（3）如确定审核通过，××数据应达到××范围（"2.2 技术参数要求"） 　（4）审核人应具备中级以上职称（"2.3 执行主体要求"）

4.14　信息化

4.14.1　信息化的定义

信息化是指以通信、网络以及数据库技术为基础，提升企业整体运营效率和效果。例如企业通过合同管理信息化手段实现合同的发起、审核、审批、用印以及电子化归档等流程；企业通过库存管理信息化手段实现对存货移动的记录、库存信息的实时查询等功能。

从严格意义上说，信息化本身并不是一类独立的控制措施，而是在信息化环境下，相对于非信息化环境，企业所面临的风险以及所采取的控制措施会表现出不同的特点。在信息化环境下，内控可以得到明显改善，但同时也可能新增风险，企业需要关注的是如何充分利用前者，同时有效控制后者。

4.14.2　通过信息化完善内控

信息化对企业内控的改善机制可以归纳为以下几点。

（1）大幅度提高数据的准确性、完整性、及时性以及传输效率，进而提升企业内部沟通及决策质量。

（2）可以有效地通过系统固化流程步骤节点及对应操作人员权限，降低不遵循流程及越权风险，提升制度流程落地效果。

（3）信息系统能有效保留操作过程记录，易于审计监督。

4.14.3　信息化风险的应对

在信息化环境下，企业内控需重视如下几方面的风险。

（1）流程自身的一些设计或执行问题不能完全依靠信息化得到解决。例如在某企业对一些重大问题或特殊情况开会研究后，领导经常说一句话"就这样走 OA 报吧，流程后补"，然后申请人上报审批，各审核环节人员机械点击同意。在该企业，OA 实际上已沦为决策程序倒置的形式合规工具。

（2）信息系统与企业内控流程缺乏协调匹配。例如某企业信息系统对业务流程的固化程度不足，员工可在 OA 中自行定义流程节点，导致 OA 流程与制度要求不一致。

（3）与信息系统自身相关的各类风险。在信息化环境下，企业经营将高度依赖信息系统，使企业面临更高的病毒风险、数据损失风险、信息泄露风险以及信息系统越权风险等风险。

☕ 案例：交通银行临汾分行员工与人里应外合骗取贷款 1900 余万元

"e 贷通 2.0" 业务是交通银行一款纯信用产品，不需要抵押或者担保，服务对象仅限于交通银行优质个人客户或者重点单位员工。该业务下，贷款人员只需提供相关贷款用途资料的电子文件，通过电子银行进行申贷，之后交通银行会自动审批，并及时通知授信结果。

2016 年 3 月至 8 月，梁某某在交通银行临汾分行担任零贷管理部客户经理协理期间，伙同他人在社会上找到想要贷款但不符合贷款条件的人员共计 153 位，并获取了上述人员的个人资料、身份证件以及贷款填写资料等文件。然后，梁某某利用欺骗和盗用所获取的客户经理和支行行长等人的贷款系统账号进入银行系统，将不符合贷款条件的人员直接添加至符合条件的优质个人客户或重点单位员工的名单之中，再从系统上审批通过这些人员的贷款资料。上述违规授信致使交通银行向不符合条件的客户发放贷款 1903.7 万元，截至 2018 年 6 月 20 日，共有 120 人未能按时归还所欠贷款，涉及贷款金额 1533.03 万元，其中 1228.46 万元未能结清。

在该案例中，"e 贷通 2.0" 这项业务易申请、无担保、速审批，充分体现了利用信息化开展业务的便捷性，但未对信息系统越权等进行有效防范，致使企业蒙受了巨大损失。

资料来源：王晨亮与梁志芳、李婷婷等骗取贷款、票据承兑、金融票证罪二审刑事裁定书，2019 年 9 月 29 日，中国裁判文书网。

综上，企业应建立信息化规划，对信息系统建立清晰、可操作的流程、权限和职责体系，并对信息系统进行持续评估优化。

4.14.4　综合案例："周黑鸭"更换包装中的信息化管控

1. 周黑鸭换包装了

从 2012 年开始，周黑鸭的门店开始逐步统一使用充氮预包装（modified atmosphere packaging，MAP，即气调保鲜技术），而不再使用传统的散装方式——更严谨的说法是，周黑鸭实现了从没有包装到预包装，直到 2014 年其旗下门店全部采用充氮预包装方式（见图 4-6）。不难发现，采取预包装的方式，至少会有如下不利影响。

（1）消费者可选择灵活性降低，必须按盒购买。

（2）增加整体成本（如包装成本）。

图 4-6   周黑鸭的充氮预包装

据了解，截至 2020 年年底，周黑鸭的一些市场竞品品牌尚未全面推广使用预包装。可见，单纯从技术上看，"散装"和"预包装"都可以作为选项，那么周黑鸭为什么要选择预包装呢？除了加强保鲜效果，有没有其他原因呢？

2. 熟食连锁销售模式下的固有风险

周黑鸭，如同其他熟食连锁行业，其销售模式具备如下特点。

● 销售终端数量众多，地点分布高度分散。

● 货源由企业集中配送，具体销售动作（收款、交货等）由终端销售人员
实施。

在利益驱动等因素的影响下，这种销售模式存在如下固有风险（"直营模式"和"加盟模式"下都会存在，程度可能会有差异）。

（1）货源风险。销售终端不从企业正规渠道进货（从非正规渠道进货，甚至自

制货品），以获得不当利益。此风险不仅会影响企业经济利益，还极有可能产生食品安全隐患。

（2）保质期风险。销售终端继续对外销售过期货品，可能导致食品安全隐患。保质期风险及前述货源风险，一旦被媒体曝光（如有证据表明货源来自"黑作坊"），则可能对品牌产生致命打击。

（3）侵占货款或货品风险。终端售货人员通过不按标准价格结算，或者在销售过程中缺斤少两，又或者假借处置已过保质期货品等手段，在销售收入或销售量层面形成侵占空间。之后，再利用现金销售，个人微信、支付宝扫码收款等手段实现销售款不入账（系统），或者以盗窃等方式直接侵占货品，此类风险均会直接影响企业经济利益。

（4）窜货风险。根据企业销售政策，如果不同渠道或区域存在进货差价等因素，则可能产生不同渠道或区域间的私下窜货，扰乱企业整体销售秩序，影响企业经济利益。

3. 内控视角下预包装的功能

相对于散装方式，预包装的特点可简要归纳为如下几个方面。

（1）预包装上可印制货品编码（二维码、条码等），结合信息系统的应用，可实现：

1）基于货品编码，将货品类型、产地、生产日期、保质期、每盒货品重量等数据在生产环节即录入货品系统，保证了企业货品系统数据与实物货品的一一对应，为后续环节信息的校验与追溯提供数据基础。

2）实现货品系统、销售系统、收银系统等系统数据间的衔接与共享，在生产、储存、运输、销售等环节实现实物流、信息流与资金流的信息传递和钩稽匹配。

（2）预包装上可清晰明确地提示货品名称、生产日期、保质期、重量、生产地点等关键信息。

（3）货品变得更加易于盘点。预包装方式下，数目清点或获取重量信息均较方便，能提高盘点效率，提高盘点结果准确性，盘点结果亦具备更强的证明力（在散装方式下，盘点差异更容易被归结于称量误差等客观原因）。

从内控视角，针对前述销售固有风险，两种包装方式下的控制手段对比如表 4-34 所示。

表 4-34   "散装"与"预包装"方式下的控制手段对比

风险类型	散装方式下的控制手段	预包装方式下的控制手段	相对于散装，预包装有什么改进
货源风险	• 市场督导人员对进货记录、销售记录等实施现场检查，同时与盘点数据进行比对 • 将销售数据与货品进销存数据进行分析比对，识别重大数据异常	除了采取散装方式下的控制手段，预包装方式下还可以： • 销售系统自动对货品编码有效性进行校验，拒绝无效编码（无法打印收银小票等），并可自动向企业反馈异常数据 • 市场督导人员现场验证编码 • 市场督导人员以"神秘顾客"方式取得货品样本并对其编码进行验证	• 系统自动货源校验成为可能 • 现场检查成本降低，检查针对性提升，更易取得实质性证据（如无效编码货品仍在销售） • "神秘顾客"手段成为可能 • 预包装货品更易于盘点，盘点成本更低，准确性更高，结果更具有证明力 • 可依靠信息系统反馈异常数据（如无效编码）并进行管控
保质期风险	• 要求终端销售人员采用批量控制，做好批量货品的保质期记录（批次、生产日期、上架日期以及过期日期）以及货品所对应的上架销售位置，尽量确保定置定位，按制度规定及时处理过期货品 • 市场督导人员对各终端按上述要求的执行情况进行检查	除了采取散装方式下的控制手段，预包装方式下还可以： • 基于编码，销售系统自动对货品保质期信息进行校验，拒绝已过保质期货品编码（无法打印收银小票等），并可自动向企业反馈异常数据 • 市场督导人员现场检查保质期（外包装标识检查及编码验证） • 市场督导人员以"神秘顾客"方式取得货品样本并检查保质期（外包装标识检查及编码验证） • 外包装清晰体现保质期信息，消费者可予以监督	• 系统自动进行保质期校验成为可能 • 现场检查成本降低，检查针对性提升，更易取得实质性证据（如已过期编码货品仍在销售） • "神秘顾客"手段成为可能 • 可依靠信息系统反馈异常数据（如尝试销售过期货品）并进行管控 • 消费者更多地参与监督
侵占货款或货品风险	• 对终端销售行为制定清晰的工作规范 • 通过门店目视板公布价格信息，可以让消费者起到核实监督的作用 • 市场督导人员采取飞行检查或"神秘顾客"手段，对具体销售行为规范性进行检查（包括称量操作、单价输入、总价计算等） • 市场督导人员通过存货盘点、表单检查、销售与收银数据查询比对等手段核实进销存数量，识别异常	除了采取散装方式下的控制手段，预包装方式下还可以： • 通过编码反映每盒重量信息，销售系统扫码予以数据读取并进行记录 • 销售系统中设定单价，根据每一盒特定编码信息（品类、重量）自动形成总价，并通过销售系统自动衔接收银系统打印小票，形成收款信息记录 • 包装盒上清晰显示货品重量，销售系统自动打印销售小票，消费者可将两者进行比对，予以监督	• 货品的单价、重量数据预录入系统，大幅度降低终端销售人员的人为干预程度 • 消费者更多参与监督 • 预包装货品更易于盘点，盘点成本更低，准确性更高，结果更具有证明力

（续）

风险类型	散装方式下的控制手段	预包装方式下的控制手段	相对于散装，预包装有什么改进
窜货风险	• 市场督导人员进行现场检查，获取进货记录、销售记录以及存货记录，结合盘点结果进行综合判断	除了采取散装方式下的控制手段，预包装方式下还可以： • 市场督导人员可远程获取、比较编码系统实时反馈的终端门店的物流收货信息、销售信息及货品合理销售地点信息，检查两者的匹配性，识别窜货行为	• 可实施远程检查，检查成本降低 • 预包装货品更易于盘点，盘点成本更低，准确性更高，结果更具有证明力 • 检查和跟踪窜货信息的准确性及证明力增强

除了上述基于业务流程的控制手段，企业还可以采取内部举报、客户投诉等补充措施，此处不再展开。

通过对比不难发现，相对于散装销售方式，在各项措施有效落实的前提下，预包装销售方式下的风险管控效果会得到实质性的优化，消费者利益也会得到更有效的保障。

同时必须强调，在预包装模式下，企业需要强化信息系统管理及审计，确保编码体系有效性及生产系统、销售系统、编码系统、收银系统之间数据传输的有效性。如编码系统中包含防伪子功能，则需要重点防范编码规则泄露。同时，市场督导及奖惩机制也必须执行到位，针对违反操作规范的情况，应查明事实并依据企业规定严肃惩治，以形成有效威慑。

第 5 章

内部控制工具业务场景应用

5.1 业务循环的划分

5.1.1 为什么进行业务循环划分

企业内部控制可分为公司层面内部控制和业务层面内部控制。其中，公司层面内部控制的核心内容包括公司治理、顶层内控基调与控制环境、组织架构与权责设置、风险评估机制、重大决策机制等内容；业务层面内部控制则是在公司层面内部控制框架下，针对具体业务活动所建立的控制机制。结合企业业务特点、组织架构、职责体系将企业活动划分为若干个业务循环，是对企业内控进行分析、搭建内控体系框架的常见方法。

业务循环划分的实施有助于限定内控事项范围，实现对关键问题的聚焦。例如，讨论"管理优化"是比较宽泛的，但讨论"采购管理优化"则相对更具体，如果在"采购管理"活动下再细分出"请购优化""采购验收优化"等管理事项，则更加具体。企业如果将内控制度流程按照销售、采购、工程等业务循环进行分类，显然会提升整个制度流程的可理解性和可用性。同时，必须强调的一点是，业务循环的划分绝非将企业经营进行机械割裂，各个业务循环间都可能存在密切的内在联系，在应用此种方法时应予以充分的关注。此外，各个业务循环其本身都有相对清晰的逻辑"起点"和"终点"，会形成一个完整"闭环"，例如工程项目业务循环会涵盖从项目立项到项目竣工结算的全过程。

企业可以根据与核心业务的相关性，将整体流程分为四类：战略与规划流程、业务实施流程、业务支持流程和基础服务流程（见图 5-1）。

图 5-1　业务循环划分框架图示例

（1）战略与规划流程：体现企业整体战略、规划及预算的流程，处于企业流程顶端。

（2）业务实施流程：与客户直接交互的流程，如客户管理、销售支持管理、销售实施管理、销售回款管理等流程。

（3）业务支持流程：直接对业务实施流程产生支持的流程，如生产管理、采购管理、质量管理等流程。

（4）基础服务流程：为前述三类流程提供基础服务的流程，如行政事务管理、人力资源管理、财务管理、内部审计与监督举报等流程。

5.1.2　业务循环划分的关键因素

对于特定企业，业务循环划分会对其内控体系文件产生结构性的影响（包括需要梳理哪些流程？以怎样的逻辑来组织上述流程？具体流程由哪些部门来编制、维护？等等）。企业在进行业务循环划分时，应充分考虑其整体战略、行业特点与业务模式、外部监管要求等关键因素。

1. 整体战略

企业整体战略在"分解"和"落地"的过程中会决定企业组织架构、职责体系及业务实施内容，进而对业务循环划分产生重大影响。

2. 行业特点与业务模式

不同的行业，会呈现出不同的循环特征。例如，生产型企业会涉及原材料管理，服务型企业则基本不会涉及。企业可从以下角度分析行业特点与业务模式：

- 企业提供怎样的产品或服务？
- 提供产品或服务需要履行哪些关键业务环节？
- 为了有效地提供产品或服务，需要哪些资源？
- 为了有效地提供产品或服务，需要哪些关键的支持性活动？

3. 外部监管要求

外部监管要求可能会对企业的经营活动产生显著影响，例如上市公司会着重突出信息披露方面的管理内容，药品企业则会突出与药品质量安全相关的管理内容。

4. 风险识别与评价结果

企业风险识别与评价结果是制定业务循环流程的主要输入，主要包括：

- 企业面临哪些需要管理的风险？
- 针对上述风险，企业制定了哪些控制措施？
- 上述控制措施需要在哪些流程中体现？

一个详细的业务循环划分示例如表 5-1 所示。

表 5-1   业务循环划分示例

序　号	业 务 循 环	子级流程编号	子级业务流程划分
1	组织架构管理	1_1	组织架构的设计
		1_2	组织架构的评估与调整
2	发展战略管理	2_1	战略规划制定和调整
		2_2	战略实施与监控
3	计划管理	3_1	年度经营计划的制订
		3_2	年度经营计划的调整

（续）

序　号	业务循环	子级流程编号	子级业务流程划分
3	计划管理	3_3	期间经营计划的制订
		3_4	经营计划执行与监控
4	预算管理	4_1	年度预算的制定
		4_2	年度预算的调整
		4_3	预算执行评价
		4_4	预算增补
5	人力资源管理	5_1	人力资源计划编制
		5_2	员工招聘
		5_3	员工培训
		5_4	员工离职
		5_5	员工考核
		5_6	员工薪酬发放
		5_7	人员调动与任命
6	社会责任管理	6_1	社会责任方案编制与实施
7	企业文化管理	7_1	企业文化方案编制与实施
8	投资管理	8_1	投资方案的立项与决策
		8_2	投资方案的执行
		8_3	投资项目的投后管理与评估
		8_4	投资项目处置
9	筹资管理	9_1	筹资方案编制
		9_2	筹资方案实施
		9_3	筹资偿付
10	营运资金管理	10_1	资金计划的编制与调整
		10_2	银行账户的开户与核销
		10_3	资金调拨
		10_4	备用金及员工借款
		10_5	财务票据盘点
		10_6	库存现金盘点
		10_7	银行存款对账
		10_8	往来款管理
		10_9	资金收款
		10_10	资金支付

（续）

序　号	业务循环	子级流程编号	子级业务流程划分
11	采购管理	11_1	采购计划
		11_2	采购申请与审批
		11_3	采购验收
		11_4	采购付款
		11_5	供应商名录建立与维护
		11_6	供应商评价
12	招标管理	12_1	招标计划
		12_2	招标方案的编制
		12_3	招标文件的编制
		12_4	招标标底的编制
		12_5	发标、投标人资格初审及收标
		12_6	验标、开标、评标和定标
13	资产管理	13_1	固定资产的领用与调拨
		13_2	固定资产的维修
		13_3	固定资产的报废与处置
		13_4	固定资产的盘点
		13_5	存货的入库
		13_6	存货的领用与发出
		13_7	存货的盘点
		13_8	证书、资质维护管理流程
		13_9	专利管理流程
14	销售与市场活动管理	14_1	销售计划管理
		14_2	市场营销方案
		14_3	市场推广活动
		14_4	销售定价（及折扣）分析与决策
		14_5	销售实施
		14_6	售后服务
15	工程项目管理	15_1	工程立项
		15_2	工程项目实施方案
		15_3	工程招标管理

（续）

序　号	业务循环	子级流程编号	子级业务流程划分
15	工程项目管理	15_4	工程设计
		15_5	工程施工图预算管理
		15_6	工程进度质量安全监督管理
		15_7	工程变更
		15_8	工程验收
		15_9	工程款项支付管理
		15_10	工程终止
		15_11	工程档案管理
16	财务报告管理	16_1	会计核算规范制定
		16_2	重大会计政策制定、变更
		16_3	重大会计估计制定、变更
		16_4	会计差错更正
		16_5	财务报告编制、审批、发布
		16_6	财务报告分析与利用
17	合同管理	17_1	合同审核审批
		17_2	合同变更
		17_3	合同签订
		17_4	合同台账及合同状态跟踪管理
18	信息系统管理	18_1	信息系统开发建设
		18_2	信息系统日常运行维护
		18_3	信息系统变更管理
		18_4	信息系统权限管理
		18_5	信息安全管理
19	行政综合管理	19_1	行政用印管理
		19_2	档案管理
		19_3	会议管理
		19_4	出差、公出、请假管理
20	内部信息传递	20_1	内部报告体系
		20_2	反舞弊举报和处理
		20_3	重大信息的呈报

（续）

序　号	业务循环	子级流程编号	子级业务流程划分
21	内部审计	21_1	审计计划的制订
		21_2	审计实施
		21_3	审计发现整改
22	法律及诉讼事务管理	22_1	起诉管理
		22_2	应诉管理
23	担保管理	23_1	担保方案的编制
		23_2	担保方案的实施与跟踪
		23_3	担保的解除

必须强调，在业务循环的整个框架内，企业各个流程并不孤立，流程之间往往存在衔接或嵌套的关系。流程之间的典型位置关系如下。

（1）前置流程：例如，企业在制定预算时通常首先要确定年度工作计划，"工作计划流程"就是"预算制定流程"的前置流程。

（2）后置流程：同前例，"预算制定流程"是"工作计划流程"的后置流程。

（3）嵌套流程：例如，在各项需要签订合同的业务流程中均会嵌套"合同管理流程"。

下述以采购业务循环为例，采购业务循环通常依次包括采购计划的制订、请购、采购寻源与比价、供应商确认、采购合同签订、采购验收以及采购付款环节，各子环节间在操作逻辑及时间顺序等方面具有"前置"与"后置"的关系，且与其他相关业务循环之间存在嵌套关系，具体如图 5-2 所示。

（1）如"请购流程"的前置流程是"采购计划管理流程"，其后置流程是"比价"或"招标"流程。

（2）在采购过程中，涉及合同签订的事项则需嵌套"合同管理"业务循环中合同的起草、审批与签订流程，采购付款环节则往往按照"资金管理"业务循环中的资金支付流程执行。

（3）在预算管理严格的企业，往往在"请购"环节中嵌套"预算管理"流程，以确保采购事项必须在企业预算内，或者针对超出预算的采购事项，采购部门需通过"预算外管理"流程后方可予以采购。

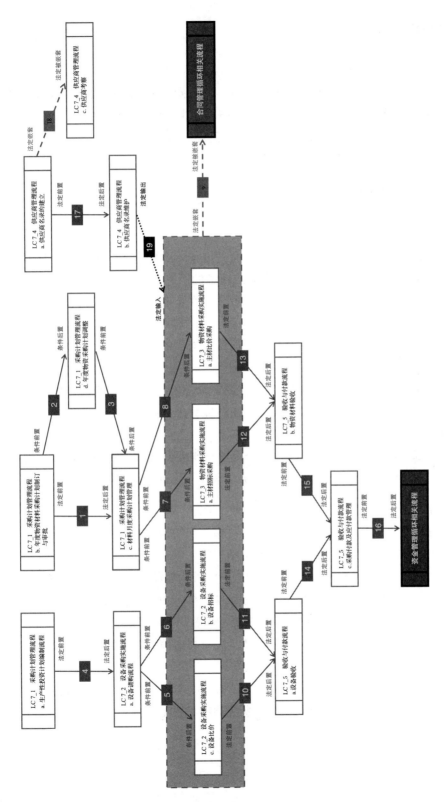

图 5-2 采购业务循环的流程关系图示例

注：“法定”是指依据企业相关制度规范必须执行的操作，“条件”是指在满足一定条件下需要执行的操作。

接下来，本章将以销售业务、采购业务、固定资产管理、存货管理和资金活动为例，重点讲解内控工具在上述业务循环中的实际应用，内容涵盖该业务循环概述、控制目标、组织架构及职责体系、各关键环节内控分析等。

5.2 销售业务中的内部控制

5.2.1 销售业务概述

一般来说，销售主要是指企业销售商品并取得货款的行为。销售业务通常从客户的采购需求开始，将可供销售的商品或劳务的所有权转让给客户为主要目的，并以最终收回报酬结束。整体上，销售业务循环在企业整体经营中的重要性具体体现在以下几个方面。

（1）销售业务是企业经营计划、财务预算等工作的逻辑起点，企业会根据情况进行整体资源配置。

（2）销售业务是企业经营性现金流的主要来源，是企业资金链安全的重要保障。

（3）相对于其他业务，销售业务受市场环境等外部因素影响较大，自身的不确定性也较高。

另外，在现实的商业环境下，各类企业的销售业务模式也展现出多样化的特征。不同的销售模式，在内控设计方面，会体现出不同的特征。示例如下。

- 销售产品 vs. 销售服务：相对于销售服务，销售产品会更多地涉及实物管理。
- 销售标准化产品 vs. 销售定制化产品：相对于销售标准化产品，销售定制化产品需侧重客户需求的归集与分析。
- 国内销售 vs. 海外销售：相对国内销售，海外销售需要考虑币种、汇率、关税、国际结算等因素，海外销售还可能需要考虑国际制裁因素。
- 赊销 vs. 现销：相对于现销，赊销需要考虑客户信用风险。
- 分销 vs. 直销：相对于直销，分销模式需要考虑销售渠道的建立、评价及监控等因素。
- 线上销售 vs. 线下销售：相对于线下销售，线上销售需要更多地考虑系统稳定性、客户信息安全、物流派送等因素。

企业在进行销售内控体系设计时，一方面需要考虑销售业务的典型风险，另一方面也需要考虑由销售业务特征决定的特殊风险。

5.2.2　销售业务控制目标

如前文所述，内部控制是为了实现企业既定管理目标，销售业务中典型的控制目标包括以下内容，可以逐项进行评价。

（1）销售量（额）达到预期。

（2）生产及其他相关职能能够有效支持销售。

（3）销售机制灵活，有效应对市场变化。

（4）销售政策调整迅速、准确。

（5）销售价格合理。

（6）客户顺利验收并取得证据。

（7）货款及时、完整、准确回收。

（8）销售数据准确、及时，能够支持决策。

（9）销售会计处理准确、及时。

（10）发票开具规范，符合国家相关法规。

（11）客户得到有效开发和维护。

（12）客户信息得到有效的应用与保密。

围绕前述目标，销售业务循环中的典型风险如表 5-2 所示。

表 5-2　销售业务循环中的典型风险

序　号	风险类别描述	典型风险示例
1	销售计划风险	<ul><li>销售计划脱离实际</li><li>销售计划与企业其他计划脱节</li><li>销售计划缺乏有效调整</li></ul>
2	销售条件风险	<ul><li>销售政策或价格不合理</li><li>销售送货条件不合理</li><li>销售质量条件不合理</li></ul>
3	销售信用风险	<ul><li>信用条件不合理</li><li>销售对象信用状况不佳</li></ul>
4	销售物的风险	<ul><li>所销售货物损失（如货损）</li><li>与销售物权有关的关键凭证遗失</li><li>接受不恰当的退货</li><li>销售过程中发生 EHS 风险</li></ul>

（续）

序　号	风险类别描述	典型风险示例
5	销售资金风险	• 销售过程中出现资金损失 • 销售过程中款项支付出现差错
6	销售法律风险	• 未签署销售合同或销售合同不规范 • 销售过程中出现权利义务纠纷 • 销售行为触犯国家法律法规
7	客户与渠道管理风险	• 对客户缺乏有效评估 • 出现"飞单"现象 • 客户与渠道信息未得到有效归集与保密 • 客户与渠道缺乏有效维护 • 渠道未进行有效管理（如渠道单一、渠道窜货等）
8	销售财务处理风险	• 销售会计处理不及时，不准确，不完整 • 销售相关信息未合规披露

☕ 案例：某知名面包企业现"内鬼"，伪造 71 万张面包抵用券

1. 案例介绍

福建泉州某知名面包企业的团购部经理林某与主管高某勾结，通过制作假的面包抵用券，利用企业管理漏洞进行销售。截止到案发，两人共伪造 71 万张面包券，共同侵占企业货款 200 多万元，此外林某还单独侵占货款近 47 万元。[①]近期，鲤城区人民法院经过审理认为，林某和高某身为该企业人员，利用职务便利，单独或者共同侵占企业货款，数额巨大，已构成职务侵占罪，一审判处林某有期徒刑五年六个月，判处高某五年二个月。[②]

（1）利用管理漏洞，真假面包券混着卖。

2011 年 2 月，林某到该企业团购部工作，从业务员干起，升到团购部经理。2012 年 5 月，高某也进入该企业团购部工作，先后担任业务员和主管。该企业团购部的职责是发展客户，销售企业的产品，林某作为经理可以安排主管工作，主管安排业务员工作。按照企业规定，该部门员工可向企业财务部领取自用或用于销售的面包抵用券，当场在送货单上签名，财务部凭送货单向领用人收取相应款项。消费者购买抵用券的方式包括：门店购买，在大众点评及美团等网站购买，或者拨打团购热线电话（该热线由林某负责接听）购买。该企业销售的

面包券一般为 7.5 折，低于 7.5 折必须经过特批。

从 2012 年 11 月开始，林某发现企业各销售网点对面包抵用券的真伪没有鉴别能力，客户持伪造的抵用券亦能购买。随后，林某找到高某商量，决定利用企业的管理漏洞及他们销售抵用券和回收货款的便利，销售伪造的抵用券给客户。经过谋划，两人决定先伪造一批 10 元面值的面包券，掺杂在真券中出售赚钱。高某找到做广告的朋友马某，将企业的设计稿和面包券样发给马某，让他制作。此外，高某还拨打了制作假章的小广告，伪造券票的专用章，加盖在制作好的假券上，再将这些假券掺杂真券出售。在观察了一段时间后，两人发现事情并没有败露，胆子也越来越大，逐渐加大了印刷量，销售的面包抵用券中假券的比例甚至高达 60%。

在销售过程中，高某先后发展了庄某、汤某等客户，林某则利用热线和团购网站发展了陈某等客户。汤某曾经加盟过该品牌的面包店，平时在网上售卖该企业面包抵用券，在得知高某销售面包抵用券时，就向他购买。汤某发现该品牌的抵用券按规定最低为 7.5 折，而从高某处拿到的是 6.7 折至 7 折。对此，高某解释这是老板特批的，他可以通过"做账"方式抹平。至案发时，仅汤某就购买了 128 万多元的假券，庄某和陈某等人也分别购买了 35 万元、55 万元左右的假券。

（2）"内鬼"职务侵占多年，终被发现。

2014 年年底，该企业开始更新抵用券的条形码，部分门店收到消费者不能通过系统验证的面包抵用券。考虑到社会影响，企业对持小额伪造抵用券的消费者仍予以正常兑付，对于额度较大的，要求门店登记消费者的身份信息。此外，企业的工作人员在审核林某负责的一个合作项目中，回收了 800 张抵用券，但当场发现 44 张无法通过系统验证。在送回印刷厂鉴别后，发现不是该企业印刷的。在回收的抵用券销售额中，财务人员也发现了大量亏空。

（3）私吞客户货款，47 万元汇入个人账户。

在 2013 年担任部门经理期间，林某还代表该企业，与三家团购网站谈判合作事项。2014 年 7 月，林某更改与上述三家企业的合作协议，要求三家企业预先支付货款，并要求将货款打到自己个人银行账户上，称是为了"避税"。后据调查，至案发时，共有将近 47 万元的货款打到了林某的个人账户上，这些款项都被林某非法侵占。

2. 案例分析及建议

从内部控制的角度分析，泉州该知名面包企业所反映出的内控问题在中国零售企业中普遍存在，具有一定典型性。结合本案例的具体情况，对企业内控体系的建设提出几点建议与启示。

（1）抵用券销售与收款环节。

印有一定面值的抵用券通常被用作一种很好的促销工具，其本身兼具销售商品的属性。案例中该企业团购部享有诸多权力：①可领取抵用券并在部门内保管；②洽谈获取客户后，本部门可直接将抵用券销售给客户；③可直接从客户取得款项，客户付款给团购部，财务部门再向团购部收取销售货款。团购部在抵用券销售与收款流程中权力过于集中且缺乏必要制约，内控体系流程设计存在明显缺陷。企业可由团购部填写销售客户及其订单信息，财务部门直接发送抵用券给客户，并与客户公对公结算款项，实现抵用券销售与收款环节的"账""物""款"相互分离。

（2）财务管控环节。

在本案例中，截至审核部门查出抵用券问题，财务部门才发现抵用券存在大量亏空，可见该企业财务管控水平较低。企业财务部门除了履行好第（1）点中所提及的关键职责，还应建立健全售后跟踪管理工作。一方面财务部门应做好抵用券销售和回收的数据统计、分析工作，及时掌握抵用券销售及回收情况，一旦发现问题，及时查明原因，避免企业利益长期受损。另一方面，财务部可采用定期对账、电话回访等措施检查销售行为的真实性，其中重点关注大客户与新客户销售数据的真实性与准确性。

（3）合同管理环节。

据案例描述，林某代表该企业，与三家团购网站谈判合作事项，林某通过更改与上述三家企业的合作协议，要求三家企业预先支付货款，并将货款打到自己个人银行账户。此事项表明该企业在销售合同管理环节存在严重内控缺陷。该企业在销售合同订立阶段（含合同拟定、审核审批、签订及盖章流程）应引入财务部（审核合同的付款条款）、法务部（审核合同的法律条款）、印鉴管理部

（合同用印审核）等部门以实现不相容职责分离。此外，企业针对常用的销售合同，可由法务部制定专门的格式合同，在格式合同中明确合同的付款条款，严禁利用个人账户交易。

（4）抵用券的管理环节。

该企业抵用券易印刷伪造，且各销售网点在很长一段时期内对面包抵用券的真伪缺乏鉴别能力，企业"内鬼"正是利用了该关键"漏洞"非法牟利。另外，销售网点如果缺乏真伪鉴别能力，除了"内鬼"，社会其他主体也可以通过伪造牟利，建立系统有效的防伪体系是案例中销售模式能够有效运转的重中之重。

企业可在抵用券的制作环节，采用适当的防伪技术，以确保每一张抵用券的唯一性和真实性（根据案例描述，企业后续采取了更新条形码等措施）。同时，在抵用券的保管环节，空白票券、票券专用章、防伪条码的保管职能相互分离，前述票券管理职能和对应台账管理相互分离。同时，在条件满足的情况下，可逐步采用电子优惠券等信息化水平更高的销售形式。

① 资料来源：泉州知名面包公司惊现"内鬼"！71 万张假面包券……涉案超 200 万！，2019 年 2 月 27 日，泉州商报。

② 资料来源：林中林、高雄育非法制造、销售非法制造的注册商标标识、职务侵占二审刑事裁定书，2017 年 5 月 17 日，中国裁判文书网。

在企业运营管理中，诸多企业存在"销售为王"的情况。但企业职能部门在为销售部门提供诸多便利的同时，更需要关注"便利"中隐藏的风险点，关注企业内部控制流程设计与运行的合理性、合规性，重视内控体系的持续优化，切实提高企业内部控制水平。

5.2.3　销售组织架构及职责体系

为了开展销售业务，企业需要建立和设置相关部门以完成各类销售职能。围绕销售业务，下述为一个典型的生产型企业销售组织架构。

（1）销售部门，在销售部门内部还可以进一步划分为以下两类职能。

● 业务拓展：拓展客户、商务洽谈、需求信息归集与传导、客户服务等。

- 商务职能：发货通知、物流发运、合同管理、客户服务、客户评价、合同及发货统计等。

（2）信用管理部门：负责信用管理相关工作。

（3）仓储物流部门：负责所销售产品的仓储、出入库、发运等工作。

（4）财务部门：负责收款、往来款管理、开票、会计处理等财务工作。

（5）生产部门：负责产出可供销售的产品。

（6）质量部门：负责对所销售产品进行质量把关。

上述部门之间，既相互配合，也相互制衡。例如，销售部门内的商务职能会协助业务拓展职能开展业务，同时也会对业务拓展职能工作的规范性形成监督，并确保销售关键信息与资源不被销售前端垄断。请注意，在不同的企业中，上述部门可能存在合并或分拆等情况。例如，在一些企业不会单设信用管理部门，而是将信用管理职能置于销售部门或者财务部门。

销售部门与多部门进行工作衔接，企业应充分关注不同部门间的衔接方式可能对各部门权责利的影响。

例如，某生产型企业销售部门向生产部门提出的如下两种计划，在职责分配上的区别如下。

情况 1：销售部门向生产部门提出销售计划，在这种情况下，生产部门需要满足销售部门的销售计划要求，因此与产成品库存管理相关的职责由生产部门负责。不仅如此，销售计划的最终实现情况往往存在不确定性（实际销售情况既可能高于计划，也可能低于计划），因此这样的计划安排会让生产部门承担较大的供货压力以及存货压力。

情况 2：销售部门向生产部门提出"要货计划"，在这种情况下，生产部门的职责是按照计划向销售部门保质保量地供货，而产成品存货管理的压力则由销售部门承担。

由此可见，不同的计划安排会对销售部门和生产部门职责及相关风险的分配产生较大影响。

在销售业务循环职能设置中将涉及一系列重大权限的分配（见表5-3、表5-4

示例），这些重大权限对销售内控体系会产生基础性的影响。

表 5-3　销售业务循环中的重大权限

序　号	权限类型	说　明
1	销售计划制订权	具体包括销售计划制订、审核、审批、调整等具体权限。上述权限将会对销售计划的准确性、约束性、灵活性产生影响
2	订单接受与生成权	具体包括外部销售订单的接受权以及所生成企业内部订单的审核审批权。这些权限会对外部销售订单的质量（如客户资质、客户需求数据准确性等）及内部订单的信息准确性产生影响
3	定价权与折扣折让权	具体包括制定标准销售价格、价格调整以及折扣折让的提出、审核、审批等具体权限。这些权限会对标准价格制定、价格调整、折扣折让等事项的合理性、规范性产生影响
4	客户准入、评价及信息管理权	具体包括新客户的评价准入（提出、审核、审批等）、老客户的持续评价（评价、审核、审批、评价结果应用等）、客户信息管理相关权限（信息归集、维护、使用等）。这些权限会对企业客户质量控制、客户分类与分级有效性、客户信息利用有效性产生影响
5	授信权	具体包括赊销客户信用评价及对应信用额度与期限的制定和调整（提出、审核、审批等）、销售执行过程中的信用审核等权限。这些权限会对赊销事项的合理性、规范性产生影响
6	合同管理权	具体包括销售合同的草拟（或格式合同文本制定）、审核、审批、用印、执行跟踪等权限。这些权限会对销售合同的合理性、合规性产生影响
7	发货权	具体包括发货的提出、审核、审批、发运处理等权限。这些权限对发货的合理性、准确性、规范性产生影响
8	发票开具权	具体包括发票开具的申请、审核、具体开具等权限。这些权限对发票开具的合理性、准确性、规范性产生影响
9	对账结算权	具体包括与客户的往来账项的核对、复核、款项收取等权限。这些权限对销售收款的准确性、规范性产生影响
10	账务处理权	具体包括销售业务会计处理的执行与审核，报表的编制、审核与审批等权限。这些权限会对财务报表的真实性、公允性产生影响
11	退货接收权	具体包括退货申请的审核、审批及执行权限。这些权限会对销售退货的合理性、规范性产生影响
12	销售考核权	具体包括对销售业务完成、销售费用控制、销售行为规范性的考核评定予以提出、审核、审批等权限。这些权限会对销售业务考核的合理性、规范性产生影响

表 5-4　某企业销售业务循环中的重大权限示例

事　项	审批人
1. 销售政策、信用政策制定	总经理

（续）

事　项	审批人
2. 销售费用预算制定	董事会
3. 销售标准价格和折扣折让政策制定	总经理或其授权人
4. 销售合同签订	总经理或其授权人

例如，某大型快消品集团的发货权非常分散：①可由商务部执行发货；②可由事业部内的商务职能执行发货；③可由服务部内的商务职能执行发货。同时，定价权也比较分散：①可由商务部进行定价；②可由事业部进行定价。由于该集团定价权、发货权的权力分散，机制不统一，造成了集团价格及信用管理体系混乱，导致综合毛利率下降，坏账率攀升。

又如，某企业运营中心负责客户满意度管理，然而该运营中心无法及时获取生产发货、物流情况信息，也无权对生产部门、物流部门进行考核。该行业内，发货与物流工作质量是影响客户满意度的首要因素之一，然而运营中心因缺少客户满意度提升管理抓手，工作开展困难重重。

此外，在销售业务循环中，通过职能划分可实现：①财务与业务分离；②在业务内部，政策制定、授信、合同、客户评价、发货等权限独立于一线销售人员，授权岗位与执行岗位分离；③在财务内部，财产记录与保护岗位和稽核检查分离。销售业务中关键不相容职责如下。

- 销售政策（含信用政策等配套政策）制定职责与政策执行职责分离。
- 销售职责与发货职责分离。
- 销售职责、发货职责与会计核算职责分离。
- 销售职责、发货职责与仓储管理职责分离。
- 销售职责与发票开具职责分离。
- 销售职责与销售收款职责分离。
- 销售退回物资的验收、处置以及会计核算职责分离。
- 坏账准备计提与审批职责分离，坏账核销与审批职责分离。

5.2.4　销售业务关键环节内控分析

销售业务可以划分为若干个相互衔接的关键环节，为了对企业销售业务实现整体有效管理，企业需要对各个环节中的重大风险进行识别和应对。

环节 1：销售目标及计划管理

销售业务循环的逻辑起点应该是制定销售目标以及与之配套的销售计划。销售目标和计划不仅是具体销售业务开展的起点，也是整个企业各项主要工作计划制订的依据，其重要性不言而喻。

如前述章节阐述，计划是一个动态系统，在企业内控体系中，销售计划会发挥如下两类核心功能。

（1）引导与协调：通过销售计划，让销售部门及其他相关部门了解计划期间内的销售情况，并且基于自身职责进行相互协调。

（2）激励与约束：基于销售计划，对销售业务相关部门人员进行激励或约束。

销售计划，根据其所涵盖期间的长度不同，可以划分为短期计划和中长期计划。计划期限的不同，会产生不同类型的管理效果，如表 5-5 所示。

表 5-5　短期计划与中长期计划的区别

比较维度　＼　计划类型	中长期计划	短期计划
计划与战略的关系	支持战略制定、明确战略重点	战略目标的分解落实
计划质量	体现前瞻性和整体性	具备可行性和可操作性
风险程度	高	低

销售目标与销售计划相辅相成——销售计划的合理性以销售目标具备合理性为前提，而合理的销售目标需要合理的销售计划来实现。典型的销售目标制定方法包括：① 标杆法，即企业通过与可比竞争对手比较制定销售目标；② 时间序列法，即根据历史业务数据（如增长率等）制定销售目标；③ 市场容量与市场份额法，即根据业务整体市场容量及企业所占的市场份额制定销售目标。

相对于上面那些规范的销售目标制定方法，在企业中更常见的是"领导拍脑袋法"，这种方法本身也不能说没有成功的案例，这在很大程度上取决于相关领导的专业性。从企业内控的角度，这种方法存在的风险也是非常明显的。

☕ **案例：销售计划调整延迟，造成巨额损失**

某生产型企业采取"以销定产"的管理模式，即在前一年年末前，企业营销中心初步制订年度整体销售计划，然后将年度销售计划分解为季度销售任务，根据季度销售任务下达生产任务，由生产部门实施生产。

2016 年第二季度即将结束前，营销中心根据市场及库存情况，大幅度降低了全年销售预期以及第三、第四季度的销售计划，但企业高层就此事项陷入争论，董事长迟迟未下达经正式审批的更新后的销售计划。进入第三季度，生产部门面临"无可执行的季度销售计划"的现实问题。生产部门在综合衡量各方面因素（包括绩效考核）之后，采取了"按照 2016 年年度销售计划进行分解及生产"的策略。

当进入第四个季度尾声，全年销售计划终于得到更新并经过正式审批。但实际销售情况是：2016 年第一、第二季度所生产产品，已超过 2016 年全年可消化销量。第三、第四季度生产量必须在 2017 年进行消化。但按照该产品的有效期监管要求，企业不得不在 2016 年年末将价值超过 3000 万元的产成品进行处置，且由此产生的原材料积压也可能导致巨额损失。

环节 2：客户管理

企业能否有效实现销售循环并顺利收回销售款项，企业客户的质量及其管理效果是非常重要的因素。在一些强监管行业和领域，客户是否具备相应的资质，也是一个重要的风险因素。企业需要围绕客户管理的主要环节重点管控以下事项。

（1）客户准入：只有满足企业各项要求的主体，才能成为企业的客户。

（2）客户评价及配套机制：基于评价结果对客户进行合理的分类，并且针对不同类型的客户采取不同的管理措施。

（3）客户资源管理：包括客户档案的建立、维护、使用、保密，以及客户数据的取得、录入、校验、维护和使用。

☕ 案例：利用客户准入权获取不法收益

某企业的产品在特定阶段供不应求，且价格一路上涨。该企业分管销售的副总裁以亲属名义成立了一个皮包企业，并利用其在客户引入方面的话语权，将该皮包企业引入，然后以较低价格将产品出售给该皮包企业，从而获取不法收益。该皮包企业背景最终被内审部门查实，但由于缺乏其他实质性证据，企业最终将该分管领导解聘。

环节 3：销售价格管理

销售价格是影响销售的重要因素，销售价格管理主要包括销售价格制定、执行与变更环节，主要涉及对销售价格信息、政策和权限的管理。

（1）价格的确定：销售定价需要一定的信息基础和专业性，企业应结合产品成本、市场状况、竞品情况、营销目标以及财务目标等因素，确定产品定价，并经恰当的审核审批。例如，某制药企业由于会计核算基础薄弱，成本分担出现重大差错，导致一类产品长期以低于生产成本的价格销售，虽销售火爆却给企业带来巨大的经济损失。

（2）价格的调整：企业应定期评估价格的合理性，若需调整价格，应经过恰当的审核审批。

（3）价格折扣与折让管理：销售价格折扣与折让政策及权限应合理、清晰，并经过审核审批，同时在实际销售过程中，销售折扣与折让的实际金额、原因以及对象等应予以记录。

（4）价格政策的执行与监督：利用销售系统价格控制工具（如销售系统中的主数据管理）、财务部门对销售价格的结算控制、价格政策执行审计等手段，对价格政策的执行予以监督。例如，某快销企业经审计发现区域经销商之间、线上线下渠道之间窜货现象频发，市场价格混乱，后该企业采用物流码追踪技术、加强窜货惩罚等手段以减少窜货对企业产品市场价格及经营策略的不良影响。

（5）价格信息可能涉及企业商业机密，应注意保密。价格保密性要求如表 5-6 所示。

表 5-6　价格保密性要求

序　号	报价方式	报　价	成交价
1	非投标、非公开报价（通常为客户询价）	根据情况判断是否需要保密	需保密
2	非投标、公开报价（如 4S 店汽车销售）	无法保密	根据情况判断是否需要保密
3	投标报价	需保密	需保密

环节4：谈判与销售合同管理

销售工作的推进是一个与客户互动的过程，销售事项的达成通常需要企业与客户进行谈判，而谈判的结果往往以合同的形式确定下来。从企业内控角度，销售谈判及销售合同签订是重要的业务环节。在销售谈判环节的重点控制事项包括：

（1）谈判人员自身及谈判过程的专业性。

（2）谈判人员经过恰当的授权（顶线目标、现实目标和底线目标）。

（3）谈判过程受到监督（如重大合同的谈判，谈判人员至少两人以上）。

（4）有效记录谈判过程及结果。

谈判结果达成后，企业应根据谈判结果形成规范的销售合同，以具备有效性（如签字盖章后生效）、合法性（如合同不得违反法律法规的强制性规定等）、公平性（如权利义务对等）以及可操作性（如条款明晰易于执行）。

对一方（供方）而言的销售合同，对另一方（需方）而言则是采购合同，销售合同与采购合同应涵盖的关键点，以及合同双方的立场与关注点，可归纳为表5-7。

表5-7　供需双方合同关键事项关注点比较

序号	关键事项	供方立场与关注点	需方立场与关注点	备注
1	合法性	应符合国家法律法规		—
2	签字/盖章	由合同对方先行签字/盖章		—
3	合同主体资格	应确认对方资格的有效性		—
4	产品技术、交货期要求	生产能力（包括技术和产能）等能否满足技术条款，交货期与产能等因素匹配	产品技术要求、供货期能够满足采购要求	—
5	合同条款完备性	尽可能涵盖合同履行过程中可能出现的各种情况		—
6	合同条款可操作性	应具备可操作性，执行标准相对明确		通常应参照国家标准、行业标准、企业标准等
7	验收条件	通过验收难度较低	通过验收应具有一定难度	—
8	付款条件	期望及时取得回款	期望获得信用期并较晚付款	—
9	发票开具	不影响收款的前提下，较晚开具发票	不影响付款的前提下，较早取得发票	—

（续）

序号	关键事项	供方立场与关注点	需方立场与关注点	备注
10	售后服务	售后服务范围严格，能取得较高回报	售后服务范围宽泛，成本较低	—
11	销售退回	销售退回条件严格，由需方承担相关费用	销售退回条件宽松，由供方承担相关费用	—
12	违约条件及处理	供方不易违约，违约成本较低、可控；让需方承担较高违约成本	需方不易违约，违约成本较低、可控；让供方承担较高违约成本	—
13	基础合同文本	使用供方合同文本	使用需方基础合同文本	—
14	第三方风险（如需方指定供应商产品配件质量风险）	第三方风险主要由需方承担	第三方风险主要由供方承担	—
15	保密要求	需方对供方相关信息保密	供方对需方相关信息保密	保密范围一般包括图纸、样品、技术资料、客户资料、供应商资料以及报价信息等，不包括已公开的、披露前已掌握的、合同签订后自己开发的信息；应明确保密期限
16	不可抗力的处理	尽可能全面涵盖己方可能面临的不可抗力情形，限制对方可能面临的不可抗力情形	不可抗力通常具备无法预见、不可避免、不可克服等特点

　　销售合同法定文件的签署，一般应由销售部门发起，经过信用管理部门、财务部门以及分管领导的审核审批后方能正式签署。签署的合同需在信用管理部门、财务部门备案。如果是格式合同，则可采用"合同模板先行审核审批＋授权使用"的模式。

环节 5：信用管理

　　在当前市场环境下，赊销是常见的销售形式。赊销一方面能够提高企业产品销售竞争力，另一方面也会产生对应的赊销风险，如延迟回款风险、坏账风险等。因此，对于采取赊销形式进行销售的企业，应开展信用管理工作。根据职责和工作范围不同，信用管理工作主要包括信用政策制定、信用评级、业务中的信用控制以及应收账款管理（账务核对、催收以及法务追讨等）等。

　　企业信用管理部门的设置体现了企业不同的信用管理模式，具体如下。

（1）财务部门掌管信用管理职能通常表现为保守型管理模式。

（2）业务部门掌管信用管理职能通常表现为激进型管理模式。

（3）独立信用管理部门能体现出相对专业性和独立性，但企业通常会承担更高的组织成本。

☕ 案例：四川长虹信用管理缺位，海外被骗 4.7 亿美元

四川长虹在 1998 年至 2003 年间创造利润 33 亿元，由于在对外贸易中过多关注争夺客户和市场份额，2002 年前后，在无法收回海外代理商 APEX 货款的情况下，仍然向海外发货，遭受了 39 亿元的海外欠款，[①]最终不得不于 2004 年在美国对海外代理商提起诉讼，开始了长达一年半的跨国诉讼。2006 年 4 月，四川长虹为尽早结束无休止的跨国诉讼与代理商签订和解协议，预计可收回应收账款金额仅为 13.6 亿元。[②]

该案例中，长虹既未在美国建立分公司，也没有在 APEX 公司所在地洛杉矶设立办事处，甚至无固定人员派驻 APEX，以至于中国驻洛杉矶领事馆的一名官员当时对长虹的做法表示不解："长虹在美国这么大的交易量，至少应该派一个副总裁级别的干部到洛杉矶看管财物，及时处理产品质量问题等各种日常事务。"在 APEX 公司挂着巨额应收账款的前提下，长虹坚持发货直至达到数十亿元，既可以解释为缺乏对特定海外经销商的有效管理，也同时反映了公司整体企业信用管理体系的缺失。

① 资料来源：海外欠款收账难预计亏损，长虹 26 亿损失无人埋单，2004 年 12 月 28 日，中国经济网。
② 资料来源：长虹 APEX 和解中止越洋官司，2006 年 4 月 25 日，南方都市报。

☕ 案例：湘电股份被骗 3.7 亿元

2019 年 7 月 1 日，湘电股份公告称，近期得知，公司全资子公司湘电国际贸易（简称"湘电国贸"）与上海煦霖国际贸易有限公司（上游供方，简称"上海煦霖"）及上海弘升纸业有限公司（下游需方，简称"上海弘升"）开展的多笔纸浆贸易业务中，湘电国贸公司的交易相对方涉嫌合同诈骗。在上述三方关系中，湘电国贸处于贸易环节的中间方，主要从上游上海煦霖采购纸浆，然后交由第三方物流公司上海堃翔处，在下游客户上海弘升付款后，直接从物流公司仓库处取货。湘电国贸在发现客户发生逾期付款现象后，为了保证能按期支付

银行信用证，准备将货品变现，但随后却发现物流方管理人员失联，无法保证完成货物变现。经上海及湘潭警方查证，上海煦霖、上海弘升、上海堃翔的实际控制人均为陈力钧同一人。这些公司之间的贸易流程如图 5-3 所示。

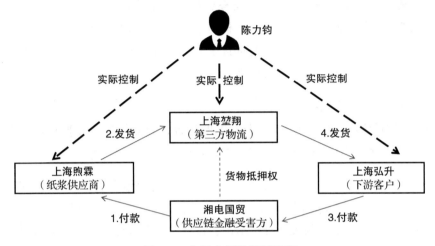

图 5-3　公司之间的贸易流程

在该案例中，湘电国贸未能针对交易主体开展有效的信用调查，未能识别交易上下游均为一人实际控制的重大风险，最终遭遇重大欺诈。

资料来源：湘潭电机股份有限公司关于子公司涉及经济合同纠纷的风险提示公告，2019 年 7月 1 日，巨潮资讯网。

从信用管理活动实施角度看，信用管理环节的重点控制事项主要包括信用调查、评价及授信，客户信用风险跟踪与评价，销售过程中的信用控制，以及应收账款管理。

（1）信用调查、评价及授信。

企业的授信一般需要经过信用调查、评价及授信阶段，其关键点如下。

- 建立客户信用综合评分体系。企业除考虑财务因素外，还应关注非财务因素，如宏观环境（政治、社会文化、法律和地理因素）、市场同质产品与竞品、经营风险（总体特征、产品与市场分析、采购、生产及销售环节的风险分析）、客户自身管理因素、客户品行等。
- 通过使用各种表单实施信用调查，如组织填写管理状况调查表、经营状况调查表、内部评价表、行业分析报告、财务报表、信用记录调查表、实地考察调查表。

- 建立授权管理程序，并实施授信结果内部共享。例如，某企业市场监察部根据其调查工作，制定了禁止合作的"企业黑名单"，但该企业未建立客户关键信息与评估结果共享机制，故企业销售信用管理部门未将上述"企业黑名单"纳入"限制授信客户"类别，导致黑名单企业依然可以获得信用额度，导致信用风险。

（2）客户信用风险跟踪与评价。

客户信用风险管理是一个持续及动态的过程，企业需根据客观基础的客户信用评价数据持续监控和适时调整客户信用，具体如下。

- 按照制定的客户信用评价依据（主要基于历史信用表现、业务量规模、财务状况及其他关键因素变化等）和程序，记录客户信用过程（过程记录包括相关年度财务报表及分析结论、付款及时率统计分析、异常信用记录等），及时了解与识别客户资信变化情况（如客户出现重大债务危机）。
- 动态调整客户信用评价结果，对于信用敞口超过信用额度等原因造成特定客户信用额度"锁定"的情形，应严格按照解锁决策依据（如客户分级、客户历史信用履历等信息）、授权予以操作。

（3）销售过程中的信用控制。

销售过程中，企业主要根据客户当前信用政策、付款实际情况等因素进行信用控制，其措施示例如表5-8所示。

表 5-8　销售过程信用控制措施示例

控制措施	权　限	依　据	说　明
停止发货	• 信用分析师具有决策权 • 催款专员和销售人员具有建议权	• 企业信用政策 • 客户付款记录不良	• 决定应及时通知销售、发货部门和客户。下同 • 在销售合同中，应明确对应权利。下同
停止接收订单	• 信用分析师具有决策权 • 催款专员和销售人员具有建议权	• 企业信用政策 • 客户已使用授信金额超额度 • 客户付款记录不良、经营不佳等原因导致客户信用降级	—

（续）

控制措施	权 限	依 据	说 明
调整信用账期和额度	● 信用分析师具有决策权	● 销售和信用政策调整 ● 客户经营、财务情况、付款情况等变化导致客户信用评级调整	—

☕ 案例：销售授信存重大缺陷，国内首次被出具内控审计否定意见

2012 年 3 月，新华制药成为中国第一家被出具内控审计否定意见的上市公司。审计事务所为信永中和，报告指出两个重大缺陷：

● 新华制药子公司山东新华医药贸易有限公司（以下简称"医贸公司"）内部控制制度对多头授信无明确规定，在实际执行中，医贸公司的鲁中分公司、工业销售部门、商业销售部门三个部门分别向同一客户授信，使得授信额度过大。

● 医贸公司内部控制制度规定对客户授信额度不大于客户注册资本，但医贸公司在实际执行中，对部分客户超出客户注册资本授信，使得授信额度过大，同时医贸公司也存在未授信的发货情况。

报告认为：上述重大缺陷使得新华制药对山东欣康祺医药有限公司（以下简称"欣康祺医药"）及与其存在担保关系方形成大额应收款项 6073 万元，同时，因欣康祺医药经营出现异常，资金链断裂，可能使新华制药遭受较大经济损失。

相关信息：

● 2011 年度，新华制药对上述应收款项计提了 4.86 亿元坏账准备。新华制药 2011 年年报显示，2011 年年初企业计提应收账款坏账准备 0.13 亿元，年末应收账款坏账准备金额骤升至 5.45 亿元，占应收账款总额的 17.2%。

● 公司年报显示，欣康祺医药多年来一直为公司大客户。2009 年，欣康祺医药为新华制药第一大客户；2011 年为公司第三大客户，贡献

营业收入 1.49 亿元。欣康祺医药因涉嫌卷入非法吸收公众存款案已于 2011 年 12 月 30 日被济南市公安局立案侦查。

（4）应收账款管理。

应收账款管理是保证账款足额、及时收回应收账款的重要手段，是信用管理的重要组成部分，属于企业后期信用管理范畴。但应收账款的回收效果往往与企业前期销售执行中的风险管控相关。某企业应收账款过程管控要点如表 5-9 所示。

表 5-9 某企业应收账款过程管控要点示例

关键点	注意事项
发货确认	• 在客户收到货物时，要求其签收发货确认书 • 当场与客户确认货物的数量、质量等是否符合要求 • 合同中约定验收条款，尤其明确验收期限。当客户不给予确认回执时，一旦超过验收期限即视同确认，减少收款纠纷
货款到期前提醒	• 一般在货款到期日前一周之内，或双方约定的每月定期付款日前 3 日内，提醒客户付款 • 提醒客户付款前双方开展对账及确认工作，尤其针对每月需多次发货并采取月结方式的客户，结算付款之前必须对账 • 针对大客户付款周期较长的情况（其内部付款审批流程可能远超过 7 天），需提前与客户付款部门联系 • 提醒函可以为明确日期的自动提醒邮件，包括客户名称、订单号、金额、日期等 ERP 系统自动生成的关键信息，邮件发送后需打电话给对方确认邮件送达
到期付款通知	• 出具一份正式的付款通知书，必要时附一份清单 • 销售业务人员及时跟进，与客户联系，落实客户付款安排

1）账龄管理。企业通过建立以账龄管理为核心的监控体系，实施对应收账款的跟踪管理。其管控要点如下。

- 账龄分析。
- 分类管理。
- 全程密切监控。
- 收账政策与执行。

账龄的管理示例如表 5-10 所示。

表 5-10 账龄的管理示例

账　　龄	分类等级	责任人	采取的策略
信用期内早期	未到期应收账款	销售人员	沟通提示
信用期内晚期	预警期应收账款		提醒
信用期结束	到期应收账款		通知
逾期 1～60 天	早期逾期应收账款		礼节性催收
逾期 61～90 天	最后通牒期应收账款	销售人员、催款专员	加紧催收
逾期 91～180 天	专门追账期应收账款		严厉催收
逾期 181～360 天	诉讼期应收账款	法律部门	最终手段
逾期 360 天以上	坏账准备	信用和财务部门	放弃催收

☕ **案例：如此设置信用管理指标难说有效**

某企业为管控信用风险，针对财务部（在该企业，财务部负责信用审核）设置了唯一一项 KPI 指标——坏账率"万分之五"，经过分析发现围绕此指标存在两类缺陷。

其一，坏账指标的计算标准及方式模糊。当出现诉讼败诉或清欠人员反馈放弃催讨时，该企业才会确认坏账。经过分析不难发现，上述核算方式受主观因素影响较大（如清欠催讨"无望"的情形和标准难以判定），且信用管理职能及坏账核销职能都在财务部门，可能导致其客观性进一步降低。

其二，信用管理的目标在于降低企业整体信用风险水平，提升财务绩效，但该考核指标偏离企业整体信用管理目标。坏账率指标的设置仅体现了最终未能收回款项的比例，时效性很低（诉讼及催收无望阶段往往处于信用管理流程最后端），与应收账款整体周转效率、资金占用程度这些关键信用管理事项关联度很弱。

2）应收账款台账记录与核对。应收账款台账通常由企业销售部门和财务部门按照管理需求分别记录。

- 销售部门按责任范围建立应收账款台账，及时登记每一客户应收账款余额的增减变动情况和信用额度使用情况。
- 财务部门按客户进行应收账款核算，对长期往来客户的应收账款，按客户设立台账登记其余额的增减变动情况。

- 销售部门定期与财务部门核对应收账款余额和发生额，发现不符，及时查明原因，并进行处理。

3）应收票据管理。应收票据通常指商业汇票，按照承兑人不同分为商业承兑汇票和银行承兑汇票，其中银行承兑汇票由银行开具和信用背书，商业承兑汇票由企业开具，其企业的财务状况及诚信度将影响汇票能否如期兑付。票据作为有价证券，具有流动性、时效性等特点，若管理不当，可能出现应收账款延期所带来的坏账风险。企业在应收票据管理中应关注以下几点。

- 应收票据的实物管理和账务处理相分离。
- 建立应收票据备查簿，准确及时记录应收票据的信息，以便后续跟踪管理。
- 应收票据的取得和贴现必须由保管票据以外的管理人员书面批准。
- 针对即将到期的应收票据及时向付款人提示付款。
- 定期开展应收票据的盘点工作，必要时进行票据函证。
- 核对票据质押、背书、贴现统计信息，如检查背书的连续性、质押合同等支持文件的完整性、贴现计算的准确性等。
- 对逾期未能实现的应收票据，经管理人员批准后转为应收账款，并通知相关责任人员及时催收。
- 商业汇票需要背书转让的，出纳人员应依据经批准的付款单据，编制商业汇票交接清单，经会计人员对交接清单和商业汇票实物复核无误后，交由收票单位办理签收手续。

4）与客户核对应收账款。

- 销售部门人员每半年与客户核对应收货款余额和发生额，发现不符，及时查明原因，向财务部门报告，并进行处理。
- 财务部门每年至少一次向客户寄发对账函，对金额重大的客户，财务部门认为必要时或当销售部门提出申请时，增派人员与客户对账，发现不符，及时向上级报告，会同相关部门及时查明原因，并进行处理。

在与客户核对应收账款的过程中，应注意若由销售部门单独完成对账整个过程，可能导致财务职能无法及时、准确地识别往来数据误差。

环节 6：销售实施过程管理

销售实施过程包括获取订单、出库发运、发票开具和收款结算多个环节，由信用、财务、销售、仓储多业务部门共同参与，涉及信息流、实物流、票据流和资金流等流通过程。因此，在销售实施过程中，企业可结合单据和数据的传递过程及钩稽关系，利用业务部门间的横向牵制（如销售部门 vs. 财务部门 vs. 实物管理部门）与公司级管理层的纵向牵制等进行风险管控。销售实施过程可分解如下。[⊖]

（1）订单取得与确认。

销售订单是销售实施的首张单据，作为后续单据生成的基础，主要包括产品信息、客户信息、交货信息等。企业应结合客户的信用情况以及自身供应能力，对订单的供货品类、期限、价格、数量、赊销额度以及折让折扣等予以确认，以确保销售业务发生的真实性以及销售订单的合理性等。

（2）出库发运。

从企业销售执行来看，销售出库发运的控制可以宽泛地划分为生成"出库单"前的控制和生成"出库单"后的控制两个阶段。

"出库单"生成前的控制措施如下。

- 出库单的开具应有充分、恰当的依据，如经审批有效的订单与合同、发货通知单或其他内部授权文件。
- 出库单应经过恰当的审核审批（通常需经销售部、财务部、信审部部门审核审批），确保出库单信息与合同条款、信用条件、客户付款与收货信息各类基础数据一致。

☕ 案例：销售实施过程严重脱节，员工诈骗获利

在重庆麦德龙杨某某诈骗案中，杨某某以酒水部门主管身份，采用伪造印章以单位名义对外签订销售合同，以低价促销方式引诱客户付款，然后采取部分履行合同方式（即实际发货货值低于客户付款金额）诈骗金额超过 5000 万元。

⊖　仅为示例，单据、部门等名称可能因企业不同而异。

外部客户之所以相信杨某某，很大程度上是因为麦德龙发货管理部门在未见合同、未从客户账户收取款项（客户将款项直接支付到杨某某的个人账户，杨某某再将部分款项支付给麦德龙）的情况下，按照杨某某的要求发出了货物。在本案中，麦德龙的发货环节与合同签署、款项收取等环节严重脱节，为杨某某实施诈骗创造了条件。

资料来源：杨文杰合同诈骗罪一审刑事判决书，2016 年 7 月 25 日，中国裁判文书网。

出库单的生成应避免由直接处理对应销售业务及管理库存的同一人员完成，确保不相容职责分离。"出库单"生成后应确保出库信息有效流动，推进实物出库及发运工作，响应客户要货时间，主要控制措施如下。

- 销售部根据经审批的出库单及配套单据提出出货、发运申请。
- 仓储部门审核审批出库单及配套单据，对拟发运货物与相应单据进行核对，确保销售出库单的品名、规格、型号与出货实物品名、规格、型号一致。
- 做好出库单（一式三联，销售部一联，财务部一联，仓储部门一联）的存档管理。

（3）物流运输。

待发运物资交与物流部门，办理有效的交接手续，由物流岗位在"发货通知单"或"发运单"上签字确认。为保证按时、安全地将物资运达客户指定地点，企业应选择合适的运输方式，跟踪运输过程，及时移交运送物资，并将物资运达凭证及时传递至企业相关部门。若采用第三方物流运输，企业需与承运方签订合同，并关注承运方的运输资质。

（4）客户接收与验收。

物流部填写"产品发货签收单"，随同产品送交客户签收后取回，并定期将"产品发货签收单"及客户验收单据集中交销售部核对后留存。例如，某企业疏于对账，并且其销售相关原始单据因管理混乱而大量遗失，直接导致部分应收款项因债权举证困难而难以收回。

（5）发票开具。

销售发票的开具需要从销售订单、交货单上获取准确完整的信息，以保证发票开具的及时性、准确性和规范性，同时为后续管理客户付款提供支持。企业采取的控制措施包括：

- 财务部门指定专人负责开具销售发票。
- 开票人员应以签订的合同与订单、发货通知单、客户签收送货单等为依据，提出开票申请，经审批后开具发票。
- 开票人员按税务部门的规定开具销售发票。为便于企业的税务工作安排，企业一般提前统计当月客户需要的开票金额，做好开票计划。
- 开具的发票必须是从主管税务部门购买或经主管税务部门批准印制的税务发票。
- 财务部定期对销售发票的开具进行检查。

（6）销售统计、对账与结算。

销售台账是销售统计的重要工具，主要记载客户订单、销售合同、客户签收回执等相关信息。企业销售相关部门应设置销售台账，及时反映各种商品、劳务等销售事项的开单、发货、收款情况，并及时开展对账工作。

1）销售统计示例及对比：销售部统计 vs. 财务部统计。

销售部实施日常账务记录，按照其口径统计企业当月的销售数量、调拨数量、回款等相关销售信息。财务部负责每月按照财务标准出具销售月报表，反映当月确认开票的应收款、回款情况，同时财务部的成本岗位负责每月统计当月的出货数量和金额、调拨的数量。

2）销售对账示例及对比：外部对账 vs. 内部对账。

销售部负责日常与客户的对账工作，在正式出具对账函前，须由财务部主管会计审核并签注意见，方可予以盖章。财务部主管会计负责将出纳和成本统计员的报表，整合成销售月报表，并与销售部核对双方账目，确认无误后由双方经办人员签字。

（7）退货处理。

退货作为销售中应考虑的特殊情况，具体操作一般包括退货的接收、退货原因的调查与处理、退货执行阶段以及退货账务处理阶段。客户退货管理示例如表 5-11 所示。企业所制定的退货政策要求应与销售合同约定一致，管理要点包括以下几项。

1）事项审核。

- 核实退回原因，进行必要的技术检测。
- 审核处理方式是否符合退货政策。

2）资产管理。

- 退回货物的存放、保管和处理。
- 逆向物流管理。

3）退款与赔偿。

- 关联销售退货政策、价格政策、返利政策。

4）后续管理。

- 退货原因跟踪与分析。
- 质量与服务问题整改。
- 客户满意度管理。

表 5-11　客户退货管理示例

工作事项	操作人	内控要求
1. 客户退货申请（通知）	客户	• 有明确理由，附有质量不符或与合同不符的检验报告 • 通知经办业务员或销售业务组
2. 退货申请审核	销售业务员	• 核实退货原因 • 填写退货申请并签署建议 • 提取退货样本或依据企业退货政策或合同，审核客户退货
	销售内勤	• 对退货申请和客户提供的退货资料进行审核，填写退货审批表，登记退货申请台账 • 若属质量问题，通知质检人员质检
3. 质检	质检员	• 及时对退货产品或对其抽样检验 • 出具检验报告 • 分析质量缺陷（如存在）原因，提出质量改善措施
4. 审批	授权审批人	• 按授权范围实施审批，审批结果通知销售内勤
5. 退货、换货通知	销售内勤	• 根据审批意见，通知销售业务员，由销售业务员转告客户
	销售业务员	• 正式通知客户退货，并与客户商定退货补偿方式：退款或换货（销售合同已明确的除外，且销售合同应有退货的处置条款） • 若客户选择换货，通知发运组发货 • 向客户取得相关退货凭证

（8）销售过程数据与单据核对及管理。

销售过程中各节点会产生内部数据，包括合同与订单数据、出库数据、物流数据、应收账款数据、开票数据、款项回收数据、销售数据、银行流水数据、往来款对账数据以及盘点数据等，上述数据应在销售部门和财务部门进行双部门统计并持续核对。同时，销售部门应定期对销售合同与订单、出库通知单、发运凭证、客户签收回执、销售发票等文件和凭证进行相互核对，并整理存档。

发货环节应注意与外部交易所产生单据的流转和核实，如出门证、物流单、客户签收单、客户验收单，并确认提货人身份及授权状态，以保证货物正常交接，后续结算依据准确完整。

环节 7：销售费用管理

在销售业务循环中，销售费用是一项比较难以控制的管理内容。典型的控制目标包括以下几项。

- 控制销售费用合理水平。
- 确认销售费用真实性。
- 满足销售费用列支过程中的合规要求。

典型的控制方法包括以下几种。

（1）权限清晰，职责分离。

- 明确费用申请、费用审核（专业审核 vs. 行政审核）、费用审批、费用支付与报销、费用账目记录基础权限。
- 明确项目管理、费用分析以及费用监督检查等重要管控权限。

其中，费用的审核审批不仅是财务部门和领导层的事，还需要各级管理人员（如费用发生所在部门负责人）"层层把关"，对费用的合理性进行审核。在具体审核审批过程中需关注销售费用的如下事项。

- 产生费用的事项本身的必要性：基于战略和自身经济性考量。
- 以何种方式实施产生费用的事项，如时间安排、执行方式（自营 vs. 外包）、资源投入以及职责分配等。
- 实际列支与报销是否合理：业务实际情况合理性、凭证规范性以及金额准确性。

（2）费用预算"分级归口"管理与预算执行差异监控，其中"分级归口"管理是指：

- 将由各费用责任单位负责与特定项目由职能管理部门横向归口管理相结合。
- 将预算的制度、责任、指标、定额和费用等各方面进一步细化，分解到各管理层级与岗位。
- 对预算内的支出，事先要提出资金使用计划，交预算管理与财务部门审核，作为办理支出的依据。

（3）设定费用指标并对指标完成情况进行监控。

（4）对重大销售费用事项采取项目制管理，关注立项阶段的审核审批事项。

（5）销售费用与绩效挂钩。

- 基于销售费用责任设置考核对象，"谁负责的费用，就考核谁"。
- 针对销售费用金额水平、销售费用投入产出比予以考核，并将考核结果与绩效挂钩。

环节 8：销售行为管理

企业中存在一类销售风险，这类风险源自企业人员的侵占、腐败和违规行为，典型的情形包括以下几种。

（1）飞单：将获得的客户订单全部或部分归入个人或其关系企业生产经营。

（2）侵占企业产品，如产品偷盗，可回收废品私自变卖等。

（3）侵占促销费用，如促销返点，虚增营销费用后返点等。

（4）与经销商或客户串通侵害企业利益，如低价销售、拖延账期、注销坏账等。

（5）经销商的不规范行为，如窜货。

（6）违反国家监管要求，如销售违法产品，销售存在严重质量瑕疵的产品或向客户介绍虚假产品或服务信息，违规开具销售发票，通过不规范的发票开具偷逃税款。

☕ **案例：五粮液对经销商违规销售行为实施处罚**

借助营销数字化、精准化手段，2019 年 7 月 5—11 日，短短一周内，宜宾五粮液股份有限公司先后发出 7 份处罚通报，所涉及的经销商不当行为包括未按合同约定行使经销权、跨区域或渠道供货等情形，并对违约销售经销商采取了配额和发货计划进行减量等处罚。

资料来源：五粮液一周开出 7 张罚单，铁腕治理优化渠道，2019 年 7 月 17 日，新浪财经。

一般而言，出现不规范的行为，可以从两个角度进行分析：一方面是"寻租权限"；另一方面是"典型侵占场景"。当然，仅仅存在寻租权限和典型侵占场景并不必然出现舞弊与腐败行为，如在良好的企业文化及严格的监督条件下，腐败与舞弊会被有效地遏制。

（1）在销售业务中，典型的寻租权限包括：

- 销售定价权。
- 销售折扣与折让权。
- 订单与合同权。
- 发货权。
- 销售数据统计权。
- 经销商引入、考核与激励（如返利等政策、激励）权。

☕ **案例：销售数据统计可能不真实导致 IPO 被否**

赛伦生物：因蛇毒产品涨价提前备货和 2018 年年末公司仓库改造，报告期各期末，经销商进行了一定数量的提前采购备货，导致其存在期末未销库存数量超过了合理库存范围的情况，且回款账期较长。因此，基于经销商模式下收入核算的谨慎性，为了更加充分地反映产品的终端销售情况及考虑回款风险，发行人对经销商期末未销库存超过合理范围的部分，予以调整，冲回销售收入并相应调整了资产负债表科目。发行人已按此原则对 2018 年进行了收入确认，并按可比性原则对 2016 年、2017 年度报表进行了相应调整。

资料来源：关于上海赛伦生物技术股份有限公司首次公开发行股票并在科创板上市申请文件第二轮审核问询函的回复，上海证券交易所网站。

（2）在销售业务中，典型的职务侵占场景包括：

- 结算资金。
- 销售产品。
- 赠品发放，如礼品或促销品赠送，但其价格不公允、数量不真实。
- 销售费用列支等，如通过开现场会、交流会、培训会、订货会等各种方式进行促销，对于费用支出进行造假，尤其在人数、餐饮住宿、差旅费用等方面进行多报费用。

（3）其他典型的违规场景包括：

- 对客户的商业贿赂。
- 违规开具发票。

销售活动直接影响企业取得营业收入，与企业内外部各类主体关联密切并涉及资金、产成品等关键企业资产，其内控重要性不言而喻。该环节的典型重大风险或缺陷如表 5-12 所示。

表 5-12　销售业务典型重大风险或缺陷清单

序号	关键环节	典型重大风险或缺陷	应对措施	备注
1	环节 1：销售目标及计划管理	缺乏清晰的销售目标和计划，或销售目标和计划与战略缺乏衔接，影响销售目标的实现	依据企业整体目标、计划以及预算等制定销售目标及计划	—
2		销售目标及计划缺乏有效的分解、宣传贯彻，影响销售目标的实现	建立健全销售计划分解（子目标分解、时间分解、实施活动分解、责任主体分解等）及下达程序。销售计划按照业务类型、客户或渠道、区域、产品以及责任中心等维度进一步分解	—
3		销售目标及计划缺乏客观基础，可能导致所制定销售目标质量不高	销售计划的制订应基于充分有效的市场调研及内部数据分析，并经过企业相关部门专业的沟通与探讨	—
4		销售计划与配套计划缺乏有效的衔接机制，影响销售计划的实现	建立销售计划与人力、资金、生产、研发、采购等计划的衔接机制	—

（续）

序号	关键环节	典型重大风险或缺陷	应对措施	备注
5	环节 1：销售目标及计划管理	缺乏销售目标及计划调整机制，导致销售目标、计划及销售活动无法适应环境变化	建立规范、高效的销售目标和计划的调整机制，提升销售目标和计划的动态性	—
6		缺乏销售目标及计划跟踪反馈机制，导致无法及时识别实际情况与销售目标及计划的偏离，影响目标达成	对销售目标及计划完成情况进行持续跟踪反馈，及时识别及分析差异，并采取必要的跟进措施	—
7		缺乏销售目标及计划配套考核机制，导致无法对相关责任主体实现有效激励，影响销售目标的实现	将销售目标计划达成情况（预设计划配套指标、利润指标、成本费用指标、行为规范性指标等）纳入相关部门或岗位的绩效	—
8	环节 2：客户管理	未建立客户准入机制，可能导致企业与高风险客户形成交易关系，给企业带来损失	明确客户准入标准和程序，有效评价客户资质、信用等要素	—
9		缺乏对客户的持续跟踪评价，导致无法及时有效识别客户风险	持续对客户进行信息收集和风险评价，并根据评价结果调整客户管理策略	—
10		缺乏客户信息的归档、维护、使用规范，导致客户评价依据欠缺而影响评价质量，或导致客户信息泄露，给企业带来经济损失及合规风险	建立客户资源库，持续进行客户信息归集，并规范档案管理，确保客户信息得到有效利用的同时不被泄露	—
11	环节 3：销售价格管理	销售定价缺乏基础数据支持，或定价缺乏有效的审核审批，导致价格不合理，影响企业销售绩效	充分归集市场状况、财务目标、产品成本以及竞品情况等多方面信息，制定产品定价并经过恰当审核审批	—
12		缺乏清晰的价格政策，或价格政策执行过程中的价格调整、折扣折让缺乏有效审核审批，影响企业销售绩效，或引发权力寻租	制定清晰详细价格政策，价格调整、折扣折让等行为应经过恰当审核审批	—
13	环节 4：谈判与销售合同管理	销售谈判前缺乏准备，可能导致企业在谈判中处于不利地位	正式谈判前，应明确谈判要点，如谈判人选、谈判"目标"和"底线"、谈判决策授权等	合同管理典型风险及控制措施可参看第 3.3.2 节

（续）

序号	关键环节	典型重大风险或缺陷	应对措施	备注
14	环节4：谈判与销售合同管理	销售合同条款不完整、不合理，可能导致企业合法利益受损	销售合同在签订前经过相关部门（如销售部门、信用管理部门、财务部门、法务部门等）的会签及经授权人的审核审批，合同中的关键条款（如技术要求、销售价格、信用政策、发货、验收及收款方式等）应经过商讨或评审，并形成完整的书面记录	—
15		企业人员未经授权对外订立销售合同，可能导致所订立的合同无效或形成"表见代理"	在合同正式签署前，确保销售合同签署企业代表已经过明确授权	—
16		未及时识别销售合同中的异常，可能导致无法及时识别履约风险	对销售合同执行情况进行持续跟踪，针对合同异常及时分析评价、反馈并采取应对措施	—
17	环节5：信用管理	企业未制定信用政策，或未对客户进行充分的信用调查，可能导致信用风险损失	• 制定清晰的信用政策，信用政策经过充分论证或专业评审 • 基于对具体客户的充分了解和评价，针对其制定信用条件	—
18		客户信用条件调整未经恰当程序，可能导致不当授信	对具体客户信用条件调整前，进行专业评估以及恰当的审核审批	—
19		企业在销售执行过程中未执行信用控制措施，导致信用政策无法落地，发生信用风险	在销售执行过程中，明确相关部门岗位职责，在关键节点落地信用管理措施	—
20		应收款项对账、账龄分析、催收等措施缺失，导致无法识别应收款项异常并有效催收，发生信用风险	• 对应收账款进行监控及账龄分析，评估收款风险，制定风险控制措施 • 定期与客户核对应收款项，如有不符应查明原因及时处理 • 明确催收职责，建立催收台账及时跟踪并反馈催收情况	—
21	环节6：销售实施过程管理	未经授权发货或发货不符合合同约定，可能导致企业货物损失或违约	• 明确出库、发运环节的流程、岗位要求等事项 • 发运管理部门应严格按照经审核审批的销售发货凭证进行发货	本环节细分风险与措施详细内容可参看第5.2.4节中的环节6

（续）

序号	关键环节	典型重大风险或缺陷	应对措施	备注
22		销售发货过程缺乏跟踪和反馈，可能导致货物损失或合同纠纷	● 按照合同约定的方式进行交付，并对交付过程予以跟踪 ● 在销售交接环节做好装卸和检验工作，并取得规范的客户收货凭证	—
23	环节 6：销售实施过程管理	销售退回处理不规范，可能导致接受不应退货产品、所退货物未及时入账或遗失等问题，使企业利益受损	● 明确销售退回的条件与标准，并对销售退回事项予以审核 ● 对销售退回实物进行规范管理和账务处理 ● 对销售退回事件进行原因分析，并进行必要的管理提升	—
24		销售收入会计处理不规范，可能影响企业销售收入会计数据质量	建立销售台账进行持续销售统计，加强与客户间的往来对账，规范销售发票开具程序，依据经审批的会计政策进行销售收入会计核算	—
25	环节 7：销售费用管理	销售费用控制不严格，导致费用超支、侵占销售费用等后果	● 建立费用预算制度，并对费用预算的执行情况予以监控 ● 制定费用审核审批措施，对费用的合理性和真实性进行把关 ● 建立费用考核指标 ● 持续分析费用投入产出比，及时识别、处置费用异常	—
26	环节 8：销售行为管理	员工销售行为不规范，可能出现舞弊行为及其他合规风险	● 合理分配销售关键权限，确保不相容职责分离 ● 制定销售行为规范，并予以积极宣贯 ● 加强审计监督 ● 建立举报机制	—

5.3　采购业务中的内部控制

5.3.1　采购业务概述

采购，是指企业在一定的条件下从供应市场获取产品或服务作为企业资源，以保证企业生产及经营活动正常开展的一项企业经营活动。

采购业务通常涵盖采购需求归集、供应商选择、谈判、合同签订、验收、付款、采购后服务以及采购异常处理等主要环节。根据企业的一般业务特点，采购前端通常衔接生产、资产管理等流程。

按照不同的标准，可以对采购进行分类，不同类型的采购可能会面临不同类型的风险，进而需要采取不同类型的控制方式。

（1）按采购地域划分：国内采购 vs. 国际采购。相对于国内采购，国际采购需要考虑汇率、国际结算、进出口等因素。

（2）按采购计划划分：计划内采购 vs. 计划外采购。相对于计划内采购，计划外采购通常需要进行补充关联计划。

（3）按采购紧急程度划分：非紧急采购 vs. 紧急采购。相对于非紧急采购，紧急采购需要满足更高的时效性要求。

（4）按采购重要性划分：非重大采购 vs. 重大采购。相对于非重大采购，企业对重大采购需要投入更多的管理资源。

（5）按单次采购量划分：批量采购 vs. 非批量采购。相对于批量采购，非批量采购更难使用广泛的询比价等管理手段。

（6）按采购是否外包划分：自行采购 vs. 委托采购。相对于自行采购，委托采购需要考虑采购外包服务商的准入、评价等因素。

（7）按采购权限划分：集中采购 vs. 分散采购。相对于集中采购，分散采购需要考虑采购事项的分类、不同类型的采购事项权限划分等因素。集中采购可以从集团层面和单体公司层面两个维度进行分析：集团层面体现为由总部采购，单体公司层面体现为由专门的采购部门负责采购。

（8）按与项目的关系划分：非项目采购 vs. 项目采购。相对于非项目采购，项目采购过程中需要充分考虑项目技术、进度、预算等因素。

（9）按是否应用于经营活动划分：非经营性采购 vs. 经营性采购。相对于非经营性采购，经营性采购需要考虑经营活动要求。

（10）按供应商选择方式划分：招标采购、询价采购、比价采购、议价采购、定价采购、战略性供应商等。

5.3.2 采购业务控制目标

为了建立有效的采购相关内部控制，企业首先要制定清晰的控制目标。在采购业务循环中，典型的控制目标包括：

（1）采购数量、品类、时间满足企业经营需要。

（2）采购成本合理。

（3）采购质量符合要求。

（4）送货准时，品类及数量准确。

（5）采购后服务及时、优良、持续，价格合理。

（6）采购票据规范，付款方式合理。

（7）供应商能够依据采购方战略需要，满足其中长期需求。

5.3.3　采购业务组织架构及职责体系

企业在采购过程中通常会涉及如下几类部门：使用部门、申请部门、采购部门、专业审核处理部门（质量部门、法务部门等）以及采购结算部门。以下为一家企业的采购相关组织架构设置。

（1）采购部。其主要职责为：

- 直接参与制定企业在既定期间内整体供应政策和预算安排，规划采购部内部具体业务的管理模式。
- 实施归口物资的采购、仓储、配送运输，相关的物资购存进度及结构规划、物料实物管理、基础账务管理、物料流转账表和报告、物流信息管理、物流成本控制。

采购部内设一个业务统筹管理控制机构，即计划成本组；两个业务运作机构，即采购组和仓库管理组；一个信息辅助机构，即档案资讯组。采购部各组别详细职责介绍如表 5-13 所示。

表 5-13　采购部各组别采购职责示例

序号	具体采购相关职责	采购组[①]	仓库管理组[②]	档案资讯组[③]	计划成本组[④]
1	分解执行采购计划	主导	—	—	支持
2	操作执行具体采购业务，包括业务洽谈、询比价、下单、催单、查单、退货补货执行、差异记录等	主导	支持	—	支持
3	具体协调与供应商的日常配合	主导	—	—	支持
4	收集供应商的基础信息	主导	—	—	支持

（续）

序号	具体采购相关职责	采购组①	仓库管理组②	档案资讯组③	计划成本组④
5	依据采购实施情况，对供应商考核	主导	—	—	支持
6	库区、仓位和运输配送的具体安排调度	—	主导	—	支持
7	仓库物料的收料、发料、退料、转调、存储、清查、盘核、外验、销毁等实物管理，在库物资仓储保管	支持	主导	—	支持
8	编制物料编码、仓储货位编码，设置物料仓储标准参数	—	主导	—	支持
9	仓库基础账务记录冲销、制单和单据传递、定期库存分析、相关账表汇总和报告	支持	主导	—	支持
10	汇总、归集、建档、维护、更新采购业务相关信息及文档，主要包括供应商档案、合同订单档案、材料市场价格信息库、招标采购工作档案等	支持	支持	主导	支持
11	按权限级别控制档案资料的调用	—	—	主导	—
12	定期对仓储原始信息数据进行分类、汇总、加工，充实基础数据库	支持	支持	主导	支持
13	负责物资采购流程与进度的全面计划和控制，监督并报告本部门预算指标的执行情况	支持	—	—	主导
14	制定和调整采购作业操作标准	支持	支持	支持	主导
15	设定仓库管理的标准参数	—	支持	—	主导
16	实施材料市场行情调研和主要供应商调研，制定进货成本控制目标和控制方法	支持	—	支持	主导
17	组织供应商评价，提交供应商淘汰、更换和新供应商引入建议	支持	—	—	主导
18	对采购作业、进货渠道选择、进货价格确定和采购费用列支等事项的规范性进行监督	支持	—	—	主导
19	负责采集、汇总、加工和提供采购业务相关的基础数据资料，主要包括：供应商资料、材料市场行情、采购业务历史数据等	支持	—	支持	主导
20	根据相关责任部门要求组织采购招标	支持	—	支持	主导

① 采购组设采购经理、采购主管、采购员。
② 仓库管理组设仓库主管、仓库管理员、收料员、发料员、质检员、仓库统计员。
③ 档案资讯组设档案管理员。
④ 计划成本组设计划成本主管、材料物资计划员、非生产性物资计划员、招标管理员、成本管理员、库存控制员。

（2）财务管理部。其主要职责为：按业务控制要点和权限划分范围参与采购、仓储、存货管理等业务循环控制，主要职责包括审定供应计划及配套资金计划、会签重要合同、参与和监督招标议标采购、评价采购绩效等内容。

（3）会计部。其主要职责为：定期获得和汇总相关票据和明细账表，负责重点环节审核、票据审核、对账、核算。

（4）各职能部门（生产部、设备部及其他采购需求部门），其主要职责为：提出物资和劳务等请购需求，传递需求计划或请购需求，参与特定采购程序。

（5）法务部。其主要职责为：对采购合同条款进行法务审核，并负责合同签章程序。

（6）质量技术部。其主要职责为：负责材料物资到货、退库等环节的质量检验和验收工作。

在采购业务中，关键的不相容职责主要体现在如下几个方面。

1）采购需求提出职责与采购决策制定职责需要分离。

2）采购执行职责与采购验收职责需要分离。

3）供应商推荐职责与供应商准入职责需要分离。

4）采购款项支付职责与会计核算职责需要分离。

与各类职责相对应，采购业务中的关键权限如表 5-14 所示。

表 5-14　采购业务中的关键权限

序号	权限类型	说明
1	采购需求与计划管理权	具体包括采购需求与计划的制订、审核、审批、调整等权限。这些权限将会对采购需求与计划的准确性、约束性、灵活性产生影响
2	采购启动权	具体包括特定采购事项的启动申请、审核、审批等具体权限。这些权限将会对具体采购活动的启动时间产生影响
3	供应商管理权	具体包括与供应商准入、评价、淘汰相关的提出、审核、审批等权限。这些权限将会对备选供应商的数量、质量产生影响
4	供应商选择与招标管理权	具体包括合作供应商选择方案的提出、审核、审批等权限。这些权限将会对合作供应商的质量产生影响
5	采购合同权	具体包括与供应商的合同谈判、审核、审批、签署等权限。这些权限将会对采购合同条款质量产生影响
6	采购验收权	具体包括验收标准的制定、验收实施权等权限。这些权限将会对验收工作质量产生影响

(续)

序号	权限类型	说明
7	对账结算权	具体包括与供应商的往来账目核对、款项收取等权限。这些权限将会对采购工作的往来账目准确性、资金完整性与安全性产生影响
8	账务处理权	具体包括与采购事项相关的会计处理、财务报表生成等权限。这些权限将会对采购活动相关会计处理的准确性产生影响
9	退货管理权	具体包括与采购退货有关的提出、审核、审批、退货执行等权限。这些权限将会对退货及时性、合理性、执行规范性产生影响
10	采购考核权	具体包括采购考核方案的制订、执行等权限。这些权限将会对采购团队的行为约束与激励产生影响

5.3.4 采购业务关键环节内控分析

环节1：需求与计划

采购计划的核心管理目标是采购活动能够满足业务需要。因此，企业制订采购计划时应充分考虑自身的业务需求，即回答自身在业务上"需要买什么，什么时候买，买多少，是否有钱买"。实现这一点，企业通常需要评估自身的业务实际需求、实时更新的库存水平及可能存在的特殊状态（非限制使用物资、质量检验物资、冻结物资等）以及资金情况。

以常见的生产性物资采购为例，为了保证采购计划的质量，企业需要完成的基础工作包括：

- 建立采购需求的归集及分解机制。
- 建立采购需求及计划审批机制，对采购需求进行系统、专业评审（技术指标）。
- 确认生产计划（工单）及物料清单（bill of material，BOM）。
- 建立采购物料编码体系。
- 核实库存。
- 制订消耗定额方案。
- 预计使用周期。
- 设定最高库存及安全库存水平标准。

- 确定基准价格参数。
- 设定供应商主数据信息。

环节 2：采购方式选择

企业应结合采购事项的特点，选择恰当的采购方式。对于采购方式，可以从以下几个方面进行分析。

- 企业的采购方式，如分散采购、集中采购等。
- 供应商选择及确定采购条件的方式，如比价、竞争性谈判、招标等。
- 是否进行采购外包等，如由第三方代为实施采购招标。
- 采购量的多寡，如批量采购、零星采购。
- 采购计划与预算的关系，如计划与预算内采购、计划与预算外采购。
- 采购时效性要求，如是否为紧急采购。

其中，供应商选择方式的分析与比较如表 5-15 所示。

表 5-15　供应商选择方式的分析与比较

序号	供应商选择方式	优点	缺点	适用条件
1	询比价	效率高	不适用于技术复杂性较高的采购事项	复杂度较低、标准化较高的采购内容
2	竞争性谈判	能与供应商有效沟通	如单纯使用竞争性谈判，会导致缺少供应商比较机制	需与供应商详细沟通采购方案的具体内容（如定制化水平较高的采购）
3	招标（分公开招标和邀标）	能充分引入竞争	实施成本高，耗时	重大采购事项、根据合规要求需进行招标的采购事项
4	战略供方	配合度高	在战略合作期内缺少外部竞争压力	对供方充分评估后，判断其能够长期、合规、有效地满足采购需求

采购方式的选择可结合"对日常运营与管理的重要性和复杂性 vs. 跨部门集中采购的价值"（见图 5-4）以及"对企业生产重要程度 vs. 对采购成本影响程度"（见图 5-5）两个双维度分析框架进行考虑。例如，某企业为了体现自身采购的规范性，对必须招标采购的事项设置极低的标准（如一次性采购 3 台打印机需委托第三方平台执行招标流程），即使对不招标的采购事项，也硬性要求至少三方比价，执行部门怨声载道，严重影响执行效率。

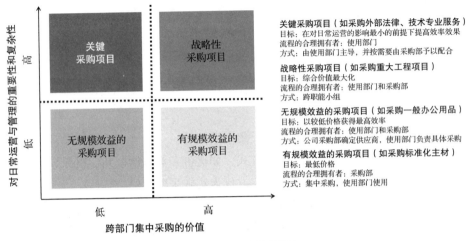

图 5-4　采购方式分析框架 1

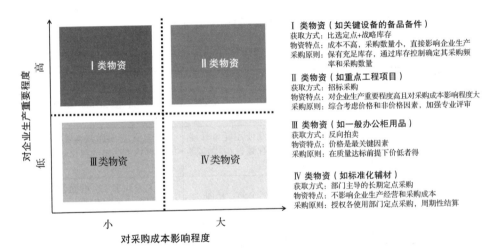

图 5-5　采购方式分析框架 2

环节 3：采购谈判与合同管理

采购谈判是指企业为采购商品，与供应商就购销业务有关事项，如采购物品的品种、规格、技术标准、质量保证、订购数量、包装要求、售后服务、价格与付款方式、交货日期与地点、运输方式、付款条件等进行磋商，谋求达成协议的过程。采购谈判的基本目标如下。

（1）降低成本，获取优惠的价格及支付条件。

（2）降低采购风险，深入了解采购物资的供应、质量以及技术等关键方面信息，判断与采购需求的整体匹配性。

（3）妥善处理分歧，维护双方利益及正常关系，为后续的合同实施奠定基础。

采购谈判是一个双方博弈的环节，可能面临的主要风险有：谈判准备不足（如未能有效确认内部需求，限价信息缺失等）；谈判人员专业性不足；谈判人员配置单一的情况下出现与供应商共谋等。

企业在谈判前应收集谈判对手的资料，熟悉谈判对手情况，并研究国家相关法律法规、行业监管、产业政策、竞品价格等信息，制定谈判策略；对于影响重大、涉及较高专业技术或法律关系复杂的采购事项，可组织法律、技术、财会等多方专业人员参与谈判，并做好全程谈判记录。

关于合同管理的关键点可参看第 5.2.4 节"销售业务关键环节内控分析"中环节 4"谈判与销售合同管理"相关内容。

环节 4：供应商管理

供应商管理是一项对企业资源获取与管理的系统化工作，有效的供应商管理可以促进企业与供应商形成协同合作关系，实现企业降本增效的目标。一套完整的企业供应商管理体系应包括供应商的识别、选择、评价等重点事项。

（1）供应商识别与选择。

- 明确供应商应具备的条件，建立供应商准入机制。
- 获取潜在供应商信息。
- 潜在供应商调查与评审：通过实施供应商审计程序，对供应商内部质量水平、管理能力进行评价，以综合了解供应商在质量、成本、交货、服务、技术、资产、员工与流程、质量等供应商指标方面的表现。

☕ 案例：新供应商现场审计

某企业《新供应商审计报告》写道："根据《供应商质量评估管理规程》和 2017 年供应商现场质量审核评价工作计划的要求，由研究院、物资部、质保部的有关人员组成现场质量审核评价组，于 2017 年 9 月 15 日对成都某有限公司开展审计工作，对资质材料真实性、质量保证系统（人员机构、厂房设施和设备、物料管理、生产工艺流程和生产管理、质量控制实验室的设备、仪器、文件管理等）、贮存、运输条件等方面的情况进行了全面的综合审核评价。"

- 潜在供应商批准。企业通常会对同一采购需求的供应商数量进行控制，考虑到单一采购源带来的风险，同类物料供应商的数量为 2～3 家，且有主次供应商之分，与重要供应商发展供应链战略合作关系，以降低管理成本，同时保证供应的稳定性。若采用单一供应商，需关注采购价格风险及供应稳定性风险。例如，某企业规定对于指定单一供应商的情况，需对供应商整体情况以及采购情况予以说明，并增加审批层级。

☕ 案例：舍弗勒集团的《紧急求助函》

2017 年 9 月 14 日，舍弗勒集团大中华区向上海市经济和信息化委员会、上海市浦东新区人民政府以及上海市嘉定区人民政府公开发送《紧急求助函》，其称：上海界龙金属拉丝有限公司（以下简称"界龙公司"）作为目前公司唯一在使用滚针原材料的供应商，2017 年 9 月 11 日，突然通知公司，鉴于环保方面的原因，上海市浦东新区川沙新镇人民政府已对其自 2017 年 9 月 10 日起实施了"断电停产，拆除相关设备"的决定。由于滚针断货，将导致 49 家汽车整车厂的 200 多款车型从 9 月 19 日陆续全面停产，牵连甚广。舍弗勒因此向有关政府部门寻求帮助，希望能延长供货时间 3 个月，以获得切换供应商所需的必要时间。

2017 年 9 月 22 日，浦东新区环保局指出，早在 2016 年 12 月中央环保督察期间，界龙公司就因无环评审批手续，被列为环保违法违规建设项目"淘汰关闭类"。2016 年 12 月、2017 年 3 月，川沙新镇两次告知企业停止生产，并于 2017 年 9 月 4 日，川沙新镇再次书面告知企业立即停止生产，如不予配合，将采取"断水、断电"措施。一方面，在长达 9 个月的时间内，舍弗勒并未对该供应商的影响进行有效沟通和评价；另一方面，舍弗勒对于关键零部件采用"唯一供应商"策略，其本身就面临很高的风险。

资料来源：十万火急！三千亿损失！舍弗勒供应商被关停，小小滚针或致 49 家整车厂 300 多万辆车减产！，2017 年 9 月 19 日，搜狐网。

- 供应商资料存档与更新，供应商库更新。企业供应商库的建立与更新是一个既做"加法"也做"减法"的动态过程，既要引入潜在的优秀供应商，也要定期淘汰评价较差的供应商，从而形成一个稳定、优质的供应商库，以提高采购的综合效率。在供应商更替过程中，供应商数据的维护应经过恰当的复核，以免影响企业采购付款的准确性和真实性。

（2）供应商的动态评价与更新。

通过对供应商的动态评价以实现对供应商的持续督促，借此不断优化供应商整体队伍，满足企业业务发展需求。供应商评价可以分解为以下四个步骤。

1）确定评价主体。

一般而言，参与供应商评价的部门应该包括采购事项使用部门、质量部门、技术部门、采购部门等。

2）确定评价范围及标准。

企业对供应商的评价要素通常涉及产品质量、价格（含付款条件）、交货能力（含交货提前期、交货准时性）、批量大小及品种多样性、售后服务、供应商财务状况以及供应商信誉等方面。供应商的评价具有多准则性，一方面，企业要注重评价指标的完整性；另一方面，企业要对各个准则分配合理的权重。

3）评价流程实施。

供应商的评价通常由采购部门主导，采用持续评价和定期评价的模式，在采购实施过程中，相关部门需要对供应商的表现进行评价。在评价实施流程中，需注意所获取的评价信息的渠道、准确性和及时性，如供应商交货及时率的统计信息、供应商物资不良率的统计信息等。

4）评价结果的使用。

结合供应商的评价结果，针对不合格的供应商提出改进与整改要求或予以剔除，调整供应商级别及其配套待遇，如针对优质供应商更多地采用定点采购，进行更大比例的采购量分配等。

环节 5：采购执行，即采购的发起、验收、结算与后续服务管理

采购执行是指企业进行请购、选择与确定供应商、签订采购合同或订立框架协议、供应过程管理、验收（退货）、付款以及会计处理的过程。表 5-16 列示了采购执行的主要步骤、目标、风险及控制措施。

表 5-16　采购执行的主要步骤、目标、风险及控制措施

步骤	目标	风险	控制措施
1. 采购请求汇集	● 确保请购合理性	● 基础数据不准确 ● 缺乏决策所需信息 ● 请购未经过适当审核审批	● 请购单审核
2. 物料需求计算并形成需求计划及采购计划	● 采购需求数据准确 ● 采购计划准确并符合预算	● 产品结构设置不准确，计算错误，信息提供效率低下 ● 采购计划错误或不符合预算	● 产品结构数据设置与维护 ● 采购计划预算管控 ● 严格管理 BOM 版本，包括输入复核、及时更新等 ● 采购预算信息维护 ● 库存数据维护及分析
3. 选择供应商	● 保证质量及其他供应服务水平，降低成本，控制舞弊 ● 确保供应商基础数据准确	● 使用不合格的供应商 ● 供应商信息错误	● 供应商信息维护准确 ● 外部市场数据收集 ● 供应商资质评价 ● 执行多家供应商比选，同时，在供应商寻源过程中应合理分配职责，如一般可由采购部门负责寻源，需求部门可推荐供应商。原则上，进入招标阶段的供应商中至少一家应该由采购部门独立寻源提供，以避免需求部门通过推荐差距较大或定制化供应商，间接操纵招投标结果
4. 签订合同	● 采购合同全面，能够有效体现采购要求，能够有效保障甲方权益	● 合同未经适当审核审批 ● 合同条款缺乏合理性，合同与企业资金计划、财务政策等要求不符	● 合同会签审核 ● 格式合同管理
5. 供应过程管理	● 实时掌握采购物资供应过程的具体情况，保证物资能够按照合同约定送达	● 缺乏对采购合同履行情况的有效跟踪 ● 运输方式选择不当，忽视运输过程保险风险，可能导致采购物资损失或无法保证供应	● 跟踪合同履行情况，针对可能影响到货的异常情况，及时报告并寻求解决方案 ● 根据采购物资的特性、价值等因素，选择合理的运输工具和运输方式，必要时进行投保等 ● 利用信息化等工具，实现采购过程的可追溯性

（续）

步骤	目标	风险	控制措施
6.验收入库	• 保证质量符合验收要求 • 确保资产安全、完整	• 入库信息错误 • 入库未经验收 • 对不符合验收条件的采购事项进行了验收 • 资产缺乏安全性	• 入库检验及数据录入 • 不相容职责分离（收货、验货、记账分离）
7.发票校验	• 确保发票要素（抬头、税号、税率等）准确 • 确保发票合法合规	• 发票信息要素错误 • 发票不合法合规	• 发票信息归集、审核输入 • 发票信息维护
8.付款	• 确保付款程序规范，确保付款正确、及时 • 确保资金安全	• 费用的支付若未建立在单据匹配的基础上，或付款审核不严格，付款方式不适当，付款金额控制不严，均可能导致企业资金损失或信用受损	• 请款审核 • 预算管理 • 付款账户信息维护 • 货币资金管理
9.会计处理	• 会计处理准确、及时、完整 • 会计处理符合会计准则要求	• 缺乏有效的采购会计系统控制，未能全面真实地记录和反映企业采购各环节的资金流和实物流情况，相关会计记录与相关采购记录等不一致，可能导致企业采购业务未能如实反映，损害财务报告的准确性，以及采购物资和资金受损	• 会计处理基础规则数据维护 • 会计处理基础规则经过审核审批
10.采购业务的后评估	• 对采购供应活动进行专项评估和综合分析，发现采购业务薄弱环节，优化采购流程	• 缺乏有效的后评估活动，导致历史采购活动中所存在的问题未得到及时、有效的识别与评价，影响未来采购活动绩效	• 对采购执行的整体流程进行评估与分析，并对采购执行中的关键指标进行量化与考核，以提高采购的整体效能

采购验收是采购物资物权转移的重要一环，也会对组织后续生产的有效性产生影响。请注意，验收活动是一个在时间轴上和主体上都需要形成"闭环"的典型场景：在时间轴上，企业需要根据采购需求形成验收要求，与供应商沟通验收要求并在合同中明确验收标准，最后在收货过程中基于验收标准进行验收。在主体上，验收活动会涉及需求部门、技术部门、采购部门、合同签署相关部门、实际验收人员以及外部供应商。

因此，验收活动必须在时间轴上前后衔接、环环相扣，同时验收要求必须在不同主体间有效沟通，否则极可能形成流程"断点"（例如，验收要求并未在合同中得到清晰体现，导致验收在合同上无据可依；验收小组未有效获取或理解验收标准，导致其在验收过程中未能严格执行验收标准），出现验收问题。针对这些问题，企业需要加强沟通及部门间的协作。例如，某企业在签署重大采购合同后，会召开合同交底会，确保包括验收条款在内的各类关键条款能够被各相关部门、岗位充分知晓及理解，以便在验收工作中参照执行。

整体上，企业可根据采购事项的类型、专业特点和合规要求（包括不相容职责分离要求），从验收参与主体（见表5-17）、典型验收阶段实施（见表5-18）、主要验收要素（见表5-19）等方面对验收过程进行控制，并且根据验收事项特征制定验收措施。

表 5-17 典型采购事项及其验收小组构成示例

序号	采购事项	验收小组构成	说明
1	通用（标准化）物资	采购部门、仓储部门、质检部门	—
2	大宗物资、专用物资、重要设备	采购部门、仓储部门、质检部门、设备管理部门、使用部门	必要时，委托专业的第三方进行检测
3	进口物资	除企业相关部门外，还应包含海关、商检、货运代理等主体	—
4	服务类	采购部门、服务需求或使用部门	—
5	工程类	除企业相关部门外，还应包含建设单位、监理单位	—

表 5-18 典型设备验收阶段及实施要点示例

验收阶段	验收事项	实施部门	主要验收标准	备注
驻厂验收	设备供应商所提供设备的生产过程符合采购技术要求	采购部门、技术管理部门	● 设备技术标准 ● 采购合同	通常仅适用于重大且技术复杂的专业设备
出厂验收	设备供应商所提供的最终设备产品符合采购技术要求	采购部门、技术管理部门	● 设备技术标准 ● 采购合同	通常仅适用于重大设备
开箱验收	设备规格型号（含配件）准确性、包装及设备外观完好性	采购部门、技术管理部门、使用部门、资产管理部门	● 设备技术标准 ● 采购合同	—

（续）

验收阶段	验收事项	实施部门	主要验收标准	备注
调试验收	设备调试结果与采购要求的匹配程度、设备 EHS 评价结果	采购部门、技术管理部门、使用部门、资产管理部门、EHS 主管部门	● 设备技术标准 ● 采购合同 ● EHS 评价标准	EHS 相关内容会涉及爆炸、爆燃、有害物质、机械安全、电气、辐射及对应个人防护、标识、应急措施、操作培训等
试运行验收	设备生产运行结果与采购要求的匹配程度、EHS 措施运行情况	采购部门、技术管理部门、使用部门、资产管理部门、EHS 主管部门	● 设备技术标准 ● 采购合同 ● EHS 评价标准	—

表 5-19　典型验收要素示例

要素	示例
货物计量方法	● 合同中供方发货时所采用的计量单位与计量方法，应与合同中所列计量单位和计量方法一致，并在发货明细表或质量证明书上予以列示，以便合同需方检验 ● 运输方也应按供货方发货时所采用的计量方法进行验收和发货。运输途中自然减量的处理规定，由双方制定，并在合同中注明
验收依据	● 供货合同的具体规定 ● 供方提供的发货单、计量单、装箱单及其他有关凭证 ● 国家标准或专业标准 ● 产品合格证、质检单等 ● 图纸及其他技术文件 ● 双方共同封存的样品
验收内容	● 查明产品的名称、规格、型号、数量、质量是否与供货合同及其他技术文件相符 ● 设备的主机、配件是否齐全 ● 包装是否完整，外表有无损坏 ● 对需要化验的材料进行必要的物理化学检验 ● 合同规定的其他需检验事项
验收方式	● 驻厂验收：在制造时期，由需方派员驻供货的生产厂家进行材质检验 ● 提运验收：对于加工订制、市场采购和自提自运的物资由提货人在提取产品时负责检验 ● 入库验收：由仓库管理人员负责数量和外观检验，并由专业质检人员进行质量验收
验收中发现数量不符的处理	● 供方交付的材料多于合同规定的数量，需方不同意接收，则在托收承付期内可以拒付超量部分的货款和运杂费 ● 供方交付的材料少于合同规定的数量，需方可凭相关有效证明，将详细情况和处理意见通知供方，如供方补货或需据实支付 ● 发货数与实际验收数之差额不超过有关主管部门规定的正负尾差、合理磅差、自然减量的范围，不按多交或少交论处，双方互不退补

（续）

要素	示例
验收中发现质量不符的处理	• 材料的外观、品种、型号、规格不符合合同规定，需方应在到货后规定日期内提出书面异议 • 材料的内在质量不符合合同规定，需方应在合同规定的条件和期限内检验，提出书面异议 • 对某些只有在安装后才能发现内在质量缺陷的产品，除另有规定或当事人双方另有商定的期限外，一般在运转之日起 6 个月以内提出异议 • 在书面异议中，应说明合同号和检验情况，提出检验证明，对质量不符合合同规定的产品提出具体处理意见

例如，某集团从质量和进度两个维度对各类采购事项进行了分类，并根据不同的类别制定验收方式，如表 5-20 所示。

表 5-20   某集团物资分类管控原则及验收方式

分类维度	分类说明	验收方式
质量维度：按照如果出现质量问题对生产建设影响的大小分A、B、C 三类	A 类物资是指如果出现质量问题则对生产建设产生重大影响的物资；B 类、C 类物资对生产建设的影响依次递减	对于 A 类物资，往往需要聘请第三方驻厂监造，对外购原材料或外协件的渠道进行严格限制；对于 B 类物资，往往应聘请专业人员对关键控制点进行见证检验，规定外购原材料的渠道范围；对于 C 类物资，一般在到货后进行复验即可
进度维度：按照如果出现进度问题对生产建设影响的大小分一、二、三、四级实施进度控制	一级物资是指如果不能按期交货则对生产建设进度产生重大影响的物资。通常情况下，影响建设周期在 12 个月以上的物资可以归为一级物资。二级、三级、四级物资对生产建设的影响依次递减	对于一级物资，需要对外购原材料或外协件的采买、制造、发货、到货等时间节点进行跟踪检查，定期赴制造企业检查关键制造节点进展，对于大件设备要精心准备物流方案等；对于二级物资，需要对外购原材料或外协件的采买、到货等时间节点进行跟踪核实，对关键制造节点进行抽查等；对于三、四级物资，仅需对外购原材料或外协件的到货时间节点进行定期跟踪了解

☕ 案例：西安地铁电缆质量事件

2017 年 3 月 13 日，有网友在天涯发帖《西安地铁你们还敢坐吗》，质疑地铁 3 号线电缆相关问题，涉事公司为电缆供应商陕西奥凯公司，随即政府相关部门对该企业生产的西安地铁 3 号线所使用的 5 种规格的电缆进行了取样送检，结果均不合格。

经查明，2015 年 2 月至 7 月间，奥凯公司通过行贿、低价中标等不正当手段中得西安地铁 3 号线 8 个标段的电缆供应标的，并先后与多家施工单位签订低压电力电缆供货合同。奥凯公司与各施工单位签订供货合同后，以不合格电缆冒充合格电缆向施工单位销售，获取非法利益。电缆出厂前，公司质检部负责人根据总经理的授意，均出具符合国家标准的合格证。

　　另外，西安市地下铁道有限责任公司作为建设单位，其安全质量工程师、材料工程师等验收人员对奥凯公司材料不全、造假、产品不符合要求、供货能力不能满足工程建设需要的事实未予指出、记录及严格处理，未有效执行验收标准和流程。同时，施工单位及工程监理未有效执行电缆进场验收等工作，违规默许奥凯公司自行抽取样品、送检样品、领取检验报告等。[①]

　　上述电缆采购事件，多个检验环节失效，导致问题电缆在地铁工程建设中畅通无阻。该事件中，奥凯公司总经理被判无期徒刑，此外对有关政府部门及下属单位问责追责共计 122 人，其中 17 人被追究刑事责任。[②]

[①] 资料来源：国务院办公厅关于西安地铁"问题电缆"事件调查处理情况及其教训的通报，2017 年 6 月 26 日，中华人民共和国中央人民政府网站。

[②] 资料来源：李某利受贿罪、滥用职权罪一案一审刑事判决书，2018 年 10 月 29 日，中国裁判文书网。

　　采购结算阶段主要根据采购执行的相关记录和凭证（见表 5-21）予以付款，避免出现超额付款、过早付款、重复付款以及严重拖欠等情况。

表 5-21　采购结算相关记录和凭证

名称	描述	关注点
请购单	由使用部门或领用部门的有关人员填写，经规定的审批后，提交采购部门申请购买商品、劳务或其他资产的业务通知书面凭证	相关记录的准确性、完整性以及关联性
订购单、合同	买卖双方签订以保证双方履行义务的书面凭证	
入库及验收单	买方收到采购物资时所编制的用以记录接收及验收内容的凭证	
退货单	企业收到采购物资时，对供应商所提供的不符合合同要求的物资，由企业编制的用于退回物资的证明	
付款凭证	企业内部记录和支付采购款项的授权证明文件。企业编制付款单证时应严格审查采购业务凭证和其他相关原始凭证，包括发票、运费结算收据、入库单以及验收单等	
记账凭证	由会计人员根据各项采购业务的原始凭证编制	
应付明细账和材料采购明细账	由会计人员根据供应商提供的发票和其他内部原始凭证及记账凭证登记的明细账	

☕ **案例：一笔重复预付款事件凸显出的大隐患**

A 企业的研发部门向高校 B 采购了一项长期研发实验服务，双方签署了框架协议，按照约定，在正式启动研发实验前，A 企业需向高校 B 支付一笔 50 万元的预付款，支持高校 B 购买实验材料等。

A 企业研发部门人员按时将纸质版请款文件提交至财务部，但因该请款文件打印不清晰被财务退单，但退单及其对应原始文件未及时被研发部人员取回。一周后，研发部人员重新打印了一份请款文件提交财务部。财务部误将两份文件均做了付款处理。一个月后，研发部门在收到财务部付款通知回执信息时才发现该问题。具体流程如图 5-6 所示。

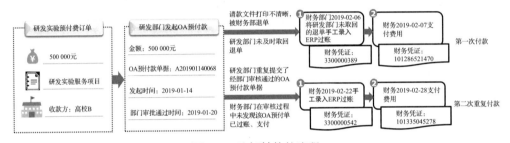

图 5-6　重复付款的流程

A 企业制定了付款审核审批制度，上线了专门的 ERP 系统，但为什么会出现重复付款？究其原因，主要是财务的单据匹配存在缺陷，款项支付缺乏唯一性的支持文件，从而导致了重复付款问题。

围绕这个风险事件，A 企业对付款规范性做了进一步的分析，发现存在如下问题（见表 5-22）。

表 5-22　A 企业付款规范性问题

单据	单据匹配规范要求示例	A 企业单据匹配管理现状
发票（供方提供）	• 应取得原件	• 预付款做欠发票处理
框架协议下的连续订单（需方提供）	• 原件且经过双方盖章、订单连续编号，体现框架协议下的供货或服务需求	• 无盖章要求，订单无编号，其订单的真实性难以确认，作为交易证据因未取得盖章证明性较弱
收货或服务结算单（供方提供）	• 结算单连续编号，且与订单关联	• 结算单未做编号要求，无法关联订单

（续）

单据	单据匹配规范要求示例	A 企业单据匹配管理现状
收货或服务结算单（供方提供）	• 要求供应商在原件上盖章，服务确认部门签字，体现收货或服务内容正式确认结果，且收货或服务结算单与合同或订单的差异达到一定程度（如 5%）应进行合理解释说明	• 对供应商加盖原章不做强制要求，无收货或服务确认部门签字，缺少收货或服务结算单与合同或订单的差异说明，作为交易证据因未取得盖章或签字证明性较弱
请款单（需方提供）	• 自动化办公系统中生成请款单，完整记录审核审批过程，自动传递至财务系统，且具唯一性的请款单号只可同步至财务系统一次	• 自动化办公系统中生成请款单，完整记录审核审批过程，手工过账至财务系统，但缺少"唯一的请款单号只可同步至财务系统一次"控制功能，系统无法有效识别重复付款操作

针对上述问题，A 企业后续采取了下列优化措施。

• 框架协议下的每项请款都需要存在与其对应的订单和结算单，订单与结算单均需编号并加盖供应商公章，结算单由收货或服务确认部门签字。结算单与订单的重大差异需提供解释说明。同时，业务部门在申请付款前应尽量取得发票，对暂未取得发票的情况应予以书面说明。（关于内控表单与记录的相关内容，可参看第 4.10 节。）

• 财务部联合 IT 部门优化了自动办公系统，一是实现了所有请款均通过自动办公系统自动过账至财务系统，二是在过账时，增加了系统传递中的数据校验功能，以保证唯一的自动办公系统单号仅可同步至财务系统一次。

• 财务部对退单与正常报销单实物采取分区域管理，以避免混淆。

环节 6：紧急与计划外采购管理

企业在采购业务中可能面临紧急或计划外采购的情况，主要原因如下。

• 客户端需求变化。

• 采购执行流程中的问题：错误的库存控制，生产计划和预测不准确，错失采购时机，请购的延误等。

• 其他意外因素，如运输途中部分损坏，应对抢修、抢险或突发事件等特殊情况。

企业应对紧急与计划外采购的控制措施一般包括如下几种。

（1）优化采购基础管理工作，如经营计划管理、库存管理、供应商管理等。

（2）针对计划外采购，需增补采购计划相关管理程序，且对"采购计划串项"（即计划外项目"套用"计划内项目额度）等情形予以有效禁止。

（3）针对紧急与计划外采购设置明确的审批、执行程序，通常为简化程序以缩短采购所需时间，但相关程序需在采购完成后补齐。

（4）针对计划外采购应执行"增补预算"流程，按照预算管理要求进行处理。其中，预算增补是指在已生效的预算基础上，基于对预算外项目的审批，对原有预算进行增补。与"年度预算调整"不同的是，"预算增补"是为满足日常经营需要而产生的，且通常不会对整体预算目标产生重大影响。如果客观环境、内部条件以及企业经营计划发生重大变化需要突破预算的则必须执行预算增补审批程序，提交相关预算增补说明资料，只有增补预算审批通过后，方可进行预算外采购事项的实施。预算增补流程在维系预算的整体控制作用下，进一步加强了对预算采购事项必要性与经济性的分析。

（5）对采购计划的执行情况进行分析，评价、审计紧急与计划外采购发生的合理性，并将这些情况纳入责任部门考核范围。

（6）重视计划的重要性。例如，某企业在采购制度的基本政策中明确：应严格建立物资采购计划和审批制度，企业在总体计划的基础上制订具体的采购供应计划。实施具体物资采购时，各部门应严格按照"先申请、审批，再采购"的原则办理。无申报审批手续的，仓库不予验收，财务不予报账，由此产生的一切经济责任由采购执行人员自负。

环节7：采购行为管理

采购管理中可能导致的寻租权力及其典型寻租方式主要包括：供应商决定权（操纵供应商的确定）、采购条件决定权（制定不合理的采购条件）、验收决定权（对未达到标准的采购事项予以验收）、采购物资收货权（不真实的收货数量）以及付款决定权（不合理的付款安排）。

☕ **案例：某饲料企业遏制舞弊出奇招**

在某饲料生产企业，负责原料品质检验的质检员拥有巨大的权力。该企业每月产量在数千万吨左右，每天的原料采购量就在数百万吨左右。而所有原料的级别，都由质检员决定。很自然，质检员成了某些供应商的重点公关对象，在利益的驱使下，三级的原料被定成二级甚至一级就成了顺理成章的事情。针对这个问题，企业采取了如下措施。

1. 建立"抓阄制度"遏制验收环节暗箱操作

在企业质管部主任的主持下，质管部建立了"抓阄制度"。在原来的制度下，检验豆粕的检验员一年 365 天，天天检验的就是豆粕；检验玉米的就常年检验玉米；检验高粱的就一直检验高粱。这种情况下，供应商只要搞定对口的检验员就行了。

而在"抓阄制度"下，质检员上班后，先抓阄，抓到什么就检验什么。这样，供应商的公关对象一下子变得不固定起来，大大增加了公关的成本和难度。更重要的是，饲料的原料绝不是豆粕、玉米和高粱这三种，仅大宗原料就包括大豆、豆油、鱼粉、鱼油、蛋氨酸、赖氨酸、菜籽、菜粕、棉粕、肉骨粉、鸡肉粉、乳清粉、小麦、维生素、添加剂等十多种。这样，在抓阄制度下，供应商要想捣鬼，就得把十多个质检员全部搞定，可操作性大大下降。

2. 建立"互查制度"解决质检员的腐败问题

在理论上讲，供应商搞定全部质检员的可能性还是存在的。因此，在"质检员抓阄制度"基础上，质管部主任又建立了"互查制度"。质检员 A 检验完了的玉米要封装起来，经过一段时间后，匿名由质检员 B 复查：如果结果一致，当然没有问题；如果结果不一致，就要由质检员 C 再次复查，最终查出这种不一致是检验本身的错误还是另有其他问题。由于质检员 A、B、C 三者之间互不透明，所以哪一个质检员都得提防，这就进一步降低了弄虚作假的可能性。

3. 利用信息化保障收货环节

在企业的整个流程中，质检只是其中的一个重要环节，供应商在这里碰了壁，肯定会去其他环节碰碰运气。质检员这一关过不去，还有收货员这个环节。收货员，就是负责产品过磅的员工，说起来简单，权力却同样不小，一天有几十车的货等待过磅，称过的货马上堆到仓库里去，真正的重量只有收货员一个人知道。这样一车 10 吨的货物，可以记作 12 吨，只要收货员稍微动一点点心思，企业数十吨甚至数百吨的货款就白白扔出去了。

对收货这样的关键环节，企业信息部提出了解决方案：送货的汽车一进厂区，首先是拍照，留下货物的照片为证。然后货车连同货物一起开到一个电子磅上，电子磅会自动记录下满载时的重量，在卸下货物以后，空车会开到另一个电子磅上，电子磅再自动记录下空车的重量。两个重量相减，自然得出货物的实际重量。这三个重量会实时写入整个集团的信息系统，过程全部自动化，谁都干预不了。除了电子磅的自动记录，所有的收货员岗位都是两个人一起操作。这样，每一次收货都会产生机器和人工两个数字形成交叉比对。

资料来源：案例：如何加强采购内控，2018 年 3 月 29 日，网易。

一般来讲，企业对采购舞弊的遏制手段可概括如下。

- 设置独立的质检环节。
- 建立采购员的定期轮岗机制。
- 定期分析市场价格，并和采购价格予以对比。
- 严格落实授权审批管理。
- 对重点岗位员工开展内部审计。
- 重视供应商与客户管理。
- 通过信息化、自动化，减少流程中的人为干预。
- 建立舞弊举报机制。

采购是一个固有风险较高的业务循环，其典型重大风险或缺陷请参见表 5-23。

表 5-23　采购业务典型重大风险或缺陷清单

序号	关键环节	典型重大风险或缺陷	应对措施	备注
1	环节 1：需求与计划	未编制采购计划，出现采购需求时仓促处理，导致无法履行必要采购程序，影响采购质量	• 按照经营计划、采购需求等因素规范编制采购计划，并经过恰当审核审批	—
2		采购计划质量粗糙，执行时严重脱离实际，导致计划外与临时采购频繁出现，影响采购质量	• 采购计划编制由多部门共同参与，全面归集采购需求 • 采购计划编制所需基础信息（如生产、库存、销售、供货周期等相关信息）完备 • 确保采购计划编制人员拥有完整信息及专业能力 • 采购计划经过恰当审核审批	—

（续）

序号	关键环节	典型重大风险或缺陷	应对措施	备注
3	环节 1：需求与计划	采购计划缺乏严肃性，对各部门不构成实质性约束，导致计划外与临时采购频繁出现，影响采购质量	• 通过强化采购过程中对采购计划的把关，提高采购计划严肃性 • 将采购计划完成情况纳入相关部门的绩效考核	—
4	环节 2：采购方式选择	采购方式不合理，影响采购质量或执行效率	• 设置采购方式的选择标准、决策权限及流程	—
5	环节 3：采购谈判与合同管理	谈判人员经验不足，缺乏专业支持，谈判策略泄露，谈判人员与谈判对手"串谋"，导致企业在谈判中处于不利地位，影响企业利益	• 谈判前收集谈判对手资料、国家相关法律法规、产业政策、竞品价格等信息，制定谈判策略，并对谈判策略进行保密管理 • 对于重大专业事项，组织专业人员参与谈判 • 规定企业参与谈判最低人数与部门数要求以形成相互监督，对谈判过程信息进行规范记录 • 将谈判过程纳入监督检查范围	合同管理典型风险及控制措施，可参看第 3.3.2 节
6		合同对手主体资格、履约能力等未达要求，合同内容存在重大疏漏和欺诈，可能导致企业权益受到侵害	• 对拟签订框架协议的供应商的主体资格、信用状况等进行分析，评价其履约能力 • 合同草案经过专业评审，确保合同条款全面、严谨，能够有效保障企业权益	—
7	环节 4：供应商管理	缺乏合格供应商准入管理，可能导致供应商整体素质低下，影响采购质量	• 建立合格供应商评估和准入程序，明确资质审查的流程和要点 • 供应商评估和审查结果应经过恰当的审核审批环节	—
8		未对已合作供应商有效开展评价，导致无法客观评价供应商绩效，影响供应商考核及绩效提升	• 建立供应商评价指标体系及配套数据收集机制（包括健全供应商档案管理） • 建立供应商评价程序及评价结果的应用标准 • 从质量、技术、价格、服务等方面对供应商进行持续评价 • 建立供应商退出机制，对于无法满足企业要求的供应商予以剔除	—

（续）

序号	关键环节	典型重大风险或缺陷	应对措施	备注
9		请购操作不规范，导致未及时请购、重复请购以及不合理请购等现象，影响经营活动开展	• 根据职责设置、专业性等要素合理分配请购权限，制定操作程序 • 请购需求应经过恰当的审核审批	该环节分步骤风险分析可参看表5-16"采购执行的主要步骤、目标、风险及控制措施"
10		采购询比价不规范，可能导致采购价格不合理，使企业利益受损	• 规范执行采购询比价程序，询比价结果经过恰当审核审批 • 对询比价结果合理性进行复核、评价与监督	采购招标活动中的风险可参看第5.3.5节
11	环节5：采购执行，即采购的发起、验收、结算与后续服务管理	采购执行过程缺乏跟踪管控，可能导致质量、交期等不符合合同约定或出现纠纷，使企业利益受损	• 对采购合同的履行过程进行跟踪，及时识别异常情况并采取必要措施	—
12		采购验收标准不明确，验收程序不规范，可能导致企业接受不合格品，使企业利益受损	• 针对各类采购事项，制定明确的验收职责、标准和程序 • 验收人员根据采购合同、验收标准等实施验收，必要时委托外部专业机构、人员协助验收 • 对于验收异常情况，验收人员应立即反馈并采取跟进措施	—
13		采购付款操作不规范，审核不严格，可能导致付款方式不适当，付款金额不准确，使企业利益受损；涉及预付款的，对供应商过度授信，可能遭受信任损失	• 在采购活动满足合同约定，相关凭证合规、齐备的情况下启动付款 • 制定明确的付款职责、权限、标准和程序 • 采购付款经过恰当的审核审批 • 涉及预付款的，应基于供应商评价对供应商合理授信	供应商授信可参看第5.2节"销售业务中的内部控制"中信用管理相关内容
14	环节6：紧急与计划外采购管理	紧急与计划外采购未制定实施程序或过于频繁，导致无法及时完成采购或（由于时间紧急等）无法有效履行采购程序，使企业利益受损	• 企业应明确紧急与计划外采购的情形及适用职责、权限、标准和程序 • 加强采购计划工作，增强采购计划准确性 • 将紧急与计划外采购纳入责任部门考核 • 对紧急与计划外采购事项进行原因分析，并优化采购基础管理工作	—

（续）

序号	关键环节	典型重大风险或缺陷	应对措施	备注
15	环节 7：采购行为管理	员工采购行为不规范甚至舞弊，使企业利益受损	• 合理分配采购关键权限，确保不相容职责分离 • 制定行为规范并加强培训与宣传贯彻 • 实施关键岗位轮岗 • 加强审计监督 • 建立举报机制	—

5.3.5　专题：招标

招标是企业进行重大采购时所采用的典型管理方式，在招标过程中，企业试图通过充分的前期技术准备、广泛的潜在供应商筛选以及专业公平的评选方式，达成最优的采购结果。然而在实际操作中，仍然存在诸多内控缺陷，制约了招标优势的发挥，甚至导致招标管理彻底流于形式。本节将对招标管理典型内控缺陷及其影响进行归纳，并提出高质量招标管理所应具备的特征。

1. 企业招标管理典型内控缺陷及其影响

招标管理通常由一系列核心环节构成，在各个环节都可能存在控制缺陷。其中，具体的招标项目通常基于企业基础管理架构展开，通过具体的操作环节控制实现。下述从企业招标管理基础工作和招标执行过程两个角度，对招标管理中的典型内控缺陷进行了归纳，如表 5-24、表 5-25 所示。

表 5-24　招标管理基础工作中的典型内控缺陷

关键环节	典型内控缺陷	典型后果	实务点评
1. 招标管理组织机构及主要权限划分	• 未设立或指定招标管理最高决策机构 • 招标管理最高决策机构缺乏权威性或专业性 • 招标管理最高决策机构议事规则模糊 • 未对招标管理中的重大权限进行清晰分配 • 招标管理权限分配中的不相容职责未有效分离	• 工作职责不清，出现职责空白或重叠，导致重大招标事项缺乏恰当授权，出现利益冲突及舞弊行为	一些企业对于招标管理仍缺乏有效的整体规划，缺乏清晰的权限与流程设计。例如： • 某企业未设置重大招标管理集体决策机制，使得重大招标事项执行变成个别领导的"一言堂" • 某企业特定部门同时被赋予供应商推荐权、评标权及合同谈判签订权，不相容职责未有效分离

（续）

关键环节	典型内控缺陷	典型后果	实务点评
2. 采购方式选择规则的制定	• 未明确采购方式选择标准、权限、程序	采取不恰当的采购方式，例如： • 对应该进行招标的采购事项未进行招标 • 对应该进行公开招标的采购事项采用邀请招标等方式 • 不具备自行招标条件的情况下未委托具备资质的招标代理机构	采购方式的选择所对应权限、流程管理缺失仍是普遍现象，一些企业采购方式（是否招标）的选择全部或部分依靠少数人的"酌情"判断
3. 招标评分规则的制定	• 未针对主要招标类型制定清晰客观的评分规则 • 未针对特殊招标事项的评分标准制定审批流程	• 打分规则不科学，无法有效辨识最优供应方案 • 打分规则存在倾向性，导致中标单位被"内定"	评标打分规则缺乏充分论证及审核审批程序的现象仍十分普遍。例如，评分要素不完整，评分要素权重不合理，具体评分分数缺乏客观标准或更多依靠主观印象，存在人为操纵空间等
4. 评委专家库的建立与维护	• 未针对主要招标事项建立评委专家库 • 评委专家库的构成结构（专业领域、所属单位等）不合理 • 未对可能会利用到的外部专家信息进行维护管理 • 缺乏明确的专家库管理运行维护机制	• 评委缺乏必要的专业性，导致评价结果不合理 • 评委缺乏必要的独立性，导致评标结果存在"倾向性"	一些企业面对现实招标需求而"临时拼凑"评委的现象仍非常普遍
5. 合格供应商管理	• 未建立合格供应商管理体系 • 合格供应商体系未与招标管理活动整合	• 招标过程中无法高效率形成备选供应商清单 • 招标选择的备选供应商质量低下 • 出现少数人"内定"特定备选供应商，"排斥"高质量供应商的现象	一些企业合格供应商管理的缺失已对招标管理质量造成很大影响，导致招标实际上是在质量低下的备选供应商中选取中标单位
6. 独立监督体系	• 未建立针对招标管理的内部审计体系 • 未建立针对招标管理的监督举报体系	• 招标管理过程中的舞弊无法被识别和应对	由于高效独立监督体系的普遍缺失等，招投标领域已成为一些企业腐败及职务犯罪的高发领域

表 5-25　招标执行过程中的典型内控缺陷

关键环节	典型内控缺陷	典型后果	实务点评
1. 招标计划管理	• 针对招标事项未进行事前系统计划； • 计划事项存在重大遗漏 • 在相关职能部门、岗位之间，计划缺乏有效讨论沟通 • 招标计划缺乏有效审核审批 • 在实际招标过程中，招标计划未能有效落实	• 在招标计划编制阶段，通过"化整为零"等手段，规避相关招标管理要求 • 通过控制时间因素，排斥符合条件的潜在供应商（例如不恰当的缩短投标单位获取招标文件及提交投标文件的时间间隔） • 招标过程相关部门缺乏协调，导致招标管理混乱 • 对招标过程中的关键决策点（招标文件定稿节点、开标节点等）缺乏预判，只能临时仓促确认	由于缺乏有效的招标计划管理，项目"时间紧迫"等说法已成为规避招标、不恰当简化招标程序等做法的最常见借口
2. 招标文件的编制与审核	• 招标文件由非专业部门、岗位编制，且未经专业部门复核 • 招标文件编制缺乏集体讨论及高层审批 • 招标文件在正式发送之前，未对内容、附件完整性等关键要素进行独立复核、确认 • 在应当编制标底材料（包括拦标价、内部预算等其他内部价格估计形式）的情形下，未有效编制标底材料	• 招标文件存在重大技术瑕疵 • 招标文件带有倾向性，"内定"特定供应商或者"排斥"特定供应商 • 所发出的招标文件存在重大遗漏或差错 • 企业对招标项目缺乏有效的价格预估，无法对投标人报价进行合理的评判	一些企业由于专业性欠缺等，期望用投标人报价替代内部价格预估，导致"超低价中标进而威胁项目质量""多家供应商围标"等后果
3. 具体招标项目评委人员的选择	• 未明确规定具体招标项目的评委人数及构成标准 • 未明确规定具体招标项目评委的选取流程 • 未明确规定招标项目评委权限 • 具体招标项目评委信息泄露 • 未对评委与供应商的利益相关性进行审查	• 评委构成缺乏全面性、科学性，无法合理评价投标文件 • 评委选择带有倾向性，"内定"特定供应商或者"排斥"特定供应商 • 评委信息泄露，为某些投标单位的公关创造条件，滋生腐败	一些企业由于评委较为固定而非随机选择，同时存在评委身份信息泄露的情况，造成招标、投标、开标形同虚设，最终优质供应商无法提供高质量服务，劣质供应商"搞定"评委成为投标的关键工作

（续）

关键环节	典型内控缺陷	典型后果	实务点评
4. 拟邀标单位信息收集及资格预审初筛	• 未执行拟邀标、投标单位资格预审初筛程序 • 选择邀标单位时与企业合格供应商管理体系脱节（或根本未建立合格供应商管理体系） • 资格预审初筛缺乏恰当标准 • 资格预审初筛标准、流程缺乏公平性，未平等对待所有投标单位（例如对特定供应商专门设置审核项）	• 不合格供应商入围招标范围 • 供应商串标、围标 • 有意排除优秀供应商	对拟邀标供应商的管理欠缺已成为"围标""陪标"等现象的重要诱因
5. 邀标单位现场踏勘、答疑与澄清	• 未安排必要的现场踏勘、答疑与澄清流程 • 答疑、澄清沟通过程粗糙 • 针对招标项目具体情况需要项目现场踏勘的，人为排斥潜在有竞争力的投标人踏勘项目现场 • 招标文件修订及修订通知未经适当程序。例如，对已发出招标文件需要澄清或修改的，在不同时间通知或未书面通知招标文件收受人，使不同投标人信息不对称	• 投标人无法有效掌握招标人实际需求，导致废标 • 符合条件的投标人无法有效入围	一些企业故意在现场踏勘、答疑与澄清过程中，对不同供应商给予区别对待，比如在二次报价时只询问某些供应商，从而排挤其他供应商
6. 收标与开标管理	• 开标之前针对投标文件、标底（或招标控制价）缺乏严格保密措施 • 开标过程不满足公开透明原则	• 标书信息在开标前被泄露 • 开标过程出现暗箱操作，倾向于特定供应商或排斥部分供应商	少数企业的收标及开标过程并不规范，甚至出现将一方标书信息泄露给另一方的现象
7. 评标及中标确认管理	• 二次报价等缺乏公平性（例如仅仅向部分投标单位进行此轮报价，不与其他投标单位通报此轮报价信息） • 评标过程缺乏公正性 • 未给予评委充分合理的时间对招标和投标文件进行熟悉和评价 • 缺乏对投标单位的约束机制（例如投标保证金要求） • 评标结果遭到事后修改 • 评标结果缺乏公示	• 评标结果公平性丧失 • 中标单位实为"内定" • 投标人在递交投标文件后撤销投标文件；中标后无正当理由不与招标人订立合同；在签订合同时无正当理由向招标人提出附加条件	少数企业仍然存在推翻招标结果，"内定"中标人的情况

（续）

关键环节	典型内控缺陷	典型后果	实务点评
8. 招标过程监督	<ul><li>招标前期操作合规性缺乏独立监督</li><li>开标现场缺乏有效独立监督</li><li>开标后执行过程缺乏独立监督</li></ul>	<ul><li>无法及时识别并纠正招标执行过程中出现的作弊行为</li></ul>	一些企业在招标过程监督中故意放水，监督人来不来、由谁来，均可随意变更
9. 定标后续工作（合同签订与执行等）	<ul><li>未核对合同与招投标文件核心内容的一致性</li><li>当在原有招投标文件基础上，需要对合同条款进行重大调整时，缺乏恰当的管理程序</li><li>在原有招投标文件基础上新增业务量时，未采取恰当的管理程序（例如应重新履行招标程序而未履行）</li><li>合同审核、审批程序瑕疵</li><li>缺乏恰当的归档要求</li></ul>	<ul><li>合同条款违背招标阶段时确立的基本条款</li><li>最终合同范围超过招标范围</li><li>归档混乱，资料遗失</li></ul>	一些企业存在"重招标，轻跟进"的现象，导致尽管招标过程比较规范，但在后续合同签订、变更、执行阶段管理松懈，使得最终采购实施结果与招标结论严重背离

2. 招标管理实质及质量要求

招标管理是一类极易陷入"形式化"怪圈的管理活动，因此，企业必须紧密把握招标管理的管理实质（见表 5-26）。

表 5-26　招标管理的管理实质分析

招标管理核心内容	期望达成的管理实质	内控实现机制
1. 采购需求的评估及招标文件的制作	<ul><li>对自身采购需求进行充分评估，从技术和商务条件两个方面梳理真实需求及期望采购实现方式</li><li>通过招标文件清晰传达企业采购需求及期望获取的供应承诺</li></ul>	<ul><li>建立清晰的内部采购需求收集、论证及评估机制</li><li>建立招标文件的编写及审核审批机制</li></ul>
2. 潜在供应商信息的搜集	<ul><li>广泛收集符合条件的供应商，通过供应商之间的良性竞争形成符合企业利益的技术及商务供应条件</li></ul>	<ul><li>建立高效的合格供应商信息收集及招标信息传递机制</li></ul>
3. 专业人员针对投标文件的评标与定标	<ul><li>选择具有充分独立性、专业性的人员，对投标文件方案细节进行公正科学的评估，选择最符合企业采购需求的投标单位</li></ul>	<ul><li>建立有效的评委人员管理机制</li><li>建立科学、公正的评标标准和程序</li><li>评标人对采购质量负有连带责任</li></ul>

（续）

招标管理核心内容	期望达成的管理实质	内控实现机制
4.基于招投标文件、承诺签订与履行合同	• 将招标工作的成果有效付诸实施	• 建立基于招标成果的后续工作衔接机制
5.前述内容的整体组织支撑	• 各项招标管理工作形成"从上至下"的管理架构 • 招标管理全过程受到有效监督与制约	• 建立健全招标管理决策机构及配套管理架构、路径 • 建立健全针对招标管理的独立监督体系

为实现上述管理实质，企业招标管理应具备如下质量要求（见表5-27、表5-28）。

表 5-27　招标管理基础工作的质量要求

关键环节	质量要求
1.招标管理组织机构及主要权限划分	• 建立招标管理最高决策机构及其清晰的议事规则，最高决策机构具有充分的专业多样性和权威性 • 通过集体决策等机制有效制约高管对招标过程的个人影响力
2.采购方式选择规则的制定	• 建立清晰的采购方式选择决策权限及流程
3.招标评分规则的制定	• 针对企业典型招标事项，应建立经过专业论证、符合企业采购事项特征的标准评标规则；针对非典型招标事项，应组织专业力量制定评分规则，并经过恰当审核审批 • 评标活动本身的程序应合理，保证评标工作的公平性、权威性
4.评委专家库的建立与维护	• 针对招标需求，企业应在内部选择专家人选进入评委库，在内部专家无法有效满足招标专业需求时，应恰当引入外部专家 • 针对招标评委库，应进行持续评估维护
5.合格供应商管理	• 基于有效的合格供应商管理体系，选择符合条件的供应商作为招标对象 • 结合合格供应商管理相关记录，对潜在供应商进行资格预审管理
6.独立监督体系	• 针对招标管理过程，形成有效的独立监督体系，及时发现并纠正错弊

表 5-28　招标执行过程的质量要求

关键环节	质量要求	备注
1.招标计划管理	• 严格执行招标计划编制工作 • 招标计划模板需涵盖所有招标管理中应考虑的重大事项 • 招标计划经恰当审核审批和执行监督	—
2.招标文件的编制与审核	• 招标文件中涵盖并准确描述所有采购重大需求 • 招标文件中相关条件公平对待所有满足条件的供应商，不设置与采购需求无关的进入门槛或特殊评价标准 • 招标文件经过充分论证及恰当审核审批	—

（续）

关键环节	质量要求	备注
2. 招标文件的编制与审核	• 招标文件编制及发放过程中进行文档版本管理，保证招标文件内容的准确性 • 根据招标项目特点及成本控制需要，可组织专业人员或外部专业机构编制标底（或招标控制价格），同时保证标底的保密性	—
3. 具体招标项目评委人员的选择	• 各类招标评委人数结构符合招标事项特征 • 评委人员符合专业性和独立性要求，潜在利益冲突得到识别并采取了"回避"等必要措施 • 评委选择过程符合公平原则，如采用随机方式 • 评委信息对外严格保密	—
4. 拟邀标单位信息搜集及资格预审初筛	• 建立符合"三公"原则的程序：①从合格供应商体系中初步遴选拟邀标供应商；②对拟邀标供应商进行有效的资格审查，排除明显不符合条件的供应商个体；③对招标公告发布、邀标通知，以及拟投标人的投标意向进行正式的书面确认和记录	—
5. 邀标单位现场踏勘、答疑与澄清	• 在踏勘、答疑和澄清环节，预留足够的时间 • 在踏勘、答疑和澄清环节，公平对待所有投标单位，严禁针对个别投标单位选择性地发布重要信息 • 在踏勘、答疑和澄清环节，采取必要措施防止投标单位串标（如不允许一次接待多家投标单位）等行为 • 在踏勘、答疑和澄清环节，严格执行招标过程中的保密要求（如标底信息、评委人选等）	—
6. 收标与开标管理	• 开标之前严格执行投标文件的保密工作，或者采取现场收标、现场开标的方式 • 对投标人采用投标保证金等约束措施 • 开标过程公开透明	—
7. 评标及中标确认管理	• 评标标准科学公正 • 评标人员保持公平专业的评标态度 • 评标结果公开透明	—
8. 招标过程监督	• 对招标全过程进行独立监督 • 监督过程中发现的违规行为应被及时处置	—
9. 定标后续工作（合同签订与执行等）	• 定标后密切衔接合同签订程序，整理并归档招标资料 • 合同核心条款与招标过程达成的结论保持一致 • 合同执行过程得到有效管理	招标过程执行完毕即通常衔接合同管理。合同管理内容可参看第 3.3.2 节

综上，在整个招标管理过程中，企业应牢牢把握招标管理拟达成的管理实质，通过设计恰当的管理框架、管理程序、权限及关键控制点，确保招标过程的专业

性与公平性，以最大限度地发挥招标管理效果，实现企业利益最大化。

☕ 案例：一次曲折的招标

I 企业即将在香港交易及结算所有限公司（以下简称"港交所"）上市。企业为了更好地开拓产品市场，新组建了销售市场部，现销售市场部提出一款市场分析软件的采购需求。按照企业采购流程，该采购计划经需求部门、采购部门以及财务部门完成审批后由采购部实施招标采购工作，并邀请了业内 A、B、C 三家供应商进行投标。

I 企业评标过程分技术和商务环节，技术分占比 60%，商务分占比 40%，均有明确的定量打分细则。其中，技术评分主要考量供应商对用户需求说明（User Requirement Specification，URS）的响应水平，主要由该软件需求及其相关部门指派的技术人员完成打分（销售市场部门负责人未参与此次技术评分）；商务主要考虑价格、交期、质保、付款要求等，主要由采购团队完成打分。法务部门全程监督并形成评标小结，交至总裁审批。

开标结果显示 A 企业中标，评标小结及其过程资料经总裁审批后，采购部即发邮件通知 A 企业中标。但销售市场部负责人知晓开标结果后，直接向总裁反映，"这个标交给 B 做比较好，因为 B 是企业的 SAP 产品（一款管理软件）支持供应商，比较了解企业情况，A 做起来肯定费力，为了项目的质量我不会用 A。"

I 企业负责监标的法务人员收到了 A 企业举报 B 企业投标违规的材料，显示：开标结果发出后，B 企业投标负责人通过短信联系 A 企业投标人，表明这笔单子让 B 企业来做，B 企业答应将另一个项目让给 A 做。按照 I 企业规定，投标过程若出现违规，则违规供应商直接淘汰。法务负责人向采购部负责人以及总裁汇报了该情况。

各相关部门对此事表达了立场和观点。

（1）销售市场部负责人：作为标的需求部门负责人，我未参加技术打分，开标结果发出前也未通知到我，我不同意此次中标结果。

（2）采购部门负责人：技术评标人员中包含市场部总监，且按照经审批的 URS 实施评分，整个招标流程符合企业现有规定，法务人员全程监督。

（3）法务及企业外部支持律师：招标过程符合企业规定，且按照企业要求，一旦出现供应商违规，即应淘汰，所以 B 供应商应该排除在外。同时，中标邮件已发出，已具有法律效力，建议维持 A 中标。若中标通知书发出后无正当理由改变中标结果，在 A 主张相应权利的情况下，企业需承担一定的法律责任和经济损失。

（4）财务部总监：企业处在上市的关键时刻，若有外部合同纠纷需进行披露，可能影响上市时间，建议在 A 满足技术条件的前提下，维持 A 中标。

（5）I 企业总裁对此事进行了最终拍板：这次按照市场部建议，选择 B 做项目。招标流程是我们自己企业实施的内部流程，不涉及外部，不能依据《招标法》和《合同法》判定我们违规。若 A 让我们赔偿，我们一分钱不出，而且今后把 A 完全排除在供应商名单外，没有 A 这样做生意的，什么活都没干就要拿钱。

最终结果：选择 B 企业做该软件项目，A 企业提出赔偿，赔偿部分（约 25 万元）由 B 企业代 I 企业承担。

该事件结束后，采购部和法务部做了如下优化措施。

1）I 企业采购部完善修订了《企业采购管理程序》。

- 完善技术评分要求：按照标底预算及标的的需求、使用等情况明确规定参与技术评分人员的职能及其级别。同时，标底预算超出 300 万元以上的，需求部门第一负责人均需参加技术与商务环节。
- 评标小结经总裁审批，中标结果经采购部发出前，由采购部通知需求部门第一负责人。若需求部门对开标结果有异议，于一个工作日内提出，未反馈，即视为知晓且无异议。

2）I 企业法务部：

- 检查与主要供应商的反贿赂告知书的有效性和完整性。
- 针对"供应商中标邮件发出即具有法律效力"的问题进行必要的内部培训和通知。

采购部及法务部所采取的优化措施进一步规范了 I 企业的招标程序，但客观上，I 企业总裁的处理方式对企业内控环境造成了负面影响。

5.3.6　专题：业务外包

《企业内部控制应用指引第 13 号——业务外包》提出："外包是指企业利用专

业化分工优势，将日常经营中的部分业务委托给本企业以外的专业服务机构或其他经济组织（又称承包方）完成的经营行为。"常见的业务外包类型包括以下几种。

- 生产（制造）外包：以外加工方式将生产委托给外部优秀的专业化资源，达到降低成本、分散风险、提高效率、增强竞争力的目的。例如，中国的宝元鞋业分别接受耐克、阿迪达斯、匡威的生产外包业务；苹果公司将手机制造组装业务交由富士康集团完成。
- 工程外包：将工程项目的设计、建造、造价等委托专业的外部机构完成。
- 服务外包，如研发、资信调查、可行性研究、委托加工、物业管理、客户服务等服务外包。

企业采用业务外包主要考虑在企业具有边界、专业化分工背景下，选择与利用外包企业的核心竞争力，以降低本企业成本，适当转嫁风险，提高企业运营效率与灵活性。企业采购与外包的业务特征差异如表 5-29 所示，外包中的典型风险与控制措施如表 5-30 所示。

表 5-29　企业采购与外包的业务特征差异

序号	维度	采购	外包	备注
1	采购活动持续时间	较短	较长	外包合同期限通常较长
2	甲方投入资源	主要是资金	除了资金，还包括专有技术、专业人员等	外包泄密风险较高
3	定制化程度	较低	很高	外包前期规划及沟通非常重要
4	采购控制点位置	程序后端	全过程控制	外包通常必须通过过程控制（如批量生产前的认证程序）才能有效控制产出
5	前期开发阶段深度、合作程度	较低	很高	与前 1～4 点相联系，外包通常有较大比重的甲乙双方的前期（即服务、产品交付之前）合作内容
6	甲乙双方之间的过程信息交互	较低	乙方活动嵌入甲方一般性业务流程，信息交互密切	如人事外包中，乙方需持续获取并处理甲方人事动态信息

☕ 案例：委托模具加工钢锭内部裂缝案

2017 年 5 月初，某企业 A 承担了某国际大型集团 G 所属大厦的加湿风扇项目。2011 年 8 月中旬，待 A 企业开发并确认产品图纸后，委托 B 模具企业（A 企业长期合作伙伴）进行对应模具开发。因为模具体积较大，B 模具企业之前并未有对应的实施经验，且需要向 C 钢铁企业购买定制钢锭用于模具制造。预计整个模具开发与制作工作需要 3 个月，即 2017 年 11 月中旬应完工。

2017 年 11 月上旬，A 企业负责人向 B 企业询问模具制作情况，B 企业负责人满头大汗地说："两个月前拿到了钢铁企业的钢锭，在模具制作过程中，1 个月前发现钢锭内部有一个巨大的裂缝，尝试了多种办法仍无法解决，11 月中旬交付模具已无可能。"

事实上，截至 2017 年 11 月，A 企业及 G 集团的配套设备、材料、其他生产准备都已就绪。

该案例主要启示如下：

（1）对于接受委托的外包供应商的资质、能力应加强审核。

（2）对外包供应商的工作进展应紧密跟进，并进行必要的检查、审计，或阶段性成果检查、验收，以及时发现问题。

（3）应严格控制转外包行为。

（4）企业应充分评估外包中的风险，在外包合同中明确需求和责任，并加强执行情况的监督。

表 5-30　外包中的典型风险与控制措施

序号	典型风险	对应控制措施
1	• 业务外包目标不清晰 • 业务外包与企业战略不符，损害企业核心竞争力	• 根据企业战略目标和经营计划，由企业最高管理层进行业务外包战略决策 • 业务外包规划决策中应明确业务外包的目标（典型的目标包括降低生产成本，获得更好的产品质量，提高市场快速反应能力等） • 明确业务外包规划决策的审批授权和程序 • 严格履行业务外包授权审批程序、充分讨论，避免仓促决定及"一言堂" • 财务、法律、技术等专业人员充分参与业务外包规划决策
2	• 业务外包范围不清晰	• 根据企业经营特点确定重大业务外包标准 • 明确重大业务外包的授权审批程序
3	• 缺乏业务外包管理组织机构、人员配备	• 业务外包规划决策过程中，应重点评估企业是否具备相应的业务外包管理能力 • 在业务外包进入实施阶段前，应设计完善的业务外包管理制度，明确相关部门和岗位的职责权限，并在实施过程中根据业务外包的实施情况及时更新动态

（续）

序号	典型风险	对应控制措施
4	• 外包商缺乏胜任能力或必要资质 • 选择外包商的评价标准不合理 • 参与外包商评价的人员缺乏胜任能力	• 明确定义外包产品、服务需求，并且需求应经过专业部门、人员及管理层的审核审批 • 组建外包商选择团队，涵盖商务、财务、技术等方面专业人员 • 建立备选外包商信息收集渠道 • 设计科学合理的备选外包商信息收集清单，明确信息质量标准，以及信息收集、汇总、分析、验证程序 • 设计科学合理的备选外包商实地考察信息收集清单，明确实地考察人员构成、信息质量标准以及信息收集、汇总、分析、验证程序 • 设计科学合理的外包商选择评价指标体系，并经过专业部门、人员及管理层的审核审批。外包商评价指标应涵盖（不限于）以下方面： 　— 过往同类产品、服务的实施经验 　— 专业设备、工具、技术人员配备情况 　— 商务报价及成本控制能力 　— 管理能力，如质量安全管理体系，供应商管理体系 　— 财务状况 　— 经营战略与企业文化 • 通过样品试制等方式考核备选外包商的生产能力
5	• 合同条款未能针对业务外包风险做出明确的约定 • 对承包方的违约责任界定不够清晰 • 合同约定的业务外包价格不合理，或成本费用过高，或价格临时上涨	• 业务外包合同条款应关注（不限于）以下内容： 　— 业务外包质量标准 　— 业务外包定价方式，以及调价条件和程序 　— 发包方知识产权（包括商标权、专利权及其他商业机密）的使用方式及违约责任追究方式 　— 业务外包中成本费用的分担方法 　— 双方的沟通协作方式 　— 业务外包需求变更处理程序 　— 业务外包验收标准及程序，以及针对验收不合格情况的处理程序 　— 业务外包产品、服务的交付方式 　— 结合业务外包产品、服务质量及验收情况的付款条件 • 业务外包合同应经过商务、财务、技术等专业人员及管理层的审核审批 • 明确业务外包合同的签订权限
6	• 业务外包质量标准不清晰	• 业务外包质量标准应包括（不限于）以下内容： 　— 明确产品、服务的检验标准与验收方案，以及对外包商下级供应商的质量管理要求等 　— 关键工序、工艺流程的技术要求 　— 明确产品、服务的交付时间 　— 成本控制水平 • 商务、技术、质量、法律、财务等专业人员应充分参与业务外包质量标准的制定，并经过管理层审核审批 • 在外包合同中明确业务外包质量标准，以及质量标准的变更程序

（续）

序号	典型风险	对应控制措施
7	• 由自制向外包转换不顺畅，或发包方与外包商工作衔接不顺畅，影响发包方业务持续性	• 在业务外包进入实施阶段前，应设计完善的业务外包管理制度，明确相关部门和岗位的职责权限，明确与承包方的业务和信息接口部门，以及企业内部的协作方式，并在实施过程中根据业务外包的实施情况进行动态及时更新 • 要求外包商制订外包管理方案，明确外包商的业务接口部门、人员 • 发包方定期制订计划（如月度生产计划），并及时与外包商沟通，以确保双方工作计划的紧密衔接 • 对于因外包商工作失误导致的外包业务中断，外包合同中应明确相关的处罚和索赔条款
8	• 外包商提供的产品、服务质量不合格，出现质量控制风险，或产品、服务交付不及时	• 制定清晰的业务外包质量标准，并经过专业人员和管理层的审核审批 • 将外包服务过程划分为适当的阶段进行过程管理，如将生产外包划分为样品试制、量产初期、量产稳定期等阶段，确定每个阶段的质量管理要求（涵盖质量、进度） • 发包方质量管理人员定期或不定期对外包商的生产现场进行检查 • 明确外包商质量问题整改及验收程序 • 对于关键的工艺流程，发包方可指派技术人员现场监督
9	• 业务外包需求变更未得到有效处理	• 明确发包方内部业务外包需求变更的提出、审核审批程序 • 明确发包方与外包商之间需求变更信息的传递、处理及验证程序 • 对外包需求变更的原因及处理过程进行及时完整记录，发包方及外包商共同确认变更事项，明确责任
10	• 外包商泄露发包方商业机密或不当使用发包方知识产权	• 明确承包方允许使用的商标权、专利权及其他商业秘密及其期限，并在合同中约定 • 对外包商可能出现的侵权及违约行为进行禁止性规定 • 在合同条款中约定外包商的侵权和违约责任 • 在合同条款中约定业务外包过程中产生的知识产权的归属
11	• 外包商失去履约能力或无法持续发展（如员工罢工，资金链断裂，行政处罚，政治动乱等）	• 在外包商选择阶段对外包商的经营信息进行全面考察（具体措施见外包商选择部分） • 建立外包商经营信息的持续跟踪收集及处置机制，外包商信息涵盖（不限于）以下内容： 　— 外包商的财务状况 　— 外包商的核心技术及专业人员储备情况 　— 外包商内部劳资关系状况 　— 外包商管理体系运行状况 　— 如果是离岸外包，外包商所在国及地区的政治及经济状况 • 在外包合同中明确约定外包关系终止的条件 • 对于生产外包等类型的业务外包，避免使用独家外包商
12	• 业务外包验收标准不清晰	• 根据业务外包的特点进行分阶段验收 • 在外包合同中明确验收合格的标准 • 在外包合同中明确验收不合格的处置程序，以及责任、费用分摊方式

（续）

序号	典型风险	对应控制措施
13	• 验收人员缺乏胜任能力	• 组织技术、质量等方面的专业人员进行验收，明确相关人员的验收责任
14	• 外包结算存在差错	• 遵循规范的企业资金支付管理流程 • 付款前与合同条款充分匹配 • 付款前严格复核外包验收相关证据

☕ 案例：母猪调包案

2020 年 3 月，某上市企业在投资者互动平台上回应："2020 年 2 月底，企业位于江西某县的养猪场里，69 头已经配种的母猪全部被人换成了未配种的母猪。企业发现后第一时间报案，目前犯罪嫌疑人刘某因涉嫌盗窃罪，已被公安机关采取刑事强制措施，企业也追回了损失。"

该企业以生猪及肉鸡养殖为主，是"企业 + 农户"养殖模式的典型代表。目前在全国 20 多个省（市、自治区）拥有 270 多家控股企业、5 万户合作家庭农场。2019 年 12 月，该企业租用了刘某的养猪场，并且聘请刘某在养猪场喂饲料，刘某则趁着这个便利动起了歪脑筋。2020 年 2 月 27 日，刘某花 35 万元买来 70 头未配种的母猪，将这些猪运到该企业租用的养猪场，替换了里面已经配种的 69 头母猪，并把这些猪运到自己在其他地方租的养猪场，用来繁殖小猪仔，活生生上演了一场"狸猫换太子"的大戏。

通过分析得出，不同于"自繁自养"模式，该企业"企业 + 农户"的养殖模式实质上是采用了业务外包的方式。在此案例中，企业通过有效取证、及时报警的方式解决了问题，但仍然凸显出其在承包方选择、外包过程监控过程中存在不足。该案例有以下几点启示：

（1）企业应建立有效的承包商遴选机制，关注农户的历史养殖经验、养殖技术及口碑、养殖场所条件等，择优选择承包方。

（2）企业应重点关注外包业务过程的管理，建立持续的监控机制和手段，杜绝"以包代管"的做法。如对已配种母猪（重要资产）通过"植入芯片"等科技手段实现对养殖过程的跟踪和日常信息化管理，通过飞行检查等了解养殖状态，同时定期实施盘点，确保外包过程中所属资产的安全。

此外，企业可以考虑优化农户考核指标和结算方式。例如，在本案例中，企业如果将猪仔的产出数量设定为考核指标，并按照健康的猪仔产出量和合理的市场价格予以结算，可能更加合理。

资料来源：69 头怀孕母猪被盗损失近 50 万？公司回应：已追回损失，2020 年 3 月 17 日，搜狐网。

5.4　固定资产管理中的内部控制

资产管理是企业内部控制体系中的重要模块，也具有相对清晰的管理边界，其基本控制要求在《企业内部控制应用指引第 8 号——资产管理》中得到了体现。在企业的各类资产中，固定资产和存货是两类典型的资产类型，接下来的两个小节中，将重点探讨固定资产和存货管理的各类控制要求。其他类型的资产，也可以进行参考。

5.4.1　固定资产管理概述

固定资产是指企业为生产产品、提供劳务、出租或者经营管理而持有的、使用时间超过 12 个月的，价值达到一定标准的非货币性资产，包括房屋、建筑物、机器、机械、运输工具以及其他与生产经营活动有关的设备、器具、工具等。

进行合理的资产分类是对资产进行有效控制的基本前提，按照不同的分类标准，固定资产的典型类型划分包括以下几种。

（1）按照用途分类，不同用途的固定资产对应不同的资产管理责任部门。

- 生产用固定资产。
- 工程用固定资产。
- 行政用固定资产。
- 研发用固定资产。
- IT 用固定资产。

（2）按固定资产与企业生产活动的关联度进行分类，固定资产可以进一步划分为：

- 生产性固定资产（如生产类固定资产、研发类固定资产等）。

- 非生产性固定资产（如行政类固定资产、IT 类固定资产）。

（3）按重要性分类，不同重要性的固定资产对应不同的管理细化程度及管理资源投入。

- 重大固定资产。
- 一般固定资产。

（4）按固定资产的使用状态分类，不同使用状态的固定资产需要采用不同的后续处置方式。

- 使用中的固定资产。
- 暂时闲置的固定资产。
- 待处置的固定资产。

（5）按操作使用要求分类，不同类型的固定资产对应不同的操作要求。

- 特种固定资产。
- 非特种固定资产。

（6）按权属关系分类，不同类型的固定资产对应不同的权属管理要求。

- 自有固定资产。
- 非自有固定资产，例如融资租赁方式取得的固定资产。

一般而言，固定资产内部控制紧密围绕资产实物的购入、运行、维护、改造以及报废等内容，其重点管理事项如下。

- 固定资产采购预算管理。
- 固定资产检查、改良、技术改造、保养、维修等管理。
- 固定资产操作管理，组织固定资产使用的培训和固定资产安全使用的检查。
- 固定资产实物的核算、账卡管理。
- 固定资产的调拨、转移与报废管理。
- 固定资产的运行分析，如资产产能及其利用率分析。

5.4.2　固定资产管理控制目标

固定资产具有价值高、使用周期长、使用地点分散等特点。固定资产管理需围绕固定资产的购置、运行、维护、改造以及报废整个生命周期展开，以实现以下目标。

- 确保固定资产在全生命周期中完整、安全。
- 提高固定资产的使用效率及效果。
- 固定资产会计处理规范。

☕ 案例：一次固定资产专项审计

某企业每年投入大量的资金用以购置包括固定资产在内的各种资产，企业管理层为摸清家底，决定由审计部门开展一次固定资产专项审计，在审计中发现了以下现象：

（1）部分固定资产的责任人不明确，基础档案信息错误。

（2）固定资产管理部门未能有效地开展核查和盘点。

（3）账实不符，账面价值与实际价值有较大出入等。

（4）部分固定资产利用效率低下，甚至长期闲置。

（5）固定资产重复购置。

（6）员工离职或工作变动时资产交接不规范，无法查清离职人员所保管资产，存在资产流失现象。

（7）固定资产关键信息（如设备状态、设备稼动率、保全管理等）缺乏有效的归集和反馈。

5.4.3　固定资产管理组织架构及职责体系

围绕固定资产管理，典型的组织架构包括以下两部分。

1. 固定资产专业归口管理部门（技术管理、财务管理）

固定资产技术管理部门通常主要负责固定资产管理制度的制定，固定资产编号、建卡、台账建账，固定资产的维护（主持大修、日常维修技术支持等）、调拨、报废，固定资产 EHS 管理等工作。

固定资产财务管理部门通常主要负责固定资产会计核算、组织固定资产盘点、固定资产产权管理等工作。

2. 固定资产使用部门

固定资产使用部门主要承担固定资产的使用、日常保管、日常维护等工作，并配合资产盘点、大修等工作。

同时，各部门可指定固定资产对口管理联络人，对外对接固定资产归口管理部门，对内实现所在部门固定资产的集中管理。

☕ **案例：搭建关键设备的"全程陪护"体系**

某企业为初创型研发类企业，部分关键设备、仪器作为企业日常经营的重要组成部分，一旦出现问题，将严重影响企业的研发及生产进度。经管理层决策，由设备技术归口管理部门（工程规划部）牵头搭建关键设备的"全程陪护"体系，配置关键设备"坐诊专家"，对关键设备实施全生命周期管理。

（1）识别关键设备。工程规划部结合设备管理台账，按照设备使用部门、类别对企业设备进行了分类，并依据设备价值、技术要求、设备故障率数据等识别出关键设备。

（2）明确体系职责。该体系将系统化地解决设备规划选型、设备确认及维护、设备使用及技术支持等领域的关键问题，具体职责要点如下。

● 规划设计：用户需求说明书审核，设备关键设计评审，设备选型，设备检验测试。

● 设备运作管理：设备运行稳定性管控，运作成本管控，产能提升方案制订。

● 故障检修：寻找故障，故障根本原因分析，设备偏差和变更控制，设备验证。

● 全员生产维护：设备使用人员培训，标准操作规程（SOP）评审，5S（整理、整顿、清扫、清洁、素养）提升。

（3）搭建体系结构。该体系主要由设备的使用部门、归口管理部门以及技术支持部门构成，具体如下。

● 使用部门：为设备的主要使用部门，操作者需具备良好的操作技能及基本理论。

- 归口管理部门：由工程规划部负责，设备管理人员应具备设备日常故障预防、维护、维修所需的技能。
- 技术支持部门：由质量部门和工艺部门组成，其中质量部门主要负责确保设备符合质量控制要求，工艺部门则负责设备规程的制定与优化。

（4）分配设备专家。工程规划部编制了《关键设备专家清单》，将每一台关键设备与使用部门、归口管理部门以及技术支持部门的指定的专业人员相互对应，确保该设备在全生命周期内得到高效的使用、维护与管理。

该企业围绕设备管理组织架构的创新，不仅提高了企业设备管理质量，也为企业培养及储备了专家资源。此外，企业在构建上述体系的过程中，也充分考虑外部资源的利用，如归集公开技术资料，建立外部合作方专家库，参与专业论坛及协会的技术交流等。

固定资产管理中的关键不相容职责包括如下内容。

- 固定资产保管职责与固定资产会计核算职责分离。
- 固定资产相关重大决策（如固定资产调拨、处置等）的提出、审核、审批、执行与会计核算职责应相互分离。
- 固定资产盘点需要由不参与固定资产保管的人员参加。

5.4.4　固定资产管理关键环节内控分析

环节 1：固定资产的基础管理

在固定资产进入使用环节前后，企业应做好规范的资产管理初始化工作，为开展固定资产的各项管理工作奠定基础。典型的固定资产初始化工作包括以下内容。

（1）明确管理职责，清晰界定固定资产使用部门、归口管理部门、技术支持部门以及财务部门等管理职责。

（2）做好固定资产登记与记录，完成建卡建账工作，实现固定资产账、卡、物信息一一匹配。

固定资产的编号是固定资产管理应用中的重要标识。企业应结合实际资产情况，建立固定资产分类、编号标准，对每项固定资产分配唯一编号，并在固定资产实体上予以体现，以支持固定资产的识别、核对以及盘点等工作。

☕ 示例：某生产型企业固定资产的编号管理细则

某生产型企业拥有多个生产基地，固定资产数量庞大，为避免资产状态混乱、闲置浪费、虚增和流失等问题，在资产购置完成后立即对其进行编号，编号规则要点如下。

- 结合固定资产的特点，做好固定资产的名称规划和分类，确保同性质、同规格的固定资产的名称、类别一致。
- 结合固定资产的从属关系以及分布等，划分固定资产层级及位置标准。
- 明确固定资产编号的要素，包括固定资产的类别属性、层级属性、位置属性等，并明确固定资产编号的具体格式要求。
- 如果同类同规格的固定资产同时购买两件以上，可在编号最后加上数量序号予以表示。如果涉及企业分支机构的固定资产，则可以在大分类前加入分支机构代号予以区分。
- 按照单项资产建立固定资产卡片（详细记录各项固定资产的来源、验收、使用地点、责任单位和责任人、运转、维修、改造、折旧、盘点等相关内容）。

固定资产账簿体系包括固定资产管理台账（固定资产归口管理部门）、财务账簿（财务部门）、实物卡片（固定资产使用部门）等，主要记录固定资产分类、资产编码、资产名称、规格型号、计量单位、使用地点、使用部门及岗位、购置日期、投入使用日期、备件附件情况、折旧年限、预计净残值、日常维护保养记录以及处置情况等重要信息。各账簿信息及功能虽有所不同，但应有一定的关联标识，保证各账簿之间可高效地完成匹配与复核。

各账簿的登记应依据填写完整、信息准确及有效的单据及凭证，其中固定资产相关单据及凭证主要包括以下几种。

- 资产验收单：资产购置、建造、增添发生时，由资产相关部门依据实际验收情况填写。

- 资产调拨单：资产发起调拨时，由资产转出部门填写申请、审批，资产转入部门审批、确认。
- 资产维修单：资产需要保养、修理、改造时，由使用部门填写申请，维修部门确认实施，资产管理部门复核确认。
- 资产转让与报废单：资产已达到报废状态或不宜继续使用状态，须将其报废或出售时，由管理或使用部门填写申请。
- 固定资产产权证明：企业在取得固定资产时所办理的产权证明，如运输类固定资产应取得车辆行驶证件，房屋建筑物固定资产应取得购建凭证、房地产权证等。

企业固定资产的账簿体系应搭建完整，防止出现账外固定资产，常见的可能导致账外资产的情形包括：

- 折旧已提尽固定资产。
- 受赠、未入账固定资产。
- 费用项下购置的固定资产。
- 已账务报废处理但实物未及时处置的资产。

（3）做好规范、有序的实物交接。

固定资产采购后，实物的交接涉及以下两个阶段。

其一，固定资产实物由外部供应商交付至企业，该过程一般由固定资产归口部门组织验收，关注交付物是否满足合同约定及能否达到可使用状态，验收合格后开具固定资产验收凭证，作为后续账务处理的依据。

其二，固定资产实物由固定资产归口部门交接至使用部门。该环节典型的控制措施包括：①固定资产使用部门依据生产经营实际需求提出固定资产的领用申请；②固定资产领用申请需经过专业审核审批，专业审核人员应掌握使用部门的需求等情况；③移交与接收部门填写固定资产交接单，双方做好实物及其附件资料的交接。

上述固定资产交接完成后，财务部门、固定资产归口管理部门、固定资产使用部门等应同步更新账簿记录，财务部门的账簿处理应满足会计准则要求。

（4）对固定资产进行规范的会计处理。

固定资产生命周期中涉及如下会计处理要点。

- 固定资产的购置：初始计量、在建工程核算及结转固定资产科目。
- 固定资产折旧：折旧方法与年限、固定资产成本结转。
- 固定资产维修与改造：支出资本化或费用化。
- 固定资产减值处理：减值迹象分析及减值计提。
- 固定资产处置：固定资产处置及损益处理。

（5）固定资产投保。

为确保固定资产安全，企业可将固定资产与存货等共同投保，以适当规避资产损失风险。固定资产可以以账面原值投保，或者以账面原值加成的重置价值投保且附加重置价值条款，总体保证拟投保固定资产应与投保方案相当。投保工作中需注意：

- 企业财产保险投保方案的制订和审核。
- 保险公司的甄选和确定，保险协议的签订。
- 定期评估重要固定资产的保险覆盖率。

（6）做好固定资产相关资料的归档工作。

固定资产归档资料一般包括前期购置及投产使用后两个阶段积累的资料（见表 5-31 ）。

表 5-31　某企业固定资产归档资料示例

阶段	资料名称
固定资产前期购置阶段	- 市场调研，设备选型和技术、经济论证 - 设备购置合同 - 购置技术、经济分析评价 - 自制专用设备设计任务书和鉴定书 - 检验合格证及相关附件 - 设备装箱单及设备开箱检验记录（包括随机备件、附件、工具及文件资料等） - 设备安装调试记录、精度检验记录和验收移交书。对于特种设备的安装，还要有安装单位应具备的资质证书等
固定资产投产使用后阶段	- 固定资产登记卡片 - 使用初期管理记录 - 开动机台的记录 - 设备故障分析报告

（续）

阶段	资料名称
固定资产投产使用后阶段	• 设备事故报告 • 定期检查和监测记录 • 定期维护和检修记录 • 大修任务书与竣工验收记录 • 设备改装和改造记录 • 设备封存（启用）单 • 修理、改造费用记录 • 设备报废记录等

环节 2：运行、维护与技术改造

（1）固定资产利用率监控。

固定资产利用率的监控可为固定资产的运行、维护、调拨等事项提供基础信息，要点包括：

- 检查企业的产量计划完成是否顺利。
- 从设备利用率判断产能需求，评估资产购置需求。
- 当出现非预期的利用率下降时，可以引起管理层的关注并进而发起调查。

（2）固定资产的维护保养。

企业在固定资产运行与维护中若操作不当、失修或维护过剩，可能造成资产使用效率低下、产品残次率高，甚至发生生产事故或资源浪费。针对该风险，企业可采取的控制措施包括：

- 建立资产日常维护标准及程序，明确固定资产维修的发起、实施以及验收的职责和流程。
- 定期执行检查、维护等预防保全工作。
- 做好维护与维修配套工作，如维修与维护基础数据（如标准工时、维修与维护 BOM 等）的确定与维护、固定资产备品备件的实物管理、维护与维修记录的维护以及经验积累等。

☕ **案例：某企业《设备管理现状分析报告》中关于"故障清单与分析表"的描述**

企业生产制造中所用的发泡机从 20 世纪 90 年代开始大量使用，到现在，大多数故障都发生过，但由于使用、维修人员不断更换，遇到同样故障时很多人还是会"走弯路",究其原因是没把故障分析透彻,未将故障记录消化完全。

故障清单与分析表的一个明显作用是避免因人员更替带来的维修经验的损失。完善的故障清单与分析表也是下一次新设备采购需要重点改善的依据,这样可以从源头上减少故障发生。同时,通过故障清单与分析表积累和固化的设备运行及维护经验,为后续设备技术的更新提供了重要参考。

(3)固定资产运行与维护费用控制。

固定资产的运行与维护费用主要包括维修费用、保养费用和更新改造费用,从费用产生的事前、事中、事后控制角度,其主要的控制手段包括:

- 费用支出的预算控制(生产、技术、财务条线的审批确认)。
- 费用支出的财务审核控制。
- 费用支出的分析与监控。

上述与固定资产有关的支出,企业应当结合固定资产的定义、确认条件和具体情形,对符合固定资产确认条件的,应当计入固定资产成本;不符合固定资产确认条件的,应当在支出发生时,计入当期损益。

(4)固定资产 EHS 管理。

典型的 EHS 管理程序包括:

- 开展风险源识别与评价,形成 EHS 清单并持续更新。风险源的范围应涵盖设备本身、生产环境以及操作人员等。
- 围绕风险源,制定控制措施,如落实特种固定资产操作人员岗前培训,持证上岗。
- 建立监控机制,定期检查 EHS 风险控制效果。

☕ 案例:中荣金属粉尘爆炸伤亡惨重

2014 年 8 月 2 日早上 7 时整,在江苏昆山市开发区中荣金属制品有限公司汽车轮毂抛光车间,29 条流水线同时开工。机器轰鸣声中,从铝制轮毂打磨下来的粉尘在车间积聚、弥漫,但没有引起任何人的警觉——工厂里没有安装粉尘浓度预警装置,工人也习惯了埋头完成属于自己的工序。32 分钟后,"轰"一声巨响,整个车间成为火海,生产线上的设备被冲出楼外。事故最终造成超过 70 人死亡,超过 180 人受伤。[①]

　　1987 年哈尔滨市一家亚麻厂发生了特大粉尘爆炸事故[2]，造成 58 人死亡、65 人重伤、112 人轻伤后，国家设立了粉尘爆炸科研项目，成立了"全国粉尘防爆标准化技术委员会"。此后十余年间，该委员会相继颁布了 11 项国家标准。目前国内通行的使用标准是在 2018 年修订颁布的《GB15577-2018 粉尘防爆安全规程》，这项规程对劳动防护用品、建筑物的结构与布局以及防火抑爆、阻爆等均做了明确的规定。

　　这些风险事件的发生，技术原因可以归结为粉尘专业设备不足等，更深层次的原因则是企业管理层对安全风险的极度漠视。

① 资料来源：江苏省苏州昆山市中荣金属制品有限公司"8·2"特别重大爆炸事故调查报告，2014 年 12 月 30 日，中华人民共和国应急管理部。
② 资料来源：哈尔滨亚麻厂亚麻粉尘爆炸事故经过与处理，2008 年 10 月 5 日，安全管理网。

　　（5）固定资产技术改造。

　　企业对固定资产进行升级改造，可以不断提高产品质量，开发新品种，降低能源资源消耗，保证生产的安全环保，以应对企业产品线老化、产品缺乏市场竞争力等风险。典型的管控措施如下。

- 定期对固定资产技术先进性予以评估，结合盈利能力和企业发展可持续性，制订技改方案。
- 监控技改方案实施过程，并对技改执行情况进行审计或后评价。

　　环节 3：固定资产监控及调拨与转移管理

　　固定资产的调拨与转移一般是指固定资产在企业内部、子公司范围内发生的因调拨、调剂、投资、买卖而发生的产权变更或产权与实物安装地点同时变更的情况。固定资产调拨与转移的主要控制措施如下。

　　（1）固定资产监控。

　　企业资产管理部门应动态监控固定资产的使用状态和需求情况，根据固定资产的库存数量、使用状态以及需求情况编制调拨与转移计划，在企业范围内优化固定资产配置。

　　☕ **案例：华为 RFID 物联资产管理**

　　华为在全球实施的射频识别（RFID）物联资产管理方案，目前已经覆盖 52

个国家及地区、2382 个场地、14 万件固定资产。RFID 标签贴在需要管理的固定资产上，每 5 分钟自动上报一次位置信息，每天更新一次固定资产的使用负荷（或者闲置）情况。华为部署 RFID 后，固定资产盘点从历时数月下降为只需数分钟，每年减少资产盘点、资产巡检的工作量 9000 人·天。资产位移信息、资产闲置信息及时更新、共享，使华为在资产管理能够有的放矢。

资料来源：华为 CFO 孟晚舟 2017 新年致辞，2017 年 1 月 11 日，搜狐网。

（2）固定资产需求管理及内部调拨。

及时有效的固定资产调拨与转移能够提高固定资产综合使用效率，典型的控制程序如下。

- 由资产管理部门发起需求申请，并经过恰当的内部审批。例如，某大型集团企业规定，固定资产在同一法人实体内转移，需得到转出方和接收方最高负责人的审批；固定资产在不同法人实体间转移，以账面净值为准，转出方填写"固定资产转移申请表"，接受方填写"固定资产取得申请表"，按照资本性支出审批权限对上述表单进行审批。
- 转入与转出部门根据生效指令完成固定资产交接；在实物交接时，应进行有效的交接确认，填写规范的交接单据。其中，需要确认的事项通常包括：

  a. 拟调拨设备基本规格型号。

  b. 拟调拨设备数量。

  c. 拟调拨设备配套资料（图纸、作业指导书等）。

  d. 拟调拨设备采购基本信息。

  e. 拟调拨设备财务信息。

  f. 拟调拨设备 EHS 相关信息（危险源因素、安全操作规程、操作员资质要求等）。

  g. 拟调拨设备配套维修维护计划。

  h. 拟调拨设备物流运输基本要求。

（3）在固定资产实物调拨与转移后，相关部门应进行相应的账务处理，实现在各类固定资产账簿上保持"账实相符"，主要包括：

- 财务部门更新固定资产账目。
- 固定资产管理部门更新实物管理台账。
- 使用部门及时更新登记固定资产卡片情况，做到卡随物移。

环节 4：固定资产的盘点清查

固定资产的盘点清查通常以工作组的形式开展，往往涉及固定资产使用部门、技术归口管理部门、财务部门等固定资产管理相关部门。需要注意的是，固定资产不同的盘点目的可能对应不同的盘点职责划分及流程设计，进而影响盘点范围等。常见的固定资产盘点目的包括生产经营目的及年报目的。整体上，固定资产盘点的基本流程与其他类型资产一致，通常包括的盘点清查确认事项及核心控制措施如下。

（1）盘点清查确认事项。

- 账账相符、账实相符情况。
- 确认是否存在减值、报废、损失等情况。
- 产能利用情况、资产闲置情况。

（2）盘点清查核心控制措施。

- 财务部门定期组织固定资产使用部门和管理部门进行盘点清查，明确资产权属，确保实物、账卡相符。同时，财务部门可定期与固定资产归口管理部门核对管理台账，检查是否账账相符。
- 在盘点清查作业实施之前，盘点负责人编制盘点清查方案，经管理部门审核后开展盘点清查作业。
- 在盘点清查结束后，盘点负责人编制盘点清查报告，上报管理部门审核审批，针对盘点清查过程中发现的盘盈、盘亏，应分析原因。
- 盘点清查报告审核通过后及时调整固定资产账面价值，确保账实相符。

环节 5：固定资产的处置管理

固定资产的处置由多部门参与，需要对处置方式的合理性与经济性、处置对价的合理性以及处置过程的完整性进行把关，主要包括以下控制点。

- 明确固定资产处置的标准和条件，如某企业规定，若出现"设备预计大修后技术性能仍不能满足工艺要求和保证产品质量""设备老化，技术性能落后，经济效益差"等情况，固定资产归口管理部门可申请报废。

- 对待处置的固定资产及时进行识别，并提出合理的处置方式。
- 设置合理的权限，确保固定资产处置经过专业评审。固定资产处置权限的设置应考虑折旧计提程度、固定资产价值高低等因素。
- 提高处置定价公允程度，防范经济损失。例如某国资企业规定，固定资产发生出售与转让时，应经国资认可的专业机构进行资产评估，出具资产评估报告，且固定资产的出售和转让价格不得低于资产评估价的95%。
- 跟踪处置资产的实物状态，规范账务处理，实现实物处置状态、回款及账务处理过程闭环及信息匹配。

☕ 案例：一批消失的报废电脑

Y 企业《办公设备管理制度》规定：

- 员工办公电脑的使用年限为 4 年，当办公电脑使用年限超过（含）4年，员工可在 OA 中填写"办公设备报废单"，经使用部门负责人、IT 部门设备管理员、财务部门固定资产管理员审核审批后，将旧电脑交至 IT 部门设备管理员，并申领新电脑设备。
- 旧电脑设备实物收回后暂存在 IT 设备仓储室，由 IT 仓储管理员进行台账登记与实物管理，后续分批交予有资质的废旧电脑处置第三方企业（以下简称"第三方"）进行数据清理及实物处置。其中，Y企业与第三方签订了年度协议，由于按台进行旧电脑估值过于烦琐，因此双方根据年度处理量实施阶梯计价，例如若处理量在 100～200台（含）为固定打包价。

在一次固定资产审计中，审计人员在 OA 系统中查询到，年度员工交还的旧电脑数量为 306 台、实盘待报废旧电脑库存数量为 124 台，并通过台账及交接记录得出交予第三方废旧电脑数量共计 182 台，三者数据钩稽关系匹配。但审计人员与第三方沟通后得知，本年度 Y 企业仅向第三方交付了废旧电脑 126台。那么剩余的 56 台旧电脑设备去哪儿了？

原来，张某身兼 IT 部门设备管理员和仓储管理员两个职位，同时独立负责与第三方企业对接废旧电脑处理工作。张某先利用 IT 部门设备管理员身份所掌握的账目信息，操纵处理批次使年度处理量在一定的数量内以套用"打包价"，再以仓储保管员和第三方企业对接人身份伪造了与第三方的交接记录，盗出了56 台电脑后以几百元不等的价格卖到了二手市场。该行为不仅构成职务侵占，同时还可能导致 Y 企业内部资料的泄露。

经分析，因职责混同、流程漏洞等导致舞弊发生，企业采取了如下整改措施：

- 实现 IT 部门设备管理员与 IT 部门仓储管理员职责分离。
- 与第三方交接旧电脑时，需 IT 部门仓储管理员与 IT 经理同时在场，交予第三方的设备必须登记清点，实物交接双方应签字确认。
- 第三方处置废旧电脑完毕后，及时将处置证明资料发送给 Y 企业 IT 部门仓储管理员，Y 企业财务部固定资产管理员收到处置证明资料后，再从固定资产清理账户中做销账会计处理。

环节 6：固定资产租赁与抵押

固定资产的租赁应综合考虑经济性（如出租方应要求租赁费用不低于其折旧成本），并签订严谨的租赁协议，明确租赁期间的用途、租金、税金、维护保养、安全使用、转租等事项。其中，租入固定资产的管理可参照企业自有固定资产管理要求；对租出资产应做好实物跟踪，防止资产流失。

在固定资产抵押方面，作为提供抵押的一方，企业应注意：

- 合理评估抵押资产价值。
- 制定固定资产抵押程序和审批权限，必须经授权人批准后，方能办理抵押手续。
- 签订严谨的抵押协议，保障自身权益，防范法律纠纷。

作为接受抵押的一方，企业应注意：

- 合理评估抵押资产价值。
- 如接受实物，企业应当加强抵押资产的验收和后续实物管理（可参照自有固定资产管理要求）；如不接受实物，企业应加强抵押资产的物理位置、实物状态等信息跟踪，防止由于资产损坏、转移等导致抵押权落空。

- 签订严谨的抵押协议，保障自身权益，防范法律纠纷。

固定资产通常单位价值较高，对企业日常经营影响较大且具有较高的重要性，固定资产管理典型重大风险或缺陷如表 5-32 所示。

表 5-32　固定资产管理典型重大风险或缺陷清单

序号	关键环节	典型重大风险或缺陷	应对措施
1	环节 1：固定资产的基础管理	固定资产编号、分类、账簿登记、归档等基础管理工作薄弱，可能导致固定资产管理混乱，影响固定资产使用效率和效果	• 编制固定资产目录，对各项固定资产进行编号，建立固定资产卡片及账簿（包括实物管理账簿及财务管理账簿），并对固定资产资料进行妥善归档
2		固定资产会计核算不准确、不完整、不及时，影响财务报告的准确性	• 固定资产会计政策应符合国家会计准则，并经过相应管理层的审核审批 • 针对固定资产购置、自建、调拨等活动制定恰当的会计处理程序
3		未对固定资产进行投保，可能导致在固定资产遭受意外损失时无法获得赔偿，使企业利益受损	• 结合固定资产具体情况，对固定资产投保，并持续评估保险合约覆盖情况
4	环节 2：运行、维护与技术改造	固定资产操作不当、失修或维护不到位，可能造成资产使用效率低下，影响企业的正常经营或产生 EHS 风险	• 基于对固定资产运行情况的有效监控和评价，制订并落实资产维护方案 • 围绕固定资产操作，进行 EHS 风险源识别，制定和落实各类安全措施
5		对固定资产运行与维护费用缺乏控制，导致企业利益受损	• 企业应对运维费用进行预算控制、费用支出审核审批控制，对运维费用进行监控 • 运维过程中涉及委外及采购事项的，严格遵循采购管理相关控制要求
6	环节 3：固定资产监控及调拨与转移管理	未有效开展固定资产调拨与转移工作，可能导致固定资产使用效率低下（长期闲置等原因），交接不规范，甚至在交接过程中遗失，使企业利益受损	• 根据固定资产状态及使用需求，及时编制调拨与转移计划，经过恰当的审核审批后执行 • 制定固定资产调拨与转移程序，做好固定资产交接 • 对固定资产调拨与转移及时进行规范的账务处理
7	环节 4：固定资产的盘点清查	未有效开展固定资产清查工作，导致无法及时识别固定资产的账实不符情况	• 定期（如每年一次）对固定资产进行实地盘点 • 明确盘点职责、标准和流程，盘点完成后形成书面盘点报告，并经过恰当审核审批 • 对盘点差异查明原因，明确责任并进行跟进处理 • 根据经审批的盘点报告，及时、准确地调整固定资产账簿

（续）

序号	关键环节	典型重大风险或缺陷	应对措施
8	环节 5：固定资产的处置管理	固定资产报废与处置流程不规范，可能导致报废与处置不及时，措施不科学，对价不公允，使得企业利益受损并产生合规风险	• 明确固定资产报废与处置的标准及流程，掌握固定资产状态，针对应报废与处置固定资产及时发起流程 • 报废与处置方式经过专业审核 • 固定资产报废与处置方案经过企业管理层审核审批 • 通过询比价等程序提高处置价格合理性 • 固定资产报废与处置过程记录应妥善保管，并进行及时、规范的账务处理
9	环节 6：固定资产租赁与抵押	未规范开展固定资产抵押工作，可能导致法律纠纷及财产损失	• 制定固定资产租赁、对外与接受抵押的权限及程序 • 合理评估抵押资产的价值，对租赁、对外与接受抵押固定资产实物进行妥善管理及登记

5.5 存货管理中的内部控制

5.5.1 存货管理概述

存货是指企业或商家在日常活动中持有以备出售的原料或产品，处在生产过程中的在产品，在生产过程或提供劳务过程中耗用的材料、物料、销售存仓等。

相对于固定资产，企业持有存货的最终目的是出售，不论是可供直接销售（如企业的产成品、商品等）还是需经进一步加工后才能出售（如原材料等）。因此，存货通常具备如下特征。

- 流动性强。
- 种类繁多。
- 分布于产供销各个管理环节。

常见的存货类型如下。

- 原材料：企业在生产过程中经加工改变其形态或性质并构成产品或主要实体的各种原料及主要材料、辅助材料、外购半成品（外购件）、修理用备件（备品备件）、包装材料、燃料等。特别指出，为建造固定资产等各项工程而储备的各种材料因不符合存货的定义，因此不能作为企业的存货进行核算。

- 在产品：企业正在制造尚未完工的产品，包括正在各个生产工序加工的产品和已加工完毕但尚未检验或已检验但尚未办理入库手续的产品。
- 半成品：经过一定生产过程并已检验合格交付半成品仓库保管但尚未制造完工成为产成品，仍需进一步加工的中间产品。
- 产成品：工业企业已经完成全部生产过程并验收入库，可以按照合同规定条件送交订货单位或者可以作为商品对外销售的产品。企业接受外来原材料加工制造的代制品和为外单位加工修理的代修品，制造和修理完成验收入库后，应视同企业的产成品。
- 商品：商品流通企业外购或委托加工完成验收入库用于销售的各种商品。
- 周转材料：企业能够多次使用但不符合固定资产定义的材料，如为了包装本企业商品而储备的各种包装物，各种工具、管理用具、玻璃器皿、劳动保护用品以及在经营过程中周转使用的容器等低值易耗品和建造承包商的钢模板、木模板、脚手架等其他周转材料。周转材料符合固定资产定义的，应当作为固定资产处理。
- 委托加工物资：企业委托外单位加工的各种材料、商品等物资。

5.5.2 存货管理控制目标

存货作为企业在生产经营中必不可少的资源，针对存货的有效管理关系到企业的资金周转和资产安全。存货管理内部控制的整体目标包括：

（1）能够有效地保证生产供应、销售等需求。

（2）较高的周转率，对资金占用合理。

（3）存货基础信息（如物料编码）科学、规范。

（4）存货账务处理质量高，账实相符。

（5）存货得到妥善存储，存货现场管理规范且无安全隐患。

（6）呆滞报废物资得到及时处理。

（7）存货得到及时、规范的盘点，盘点差异得到及时有效的调查与处理。

存货流转过程包括存货取得、验收入库、储存保管、领用出库与发运、盘点清查等环节，存货内部控制需制定相互制约、职责分工明确的管理监督机制，以保证存货的高效流转。存货管理的控制目标既包括上文提及的存货管理整体目标，也可按存货业务内容和具体环节分解为若干更具体的控制目标，具体如下。

1）存货取得环节的目标是遵循成本效益原则，确定最佳的存货取得方式，制订合理的采购计划，确保存货处于最佳库存状态。该环节的主要风险是存货预算编制不科学、采购计划不合理，可能导致存货积压或短缺。

2）存货验收入库环节的目标是保证入库存货数量、质量符合合同及其他适用标准。该环节的主要风险是验收程序不规范、标准不明确，可能导致数量克扣、以次充好、账实不符。

3）仓储保管环节的目标是保证存货安全、完整及避免价值贬损。该环节的主要风险是存货仓储保管方法不适当、监管不严密，可能导致损坏变质、价值贬损、资源浪费。

4）领用出库与发运环节的目标是出库手续健全，经过管理层的审核审批，并进行准确有效的记录，以确保发出的货物不会流失及会计记录准确。该环节的主要风险是存货领用发出审核不严格、手续不完备，可能导致货物流失，也会影响存货的真实有效。

5）盘点清查环节的目标是及时准确掌握存货数量、质量等状态。该环节的主要风险是存货盘点清查制度不健全或未按照制度对存货进行定期盘点，无法及时掌握存货真实状况。

6）存货处置环节的目标是当有合法、有效、确凿证据表明存货发生事实损失时对存货实行核销，并按审批程序办理审批手续。该环节的主要风险是存货报废处置责任不明确，审批不到位，可能导致企业利益受损。

5.5.3　存货管理组织架构及职责体系

存货管理通常涉及计划部门、仓储部门、质检部门、生产部门、销售部门、会计部门。企业应建立存货业务的岗位责任制，明确内部相关部门和岗位的职责、权限，确保办理存货业务的不相容职责相互分离、制约和监督。存货管理中典型的不相容职责包括以下内容：

（1）存货的保管与相关会计核算职责需要分离（通常保管人员隶属仓储部门，记录人员隶属财务部门）。

（2）存货发出的申请与审批、执行与会计核算职责需要分离。

（3）存货处置的申请与审批、执行与会计核算职责需要分离。

（4）存货盘点一般由存货保管、记录以及独立于上述职能的人员共同参与。

存货管理过程横跨多个职能部门，并且存货的种类繁多，其取得、发出频繁，流动性更强（除了停产、滞销等情况），会计核算更复杂。但是无论其管理过程跨越多少职能部门，存货取得量有多大，流入、流出有多快，种类如何成千上万，存货管理只要做到有"据"可查，即可达到其基本的管控效果。这个"据"，就是流转在各管理环节的入库单、退库单、领料单、发货单、出库单以及销售凭证等各种单证。企业有关部门，尤其是仓储、保管部门需紧盯这些单证的来龙去脉。同时，企业所有的存货都要按品种、规格、型号等建立库存实物明细卡片，妥善保管，定期对存货收、发、存的数量和金额进行动态核算，确保账实相符。

☕ 示例：一个得到有效牵制的存货出入库流程

1. 仓库入库

仓库登记明细账：基于"收料单"编制仓库明细账，并与供应计划部门下达的"要货计划通知单"以及供应商开具的"送货单"核对确认（仓库与供应计划部门之间）。

财务科登记总账：基于经仓库确认的"收料单"以及供应商开具的发票编制财务科总账。

同时，企业实施财务总账与仓库明细账定期核对。

2. 仓库出库

仓库登记明细账：基于"领料单"编制仓库明细账，领料类型及数量经仓库和生产车间双方确认。

财务科登记总账：基于经生产车间和仓库确认的"领料单"及其"汇总表"编制财务科总账。

同时，企业实施财务总账与仓库明细账定期核对。

上述流程基本上实现了：

（1）对存货增减及流转信息进行了及时的账簿记录。

（2）各职能留存了必要原始表单记录，责任划分明确。

（3）各职能间实现了必要的相互牵制。

若在上述基础上落实日常监督、定期盘点等控制手段，控制效果会得到进一步加强。

5.5.4　存货管理关键环节内控分析

环节 1：存货的取得、验收与入库

存货的取得往往追求这样一种理想状态：企业需要的物资按照恰当的时间，以准确的数量、完美的品质由供应商运抵仓库，从而可以正常关闭采购订单，满足生产需要，同时确保最佳的仓储资源占用。为了达到上述理想状态，企业需要在生产计划、采购以及仓储管理环节完成下述关键事项。

- 企业生产经营计划准确、及时下达。
- 仓储数据准确无误，库存水平设定合理。
- 采购物料、间隔期等主数据维护完整准确。
- 采购日期和数量合理。
- 采购信息准确及时传达至供应商。
- 考虑必要的市场供求等因素影响。

存货验收入库环节，不同类型存货的验收程序、方法及关注重点有所差异，比如：

（1）外购存货的验收应当重点关注合同、发票等原始单据与存货的数量、质量、规格等核对一致。涉及技术含量较高的货物，必要时可委托具有检验资质的机构或聘请外部专家协助验收。

（2）自制存货的验收，应当重点关注产品质量，半成品、产成品经检验合格后才能办理入库手续，不合格品应及时查明原因，落实责任，报告处理。

（3）其他方式所取得存货的验收，应当重点关注存货来源，质量状况，实际价值是否符合有关合同或协议的约定。经验收合格的存货方可进入入库或销售环节。

存货验收环节的控制措施要点通常包括：

- 针对收到的货物进行清点和检查。
- 将收到的货物与采购合同或经审批确认的采购清单进行一致性对比。
- 对所有自行采购的或外购货物均编制连续编号的验收单据与报告。

- 对特定用途的货物，委派技术专家监督评价合同的执行情况并批准验收。
- 在缺乏独立机构组织验收的情况下，应建立措施以保证由批准付款以外的人员负责验收货物，并确保其符合质量标准。
- 建立验收异常处置程序，例如当货物短缺或损坏时，应向承运人或供货商发起索赔。
- 对于采购或接收的货物，设立登记簿，并定期与仓库记录核对。

通常情况下，企业可以借助信息化手段完整记录采购事项的确认与下达，物资的接收、验收及入库信息，通过对各流程间流转单据、操作信息、关联数据的匹配与校验，完成对存货取得、验收与入库流程的管控。

案例：代管存货的管理

A 企业外购材料分为两类：一次性入财务账材料（即属于 A 企业采购物资）以及代保管材料（即 A 企业先行使用，再根据实际使用情况进行结算的物资），但对两者的区分缺乏明确的书面标准，导致材料管理人员在系统内录入材料信息时未予以区分。

代保管材料账目信息不会传递到财务部，这使得在企业管理范围内的一部分资产未纳入财务账（或未纳入由财务部门控制的管理账簿）。同时，由于现有的材料管理信息系统存在缺陷，系统无法将一次性入账材料和代保管材料以清单的形式分别导出，只能通过系统操作人员手工整理出两类材料的清单，导致难以通过盘点等方式确保代保管材料的账实准确性。由于数据核对频繁出现差异，供应商对此也提出了不满。

针对代管物资，企业应采取的控制措施包括：

- 明确物资的归口管理部门。
- 将实物存放于专门库区。
- 设置台账及规范的收发存手续。
- 进行规范的存货盘点及差异跟踪。
- 与供应商之间，清晰界定双方职责划分及工作对接程序，并且在合同中予以明确。

此外，企业应通过建立适用的存货编码体系等基础工作以支撑存货管理。其中，企业的存货编码体系可以采用数字编码法，即将某种物资用特定一组数字来表示的方法，如采用大类号＋分类号＋流水号的方式。存货的编码需遵循唯一性、简单性、可拓展性、分类性等原则，同时存货编码在使用前应经过申请、审核以及审批，一旦使用，一般会贯穿该项存货的整个生命周期。

☕ 案例：需二次分拣的原材料入库流程的改进

某农业型企业所采购入库的原材料，在正式投入生产前需要视情况做二次分拣，将原材料中不符合质量要求的部分去除。针对分拣后不符合质量要求的材料（通常仍有一定市场价值），供应商可选择拖回或放弃，双方共同协商结算价格。

该企业的存货管理状态可以归纳为：①分拣过程由仓储部门发起，质量部门同意，其他部门不参与；②分拣完毕后，仓储部门填写分拣结果单据（分拣之后的重量、品类等信息）提交给财务部门进行账务处理；③不符合质量要求的材料，由仓储部门酌情处理；④财务部门未有效履行存货盘点工作。上述操作所导致的风险有：①对仓储部门缺乏监督，无法保证分拣后单据数据的准确性；②对分拣过程及分拣后的不合格材料，缺乏有效的管控；③无法实现物资的全程出入库闭环；④与前两点相联系，可能出现数据差错甚至侵占资产的问题。

经改进后的措施包括：①分拣动作需先申请，经总经理审批后，由质量部门、仓储部门和财务部门三方在现场共同完成，经称重过磅形成单据，三方签字确认；②建立分拣库、不合格品库，分拣前先办理出库（出原材料库，入分拣库），分拣完毕后，分拣合格品重新入原材料库，不合格品入不合格品库，实现出入库内部闭环；③建立规范的不合格处置流程；④财务部门对原材料库、不合格品库实施盘点。

环节 2：存货的生产领用、内部调拨与销售发出

领用发出环节，企业应制定严格的存货准出制度，明确存货发出和领用的审批权限，健全存货出库手续，加强存货领用记录和实物管理。销售发出内容可参看第 5.2.4 节"销售业务关键环节内控分析"中的环节 6"销售实施过程管理"。

存货的生产领用受生产需求的拉动，领用物资、数量、时间等应有明确的

标准。例如在生产型企业中，存货领用的材料应由工艺部门核定消耗定额，对应间接费用消耗（如修理用料）应编制计划或核定费用定额。生产部门应根据需求计划、定额标准等填制"领料单"，经部门负责人批准，交由仓储部门进行领料。仓储部门核对经审批的领料单据后发料，并与领用人当面点清交付并进行书面确认。

存货领用交接后，随着实物流的变化，其管理责任归属应同步发生变化。例如在生产型企业中，物料由仓储区域领用至生产区域的线边库时，物料的管理责任则由仓储部门转移至生产部门，物料的库位、状态等信息应同步调整。

☕ 案例：仓储与生产车间物料交接错误酿成大祸

某药企 D 按照药物研发进度即将开展中试试验（产品正式投产前的试验），生产车间正在推进正式投料前的各项准备工作，试验物料准备是其重要的一步。

生产车间人员填写"领料单"，经车间负责人签批后交至仓储部门，仓储部门按照"领料单"进行拣货、出库，并按照需求时间送达生产部门，完成交接手续。但仓储人员在此次拣货过程中，误将所需要的冷冻物料 A 拿成了外观相似的冷冻物料 B，并且在交接过程中，生产车间未进行仔细核查即签字办理了物料交接手续，直接进行了投料。质量检查人员在第二天核查试验记录时，发现了试验记录与实际投料不相符的问题。

由于仓储与生产车间物料交接错误，中试试验正式投料前也未做进一步核查，导致企业中试试验直接失败，除造成直接经济损失外，还导致研发计划、产品上市计划等重要商业计划的延迟。事后，仓储拣货、发料以及生产车间的交接人员均受到了辞退处理。

后续仓储部门优化了试验物料的管理规则：

1）优化物料库位，将相似物料进行库位分离管理。

2）发料流程实施双人复核，即拣料人员完成物料下架、拣货完成后，由第二人根据"领料单"和物料标签核对是否与实物一致，并对"领料单"上的每一项物料进行签字确认。

3）物料交接双方需当面确认物料的数量、类型，接收人需针对"领料单"上每一项物料的领用签字确认。

案例：4S 店职务侵占案

2012 年上半年，时年 27 岁的李某某入职深圳市某汽车 4S 店，负责配件部采购工作。李某某与同事和客户熟悉后，不相识的一些个体汽配店的老板便开始私下问他，能否把企业的原装汽车配件拿出来卖。

根据店内规定，一个零配件从出库到最终安装到汽车上需经过数道程序和数名经办。李某某与配件部的代理主管张某某，于 2015 年 1 月起开始联手合作，具体程序为：个体汽配店的老板把自己客户需要的零配件需求告知李某某，张某某负责凭借其人际关系资源在企业内部打通各道关卡，与各流程的经办人一起利用职务便利在企业客户维修保养车辆时虚报维修保养配件，然后操控企业零件系统，套取企业汽车维修零配件材料，再交由李某某以低于市场价的价格出卖给个体汽配店老板，获利的钱大家按约定分成。从 2015 年 1 月至 2016 年 6 月，被告人李某某独自或共同侵占企业汽车零配件 543 件，价值总额 15 万余元，被告人张某某侵占企业汽车零配件价值 11 万余元。经调查，该 4S 店在出库环节的主要控制缺陷包括：

1）存在"不以工单为出库依据"的情况，导致配件数据与工单数据无法实时匹配，之后员工再利用工单后补录功能等方式，实现张冠李戴、虚报耗用。

2）套用"已结算应关闭但未关闭工单"办理出库。

资料来源：员工内外勾结形成职位侵占链涉案多人获刑，2018 年 4 月 28 日，南方网。

环节 3：存货的盘点清查

企业开展存货盘点，一方面是对存货数量、质量真实状态的核验；另一方面可以通过盘点了解真实的存货管理现状。比如，通过对存货结构、库龄、呆滞及过期损毁库存的分析，了解库存管理水平；又如，通过实施盘点探寻库区规划、库位设置甚至物料配送路径中的优化点。存货盘点常用的方式如下。

- 循环盘点 vs. 定期盘点。
- 实盘 vs. 监盘。
- 抽盘 vs. 全盘。
- 资产负债表日盘 vs. 资产负债表日前、后盘。
- 停止流动盘点 vs. 不停止流动盘点。

- 亲自盘点 vs. 利用他人的盘点结果。
- 顺盘（从账面到实物，主要用于确认企业账面资产是否存在）vs. 逆盘（从实物到账面，主要用于确认企业资产是否已完整入账）。

无论采取哪种盘点方式，盘点的实施过程都具备如下特点。

- 盘点范围涉及多个管理节点的存货存量，需关注盘点范围的完整性。
- 盘点依据涉及账目、实物两方面的信息来源及核对，需确保两者之一作为盘点依据时初始状态的准确性。
- 盘点结果对应特定时点，盘点时需确保盘点数据、存货状态的准确性。

在盘点清查环节，企业应当建立存货盘点清查工作规程，明确盘点周期、盘点流程、盘点方法等相关内容。盘点清查工作一般由仓储、财务等多部门共同参与，包括盘点计划的制订、盘点工作筹备、盘点实施、盘点报告的编制以及盘点差异的分析及处理等流程。

☕ 示例：某生产型企业的产成品存货盘点工作安排

（1）财务部门拟定详细的盘点计划，确定存货盘点负责人、盘点时间、盘点范围、盘点人员、盘点分工、盘点方法以及盘点表设计，并经管理层审批。

（2）盘点负责人召开存货盘点启动会，详细说明盘点中的重点事项。

（3）盘点小组启动盘点，冻结存货移动，确定系统初始化数据，创建并打印存货盘点表。

（4）盘点小组执行产成品存货盘点，填写盘点表。

（5）盘点小组进行差异容忍程度分析，根据差异程度制定后续处置程序。例如，是否需要交叉复盘？是否需要立即向高层领导汇报？是否需要将存货移入专门库区备查？

（6）盘点小组收集盘点表，检查盘点表的完整性和签字确认情况，进行现场盘点会议总结。

（7）盘点小组编制盘点报告并提报审批。

（8）盘点小组会同相关部门，确认盘点清查中发现的问题并查明原因，按照规定权限报经批准后处理。

（9）根据审批，相关部门进行账簿（财务账簿及管理台账）记录调整。

☕ **案例：机旁备件——企业的意外"收获"**

2013 年 7 月 12 日，某企业称，通过盘点备品备件，意外发现价值 8126 万元存货，计入 2012 年营业外收入。

该企业公告称，因钢铁市场形势严峻，为应对危机，企业积极采取挖掘内部管理效益等举措。经认真研究，以前企业在生产经营管理方面比较粗放，当期成本核算不真实，且形成大量账外物资，对此进行了整治。

2012 年 9 月初，由企业领导组织部门对生产现场未使用的机旁备件进行清理核查，共查出已出库而未使用的机旁备品备件 15 万余件。由于未设机旁备品备件辅助账，企业参照最近同类备件采购成本，对每一件备件逐一定价，最后核实确认，该批备件价值 8126.32 万元。此次存货，全部计入企业 2012 年度营业外收入。

从存货管理角度，该案例中凸显了该企业未实行有效的出入库管理、未通过存货盘点等工作确保存货的真实性，导致存在大量账外物资。该账外物资若管理不善，极易给企业造成经济损失。针对"机旁配件"等物资，可采取信息化手段实现从出库到安装使用全生命周期跟踪，加强现场物资盘点，加强出库数量合理性审核，重点物资出库采取"以旧换新"，及时办理未使用物资退库等。

资料来源：关于公司 2012 年度营业外收入会计处理的说明，2013 年 7 月 12 日，巨潮资讯网。

环节 4：存货处置

存货处置环节，企业应定期对存货进行检查，及时、充分了解存货的存储状态，对于存货变质、毁损、报废或流失的处理要分清责任，分析原因，及时处理。企业应重视废弃物资的处置：

- 制定处置业务内部组织分工责任原则，遵循职务分离原则。
- 遵守业务流程控制。
- 实施业务单据管控。
- 实施财务监督。

环节 5：存货的日常仓储管理与库存控制

存货的日常仓储管理主要是确保存货的安全性及可使用性、账目记录的真实性和准确性。

存货的安全性及可使用性的常见控制措施包括以下几种。

（1）合理规划库区库位：不同批次、型号和用途的产品分类存放，生产现场的在加工原料、周转材料、半成品等按照有助于提高生产效率的方式摆放。

（2）标准的物流设施及仓储条件：企业应按仓储物资所要求的储存条件贮存，并建立防火、防潮、防鼠、防盗和防变质等措施。

（3）严格控制存货接触：严格限制其他无关人员接触存货，对于进入仓库的人员应办理进出登记手续，未经授权人员不得接触存货；贵重物品、关键备件、精密仪器和危险品的仓储，应当实行严格审批制度。例如茅台集团的老酒库，由于存放着长年限的老酒，价值不菲，该酒库由武警把守，戒备森严，必须经严格的审批后方可进入。

（4）必要的投保措施：结合企业实际情况，加强存货的保险投保，保证存货安全，合理降低存货意外损失风险。

存货账目记录的真实性和准确性的常见控制措施包括以下几种。

（1）完整的账簿管理体系：建立收发存货登记簿及存货卡片，对代管、代销、暂存、受托加工的存货，应单独存放和记录，避免与本单位存货混淆。

（2）出入库手续及时登记：出入库存货按照凭证及时记录，因业务需要分设仓库的情形，应当对不同仓库之间的存货流动办理出入库手续。

（3）动态检查库存情况：仓储部门应对库存物料和产品进行每日巡查和定期抽检，详细记录库存情况，发现毁损、存在跌价迹象的，应及时与生产、采购、财务等相关部门沟通。

在生产经营过程中，存货持续出入库，库存体现的是某一时点存货的实际状态。在库存真实的基础上，库存控制水平则更多地体现了物资前端采购与后端使用方面的管理情况，即库存问题反映的是表象，真正造成库存异常的原因需要进一步分析。比如某一物料持续高库存，占用了一定的资金成本和仓储资源，那么仓储部门应及时将该信息通知采购等部门，采购部门则应检查该物资的采购策略是否合理，或与生产部门检查 BOM 的设置是否正确等。又如某企业通过建立库龄分析评估机制及配套积压库存处理流程，以及时识别积压库存并进行有效处理，降低资金占用等风险，并通过相应的考核机制来对应责任以有效追究问责。

☕ 案例：工艺变更怎么成了物料呆滞的罪魁祸首

某生产型企业仓储部门发现呆滞物料越来越多，严重占用库存资源。仓储部门利用库龄分析方法对呆滞物料进行归类后发现，其呆滞物料主要源于四个方面：①应对紧急需求的备库计划；②工艺部门的工艺变更产生的物料呆滞；③目前采购物料使用效果不佳后闲置；④安全库存标准设置过高。其中，工艺变更产生的呆滞物料金额占到了总体呆滞物料金额的70%，造成了企业资源的严重浪费。

经过分析发现，工艺相关部门在进行工艺变更时未及时通知仓储及采购部门，导致仓储部门未能有效开展专项盘点或相关物料的库存查询，以及时反馈和评估因变更导致的库存数量及金额。同时，采购部门在未得到通知的情况下，无法及时与供应商协商在库、在途物资的退货以减少损失。

为避免后续产生过多的呆滞物料而造成损失，仓储部门、发起工艺变更的相关部门以及供应链部门共同梳理了工艺变更信息传递流程，确保在实施工艺变更前，准确地确定受影响物料的库存数量以及解决办法。此外，供应链部门针对工艺变更部门的采购物料调整了最小起订量，增加了采购频次，尽量减少库存呆滞物料的形成。

☕ 案例：台塑的库存管理改善

台塑集团的创办人王永庆以"追根究底"的管理著称。有一年，台塑集团发生缺料、断料的状况，无法顺利供应生产，可是各公司的资材仓库里库存却很多，于是王永庆就开始深入探讨、追查原因，结果发现问题的根源出在库存盘点的执行上。

当时台塑的资材管理方式是，每个月及每半年进行盘存的工作，依品名、规格、数量等将原物料数据整理成一大本表格，然后统计库存量，最后依序呈送资材主管、厂长和经理过目。但王永庆认为，这样并没有真正达到管理上的要求，因为盘点好的东西如果1个月没动用、3个月没动用，甚至半年没动用，那盘点出来又有何用？

找到问题的原因之后，王永庆认为解决的关键在于，要让负责盘点的人去思考盘点的目的是什么，东西在库中的库龄较长怎么办。

所以他修改了盘点的表格，将原本的盘存本增列两栏，一栏是资材主管的"处理对策"，另一栏则是"厂长或经理批示"，这样相关人员就不得不动脑筋去想要如何处理滞存在仓库的东西，并且付诸实行、持续追踪处理进度，也让台塑集团改善了库存的问题。

此外，存货的周转率是常用的反映库存水平的指标，往往反映企业现金流的健康情况，应引起企业管理者的高度重视。周转管理水平低下的典型因素包括：

- 产成品滞销。
- 采购过多原材料。
- 运输、物流环节过于耗时。
- 生产过程过于耗时（工艺水平低，精益化水平低等原因）。
- 过高的原材料单位消耗（消耗定额缺乏科学性，缺乏严格执行）。

环节6：库存行为管理

☕ 案例："鸡窝油"的控制难题

中国某石油企业拥有在某地的石油开采权，通常采用的具体管理方式为各采油设备将石油打出，暂时存放在储油池中，然后由储油车巡回收集。由于产地零星分散，油品质量较高，储油池里的油被称为"鸡窝油"，时常遭人偷盗，甚至出现现场管理人员监守自盗的情况。

企业领导对当地广泛存在的"偷油"现象时有耳闻，但因无法统计各采油点确切产量，故而无法判断偷油损失程度，也无法追究各采油点管理人员的责任。后续经过调研，针对该行为制定了管控具体措施：在储油池中安装浮标式储量计量仪，由信息系统持续自动读数及记录，并严格监控油品杂质水平（如防掺水），这样就为责任认定提供了有效的数据基础，"偷油"现象在很大程度上被遏制。

存货管理人员作为实物管理的第一责任人，参与实物的收、发、存多个环节，其行为应得到持续的验证和监督，如通过不同职能间的实物交接关系及其记录形成牵制，通过联合抽盘、日常检查等监督方式确保存货的安全性和真实性。

存货资产流动性较强，在管控过程中应做好记录以及高频次的动态监控，其典型重大风险或缺陷如表 5-33 所示。其中，企业可根据存货的价值予以分类，并对不同的存货类别采用不同的管理策略，如表 5-34 所示。

表 5-33 存货管理典型重大风险或缺陷清单

序号	关键环节	典型重大风险或缺陷	应对措施	备注
1	环节 1：存货的取得、验收与入库	存货取得数量、时间等要素不合理，可能导致存货短缺或积压，影响企业经营活动开展或提高企业经营成本	• 加强存货与生产、采购、预算、资金等流程的衔接及相关基础工作（如安全库存的设置等） • 基于成本效益原则，根据存货类型制订购置方案	存货验收控制要求可参看表 5-23 "采购业务典型重大风险或缺陷清单" 中的环节 5
2		存货入库信息不及时或不准确，影响库存数据的准确性，影响企业经营活动效率和效果	• 存货入库时及时按照实际入库情况进行账簿登记 • 存货账簿应涵盖入库物资的类别、名称、规格型号、数量等关键信息 • 将（供应商、外包商）寄存物资纳入企业存货管理范围，通过合同约束、定期盘点等手段确保寄存物资得到有效的控制和管理	—
3	环节 2：存货的生产领用、内部调拨与销售发出	存货领用、调拨审核不严格，手续不完备，可能导致货物流失，出现 EHS 风险或影响存货账实相符	• 存货的领用、调拨应根据凭证，凭证应记载出库物资的名称、型号、数量、用途等关键信息 • 出库应经过恰当的审核审批，危险品、贵重物品等物资出库时应经过特别授权 • 存货领用、调拨时，收发双方核对、确认相关单据，做好物资交接	存货的发出主要指产成品的发运，该环节典型风险或缺陷可参看表 5-12 "销售业务典型重大风险或缺陷清单" 中的环节 6
4	环节 3：存货的盘点清查	未有效开展存货盘点清查，无法及时发现存货短少及其他异常状态，导致账实不符、存货遗失、存货损坏等后果	• 明确存货盘点范围、方法、人员、频率、时间以及盘点程序等 • 定期、不定期组织多部门参与（通常由财务部门监盘）存货盘点，形成书面盘点报告并经过恰当审核审批 • 对盘点差异进行分析，明确责任，提出改进建议 • 盘点差异经审批后实施账簿调整	—
5	环节 4：存货处置	存货处置不规范、不及时，可能导致未能及时处置应处置存货，或处置方式、对价不合理，导致企业利益受损	• 及时掌握存货状态，识别待处置存货 • 存货处置方案应经过恰当审核审批 • 存货处置经过恰当询比价程序，处置涉及第三方需要满足资质要求的，应对其进行资质审核 • 存货处置过程记录应妥善保管，并及时进行账务处理	—

（续）

序号	关键环节	典型重大风险或缺陷	应对措施	备注
6	环节5：存货的日常仓储管理与库存控制	存货仓储保管环境或方法不适当，不满足监管要求，可能导致损坏变质、价值贬值、存货遗失，导致企业利益受损或产生合规风险	• 仓储环境、设施等必须满足存货特征 • 根据存货适用外部监管要求，制定合规管理措施（如危化品、保税物资等） • 对存货采取接触限制措施 • 不同类型、批次、型号和用途的存货分类存放，标示清晰 • 采取先进先出等措施，防止部门存货库龄过长及过期	—
7		库存水平未得到有效监控或调整，导致存货不足或过多，从而影响企业经营活动或占用资金，使得企业利益受损	• 制定库存管理指标（如周转率等）及分析、考核要求 • 对存货库龄等状态进行持续跟踪，针对呆滞存货及时采取应对措施	—
8	环节6：库存行为管理	存货管理混乱，可能存在舞弊行为，不利于企业的存货资产安全	• 明确存货管理各主要环节的流程及配套管理要求 • 建立存货管理的相关部门及其岗位的职责、权限，确保不相容职责相互分离 • 强化审计等监督手段	—

表 5-34　不同存货类别下的管理策略

存货类别 管理维度	A 类存货	B 类存货	C 类存货
价值、资金占用	• 价值最高，占用资金水平最高	• 价值中等，占用资金水平中等	• 价值最低，占用资金水平最低
保管、接触授权方式	• 采取最严格的仓储管理，严格接触授权（例如多门禁、双人现场管理，接触需经仓储最高分管领导授权）	• 采取中等程度仓储管理，一般性接触授权（例如门禁管理，接触需经仓库主任授权）	• 采取一般性的仓储管理，较弱的接触授权（例如不设专门门禁，接触经仓库保管员授权）
采购方式	• 招标采购 • 重点谈判采购	• 比价采购 • 一般谈判采购	• 比价采购 • 指定供应商 • 一般谈判采购
库存与物流	• 严格水平的库存控制 • 较低的安全库存或 JIT 库存模式 • 较多的采购批次	• 一般水平的库存控制 • 持有一定的安全库存 • 中等的采购批次	• 较低水平的库存控制 • 可持有较高水平的安全库存 • 较少的采购批次

（续）

存货类别 管理维度	A 类存货	B 类存货	C 类存货
盘点方式	● 高频率全盘 ● 低差错容忍度 ● 财务、审计实施监盘	● 一般频率抽盘 ● 中等差错容忍度 ● 财务、审计部分实施监盘	● 抽盘 ● 较高的差错容忍度 ● 财务、审计较少实施监盘
会计核算	● 分类、分期详细核算	● 一般核算详细程度（如将几类存货合并核算）	● 简化的核算办法（如五五摊销法）
耗用控制、考核	● 严格耗用管理，严格考核	● 一般耗用控制，一般考核	● 较低的消耗控制，较低的考核要求

5.6　资金活动中的内部控制

5.6.1　资金管理概述

资金，一般包括现金、银行存款或其他金融机构的活期存款以及本票和汇票存款等可以立即支付使用的交换媒介物，具备流动性强、可立即支付的特点。在企业的运行过程中，必须保证产、供、销等各环节的资金链通畅。一旦企业的资金链断裂，随即而来的通常是违约以及各界对其信心的崩溃，进而导致企业迅速面临巨大困境。在这种背景下，"现金为王"理念已被广泛接受。

三九集团、熔盛重工、乐视网等企业在战略、经营上出现的问题可能不尽相同，但压死"骆驼"的最后一根"稻草"都是资金链断裂。

☕ 案例：京瓷账上常备 7000 亿日元

稻盛和夫认为：京瓷从创业以来一直到今天，持续脚踏实地的经营，现在京瓷随时可以使用的现金约有 7000 亿日元，因为有如此充裕的现金流储备，不管遭遇怎样的萧条都不会很快动摇京瓷经营的根基。"当'ROE 高的企业就是好企业'这种观点成为当今常识的时候，我的意见或许是谬论。但是，我认为，这种所谓常识，归根结底，不过是短期内衡量企业的尺度。"

资料来源：稻盛和夫：把萧条当作机会，在逆境中谋求突破，2020 年 3 月 1 日，腾讯网。

概括而言，资金活动是指企业筹资、投资和资金营运等活动的总称。企业在销售商品、提供劳务，或是出售固定资产、向银行借款时都会取得现金，形成现金流入。而企业购买原材料、支付工资、构建固定资产、对外投资、偿还债务等，这些活动都会导致企业现金流出。资金活动与现金流的关系如表5-35所示。

表 5-35　资金活动与现金流的关系

现金流	资金流入	资金流出
经营性现金流	销售收入	经营成本、费用支出
投资性现金流	取得投资回报，处置投资	投资投入
筹资性现金流	资金筹措	筹资成本支出（利息等），筹资偿还支出（到期债务本金等）

5.6.2　资金管理控制目标

基于 COSO 框架，围绕资金的控制目标包括以下三个。

（1）合规性目标：资金活动符合国家法律法规，如税务、反洗钱要求等。

（2）经营性目标：存量资金安全，资产负债水平合理，资金链持续，收付款准确等。

（3）财务报告目标：财务报表能够准确、公允地表达企业资金情况。

企业理想的资金管理状态为：

- 存量资金安全，未被侵占、挪用。
- 经营收入类资金及时、完整收回。
- 资金支出规范、合理、准确。
- 资金计划及时、准确，资金收支平衡，债务（含或有债务，如对外担保）规模合理，资金链稳健。
- 投资项目质量高，投资回报高。
- 筹资顺畅，资金成本合理。
- 资金相关会计处理准确、及时、合规。

5.6.3　资金管理组织架构及职责体系

围绕企业经营管理的需要，典型的资金管理相关部门的职能如表5-36所示。

表 5-36　典型的资金管理相关部门的职能示例

部门名称	核心职能
资金计划管理部门	负责组织编制、提报并跟踪企业资金计划
资金结算部门	负责资金收支的执行及往来核对
资金核算部门	负责资金相关业务的会计处理
筹资管理部门	负责资金筹集相关业务，包括筹资的计划、立项、执行、跟踪、终止等具体事项
投资管理部门	负责资金投资相关业务，包括投资的计划、立项、执行、跟踪、退出等具体事项
资金事项审核、审批部门	负责与资金有关的各类事项的审核、审批。针对不同的资金事项（如资金支付、对外投资），可能设置不同的部门

根据战略、业务或者风险等因素，不同的企业可能在上述各分工基础上进行合并或分拆。资金管理中的关键不相容职责包括：

（1）资金保管、收支职责与资金会计核算职责分离。

（2）资金保管职责与资金对账职责分离。

（3）资金申请、审核、审批与支付职责相互分离。

5.6.4　资金管理关键环节内控分析

在资金管理活动中，存在多项业务活动及其关键环节，在每个环节中，都有必须关注的重大风险。下面将分别从企业资金基本管理、资金收支及存量资金管理、投资管理、筹资管理、对外担保管理和分支机构资金管控等几个方面予以阐述。

环节 1：资金基本管理

子环节 1：资金计划。

资金计划一般以"收""付"两条线为管理基础，以规划现金流为主要事项。规划现金流是指通过运用现金预算的手段，并结合企业以往经验，确定一个合理的现金预算额度和最佳现金持有量。如果企业能够精确地预测现金流，就可以降低流动性风险，提高资金使用效率。

根据时间的长短，资金计划可分为短期、中期和长期资金计划，通常资金计划的期限越长，提高其准确性的难度就越大。提高资金计划准确性应注意以下几点。

（1）明确资金计划编制的事项及依据，提高资金计划编制的规范性。例如，某集团通过制定资金计划的统一项目、要素以及格式模板等，要求下属企业按照固定的格式模板、时间要求上报资金计划，提升了资金计划上报的及时性和准确性。

（2）严格执行预算与计划先行，关注资金收支的及时性，严控超出资金计划的资金支出，同时也要有效避免过多的资金闲置。企业可利用信息化平台，将资金结算和核算信息及时用于资金计划的跟踪，提高资金计划跟踪的及时性和准确性。

（3）实施资金计划的对照分析，结合已制订的资金计划对资金的实际执行情况进行差异分析。

☕ 案例：熔盛重工的资金危机——资金匮乏与违约之间的"恶性循环"

2008 年的全球金融危机对造船业产生很大影响，船东的付款能力和意愿都在下降。2012 年后，形势更加恶化，订单的预付比例持续下降，最低降到 5%。

这意味着，即使拿到订单，更多的造船资金也要靠船厂自己筹集。很多船厂随即收缩规模，谨慎接单。但熔盛重工不愿放弃"船王"与上市的梦想，逆势启动新一轮的更大规模扩张，主要方式便是以不断增长的订单向投资者证明其价值。

造船是资金密集型行业，周期很长，为确保船只按期交付，船厂会在与船东签订合约，订单生效后向银行申请预付款保函。由于盲目扩张，熔盛开始交不出船，相继出现了延期和弃单，银行为规避自身风险，开具预付款保函意愿开始大幅度下降，导致熔盛收取预付款的难度进一步加大，而资金紧张又降低了熔盛的履约能力，由此形成恶性循环。

熔盛重工疯狂接单，导致其现金告急，背上了沉重的负债，最终不堪资金压力，于 2015 年被迫重组，中国曾经最大的民营造船企业陨落。

在该案例中，熔盛重工暴露出资金计划管理、负债率管理等财务控制缺失的问题。

资料来源：熔盛重工背负 200 亿巨债濒于破产，造船老大盛极而衰，2015 年 3 月 17 日，经济网。

子环节 2：账户管理。
企业资金账户包括银行基本账户、贷款账户、专项资金账户、网银支付账户等。企业应严格执行账户开立、注销程序和要求，同时可以基于"收支两条线""专户专用"等原则进一步明确特定账户功能（如该账户只能向指定账户付款）。具体控制要求包括以下几点。

（1）明确规定银行账户开立、注销条件。

（2）所有银行账户开立、注销应经过适当的授权程序，一般由财务部门填写银行开户、销户申请，并经过企业高层审批后办理，审批程序应留下书面痕迹并存档。

（3）做好银行账户开立、注销情况记录。企业建立银行账户管理台账，记录银行账户开立、注销情况。

（4）加强银行账户配套支付要件管理，例如银行预留印鉴、U 盾等。

（5）银行账户注销按规定流程操作：销户的银行存款应转入正在使用的银行账户中，并及时进行会计处理。必要时，对已注销的银行账户情况进行核实。

（6）定期进行银行账户盘点，企业可以借助央行征信机构查询完整账户清单，核查账户台账信息的完整性、准确性，并确认所有账户均在企业财务管控范围之内。若发现已开设未使用或长期不使用的账户应及时按程序进行注销。

环节 2：资金收支及存量资金管理

按照资金支付目的，资金收支管理可分为采购付款、工程付款、经营费用付款等，不同付款目的下，付款活动可能发生在不同的业务流程，对应不同的业务风险。

按照资金的收支流向，资金收支管理可分为资金支付、资金收取、资金内部调拨等，不同收支流向下，收付款主体会存在差异，对应不同的主体风险。

子环节 1：资金收取。

当企业发生业务活动，按照约定客户需付款时，应启动该子环节。资金收取的关键控制要求包括以下几点。

（1）设置收款管理关键程序，确保资金收取的及时性和准确性。例如，某企业的规定如下。

- 业务经办人员结合合同约定及资金计划，跟踪获取客户资金付款情况，填写收款通知，及时提交财务部门，必要时附上相关支撑性材料。
- 财务部门出纳根据业务部门提交的资料，结合款项内容、金额以及合同等信息审核到账款项的准确性，并将到账情况告知业务经办人；若款项未到账，由业务经办人员协助处理。

- 财务部门出纳及时编制收款单据，并提报至财务部门会计。
- 财务部门会计复核实际收款情况，在收款凭证中加盖"收讫"印章，开具相关票据，进行账务处理，对相关凭证资料进行归档。
- 收款发起部门应将收款情况及时向企业外部付款人（如客户）进行反馈，如存在问题，及时与企业财务部沟通。
- 若按照约定，客户分批次分阶段付款，业务部门及财务部门应做好台账记录。
- 财务部门与外部付款人（如客户）保持良好沟通并做好往来对账工作。

（2）设置收款账户管理规定，禁止使用个人账户收款。

（3）规范与收入相关的票据管理（接收、保管、申领、登记以及盘点等）。例如某企业规定，由财务部专人负责保管空白收据、收款单，并建立收据领用登记簿登记空白收据的领用情况。

☕ 案例：大有能源业务人员利用收取银行承兑汇票货款职务侵占

2015 年，司法机关对大有能源下属煤炭销售中心业务人员张某收取银行承兑汇票未缴存单位形成职务侵占情况进行立案调查。经调查，2012～2015 年，业务人员张某利用收取客户银行承兑汇票的职务便利，非法占有 38 份银行承兑汇票，票面金额共计 5750 万元。张某获取客户提供的银行承兑汇票后，将其交付给原郑州市创新钢材有限公司法定代表人张某 1，由张某 1 提取 2%～10% 的利息后将承兑汇票变现为现金交付给张某。

本案例中，大有能源由业务人员收取客户付款票据，同时企业财务部缺乏与客户的有效沟通，是业务人员能够侵占票据资金的重要原因。

资料来源：张恺职务侵占一审刑事判决书，2020 年 1 月 6 日，中国裁判文书网。

子环节 2：资金支付。

企业对所发生的真实业务活动进行支付时，应启动该子环节。资金支付应遵循如下严格的程序。

（1）支付申请。企业有关部门或个人用款时，应当提前向审批人提交货币资金支付申请，注明款项的用途、金额、预算、支付方式等内容，并附有效经济合同或相关证明。资金支付申请需在月度等资金计划中。

（2）支付审核审批。审批人根据其职责、权限和相应程序对支付申请进行审批，对不符合规定的货币资金支付申请，审批人应当拒绝批准。

（3）支付复核。复核人应当对批准后的货币资金支付申请进行复核，复核货币资金支付申请的批准范围、权限、程序是否正确，手续及相关单证是否齐备，金额计算是否准确，支付方式、支付单位是否妥当等。复核无误后，交由出纳人员办理支付手续。

（4）办理支付。出纳人员应当根据复核无误的支付申请，按规定办理货币资金支付手续，及时登记现金和银行存款日记账。

其中，关于资金支付审核审批权限，通常会经过业务、财务及企业高层三类基础审核审批。需要说明的是，对于重大、固有风险高的支付事项，企业可能还会引入独立监督审核，如在支付前由内部审计部门再进行审核确认，如表 5-37 所示。

表 5-37　资金支付审核审批权限分类、实施主体及目的

序号	分类	实施主体	目的
1	业务审核审批	通常由产生支付需求的业务部门岗位及业务分管领导完成，属于专业审核审批	对支付的业务合理性、规范性把关，关注业务风险（如供应商是否已充分履行合同义务）
2	财务审核审批	通常由财务部门岗位及财务分管领导完成，属于专业审核审批	对支付的财务合理性、规范性把关，关注财务风险（如付款是否在预算范围内）
3	行政审核审批	通常由企业高层领导（如总经理、董事长、董事会等）完成，属于行政审核审批	对支付的整体合理性、规范性把关，关注整体授权、合规等风险
4	独立监督	独立监督部门，如审计部	对支付整体合规性、合理性、是否存在舞弊迹象等进行监督

为了保证付款过程的效率，企业应根据付款的业务性质、金额大小（单笔金额及累计金额）、是否已列入财务预算等因素进行分类，并且根据分类情况设置不同的审核审批流程及权限。表 5-38 为某企业预算内支付审批权限表示例。

表 5-38　某企业预算内支付审批权限表示例

额度	经办人（申请）	部门部长	分管副总	财务部长	财务总监	总经理	董事长
1. 员工借款的批准权限							

（续）

额度	经办人（申请）	部门部长	分管副总	财务部长	财务总监	总经理	董事长
借款额在 1 万元（含）以下	√	√	√	√	√	√	
借款额在 1 万元以上	√	√	√	√	√	√	√
2. 费用报销、发放员工福利的审批权限							
费用额在 3 万元（含）以下	√	√	√	√	√	√	
费用额在 3 万元以上	√	√	√	√	√	√	√
3. 缴纳各种税费的审批权限							
费用额在 10 万元（含）以下	√	√	√	√	√	√	
费用额在 10 万元以上	√	√	√	√	√	√	√
4. 集团内部往来结算的审批权限							
款项划拨	√	√		√	√	√	√
5. 购置固定资产的批准权限							
支出额在 3 万元（含）以下	√	√	√	√	√	√	
支出额在 3 万元以上	√	√	√	√	√	√	√
6. 工程款、征地拆迁费用的批准权限							
工程相关款项支付	√	√	√	√	√	√	√

☕ 案例：董事长助理兼出纳，侵占企业 8000 余万元

邵某于 2011～2014 年，利用担任科思项目管理（中国）有限公司董事长助理兼出纳的职务便利，以支取现金、银行转账等手段，侵占企业资金共计人民币 8000 余万元。

邵某供认："自 2011 年起，我使用现金支票直接从企业对公账户内提取现金，存入我个人建行卡内，再到外面找发票把账做平。发票项目开为办公用品或咨询费，再填写支出凭单做账，部分凭单我模仿了董事长林某的签字，也有没签字的。企业的法人章、财务章、现金支票、网银 U 盾等都放在我这里。企业换过几个会计，同时我作为董事长助理，和董事长走得比较近，有一些隐性的权力，故财务监督不严。"直到 2014 年，财务总监赵某拿来一张在新光天地购买价值 34 万元的手表的发票，直接找到董事长林某，说是邵某帮董事长林某拿来报销的，事情才败露。

在该案例中，邵某可以冒董事长之名、假董事长之威，在长达 4 年间得手 8000 余万元，在技术层面上可以解释为：①报销申请人和出纳人混同；②缺失规范的报销申请、财务预算及财务复核机制；③缺乏与实际收款人（本案中的董事长林某）的核对机制（例如，在更加规范的企业中，财务部门与内部款项收取人会有对账确认机制）；④内部审计机制缺失。除了技术层面的原因，更深层次的原因可能是，在个人权力高于制度流程的文化氛围中，董事长助理的事就是董事长的事，而董事长则是"老虎屁股摸不得"。

资料来源：邵思明职务侵占罪一案，2016 年 11 月 4 日，中国裁判文书网。

☕ 案例：资金支付程序不规范，遇 QQ 诈骗酿成损失

蒋女士是温州市龙湾区蒲州街道上江路一家外贸企业的会计。2013 年 3 月 5 日下午 4 点左右，她登录在电脑上的 QQ 响了。找她的是企业老总，前阵子老总去了西非，偶尔有事会通过 QQ 与她联系。老总闲侃了两句自己的情况，也关心了下企业里的事。

"我有个朋友想用美元和我兑换人民币，你先打 40 万元过去吧！"随后，老总让她打款，在 QQ 上发过来一个银行账号。

由于企业是做外贸的，老总经常在国外跑，手机通信不方便是常有的事。以前老总要打款也是在 QQ 上跟她说的。于是，蒋女士按照惯例把钱打了过去，约半小时的时间里，蒋女士先后 3 次向对方账户共转账 100 万元。转账后，蒋女士心里有点不踏实。过了 10 分钟左右，她打电话辗转联系上老总。

"根本没有这回事。"老总的话把她吓出一身冷汗。

在该案中，嫌犯克隆双方（会计及老总）QQ 信息，充当"中间人"（嫌犯以"我删错了，重新加一下"为借口，用克隆号加好友），先是以会计的身份与老总聊天套话，套取"情报"，再以老总的身份与会计聊天，取得会计的信任，实施诈骗。嫌犯手段并不高明，但因被害企业粗放的付款程序而得逞。

资料来源：温州有个会计按"老板"指示汇款被骗走 100 万元，2013 年 3 月 11 日，杭州日报。

☕ 案例：财务部副职如何收受贿赂

某企业财务部副部长王某因收受商业贿赂被警方逮捕。经调查，在供应商付款流程中，王某仅负责付款计划的编制，经编制的付款计划需要经过财务部

部长、财务总监、总经理、董事长层层审批方能支付。该企业欠款供应商数量众多且金额巨大，企业无力全额偿付，因此领导要求王某依据"重要性、紧急性"原则编制付款计划。供应商们逐渐发现，虽然王某无法直接决定向特定供应商付款，但如果不与其搞好关系，则很难被其作为"重要、紧急"的付款事项纳入付款计划，收款会遥遥无期，于是开始向其行贿。在本案中，付款计划制订缺乏具体标准及评审，是王某能够完成权力寻租的重要原因。

子环节 3：存量资金管理。

相对于其他形式的资产，资金以货币形式体现，因此也成为最易被盗用、挪用的资产类型。企业为确保存量资金的安全性，可采取的核心措施包括：

（1）根据业务需要定义各账户的使用范围，并有效管控账户开销户，确保账户在企业财务管控范畴内，如借助银行服务恰当设置账户功能（如 AB 账户）。

（2）建立账户信息反馈机制，加强账户信息核对，以及银行对账单的取得、余额调节表的编制及审核审批，如开通账户金额变动的短信提醒等。

（3）规范账户支付要件（U 盾、密码、预留印鉴、票据等）管理，确保账户支付要件管理分离。

（4）确保基本不相容职责分离（如资金支付提出、审核、执行、账务记录应当分离）以及合理权限。

（5）严格按照既定的规范流程操作资金活动，杜绝例外操作（如线上流程改线下，书面审核审批改口头），确保每一笔支付都经过恰当审核审批。

（6）设定支付金额阈值，如单笔、单日最高支付金额。

（7）强化针对资金的内部审计。

（8）强化对财务人员的管理，包括入职背景调查、轮岗等。

☕ 案例：利用内控漏洞，天津港子公司财务人员侵占 1.5 亿余元

2020 年 2 月 12 日，天津港发展控股有限公司发布公告称，其全资附属企业天津港焦炭码头有限公司的一名财务人员涉嫌贪污公款约 1.539 亿元。该名财务人员在未经企业授权批准的情况下，通过企业银行账户向 1 家企业进行了网银付款，并在事后伪造了该银行账户的结算单以及若干其他文件以隐瞒该等付款交易。该事件涉及过去数年，2016～2019 年度，其每年侵占资金分别为 460 万

元、1765 万元、6375 万元和 6790 万元，合计 1.539 亿元。

根据披露，事件发生后，企业采取了如下补救措施：

（1）由两名人员（其中至少一名非资金管理人员）到银行领取银行结单，并在银行结单上签字确认，由非资金管理人员按月及时编制银行余额调节表，加强银行结单及对账管理。

（2）全面开通银行账户短信提示功能，扩大银行账户短信通知接收人范围至各企业的关键、重要岗位人员，即时掌握银行账户资金变动情况，保障银行账户安全。

（3）通过持续参加专业培训，加强监督检查，提高资金管理岗位人员履职能力和职业操守。

（4）细化现金日清月结、银行对账、函证、制证记账、公章、印鉴、USB Key 及登录密码、财务部保险柜管理等环节工作规范，严格落实不相容职责管理规定，进行不定期的检查。

从技术层面上看，上述补救措施具有很强的针对性，值得借鉴。

<small>资料来源：天津港发展控股有限公司独立法证调查的主要发现公告，2020 年 5 月 21 日，东方财富证券网。</small>

子环节 4：资金调拨。

资金调拨需考虑资金上下游链条的成本、收益和风险，在资金调拨过程中常见的风险如下。

- 越权进行资金调拨，造成企业资金损失。
- 资金调拨不及时、不科学，导致资金闲置，影响资金整体收益。
- 资金调拨的合规风险（如损害上市企业财务独立性）。

环节 3：投资管理

投资是指用某种有价值的资产，其中包括资金、人力、知识产权等投入某个企业、项目或经济活动，以期在未来获取经济回报的商业行为。投资活动一般具有回报周期长，消耗资金量大，影响企业整体财务状况及整体战略目标等特点。投资管理的主要目标包括：

（1）获得投资回报。

（2）防范资金风险，保证资金安全。

（3）投资活动符合企业发展战略需要。

（4）投资活动符合国家相关法律法规的要求。

（5）投资活动经过适当的审批程序。

（6）投资相关的会计记录及报告及时、准确、完整。

不同的投资类别，会体现出不同的风险特点，典型的投资分类包括（但不限于）：

- 营运资金投资 vs. 固定资产投资。
- 企业对内投资 vs. 企业对外投资。
- 股权投资 vs. 债权投资。
- 境内投资 vs. 境外投资。
- 兼并收购投资 vs. 财务投资人投资。
- 工程项目投资 vs. 非工程项目投资。
- 财务处理"费用化"的投资 vs. 财务处理"资本化"的投资。

☕ 案例：E 企业买土地被骗 6000 万元

2011 年 1 月，E 企业董事会审议通过同意湖北子公司与武汉市 L 有限公司（甲方）、自然人徐某（乙方）签订协议，即 E 企业湖北子公司购买甲方、乙方拥有的位于武汉市某区的两块土地 50% 的土地使用权，土地使用面积共 6600 余平方米，价款 1.29 亿元。

按照计划，三方共同成立项目公司用于餐饮连锁拓展，而 E 企业湖北子公司也在 2011 年 1 月支付了第一期合作项目款 6000 万元。然而，E 企业收到的律师函称：武汉市中级人民法院终审判决撤销了武汉市工商局江岸分局 2012 年 9 月 25 日做出的将郭某某 50% 股权违法登记至徐某（乙方）名下的行政行为。武汉 L 企业股权结构仍然是郭某某持有 50% 的股权，石某某持有 45% 的股权，刘某持有 5% 的股权。该律师函称："L 企业股东郭某某、石某某称对与 E 企业进行项目合作的交易事项毫不知情，该交易行为未经 L 企业股东会同意。上述交易行为是 L 企业执行董事、法定代表人刘某隐瞒企业股东及股东会擅自做出的个人行为。"

这究竟是怎么一回事呢？E 企业在公告中道出了其中的原因：原来是刘某、徐某谎称他们拥有 L 企业 100% 的股权，而实际只有 5% 的股权；同时，刘某、

徐某还隐瞒了其土地使用权被法院查封十余轮次的真相，借合作经营之名骗取 E
企业支付的合作款项 6000 万元挪作他用。

此案例暴露出 E 企业在投资管理方面存在严重的内控缺陷：

（1）未对交易标的物的基本情况及最主要风险（如本例中的土地权属法律风
险等）予以评价。

（2）未对交易对手的基本情况（如本例中的股东地位等）予以核实。

（3）投资资金划拨之后，E 企业对该资金后续使用情况缺乏有效管控（如派
驻财务人员，将资金划至交易双方在银行开立的"共管账户"等）。

子环节 1：投资立项。

企业应当根据整体战略、投资目标和规划，合理安排资金投放结构，确定投
资项目，并拟定投资方案。在投资立项过程中，需要有配套的组织配备及职责划
分（见表 5-39）。

表 5-39　投资立项中的职责划分

事项	工作描述及要求
投资机会归集	• 基于企业整体战略、经营计划等，收集企业内外部各类投资机会 • 项目机会具备战略相关性
投资项目评审所需基础工作	• 对满足初筛条件的投资机会，根据情况完成各类项目评审所需基础工作，如数据收集、实地调研等，其中还包括投资具体方案的编制。通常以组建项目组的形式实施 • 执行人员具备专业性、独立性
投资项目评审	• 基于各类基础信息，进行投资决策，并对投资方案提出调整意见。通常以组建评审小组、评审委员会的形式实施 • 评审人员具备专业性、独立性
决策审批	• 根据投资项目评审意见，对投资决策结果及配套方案进行最终审批，通常根据企业内部行政授权体系实施
投资具体方案执行	• 执行经最终审批的投资方案，通常由投资归口管理部门牵头实施，各相关部门、岗位有效配合

企业在投资立项阶段需要解决和论证是否投资，以怎样的方式投资，如何操
作投资项目等几个核心问题，包括以下关键控制点。

（1）充分考虑战略风险等因素选择投资方向。

• 投资应当突出主业。

- 谨慎从事股票投资或衍生金融产品等高风险投资。
- 相对于境内投资，境外投资需要充分考虑东道国国别风险，例如政治风险、社会文化风险、外汇与汇率风险、外派人员人身安全风险。例如，我国辽宁西洋集团于2012年8月12日通过微博和博客发布了一篇题为《西洋集团在朝鲜投资的噩梦》的文章，文章中写道："西洋集团在朝鲜投资的洋峰合作社是中国目前对朝鲜投资最大的项目，从2007年至2011年，总计投入3000多万欧元，建成现代采矿厂和年生产50万吨铁精粉选矿厂及相关配套设施。朝鲜却提出各种借口单方面撕毁了合同。"该项目最终失败，给企业造成了巨大的经济损失。

（2）进行充分的尽调，合理制订投资方案。

- 企业应进行充分的尽调，掌握投资对象的真实现状，并审慎分析、评价风险。
- 针对投资要素做出客观评价，形成投资方案，包括但不限于：投资目标、规模、方式、资金来源及计划、资金使用计划、项目人力物力计划安排、项目风险收益分析等。
- 企业采用并购方式进行投资的，应当重点关注并购对象的隐性债务、承诺事项、可持续发展能力、员工状况及其与本企业治理层及管理层的关联关系。
- 在股权投资中，对于拟达到控股状态的投资，应通过《公司章程》条款、人员任命、权限设置等手段确保获得控制权；对于未达到控股状态的投资，也应通过前述手段保障自身权益（如分红权、知情权、重大事项否决权等）。

☕ 案例：卡特彼勒误购造假公司损失36亿元

2013年1月，机械巨头卡特彼勒公告称，发现2012年6月完成收购的全资子公司郑州四维机电设备制造有限公司，多年来存在蓄意的不当财会处理（最主要表现为存货账实不符），导致卡特彼勒2012年第四季度出现5.8亿美元（约合36亿元人民币）的非现金商誉损失，相当于减少每股盈利0.87美元。卡特彼勒表示，已解除郑州四维几名存在蓄意财务不当操作经理的职务。

在该案例中，业内观点多认为收购过程中的尽职调查、付款方式（如未采取分阶段、多次付款）等都存在明显瑕疵。

资料来源：卡特彼勒中国误购造假公司，损失 36 亿，2013 年 1 月 21 日，中国经济网。

☕ 案例：美的遭遇 7 亿元理财产品诈骗——真行长办公室内，假行长谈笑中盖章

美的集团旗下的合肥美的电冰箱有限公司于 2016 年向"农业银行成都武侯支行"购买了 7 亿元理财信托产品，期限为两年，预期年化收益为 6.7%。美的通过认购单一资管计划投资，进而委托信托公司向农业银行成都武侯支行的 3 个"授信客户"发放委托贷款，农业银行成都武侯支行向投资人美的出具了保本保收益的《承诺函》。

2016 年 3 月 22 日，美的集团金融中心安徽分部负责人李某与美的风险管理部朱某一同前往农业银行成都武侯支行进行调查。美的一行几人，由一名自称为"银行客户经理"的陈某接待，坐上电梯进入银行办公区，去往副行长办公室后，陈某向大家介绍了一名中年男子"黄行长"。

"黄行长"则向大家介绍了项目标的企业情况，并出示了农行四川省分行的授信批复复印件、农行武侯支行对 3 家企业的调查报告原件、3 家企业的抵押质押权证原件等文件。在查看 3 个"授信客户"的资料并交流后，美的李某和朱某便提出要求当面签署《承诺函》，"黄行长"从办公桌抽屉里拿出"农行成都武侯支行"的公章，在李某和朱某仔细核对后，"黄行长"进行了盖章。随后，美的方面对盖了公章的《承诺函》进行核对、拍照留存。

直到美的放款后两个月，美的方面再次前往农行成都武侯支行进行投后核查，才发现《承诺函》上的印章是伪造的，盖章的"黄行长"是假冒的，负责接待的"客户经理"陈某也是假冒的。3 个借款企业的授信资料全都是伪造的，上面盖的公章也全是私刻的。

3 家获得贷款的企业在骗取侵占了美的 7 亿元资金后，向设下骗局的陈某等人支付了巨额好处费。而陈某等人用以接待美的方面的办公室，实际上是农行成都武侯支行一位路姓副行长的办公室，而在实施诈骗过程中，另一名嫌疑人则一直在银行办公区与路姓副行长聊天。

最终，美的经办人被开除，陈某、王某、唐某 3 个合同诈骗案嫌疑人均被

逮捕。中国农业银行成都武侯支行因"存在对办公营业场所安全管理不到位，对高管人员及工作人员的管理不到位，安全保卫意识淡漠等行为"被当地银监局罚款 100 万元，该支行原副行长路某被禁止从事银行业工作终身。

这种"萝卜章＋群众演员＋现场演出"风险，给企业开展尽调工作带来了极大的难度。对于重大交易事项，企业除了采取常规尽调手段，还应通过更多渠道（如与交易对手高层人员直接沟通等）来验证交易的真实性。

资料来源：揭秘"农行·美的"10 亿骗局内幕细节：真行长办公室内，假行长谈笑中盖章！，2017 年 7 月 1 日，搜狐网。

☕ 案例：投资方案不审慎，小股东有苦难言

A 企业（占股 70%）与 B 企业（占股 30%）成立合资企业 Z，在合资协议、合资企业《公司章程》中，未对分红、资金转移、关键人员任命、信息呈报等制定特殊条款，致使合资企业几乎完全被 A 企业掌控。在合资企业实际运作中，B 企业未派遣人员参与合资企业日常管理。后来，B 企业发现：A 企业通过不向 B 企业提供真实账目数据，不分红，进行关联交易侵蚀合资企业利润，转移合资企业资金等手段大肆侵害 B 企业利益。B 企业交涉无望后，拟发起诉讼，却发现自己并未掌握任何实质性证据，导致法院不能立案。无奈之余，B 企业拟通过查账等手段掌握证据，但包括合资企业财务部门在内的各部门关键人员皆为 A 企业派驻，他们对 B 企业的诉求不予理会、敷衍塞责，甚至暴力对抗。B 企业投入数千万元资金数年后未取得任何回报，陷入窘境。

在该案例中，B 企业一方面应对自身谈判能力（如是否掌握合资企业不可或缺的资源）及合作伙伴信誉度等因素进行充分评估，另一方面应通过设置合资企业最低分红比例，向合资企业财务部门关键岗位派驻人员，制定合资企业财务报表报送双方股东及外部审计规则，获得合资企业重大事项一票否决权等手段，从技术层面保障自身权益。

（3）按照权限和程序要求对投资项目进行决策。例如企业股东大会、董事会在各自权限范围内，对投资做出决策。

此外，投资活动还需要满足特殊外部监管要求，如上市公司监管要求、国资监管（如"三重一大"）要求等。

子环节 2：投资执行与跟踪。

企业对投资执行过程应予以控制，执行过程风险管控的失效往往导致投资活动的前期工作付诸东流。该子环节的主要控制点如下。

- 重视投资协议，严格遵循合同管理要求。企业应当根据经审批的投资方案，与被投资方签订投资协议，明确出资时间、金额、方式、双方权利义务和违约责任等内容。
- 科学、规范地支付投资资金。例如，根据项目进展情况（如对方业绩承诺达成情况）动态支付投资款项，对投资款账户进行监控，防止资金挪用等。
- 确保投资执行过程符合国家相关法律法规，避免合规风险。

☕ 案例：股权投资执行不合规，股权丧失难喊冤

H 企业取得了某铁矿探矿权，该矿已查明储量为 4000 余万吨。由于该矿储量巨大，H 企业实力有限，在前期投资 900 余万元之后，希望合作方 D 企业来共同开发。次年 3 月，D、H 企业合资成立 Z 矿业有限公司（即下文中所称"合资企业"），双方各占 61%、39% 的股份，分别以货币出资 183 万元、117 万元。

按照当地矿业的行业投资习惯，因为矿产探矿权所有人在引进新投资人时，前期已进行大量投资，后期的投资往往为新成立企业的注册资本金，所以该资本金均由新投资人承担。在合资企业酝酿之初，H 企业与 D 企业就有口头约定，所有注册资本金均由后来者 D 企业承担，即由 D 企业将 117 万元注册资本金打给 H 企业，再由 H 企业打到新注册合资企业的账户上。

在企业成立过程中，D 企业向 H 企业提出，D 企业暂时资金周转不开，而 H 企业账上有 D 企业刚刚支付的 550 万元补偿费，能否暂由 H 企业从 550 万元中支付 117 万元的注册资本金，日后再将 117 万元返还。考虑到双方前期合作愉快，在新企业注册过程中，H 企业直接出资了 117 万元。

之后，经 D 企业与合资企业同意，H 企业从合资企业借出款项 117 万元，相当于返还了当时 H 企业为 D 企业预先垫付的出资。H 企业为了规避未来还款义务，在合资企业借款 117 万元的收据上，除了记载 H 企业向合资企业借款事

项，特意在括弧内加入了"该借款是原 H 企业打入合资企业的验资款退回"的描述。具体交易结构如图 5-7 所示。

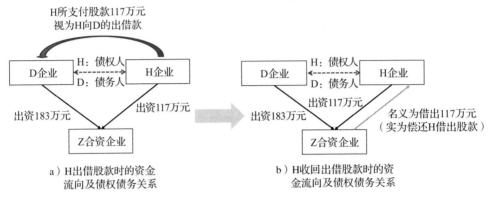

a）H出借股款时的资金
流向及债权债务关系

b）H收回出借股款时的资
金流向及债权债务关系

图 5-7　企业间的交易结构

随后，由 D 企业实际控制的合资企业向法院提起诉讼，认为 H 企业通过借款抽逃出资，要求法院判决 H 企业丧失在合资企业的股东资格。法院判决 H 企业丧失合资企业股东资格。H 企业不服，提起上诉，二审终审判决维持了原判，最终 H 企业丧失股东资格。

该案例表明：企业投资行为必须严格遵照法律规范要求。

- 企业投资后需对投资项目的状态进行持续监控，以及时识别并处置异常情况。例如，某企业要求投资管理部对各类投资项目进行跟踪管理，及时收集被投资方经审计的财务报告等相关资料，定期组织投资效益分析，关注被投资方的财务状况、经营成果、现金流量以及投资合同履行情况，发现异常情况，应当及时报告并跟进处理。

子环节 3：投资退出。

投资退出形式主要包括投资收回和转让。该子环节的主要控制点如下。

（1）对投资收回、转让权限和程序做出明确规定。

（2）收回和转让价格应经过批准，必要时可委托具有资质的专业机构进行评估。

（3）投资退出后，应全面清理与终止各项合同协议，取得法律证明文件，办理所需行政手续（如股权登记、资产产权过户登记等）。

子环节 4：投资活动财务控制。

企业财务部门应确保投资项目的会计处理准确、真实，并在整个投资过程中发挥必要的财务监督职能，其关键控制点如下。

（1）根据对被投资方的影响程度等因素，合理确定投资会计政策，进行会计处理。

（2）建立投资管理台账，详细记录投资对象、金额、持股比例、期限、收益等事项。

（3）对于被投资方出现财务状况恶化、市价大幅下跌等情形的，应当根据会计准则规定，合理计提减值准备，确认减值损失。

（4）妥善保管投资合同或协议、出资证明等资料。

（5）充分发挥财务监督职能，如针对投资计划进行审核，针对投资价值变化及时跟踪、评价与反馈，针对投资过程中的资金收付进行管控等。

（6）开展重大投资的后评价工作，评估投资目标达成情况，总结经验教训，形成考核奖惩依据。

环节 4：筹资管理

筹资是指企业为了满足生产经营发展需要，通过银行借款或者发行股票、债券等形式筹集资金的活动。筹资管理整体控制目标如下。

（1）筹资计划、方案合理。

（2）筹资活动合法。

（3）筹资资金安全，得到规范使用。

（4）筹资会计处理规范、准确。

子环节 1：制订筹资计划。

筹资计划应该与企业财务预算等管理事项充分衔接，并需经专业论证、内部沟通与审批。制订筹资计划时，企业应重点考虑的事项如下。

（1）确保合理的资金需求得到满足。

（2）控制资金成本，提高企业整体财务回报水平。

（3）做好匹配，提高财务稳健性。

- 期限匹配：流动资金与短期资金来源匹配，投资资金与长期资金来源匹配，避免"短贷长投"。例如，上海曾经著名的足浴休闲品牌康骏会所，大规模挪用消费者预付卡资金进行异地新门店投资，由于新门店投资回报周期显著长于预付款负债期限，最终导致企业资金链断裂，多年创立的品牌毁于一旦。

- 结构匹配，如周转资金和设施资金匹配，促进企业财务运转顺畅。

（4）遵循合规及其他外部约束条件。

- 筹资行为符合国家法律法规，规避"非法集资"。
- 不超过监管部门划定的财务比率红线。
- 不超过与贷款银行等金融机构约定的财务比率红线。

子环节2：筹资方案的制订与执行。

在整体筹资计划指导下，企业需拟定筹资方案，明确筹资用途、规模、结构和方式等相关内容。其关键控制点如下。

（1）对筹资方案进行科学论证，全面反映风险评估情况；筹资方案发生重大变更的，应当重新进行可行性研究并履行规定的审批程序。

（2）对筹资计划、方案进行审批，结合筹资用途、偿债能力，寻找、评价与选择筹资渠道。

企业应当根据经批准的筹资方案，按照规定权限和程序签订筹资合同，并对筹资后的各类支付行为（本金、利息费用、股利等支付）进行管控，重点关注偿还能力以及流动性风险等，同时确保筹资的资金按照筹资用途规范使用。

☕ **案例：深圳机场为原总经理虚假巨额筹资诈骗埋单**

2005年1月25日，深圳机场原总经理崔某被深圳市公安局刑事拘留，原因是涉嫌贷款诈骗。该骗贷案涉及两笔与深圳机场有关的借款合同，深圳机场在2005年初因此遭到起诉。

深圳机场此前公告称：关于兴业银行广州分行诉企业借款合同纠纷一案，2006年9月26日广东省高院委托公安部物证鉴定中心进行鉴定，鉴定结论证明原告提供的所有与2.25亿元贷款有关的合同、借款借据、开户申请资料、贷款申请资料、工程合同、函上所盖被告公章、财务专用章、印鉴全系伪造，原告提供的所谓"贷款申请资料"中的《董事会决议》及董事签名全系伪造，所有涉案贷款均未进入企业账户，企业从未办理、占有、使用过该笔贷款。

2008 年 5 月 30 日，广东省高级人民法院对兴业银行广州分行起诉本企业的借款合同纠纷案做出一审判决，由本企业赔偿兴业银行广州分行案件所涉的贷款损失 19 250 万元本金和相应利息，利息从 2004 年 11 月 25 日起按中国人民银行规定的同期贷款利率计至还款之日计算。后深圳机场上诉至最高人民法院，被驳回上诉，维持原判。

根据最高人民法院《关于在审理经济纠纷案件中涉及经济犯罪嫌疑若干问题的规定》，行为人私刻单位公章或者擅自使用单位公章、业务介绍信、盖有公章的空白合同书以签订经济合同的方法进行的犯罪行为，单位有明显过错，且该过错行为与被害人的经济损失之间有因果关系的，单位对该过错行为所造成的损失，依法应当承担赔偿责任。单位规章制度不健全，用人失察，对其高级管理人员监管不力，属于单位具有明显过错的具体表现。

> 资料来源：兴业银行广州分行与深圳市机场股份有限公司借款合同纠纷案，中华人民共和国最高人民法院公报。

企业筹资后，应严控筹资资金使用，从支持内部业务的角度确保资金使用恰当，符合企业整体战略；从合规的角度，确保资金的使用符合法律法规、监管要求，如资本市场对募集资金用途的监管要求。

子环节 3：筹资活动的财务控制。

筹资财务控制要点包括：

- 建立筹资业务的记录、凭证和账簿管理体系。
- 规范筹资支付行为（如偿付本金、利息、股利等），确保及时、准确还本付息。
- 依照会计准则，对资金筹集、本息偿还、股利支付等进行及时、准确的会计处理。
- 妥善保管筹资合同、收款凭证等资料。
- 定期与资金提供方进行账务核对。

案例：利用利息账户平账侵占公司资金

某集团要求下属企业将闲置资金上存到总公司的结算中心，而结算中心则向下属分公司支付利息。该项工作具体由结算中心的会计人员吴某实施，吴某在去下属分公司领取上缴的现金前偷偷在现金收款单上盖上了结算中心的公章和结算中心的出纳杜某的私章。吴某对分公司的出纳说："结算中心的出纳杜某是女的，她来拿这么多现金不太安全，你就把钱交给我吧。"分公司的出纳和吴某平时很熟，又见他出示了盖有结算中心公章和杜某私章的收款单，便把一笔10多万元的现金交给了吴某。

为掩盖其犯罪行为，吴某事后销毁了其伪造的收款原始凭证底本，并通过在结算中心电子财务报表上虚列利息支出的方式，凭空增加了10多万元的利息给分公司，将总公司结算中心与分公司往来账目做平。

虽然总公司和下属分公司每月例行对账，但由于双方基本只看往来总数，不关注明细，因此一直未能发现。就这样，吴某用同样的手法，在两年内先后作案数十次。

该案例主要暴露了两个方面的问题：一方面，会计核算人员同时接触现金，严重违背不相容职责分离要求。另一方面，集团内单位往来对账过于粗放，无法识别账目异常。

环节5：对外担保管理

担保通常是指《中华人民共和国民法典》中所列示的保证、抵押、质押、留置等担保方式。一方面，对外担保具有隐蔽性，即对外担保关系通常体现为担保协议的签署，并不会涉及现金流入流出，因此在当期账面上并不会得到体现。另一方面，对外担保具有或有性，即企业是否需要承担担保责任更多取决于被担保对象的偿付能力。因此，对外担保风险往往会显得"猝不及防"，如果担保金额过大，甚至可能导致企业"突然死亡"。

☕ 案例：暴风影音海外收购案，光大证券子公司成了"背锅侠"

2016年5月，光大证券子公司光大资本和暴风集团共同设立上海浸鑫投资咨询合伙企业（有限合伙），以2.6亿元撬动52亿元资金，收购了境外体育传媒公司MP&Silva Holding S. A.（MPS）65%的股权。此次收购，浸鑫基金共有14位出资方，其中招商银行、华瑞银行作为优先级合伙人，分别通过各自通道方招商财富、爱建信托出资28亿元、4亿元。光大资本作为劣后级合伙人之一出资人民币 6000 万元，并向两名优先级合伙人出具了一份光大资本盖章的《差额补足函》，主要内容为在优先级合伙人不能实现退出时，由光大资本承担相应的差额补足义务。[①]

海外收购对象 MPS 鼎盛时拥有多家全球赛事版权，通过将转播权等卖给电视台和网络平台，赚取版权收入。但此次海外收购完成后，MPS 大多数版权即将到期，且原 MPS 两位创始人套现后离职，并创办了同业竞争企业。上述情况导致 MPS 经营陷入困境，并于 2018 年 10 月宣布破产，浸鑫基金未能按原计划实现退出。

理财投资项目失败，优先级资金方招商银行和华瑞银行根据《差额补足函》向光大资本提出了赔偿。2019 年 2 月 2 日，光大证券公告称，该《差额补足函》的有效性存有争议，光大资本的实际法律义务尚待判断。[②]但上海金融法院的判决认可了光大资本签署的《差额补足函》的效力。2020 年 8 月 8 日，光大证券发布公告称，上海金融法院判决光大证券全资子公司光大资本向招商银行支付 31.16 亿元，向华瑞银行支付 4 亿元，以及利息损失、诉讼费、保全费等费用。[③]后续光大资本以管辖权异议上诉至上海市高级人民法院，但均被驳回。[④][⑤]这次担保给光大资本及其母公司造成了巨大损失。

① 资料来源：暴风突袭暴风，谁为 52 亿元 MPS 收购案埋单？，2019 年 7 月 30 日，搜狐。
② 资料来源：光大证券股份有限公司关于全资子公司重要事项的公告，2019 年 2 月 2 日，巨潮资讯网。
③ 资料来源：光大证券股份有限公司 关于下属公司诉讼及仲裁进展的公告，2020 年 8 月 8 日，巨潮资讯网。
④ 资料来源：光大资本投资有限公司与招商银行股份有限公司其他合同纠纷管辖民事裁定书，2020 年 1 月 2 日，中国裁判文书网。
⑤ 资料来源：光大资本投资有限公司与上海华瑞银行股份有限公司其他合同纠纷管辖民事裁定书，2019 年 7 月 1 日，中国裁判文书网。

从风险防范的角度，企业对外担保可以划分为以下两类。

（1）经过恰当授权的对外担保。此类担保属于企业正常的经营活动范围。对于此类担保，企业主要通过尽职调查、信用评估、设定担保金额上限、签订严谨的担保合同、加强对被担保对象的跟踪等手段控制自身风险。

（2）未经恰当授权的对外担保。此类担保通常表现为企业内部人为了私利擅自行动，实质是一种"违规担保"。企业需要通过加强权限管理、印章管理并将违规担保行为纳入企业反舞弊范围等手段，尽可能规避这种情况。

☕ **案例：某企业员工私自签订担保协议**

某企业 A 财务部部长王某，将企业公章带出后，与当地一家金融机构 Z 签订了一份对外担保协议，协议内容是金融机构 Z 向另一家企业 B 提供 5000 万元授信额度，企业 A 为金融机构 Z 向企业 B 所实际发放贷款提供连带保证责任。后来，B 企业无力偿还债务，金融机构 Z 要求企业 A 履行担保责任时，企业 A 才发现该担保事项。之后，王某因收受企业 B 实际控制人贿赂被判入狱，企业 A 和金融机构 Z 则对簿公堂，法院判决企业 A 和金融机构 Z 双方皆有过错，各自承担 50% 资金损失。

对外担保中，其他需要关注的事项还包括：

（1）按照合同约定及时办理担保解除手续。

（2）对于担保费用，企业应及时、足额、准确收取，并进行恰当的会计处理。

（3）根据被担保对象财务状况，合理估计承担担保义务的可能性和范围，根据适用合规要求进行会计处理（计提预计负债）或进行信息披露。

环节 6：分支机构资金管控

如果集团层面缺乏有效资金管控，分支机构即可能出现越权投融资及担保、违规使用资金等情况，导致集团财务失控。我国早期的三九集团、近期的海航集团，在这个方面都暴露出严重的问题。需要强调的是，资金管控只是分支机构管控中的一个重要组成部分。限于篇幅，分支机构管控中的其他内容（如战略管控、计划管控、重大事项报批报备管控等），本书不再展开。

☕ **案例：海航集团破产重整**

2020 年 2 月 29 日，海航集团官网发布的公告中称，自 2017 年年末爆发流动性风险以来，海航在各方支持下积极开展"自救"，但未能彻底化解风险。受 2020 年年初新冠肺炎疫情叠加影响，流动性风险有加剧趋势。"应集团请求，海南省人民政府牵头会同相关部门共同成立了海南省海航集团联合工作组。"[①]

联合工作组进驻后花费数月时间对海航集团及旗下 2000 余家企业的资产、负债、关联往来等逐一核查，厘清整个集团的资产底数、管理结构、股权关系和债权关系后，发现海航已严重资不抵债。

2021 年 1 月 29 日，海航官方宣布：相关债权人因我集团不能清偿到期债务，申请对我集团进行破产重组。[2]随后，2021 年 1 月 30 日，海航旗下 3 家上市企业海航基础、海航控股以及供销大集分别发布《关于债权人申请公司重整的提示性公告》，包括海航集团在内，海航系至少 63 家企业同时被申请破产重整。同时，海航基础、海航控股以及供销大集 3 家上市企业均发布了《关于上市公司治理专项自查报告的公告》，其中详细披露了大股东及关联方非经营性资金占用、未披露担保等情况。[3]据公告统计，大股东及关联方违规占用资金及未披露担保等所涉金额高达 1000 多亿元。

海航集团下属企业数量众多、关系庞杂，而集团总部财务管控能力薄弱，是导致其最终崩溃的重要原因。

① 资料来源：海航集团有限公司声明，2021 年 1 月 29 日，http://www.hnagroup.com。
② 资料来源：关于债权人申请公司重整的提示性公告等，2021 年 1 月 30 日，巨潮资讯网。
③ 资料来源：关于公司治理专项自查情况的公告等，2021 年 1 月 30 日，巨潮资讯网。

一般来说，集团资金管理模式可以分为两类，即资金集中管理模式和分散管理模式。

- 资金集中管理模式有助于资金安全性及统一调配，但由于分支机构在资金使用等方面依赖集团总部，若总部资金管理能力薄弱，可能影响资金运转效率，影响分支机构正常经营并挫伤其积极性。
- 资金分散管理模式有利于调动分支机构积极性，提高其经营灵活性，但又难以避免资金分散，集团整体资金使用率低，资金成本高，难以控制分支机构不规范的资金行为等缺点。

在两种模式下，总部都需要对分支机构资金进行必要的管控。分支机构资金管控的关键环节可以概括为如下内容。

子环节 1：资金权限管控。

集团资金权限可以划分为资金活动权限（即这些权限对应具体的资金活动）和基础管理权限（即这些权限对应一些基础管理活动）两类。其中，集团重大资金活动权限如表 5-40 所示。

表 5-40 集团重大资金活动权限

集团重大资金活动权限分类	说明	示例
对外经营性付款权	指对外支付经营性款项的权限，典型的经营性款项包括采购款、工程款等	某集团总部要求分支机构对外付款必须在预算范围内，且单笔金额不能超过 20 万元
对外经营性收款权	指对外收取经营性款项的权限，典型的经营性款项包括销售款、服务费等	某集团总部要求分支机构销售收款必须使用在总部财务中心监控下的银行账户
集团内资金调拨权	指在集团内各单位之间进行资金划拨的权限	某集团规定，集团内的资金调拨统一由总部财务中心集中完成，分支机构财务部门根据总部指令予以配合
投资权	指将资金用于投资项目的权限，投资项目包括内部投资（如购置固定资产）与外部投资（如兼并收购其他企业）、实物投资与金融投资等	某集团规定，总部下属企业可进行预算内的内部生产类投资，未经总部授权不得进行其他类型投资
融资权	指通过融资获取资金的权限，融资包括股权融资、债权融资等	某集团规定，分支机构可在预算内，按照总部安排从指定的金融机构获得融资，未经总部授权不得进行其他形式融资
对外担保权	指对外进行担保的权限，对外担保包括集团内对外担保、集团外对外担保等	某集团规定，分支机构按照总部指令进行对外担保，未经总部授权不得对外担保
接受担保权	指接受外部担保的权限，接受担保包括接受集团内担保、接受集团外担保等	某集团规定，分支机构按照总部指令接受担保，未经总部授权不得接受担保

集团资金基础管理权限如表 5-41 所示。

表 5-41 集团资金基础管理权限

集团资金基础管理权限分类	说明	示例
银行账户权限	开户权、销户权、账户用途及功能设定权等	某集团总部利用银行服务，设定账户收付款功能与范围、单笔与期间累计最高金额等
资金信息系统权限	资金信息系统的开发权及系统内部权限设定等	某集团的资金管理信息系统由总部统一组织开发，总部财务中心通过资金管理系统能够获取分支机构即时资金信息
资金配套印鉴管理权限	银行预留印鉴的刻制、变更等	集团总部要求分支机构所有银行预留印鉴需在总部备案，进行变更需经过总部批准

利用现代银行服务和信息化手段，集团对资金可以采取更加灵活、定制化的管理措施，如通过银行服务设定账户性质（如只能从指定账户转入款项）、设定特殊付款授权要求（如超过特定金额的支付，需要由总部进行 U 盾授权）等。

如果各项条件满足，总部可采取资金池模式，即实现分支机构资金在总部账户集中。例如某集团企业，通过构建资金池，实现了省企业对地市企业、县企业、营业厅四级收入账户资金的日终全额自动归集。在对外结算方面，通过系统主动发起资金上划、下拨（主要是额度拨付），实现省企业对地市企业、县企业支出账户日间零余额支付以及日间透支负余额的日终自动归集，完成资金结算。

子环节 2：资金信息管控。

集团总部通过持续地获取分支机构资金信息，并根据所获取的资金信息及时采取必要措施（如对分支机构管理层问责，更换关键人员等）来实现管控。总部向分支机构获取的典型资金信息包括：

- 财务账簿数据。
- 银行资金交易数据。
- 资金情况分析报告，等等。

在这个领域，集团也可以充分利用现代信息技术，如通过财务系统联网来实现实时数据传递。

（1）资金信息的实时查询与监控：通过与银行系统直联获取分支机构资金信息，对账户状态、资金流入流出情况进行监控，防止资金违规使用，分析运营资本效率，识别流动性风险等。

（2）通过银行系统向财务系统传递银行电子对账单，实现自动对账，减少人为干预，提高对账及时性与准确性。

子环节 3：财务人员管控。

总部可以通过财务人员（包括财务负责人和其他财务岗位人员）管控实现资金管控，即总部先管好"财务人员"，再通过"财务人员"管好"资金"。典型的管控手段包括（请注意这些手段并非相互独立）以下几种。

- 财务人员外派，即总部向分支机构派遣财务人员，财务人员通常在总部保留职位及劳动关系。
- 财务人员任命，即由总部确定财务人员人选，财务人员在分支机构办理入职，财务人员劳动关系通常在分支机构。
- 财务人员汇报路径，即保留分支机构财务人员对总部的汇报路径（如向总部财务负责人汇报）。在这种情况下，通常存在双重汇报路径，即分支机构财务人员同时向分支机构管理层和总部汇报。

- 财务人员招聘流程，即总部参与分支机构财务人员招聘流程。例如某集团人事制度规定，分支机构财务人员（包括财务负责人及其下属财务人员）均由总部组织招聘，分支机构管理人员参与面试。
- 财务人员考核，即总部保留对分支机构财务人员的全部或部分考核权。在总部保留部分考核权的情况下，分支机构财务人员通常会接受总部和分支机构的双重考核。

子环节 4：监督管控。

总部可以通过对分支机构的资金情况进行监督，并根据监督结果采取必要措施来实现资金管控，典型的监督方式包括：

- 财务条线监督，如总部财务中心对分支机构财务部门进行工作检查。
- 内部审计监督，如总部内审部门将分支机构资金管理活动纳入其审计范围。

☕ 案例：子公司一笔违规对外借款

A 企业为 X 集团下的一级子公司，从事物流业务。A 企业为拓展业务，在某地与个人股东王某合资，成立了合资企业 B（即集团二级控股子公司），A 企业占股 70%，王某占股 30%，由王某担任合资企业总经理。

合资后，王某注销了其原有的企业。A 企业委派了宋某至合资企业 B 任财务总监，双方约定，财务总监宋某基本工资由 A 企业支付，奖金由合资企业 B 支付。

2018 年年初，为拓展业务网点，A 企业向合资企业 B 划拨资金 3000 万元（往来款），用以补充合资企业铺设物流网点所需要的流动资金。2018 年 4 月，合资企业 B 以目前大量资金闲置、提高资金使用效率为由，将账上 2000 万元资金借给当地的另外一家企业 C，约定借款期 12 个月，年利率 6%。该借款事项由合资企业 B 直接办理，在获得总经理王某签字确认后，B 企业财务总监宋某安排财务部门办理了付款手续。

X 集团此前的内部财务检查和审计工作范围都只覆盖一级子公司（即只到

A 公司一级)。按照这一做法，合资企业 B 本来不包括在审计范围之内。但在 2018 年 11 月，X 集团首次将工作范围扩展到了二级及以下子公司层面，才发现了这笔异常支出。

经进一步调查发现，借款方 C 企业负责人是合资企业总经理王某的大学同学。之后，B 企业按照总部要求追回 2000 万元借款本金，但未能收到利息。总经理王某及财务总监宋某被问责并调离岗位。

在该案例中，总部对外派子公司财务总监的绩效考核（财务总监奖金由 B 企业发放），对子公司资金计划的执行及资金流向监控、资金使用审计等方面，都暴露出重大内控缺陷。

资金是企业的"血液"，有效、合理的资金活动能够让资金在不断的流动中创造价值，资金活动的失控则可能让企业资金链断裂而陷入经营困境。资金活动中的典型重大风险或缺陷归纳如表 5-42 所示。

表 5-42　资金活动中典型重大风险或缺陷清单

序号	关键环节	典型风险或缺陷	应对措施	备注
1	环节 1：资金基本管理	未有效制订资金计划，导致资金不足或冗余，影响经营活动开展或资金使用效率，使得企业利益受损	● 结合经营活动需求，编制资金计划并经过恰当审核审批 ● 对资金计划的执行情况进行跟踪、分析和调整	—
2		银行账户管理不善，可能导致账户失控，给企业造成损失	● 明确开户及销户申请、审批、执行程序，并进行持续登记 ● 明确各账户的使用目的（如 AB 账户）、功能及管理要求 ● 定期进行账户清理	—
3	环节 2：资金收支及存量资金管理	资金支付或调拨流程存在瑕疵，可能导致资金支付效率低下，或发生舞弊行为	● 清晰设置支付与调拨权限，明确支付与调拨申请、审核、审批、支付办理等环节操作流程，确保不相容职责分离 ● 对资金支付与调拨印鉴、票据等要件进行规范管理，确保不相容职责分离	—
4		资金收款管理流程存在瑕疵，可能导致资金收入无法及时完整入账或发生舞弊行为	● 制定收款权限及程序 ● 规范管理收款账户，如限制收款账户对外支付权限，以防止资金挪用 ● 规范管理收款票据等要件，确保不相容职责分离	—

（续）

序号	关键环节	典型风险或缺陷	应对措施	备注
5	环节 2：资金收支及存量资金管理	资金对账机制缺失，无法及时识别账实不符及舞弊行为，导致企业利益受损	• 及时、全面地进行资金账户对账，对账结果经过恰当审核审批，确保不相容职责分离	—
6	环节 3：投资管理	企业投资计划、立项方案存在缺陷，投资风险未得到充分识别和评估，可能导致投资失败	• 基于企业整体战略、经营计划制定投资目标和规划，编制投资立项方案，并开展可行性分析（与战略的匹配性、与年度预算的匹配性、投资的收益与风险评估等） • 投资方案经过专业评审和恰当审核审批	—
7		投资执行不规范，企业可能面临资金、法律、会计核算及舞弊风险，导致企业利益受损	• 签订严谨、规范的投资协议，明确各方权利及义务，严格按照投资协议执行，并满足合规要求 • 投资过程中充分关注资金风险（可采取监管账户等方式保障资金安全） • 对投资对象进行跟踪、评价与反馈，根据投资价值变化及其他风险迹象采取应对措施 • 对投资进行规范的会计处理	—
8		未及时、有效开展投资收回与处置，出现法律纠纷，导致企业利益受损	• 明确投资收回与处置的职责、权限和流程 • 根据投资方案或投资价值等因素判断需要进行投资收回或处置的，应及时启动 • 投资收回与处置过程中确保收回资金安全，完成各类配套工作（如协议终止，法律证明文件取得，行政手续办理等）	—
9	环节 4：筹资管理	筹资缺乏规划，出现过度筹资或筹资不足，导致企业负债率过高或资金短缺，在短期或长期内出现资金风险	• 基于充分的可行性论证编制筹资方案，筹资方案经过恰当审核审批并得到严格执行	—
10		筹资执行不规范，企业可能面临资金、法律、会计核算及舞弊风险，导致企业利益受损	• 结合经审批的筹资方案，制订详细的筹资计划 • 签订严谨、规范的筹资协议，明确各方权利及义务，严格按照筹资协议执行，并满足合规要求 • 确保所筹集资金安全，并按照约定用途使用 • 对筹资进行规范的会计处理	—
11	环节 5：对外担保管理	未对被担保人的偿债风险进行有效评估，给企业带来债务风险	• 明确对外担保的标准 • 对外担保实施前经过充分的尽职调查 • 对外担保经过恰当的审核审批	—

（续）

序号	关键环节	典型风险或缺陷	应对措施	备注
12		对外担保合同内容存在重大疏漏，可能导致企业利益受损	• 担保合同中应明确界定被担保人的义务（如要求被担保人定期提供财务报告，禁止转移财产等）及违约责任	—
13	环节 5：对外担保管理	对被担保人缺乏持续的监督，无法及时了解被担保人的偿付能力变化，可能给企业带来法律或负债风险	• 对被担保方实施动态跟踪（如被担保方的经营情况和财务状况等），并及时更新台账 • 制定担保异常情况上报、分析、决策机制，以及时采取应对措施（如合同变更、实施代偿、行使追索权利等） • 担保合同到期，按照合同约定及时终止担保关系，并开展配套工作（如担保财产清查，取得权利凭证等）	—
14		对外担保的会计处理或披露不规范，影响财务报告的准确性并产生合规风险	• 对担保事项实施规范的会计处理，并进行披露，若被担保人出现财务状况恶化、资不抵债、破产清算等情形，应确认预计负债	披露要求主要适用于上市企业
15	环节 6：分支机构资金管控	未对分支机构资金进行有效管控，可能导致集团负债率失控、整体资金使用效率低下、资金挪用或侵占风险	• 加强集团层面的资金计划管理 • 对分支机构资金权限予以控制 • 对分支机构资金采取使用审批、流向监控以及审计措施	—

5.7　举一反三：业务层面的内控分析

除本章前述已涵盖的典型业务循环外，企业中还存在其他业务循环，如工程项目、人力资源、信息系统、研究与开发等。限于篇幅，本书不再详细展开。针对各类业务循环，都可遵循如图 5-8 所示的内控分析框架展开分析。

同时，针对具体业务，应至少从以下两个维度考虑控制措施。

（1）按照时间维度，控制措施分为"事前""事中"和"事后"控制（见表 5-43）。

表 5-43　时间维度下，控制措施的制定

序号	控制时间节点分类	说明
1	事前控制	在具体业务开展前所实施的各项控制活动，例如基础信息收集、立项评审、计划与预算编制等

（续）

序号	控制时间节点分类	说明
2	事中控制	在具体业务开展过程中所实施的各项控制活动，例如业务执行过程审核、实绩与计划差距反馈等
3	事后控制	在具体业务完成后所实施的各项控制活动，例如项目后评价、预算执行情况总结、绩效考核等

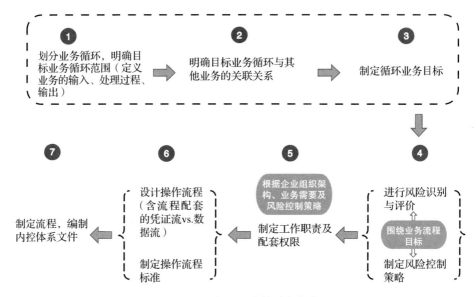

图 5-8   业务层面内控分析框架

（2）职能维度下，控制措施的制定是指在部门或岗位层面明确业务相关的职责、权限、沟通及工作衔接、决策机制、检查与评价、绩效考核等关键内容（见表 5-44）。

表 5-44   职能维度下，控制措施的制定

序号	关键事项	说明
1	职责	特定部门或岗位应完成的工作任务以及应承担的工作责任
2	权限	为了保证有效履职，任职者必须拥有的权力
3	沟通及工作衔接	部门或岗位之间的工作沟通及衔接，如信息流转、跨部门或岗位讨论会、跨部门或岗位表单传递等
4	决策机制	如何对未来行动做出选择或决定

（续）

序号	关键事项	说明
5	检查与评价	对某部门或岗位的工作事项进行检查或评价，并对检查或评价结果进行反馈
6	绩效考核	对某部门或岗位的工作绩效进行激励或惩罚

总结一下，一套完善的内部控制应该具备的特征包括：

1）基于企业整体战略，在"把事情做完"的同时充分考虑风险，预设必要控制措施，做到"未雨绸缪"。

2）通过明确工作职责或工作标准，在信息系统中预设控制要求等措施，推动控制措施有效"落地"，实现企业各单元"各司其职，各负其责"。

3）对内控体系进行持续评价与迭代优化。

将上述内容做进一步的细分，可以归纳出企业内控体系的综合质量特征（见图 5-9、表 5-45），企业可结合自身内控体系现状逐项进行对照评价。

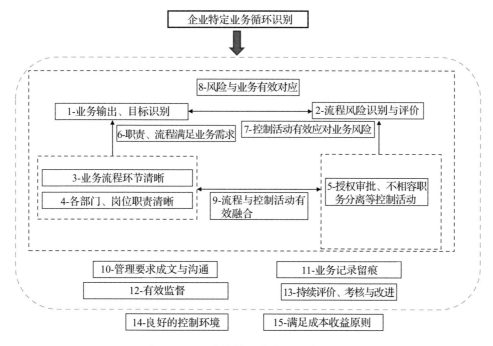

图 5-9　企业内控体系综合质量特征图示

表 5-45　企业内控体系综合质量特征要素说明

质量特征	说明
1- 业务输出、目标识别	针对业务活动，识别其输出（如产品、服务）及控制目标
2- 流程风险识别与评价	基于业务输出、目标，进行风险识别和评价
3- 业务流程环节清晰	业务执行流程环节清晰，易于理解
4- 各部门、岗位职责清晰	业务执行相关部门、岗位职责清晰，易于理解
5- 授权审批、不相容职责分离等控制活动	基于业务风险识别评价结果，制定具体控制措施
6- 职责、流程满足业务需求	部门、岗位职责及流程设计能够有效支撑业务需求
7- 控制活动有效应对业务风险	控制活动能够有效响应并降低业务风险
8- 风险与业务有效对应	风险识别与评价科学、准确，与业务相关性较强
9- 流程与控制活动有效融合	控制活动有效整合于流程之中，在控制风险的同时能够保障业务执行效率
10- 管理要求成文与沟通	重要管理要求规范成文，且在企业内得到有效沟通
11- 业务记录留痕	关键业务执行过程清晰留痕、可追溯
12- 有效监督	对各类管理活动进行持续、有效的监督与反馈
13- 持续评价、考核与改进	对各类管理活动进行持续有效的评价、考核及改进
14- 良好的控制环境	企业整体控制环境良好，能够支持内控体系运行
15- 满足成本收益原则	各类管理活动满足成本收益原则，避免过度、冗余控制

　　再次强调，虽然划分了循环与流程，但各个业务循环与流程是相互联系的，在讨论特定业务内控完备性时，需要联系其上下游循环与流程的情况具体分析。

第6章

企业内部控制体系建设

前文主要介绍了企业内部控制的工具方法。作为内控体系的基础要素，企业内部控制的工具方法并不能转换成企业的内控体系，犹如仅仅凭建筑材料、施工方法无法直接筑起一座高楼大厦。企业内控体系的形成是一个涉及规划、搭建、维护全生命周期的过程。具体来讲，企业的内控体系建设通常需要基于经典理论框架，聚焦以下几类关键活动。

（1）基于内控体系建设路径，输出关键内控成果。

（2）培育内控体系建设关键因素，实现动态风险评估，强化信息沟通，形成关键内控闭环。

（3）确保内控体系中各类重要角色的有效参与。

（4）建立内控体系的有效维护、评价与持续提升机制，提升内控体系可落地性。

6.1 内控体系建设整体路线

6.1.1 COSO 框架内控体系要素

1992 年，COSO 委员会发布名为《内部控制——整体框架》（*Internal Control—Integrated Framework*）的报告，之后于 2013 年进行了修订完善。COSO 报告提出："内部控制是由企业董事会、管理当局以及其他员工为达到财务报告的可靠性、经营活动的效率和效果、相关法律法规的遵循等三个目标而提供合理保证的过程。"

该报告提出内部控制包括控制环境、风险评估、控制活动、信息与沟通、监督活动等五个相互联系的要素。由"三个目标"和"五个要素"组成的 COSO 内部控制框架，在理论界、企业界及监管机构，都具有非常高的权威性。

COSO 框架（2013 版）⊖基于前述"五要素"，进一步提炼出 17 项应用原则，使其系统性、可操作性得到提升。表 6-1 列示了 COSO 框架（2013 版）17 项原则逐项分析及对应操作示例、中国实务分析，可为企业内控体系建设提供系统性参考。

6.1.2   内控体系建设工作总体路线

根据 COSO 框架内控体系要素，完整的内控体系建设工作应包括以下两方面。

（1）整体工作框架（见图 6-1）：在企业高层基调的基础上，自上而下地推进内控建设工作。

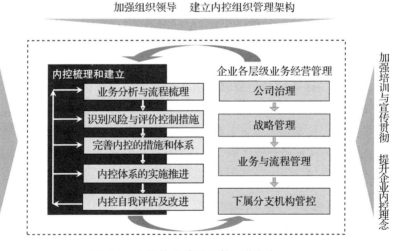

图 6-1   内控体系建设整体工作框架

⊖   资料来源：Internal Control -Integrated Framework Executive Summary，2013 年 5 月 20 日，https://www.coso.org。

表 6-1 COSO框架（2013版）17项原则分析及对应操作示例、中国实务分析

类别	序号	COSO框架（2013版）原则	分析	操作示例	企业管理活动	中国实务分析
控制环境（control environment）	1	组织①明确承诺将遵从职业操守及道德规范（The organization demonstrates a commitment to integrity and ethical values）	作为控制环境的基础要件，恰当的职责操守及道德规范水平将对组织整体内控的设计、运行水平产生重大影响，因此组织应向其全体成员提出清晰、积极的职业操守及道德规范期望	● 组织在企业政策中明确组织成员应遵从职业操守及道德规范并进行恰当的宣传贯彻 ● 设立专门部门、岗位负责组织职业操守及道德规范的相关管理工作	● 企业文化管理 ● 人力资源管理	整体上，我国部分企业应进一步提高对职业操守及道德规范建设的重视程度
	2	董事会②相对于管理层保持独立性并对管理层建立、执行内控情况进行监督（The board of directors demonstrates independence from management and exercises oversight of the development and performance of internal control）	明确了组织治理范畴下的董事会基本独立性要求，以及管理层建立内控体系的责任及董事会监督职能	● 对治理层和管理层之间的权限进行明确划分 ● 在治理层建立专门组织，对管理层的内控相关工作进行持续监督	● 组织架构管理 ● 授权体系管理 ● 内部信息沟通管理	董事会与管理层缺乏必要的制衡机制，董事会缺乏必要的专业性、权威性等问题在我国部分企业中仍比较普遍。公司治理层面存在的问题会导致管理层难以建立有效内控体系的内在动力，进而威胁内控体系建立与运行的整体效果
	3	在董事会的监督下，管理层建立相应的组织结构，汇报路径，恰当的授权与职责体系，以实现组织目标（Management establishes, with board oversight, structures, reporting lines, and appropriate authorities and responsibilities in the pursuit of objectives）	在明确内控体系的目标导向特征的前提下，COSO框架（2013版）要求管理层明确内控职责，并明确了构成内控体系的关键要素： ● 恰当的组织结构 ● 汇报路径 ● 职责分配 ● 授权体系 上述事项将成控制环境的基础规则框架	● 由管理层建立公司层面及业务层面的控制目标 ● 将建立内控体系作为管理工作事项并纳入考核	● 组织架构管理 ● 授权体系管理	组织结构混乱，汇报路径不清，职责不清等现象，在我国部分企业中仍比较普遍，这一方面会降低组织运行效率，另一方面也会导致各类经营风险无法得到有效管理

类别	序号	COSO框架（2013版）原则	分析	操作示例	企业管理活动	中国实务分析
控制环境（control environment）	4	组织致力于吸引、发展和保留具有职业胜任能力且与组织整体目标匹配的人才（The organization demonstrates a commitment to attract, develop, and retain competent individuals in alignment with objectives）	COSO框架（2013版）强调"人"的因素对控制环境的影响。高素质的执行团队将有效设计有效性及推动内控体系的设计有效性及推动内控体系的执行效率，进而优化内控环境	● 建立清晰的人力资源政策，明确对组织成员的素质要求 ● 设置专门部门、岗位用于组织落实人力资源政策	● 人力资源管理 ● 企业文化管理	我国部分企业仍存在人力资源政策不清晰或者将内控要求纳入人力资源方面、导致人力资源在专业能力或岗位操守方面，无法支撑内控体系的有效运行
	5	组织明确个人的内控职责，以实现组织人人胜任内控职责（The organization holds individuals accountable for their internal control responsibilities in the pursuit of objectives）	此原则同样在强调内控体系中"人"的因素。职责不清会对整个内控体系的运行产生不利影响，而清晰的内控责任体系将提升内控体系整体执行力，进而优化内控环境	● 将各个控制点的责任明确分配至具体岗位 ● 针对前一点，设定对应的奖惩考核标准并落实	● 人力资源管理 ● 企业文化管理 ● 各具体业务管理	对我国企业而言，关键职责不清仍然是一个相对普遍的现象，这种现象会导致"事前无人评估风险，事中推诿转嫁工作，事后无法追责"的情况，使企业内控无法落实
	6	组织制定清晰的目标，进而能够有效识别和评价威胁目标实现的风险（The organization specifies objectives with sufficient clarity to enable the identification and assessment of risks relating to objectives）	内部控制的"目标导向"特征使得组织必须首先明确其目标，然后才能在此基础上识别可能威胁目标实现的各类风险，为后续奠定基础	● 在公司层面及业务层面提出清晰的管理目标	● 各具体业务管理	我国部分企业尚未在企业层面和业务层面制定清晰的目标或者未制定清晰的目标，导致风险识别及评估缺乏必要的目标起点
风险评估（risk assessment）	7	组织在整个实体层面识别可能威胁组织目标实现的风险，以便判断如何对这些风险进行管理（The organization identifies risks to the achievement of its objectives across the entity and analyzes risks as a basis for determining how the risks should be managed）	组织在明确其目标之后，应该采取主动积极的措施对各类风险进行有效收集、确认，分类和评价，这样才能有针对性地设计、执行各种控制措施	● 构建专业的内部、外部风险分析团队 ● 建立风险收集渠道 ● 建立涵盖组织风险主要方面的风险识别、评估、记录及管理机制（如风险数据库等相关管理机制）	● 各具体业务管理 ● 内控评价 ● 内控审计	我国部分企业尚不具备在企业层面执行过程中对应风险的意识与能力，评价更多地依赖以往经验或者盲目执行，导致严重后果的案例时有出现

控制活动 (control activities)	8	组织在评价威胁组织目标实现的风险时，考虑潜在的舞弊（The organization considers the potential for fraud in assessing risks to the achievement of objectives）	舞弊风险因其存在主观故意性、隐蔽性、串谋性，危害严重性等特征，而区别于一般风险。COSO框架（2013版）提出应在风险评价阶段，对舞弊风险进行考虑	● 结合业务特征及资产暴露风险水平，在内控体系设计时充分考虑各类舞弊风险 ● 设置包括舞弊举报、举报人保护在内的反舞弊机制	● 舞弊举报管理 ● 举报人保护管理 ● 各项具体业务管理	我国部分企业缺乏针对舞弊风险的事前防范及事后处置能力，大量的职务犯罪已对我国部分企业造成巨大损失
	9	组织对可能对内控体系产生重大影响的变化事项进行识别与评价（The organization identifies and assesses changes that could significantly impact the system of internal control）	组织内部变化因素（组织结构调整、兼并收购、业务转型等）及外部环境变化因素（法规变化、市场条件变化等）可能导致原有内控体系无法涵盖，适应组织各阶段、各业务活动需要。在风险评估阶段，组织需对这些变化因素进行识别与评估	● 通过内部控制自我评价、内部审计等手段，对各类变化及其影响进行识别和评价 ● 基于对变化因素的识别和评价，及时对内控体系进行调整	● 内控自我评价管理 ● 内控审计管理 ● 内控体系维护、更新管理	现实中，特定变化因素可能会导致组织的特定内控设计变得部分不适用，组织缺乏积极调整成员，使得组织缺乏积极成员执行仍可化为"借口"而拒绝执行程序，进而使得整个适用的内控体系流于形式。COSO个内控框架（2013版）对此内容进行了专门强调
	10	组织选择并且设置控制活动，以将威胁组织目标可接受到的风险降低至组织目标实现的水平（The organization selects and develops control activities that contribute to the mitigation of risks to the achievement of objectives to acceptable levels）	针对已识别的各类风险，组织应有针对性地设置相应的控制活动（财产保护、会计记录、授权审批等），以降低风险水平。具体的措施选择及执行程度，受到组织治理层、管理层风险偏好的影响	● 在公司整体业务流程层面，设置相应控制措施 ● 与前述原则4、5相联系，控制措施对应职责清晰分配至具体具有专业胜任能力的人员	● 各具体业务管理	很多企业认为内部控制是一项独立管理活动。事实上，控制活动应植入具体业务流程，成为日常管理活动的有机组成
	11	组织针对技术风险选择并且设置通用一般控制活动，以支持组织目标实现（The organization selects and develops general control activities over technology to support the achievement of objectives）	相对于具体业务层面风险，技术风险具有自身特征。COSO框架（2013版）对与技术相关的风险进行了强调	● 加强技术开发（如ERP开发）过程中的风险控制 ● 加强对处于运行状态的技术系统进行监督及风险预警、处置 ● 加强针对技术相关的专项评价、审计	● 信息系统管理 ● 内部审计	我国部分企业对包括信息系统在内的技术相关风险应对尚缺乏经验，导致在实践中对企业产生较大影响的案例，成为由于技术风险而对企业业务运行产生重大影响的案例

类别	序号	COSO框架（2013版）原则	分析	操作示例	企业管理活动	中国实务分析
控制活动（control activities）	12	组织通过制定政策（以明确控制期望）和具体流程（以将控制期望转换为具体行为）来贯彻控制活动（The organization deploys control activities through policies that establish what is expected and procedures that put policies into action）	COSO框架（2013版）将控制活动的贯彻划分为一般控制政策（控制要求）及业务流程两个层面，后者作为前者的具体实现方式，即政策制定应当具备明确目标，具备实践指导性。当常规情况变化时出现特例（覆盖）时，如何处理，如何调整，应以政策为流程为依据	• 在公司层面及具体业务层面，明确各项工作的事项制度，并在具体业务流程设计中体现这些政策 • 例如，采购内控制度可明确"所有采购定价经过恰当的比价程序"作为政策，然后在流程上设置相应的比价程序	• 各具体业务管理	我国部分企业的制度体系有时会处于两个极端：①过于原则；②过于细节化。前者可能导致执行人员只关注目标而忽略具体制度要求，后者可能导致忽略制度目标，制度反而滑向"流于形式"。COSO框架（2013版）提出，在整体层面制定控制政策，并在此基础上逻辑推演出具体控制流程，使得执行人员能够在控制政策和具体要求之间相互对照比对，进而增强实施效果
	13	组织获取或者产生符合使用者需求的、高质量的信息，以支持内控体系发挥功能（The organization obtains or generates and uses relevant, quality information to support the functioning of internal control）	任何主体在实施特定控制措施时，往往都需要获得一定的信息支持。信息质量（包括及时性、完整性和准确性）的高低对控制措施的实施效果产生巨大影响。企业应当建立完善信息获取的方法、工具、进一步地、明确信息输入、输出的标准，口径及控制措施	• 分析各控制点执行岗位的信息需求 • 建立上述信息的归集与产生、分类、传递、反馈渠道 • 对信息质量进行持续跟踪评价	• 各具体业务管理 • 内部沟通 • 经营分析	我国部分企业各职能部门、岗位在执行具体内控职责时往往会面临无法有效获取所需信息，无法及时获取所需信息，获取的信息出现扭曲等问题。如何确保内控各职能部门、岗位获取高质量信息，是我国企业面临的重大课题
信息与沟通（information and communication）	14	组织在内部沟通相关信息（包括控制目标、控制职责），以支持内控体系发挥功能（The organization internally communicates information, including objectives and responsibilities for internal control, necessary to support the functioning of internal control）	控制职责等信息只有有效传达至各执行主体、各执行主体有效实施控制措施，才能有效实施控制措施。同时，组织成员对业务管理活动中其他组织成员对内控目标和责任有清晰的了解，有助于整体团队沟通合作，实现组织整体目标	• 将控制相关要求在岗位职责说明（或发布的文件）中加以明确 • 进行控制要求培训与宣传贯彻 • 最核心的控制要求经责任人亲自确认（签字等形式）	• 各具体业务管理 • 内部沟通 • 人力资源管理	很多企业尽管制定了各类制度要求，但由于缺乏宣传贯彻措施，执行主体未能切实掌握具体控制要求，已对内控实施效果产生了巨大影响，甚至导致整个内控体系经"流于形式"

	15	组织与外部相关各方沟通可能对内控功能发挥产生影响的事项（The organization communicates with external parties regarding matters affecting the functioning of internal control）	任何组织都非孤立存在，其内部活动必然与外部产生各种联系。在必要时，组织需要就沟通内控事项与外部主体进行沟通，以满足外部主体合理利益诉求	• 建立对外沟通内控信息收集、评价机制 • 建立内控信息对外沟通、反馈机制	• 各具体业务管理 • 内部信息沟通 • 经营分析 • 对外披露管理	上市企业已开始以内部控制自我评价报告及内控审计报告作为载体实现对外沟通，但目前仍处于干相对初级的状态
	16	组织选择、设计与执行持续的和（或）单独的评价，以确认内控关键要素存在且仍在持续发挥功能（The organization selects, develops, and/or performs ongoing and/or separate evaluations to ascertain whether the components of internal control are present and functioning）	为确保组织内控体系在正常运转，必须建立有效的监督机制。监督机制可以与业务执行保持一致，从而实现持续监督（如持续地对一类管理活动予以动态监控），也可以采取单独评价方式（如按照一定时间间隔次上执行评价活动）。从组织层次上可划分为业务层面的监督（如财务部门的内部监督）或者组织层面的独立监督（如内部审计）	• 建立针对业务流程中控制点执行情况的检查机制 • 建立针对整体内控运行状况的内控审计机制 • 建立主要由各职能部门实施的内控自我评价机制	• 各具体业务管理 • 内控审计 • 内控评价	我国部分企业无论在具体业务层面还是在公司层面，欠缺有效监督仍属于比较普遍的现象。具体表现为：缺乏独立内部审计力量，缺乏对业务流程关键控制点运行状况的监督要求，缺乏对关键控制点责任人的奖惩等
监督活动（monitoring activities）	17	组织对内部控制进行评价，并及时将发现的内控缺陷报告给那些执行纠正性措施的主体，这些主体包括高级管理层、董事会，具体视情况而定（The organization evaluates and communicates internal control deficiencies in a timely manner to those parties responsible for taking corrective action, including senior management and the board of directors, as appropriate）	通过原则16监督所识别的内控缺陷，应有效传达至负责内控缺陷主体（根据缺陷严重性及影响程度、通常由董事会或者高级管理层负责），并由后者实施相应的整改，以及时弥补内控缺陷	• 建立内控缺陷认定机制 • 建立内控体系缺陷评估、补救方案的确认机制 • 建立内控体系缺陷整改相应责任落实机制 • 建立内控体系缺陷更新机制	• 内控审计 • 内控评价 • 内控体系维护、更新管理	我国部分企业尚不具备系统的内控缺陷识别及补救的能力与意识，及时识别内控风险隐患，或者无法及时进行弥补，经常出现同一重大缺陷"年年查、年年有"的情况，导致严重后果的案例时有出现

① COSO框架（2013版）为了实现较强的普遍适用性，使用"组织"一词代指包括企业、政府、非营利机构在内的各类实体。

② COSO框架（2013版）采用"董事会"指代所有治理层，即代表所有者权益的管理层级。

（2）具体工作路线（见图 6-2）：主要体现为评估、成果编制、试运行等内容。

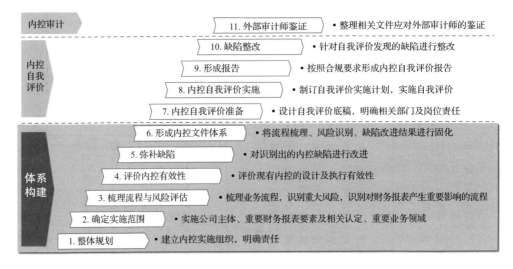

图 6-2   内控体系建设具体工作路线示例

6.1.3   内控体系建设四大成果编制

企业内控体系建设工作的典型成果输出主要包括：内控评价报告、内控手册、权限指引表和风险清单。

1.内控评价报告

内控评价报告是指依据内控规范及其配套指引要求、应遵循的法律法规等，针对企业内控设计及执行现状进行测试后所形成的报告，其核心要素包括：

- 评价范围及评价工作描述。
- 风险及缺陷识别与评价。
- 内控改进建议。

高质量的内控评价报告可以作为企业后续内控优化的重要参考，其编制步骤主要包括：

（1）明确测试与评价的范围及标准（如内控规范及其配套指引、企业规章制度等）。

（2）通过开展问卷调查、业务访谈、抽凭工作等，获取测试及评价所需的信息及证据。

（3）依据评价标准，应用穿行测试、差距分析、专题讨论等方法，识别风险及缺陷，评价内控设计合理性以及执行有效性。

（4）针对风险及内控缺陷提出具有可操作性的控制措施及整改工作方案。

2. 内控手册

《企业内部控制基本规范》第十四条提出："企业应当通过编制内部管理手册，使全体员工掌握内部机构设置、岗位职责、业务流程等情况，明确权责分配，正确行使职权。"内控手册通常包括以下核心要素。

（1）手册基础信息，包括适用范围、使用说明、手册的维护（含编制、生效、维护与更新等）政策、手册配套组织架构及职责、业务循环与流程划分等。关于业务循环与流程划分的相关内容可参看第 5.1 节。

（2）手册业务流程文件，主要包括如下内容。

- 流程概述及适用范围。
- 流程关键名词定义。
- 流程启动条件，如达到某时间节点或某业务活动发生时启动流程。
- 流程主导及参与部门与岗位。主导部门与岗位是指在流程中发挥主要作用的部门与岗位，如预算管理流程主要由财务部主导，其他部门与岗位为参与部门与岗位。
- 该流程与其他流程间的衔接关系，包括如前置、后置以及嵌套等关系，比如在采购、销售等业务流程中一般会嵌套合同流程、资金收付流程等。流程间的衔接关系示例可参看图 5-2 "采购业务循环的流程关系图示例"。

上述要素的示例如图 6-3 所示。

- 流程图：用图形形式直观说明部门与岗位的职责、需执行的业务动作及实施顺序、文档与表单使用及其流转方式。
- 流程步骤说明：以表格形式对流程各环节的工作步骤细节、职责归属以及文档与表单使用情况等进行更加详细的描述。其中，工作步骤描述与流程图步骤通过编号一一对应。

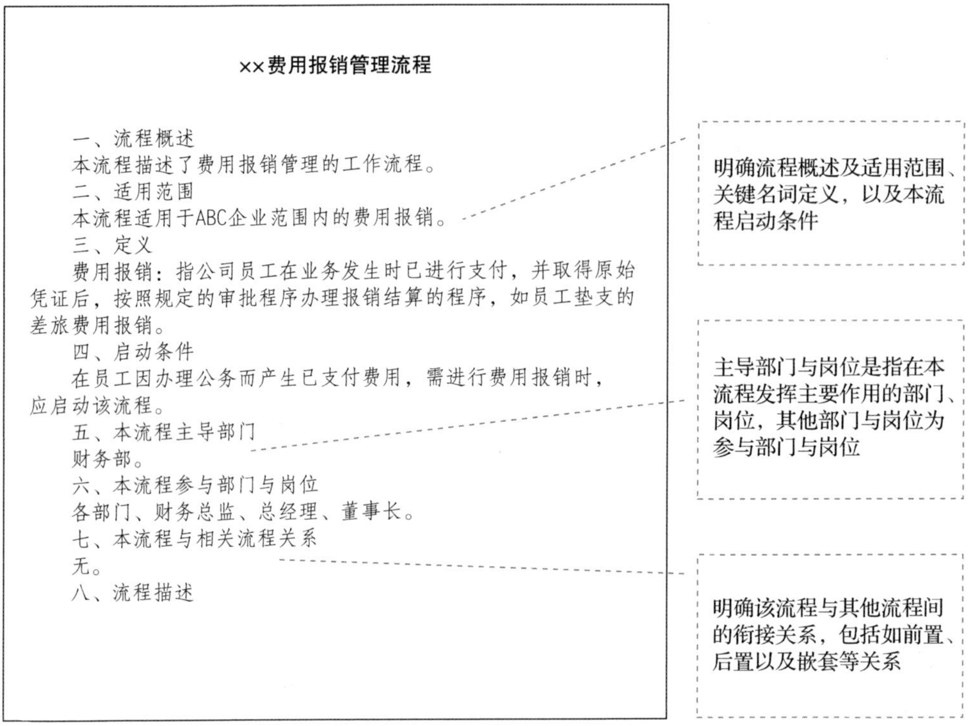

××费用报销管理流程

一、流程概述
本流程描述了费用报销管理的工作流程。
二、适用范围
本流程适用于ABC企业范围内的费用报销。
三、定义
费用报销：指公司员工在业务发生时已进行支付，并取得原始凭证后，按照规定的审批程序办理报销结算的程序，如员工垫支的差旅费用报销。
四、启动条件
在员工因办理公务而产生已支付费用，需进行费用报销时，应启动该流程。
五、本流程主导部门
财务部。
六、本流程参与部门与岗位
各部门、财务总监、总经理、董事长。
七、本流程与相关流程关系
无。
八、流程描述

明确流程概述及适用范围、关键名词定义，以及本流程启动条件

主导部门与岗位是指在本流程发挥主要作用的部门、岗位，其他部门与岗位为参与部门与岗位

明确该流程与其他流程间的衔接关系，包括如前置、后置以及嵌套等关系

图 6-3　内控手册业务流程文件要素示例（1）

上述要素的示例如图 6-4 所示。

● 政策与标准：明确流程管理政策及执行标准。需要强调的是，政策、标准与流程是一个有机整体。一方面，流程设计应遵循政策及标准的要求；另一方面，政策及标准应对流程设计形成补充。其中，"政策"的功能是阐明管理流程执行过程中应遵循的原则或一般管理要求，例如"各部门提报资料应保证及时性、真实性、完整性""在与客户交流过程中应保持礼貌，同时应遵守沟通规范，如保密规范""在设备操作过程中应严格遵循操作规程和安全规程"等。企业人员在执行流程的过程中，需要同时考虑政策要求。"标准"的相关内容可参看第 4.13.3 节"工作标准的制定"。

该要素的示例如图 6-5 所示。

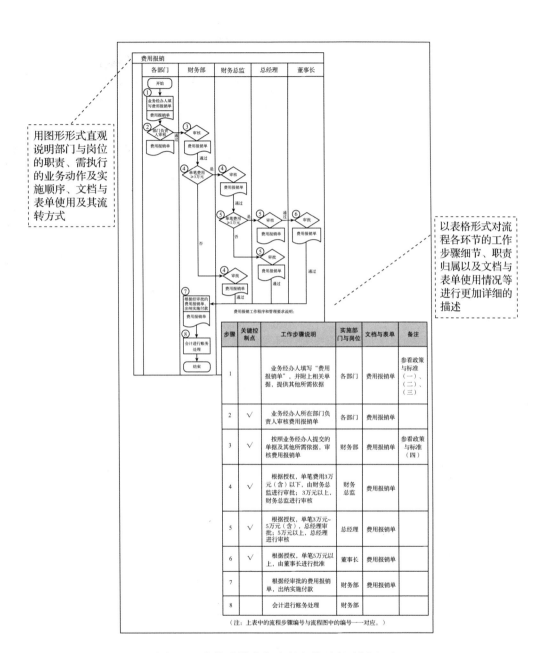

图 6-4　内控手册业务流程文件要素示例（2）

注："审核"或"审批"未通过的情况下，流程图走向为返回上一级或结束。考虑到流程图的清晰
　　性与美观性，故予以省略。

　　九、政策与标准

　　（一）费用报销单据实填写，签字确认，按财务部时间要求及时上交。

　　（二）费用报销单填写应规范、完整，如大小写金额书写应正确、一致等。

　　（三）费用报销单的填写事项应与发票内容、支持性资料保持一致，且支持性资料能有力支撑费用发生的真实性。

　　（四）业务部门应确保费用发生的真实性和合理性。

　　（五）财务部审核注意事项：

　　1. 发票等票据的合规性；

　　2. 发票日期与费用报销日期应大体一致，一般不得跨年度报销；

　　3. 报销金额与发票等票据金额的一致性；

　　4. 报销事项与发票等票据所体现内容的一致性；

　　5. 报销单据审核审批的完整性；

　　6. 费用报销是否在预算内；

　　7. 对不符合规定(公司制度、法律法规、政府要求）的付款拒绝支付。

　　（六）如涉及备用金的，则通过冲减备用金方式完成报销。

> 明确流程管理政策及执行标准

图 6-5　内控手册业务流程文件要素示例（3）

- 各主要部门及其相关职责：归纳各部门与岗位在流程中的主要工作职责。

- 关键事件权限设置：明确流程中关键事项的主导部门、审核审批部门与岗位，体现其完整审批流。

- 主要文档与表单使用情况：总结流程中文档与表单的产生、流转及归档要求。

- 其他管理要求：列示前述内容中未尽管理要求。

- 与流程相关的其他管理制度：列示与本业务流程相关的管理制度。

上述要素的示例如图 6-6 所示。

- 版本管理信息：流程可能因要求变化而被更新，需进行版本号管理并记录更新内容。

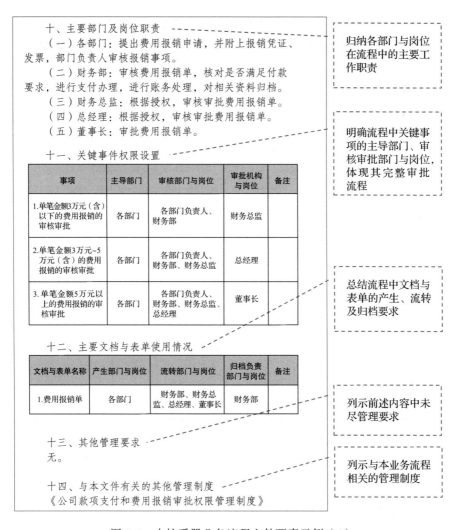

十、主要部门及岗位职责
（一）各部门：提出费用报销申请，并附上报销凭证、发票，部门负责人审核报销事项。
（二）财务部：审核费用报销单，核对是否满足付款要求，进行支付办理，进行账务处理，对相关资料归档。
（三）财务总监：根据授权，审核审批费用报销单。
（四）总经理：根据授权，审核审批费用报销单。
（五）董事长：审批费用报销单。

归纳各部门与岗位在流程中的主要工作职责

十一、关键事件权限设置

明确流程中关键事项的主导部门、审核审批部门与岗位，体现其完整审批流程

事项	主导部门	审核部门与岗位	审批机构与岗位	备注
1.单笔金额3万元（含）以下的费用报销的审核审批	各部门	各部门负责人、财务部	财务总监	
2.单笔金额3万元~5万元（含）的费用报销的审核审批	各部门	各部门负责人、财务部、财务总监	总经理	
3.单笔金额5万元以上的费用报销的审核审批	各部门	各部门负责人、财务部、财务总监、总经理	董事长	

十二、主要文档与表单使用情况

总结流程中文档与表单的产生、流转及归档要求

文档与表单名称	产生部门与岗位	流转部门与岗位	归档负责部门与岗位	备注
1.费用报销单	各部门	财务部、财务总监、总经理、董事长	财务部	

十三、其他管理要求
无。

列示前述内容中未尽管理要求

十四、与本文件有关的其他管理制度
《公司款项支付和费用报销审批权限管理制度》

列示与本业务流程相关的管理制度

图 6-6　内控手册业务流程文件要素示例（4）

3. 权限指引表

权限指引表是将企业的核心职责事项、权限类型与部门及岗位进行匹配，以明确权限设置。权限指引表一般采用矩阵表格形式（见表 6-2），在编制时应注意以下几点。

（1）根据业务循环划分，梳理权限事项。

（2）明确权限类型，如申请、审核、审议、审批以及知会等类型。

（3）明确权限来源：权限可源于法律法规、章程、授权文件、制度、内控手册等。

（4）当权限变化时，应及时调整权限指引表。

表 6-2　权限指引表示例

序号	事项类别	权限事项	权限划分（提、知、审、议、决、执）												权限依据	备注
			常设岗位 / 部门 / 机构								非常设机构					
			执行董事 / 总经理	主管副总经理	总经理办公会	人力资源部	财务部	科技发展部	生产经营部	法务部	监察审计部	党委	技术经济委员会	安全生产委员会	风控联席会	预算委员会		
3	合同管理	产品销售合同签署（金额超过 1000 万元）	决	审 4	议 2		审 2		审 1	审 3	知	议 1					《经营合同管理办法》	对于"三重一大"事项，党委审议需前置

注：1. "提"指"提出、申请"，"知"指"被告知"，"审"指"审核"，"议"指"审议"，"决"指"审批、决定"，"执"指"具体执行"。

　　2. "审 1""议 2"等中的数字代表完成权限动作的先后顺序。其中，"审"通常在"议"之前，如有特殊情况需在"备注"栏说明。

4. 风险清单

风险清单是指企业根据自身战略、业务特点和风险管理要求，以清单形式进行风险识别、风险分析、风险应对措施制定、风险报告和沟通的工具方法。企业应用风险清单的主要目标是使企业系统掌握自身存在的重大风险，明晰各相关部门的风险管理责任，规范风险管理流程，并为企业构建风险预警和风险考评机制奠定基础。典型风险清单示例如表 6-3 所示。"风险清单"的编制过程，可参看第 3.2.5 节"风险评价成果输出"。风险清单编制的关键点如下。

（1）建立风险基础信息收集、风险识别、风险评价基本流程。

（2）明确各项风险的具体控制措施及风险责任部门与岗位。

（3）对风险清单进行动态维护。

表 6-3 典型风险清单示例

循环	风险描述	风险类型	风险级别	责任部门与岗位	控制措施	内控手册索引号
10-营运资金管理	R2-1 银行账户开立未经恰当审核审批，可能导致账户不满足经营需求，或导致账户失控，出现资金风险	运营	重要	财务部	经过财务部部长审核、财务总监审批后方能办理银行账户开立	银行账户管理流程第 3～4 步各关键控制点

此外，除了上述举例的典型内控成果，企业可根据实际管控需求，编制制度汇编、风险评估手册等其他内控成果。

5. 内控成果质量特征

（1）内控成果间的一致性。

在多种内控成果并存的情形下，企业应在内控成果之间保持一致性，如风险清单中的控制措施应在内控手册中得到体现，内控手册不能与管理制度相抵触。

（2）内控成果的可理解性。

企业在编制内控成果时，应选择恰当的表述与表现形式（如流程图、表格等），使内控成果易于阅读、理解、索引及查找。

（3）内控成果的可操作性。

企业应通过明确操作细节（如控制活动细节、控制措施的执行部门与岗位等）提高内控成果的可操作性。关于"可操作性"，相关内容可参看第 6.5.2 节"提高内控'可操作性'"。

（4）内控成果的落地。

企业应通过培训、宣传贯彻及考核，营造健康的控制环境，促进成果落地执行。

（5）内控成果的动态更新。

各项内控成果在执行过程中，当内外部环境及其他因素发生变化时，应及时评价并更新内控成果。

关于内控成果的落地及动态更新可参看第 6.5 节"内控体系的落地"。

6.2　内控体系中的关键闭环

6.2.1　"碎片企业化"内控：企业问题"症状解"

随着我国企业管理者内控意识的逐步加强，很多企业开始逐步制定各类内控措施。然而，我国一些企业仍然普遍地、显著地存在内控体系各环节间相互脱节的问题。内控体系"碎片化"，已成为困扰我国企业管理水平持续升级的重要因素。企业内控"碎片化"通常表现为：

- 似乎企业所有的业务领域都得到了管理，但仍会在关键环节出现问题。
- 当前看似已经解决的问题，后续仍然重复出现。
- 解决一个问题，却会出现另一个甚至更严重的问题。
- 流程似乎健全，但无法得到理想的流程输出结果。
- 企业各部门在实现了专业分工的同时，却莫名导致了严重的管理割裂。
- "意料之外"的问题频繁发生。

彼得·圣吉在《第五项修炼》里提到，问题的解决方案既有"根本解"，也有"症状解"。"症状解"能迅速消除问题的症状，但只有暂时的作用，而且往往有加深问题的副作用，使问题更难得到根本解决，而"根本解"是解决问题的根本方式，只有通过系统思考，看到问题的整体全貌，才能发现"根本解"。

闭环式管理由平衡计分卡创始人罗伯特·卡普兰（Robert Kaplan）和戴维·诺顿（David Norton）在《闭环式管理：从战略到运营》一文中提出。概言之，闭环管理通常是指企业管理中有规划、有布置、有落实、有检查、有反馈、有改进的一个闭合环式管理。

相对于"碎片化"，"闭环"会体现出系统、周全、动态性、以终为始的特点。从"碎片化"内控向"闭环"内控的转变，本身就是从"症状解"向"根本解"的过渡。企业内控体系的有效建立，需要基于"全局化"视角，在设计过程中着力构建一系列重要"闭环"。

6.2.2　"闭环"内控：企业问题"根本解"

1. 告别"控制重点碎片化"：建立"战略管理与内控体系闭环"

企业出现"控制重点碎片化"问题的典型现象包括：

- 内控体系忽视企业发展阶段和当前重点工作目标。
- 片面追求内控体系全覆盖，甚至照抄其他企业的成熟制度流程。

例如一家企业，其核心战略是同行业并购，然而其看似完善的制度流程体系（人事、行政等规范制定得非常详细）中却未见投资管理相关的内容，这将直接制约投资管理活动的开展。

企业的各项活动、资源投入都应该紧密围绕企业的整体战略展开，内控体系的搭建也是如此：企业内控体系应根据并分解企业整体战略，制定控制目标，识别可能威胁目标实现的主要风险，进而根据风险评价结果制定相应的控制措施，且控制措施的实施和输出又可支持战略目标的实现。"战略管理与内控体系闭环"应该表现为：

1）识别重点管理范围。企业通过战略分解形成企业核心业务内容，企业内控体系应该全面涵盖并支撑核心业务的开展。在企业运营过程中，重要的业务事项应能找到对应制度流程，而制度流程能够有效反映业务事项内的重点管控内容。

2）突出重点风险。企业应从战略视角来识别和评价各类风险，即以各类风险对战略目标的影响程度来判断风险等级。

实现"战略管理与内控体系闭环"（见图6-7），一方面，企业应规范执行各项战略管理工作（发展战略和规划、投融资计划、年度经营目标、经营战略等）；另一方面，企业需打通战略管理工作与内控工作之间的接口，紧密围绕企业战略重点业务内容开展职责梳理、制度流程设计、风险评价等工作。

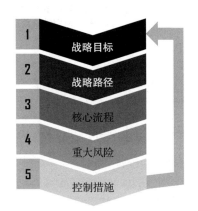

图 6-7　战略管理与内控体系闭环

2. 告别"风险识别碎片化"：建立"全面风险识别闭环"

全面的风险识别是有效制定控制措施的前提，而"风险识别碎片化"则表现为企业欠缺系统的风险识别能力，终难免出现"风险死角，挂一漏万"。

例如，在 2018 年长安信托造假案中，刘某首先按企业要求把做好的合同交至企业合规部审核、盖章，他拿到盖好章的合同后，将里面约定投资范围限制性条款的那一页抽出来，然后替换为私自更改的一页，把原合同中投资范围限制性条款"不包括中小企业私募债"更换为"中小企业私募债"，并删除了这句话下面的三段关于证券评级方面的限制，把整页的行距加大，之后将这份更换后的合同直接寄给执行方华泰柏瑞。华泰柏瑞盖完章后又寄给刘某，他又把原来不允许投资私募债的那一页换回，拿到企业存档。整个过程长安信托业务及合规等部门并未察觉。事后，刘某与资金掮客伪造虚假的资产估值表提供给长安信托以掩盖资金实际投资方向。该案例中各方关系如图 6-8 所示。

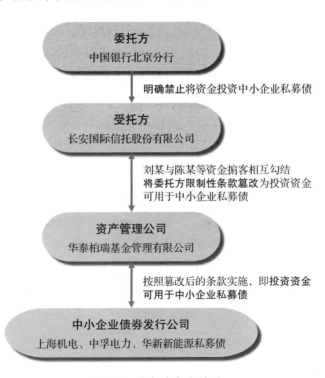

图 6-8　案例中各方关系

可见，在整个流程中，长安信托已采取了一系列控制措施（如由合规部门对合同草案进行审核等），但未能充分识别在已用印合同与合同对手交接阶段的风险，使得刘某利用与华泰伯瑞在合同交接过程中"单线联系"的机会成功实施了舞弊。

资料来源：信托公司现"内鬼"涉案资金超 8 亿元，2019 年 1 月 18 日，网易财经。

企业实现"全面风险识别闭环"（见图 6-9），一般可以从如下三个角度展开。

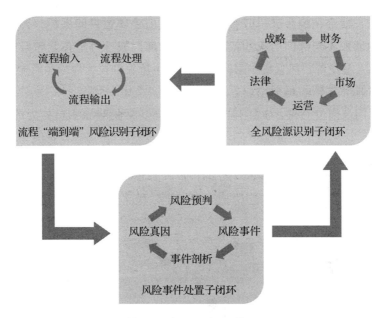

图 6-9　全面风险识别闭环

（1）从风险源的角度，风险识别应该涵盖各类主要风险源，例如《中央企业全面风险管理指引》中所归纳的战略风险、财务风险、市场风险、运营风险、法律风险五大类风险。

（2）从业务流的角度，风险识别应该实现"全流程"以及"流程端到端"，即应针对所有主要流程进行风险识别，而在具体流程层面，风险识别应涵盖"端到端"。

（3）从风险事件处置角度，应完善事前风险预判、已发生风险事件剖析总结等具体管理活动。

3. 告别"人员因素碎片化"：建立"流程、职责、素质及'权责利'闭环"

"人员因素碎片化"是指企业在内控体系中对"人"的因素缺乏系统考虑，通常的表现形式为：

（1）流程与职责缺乏匹配，流程中各项工作的职责归属不清。例如，一家企业耗费巨大精力完成了流程设计，但因为部分关键职能在相邻部门间纠缠不清，而最终导致流程管理收效甚微。

（2）岗位与人员素质缺乏匹配。如果各岗位上人员的专业素质无法支撑对应岗位职责，那么即使流程清晰、职责明确，也无法形成有效的管理绩效。某董事长认为企业长期存在的各部门分散采购的情况已经导致采购失控，为实现集中采购拟大幅度增加采购部门的采购范围，但采购部门缺乏熟悉各业务条线具体采购需求的专业人员配备，一旦集中采购即可能产生巨大的技术风险（采购结果无法有效满足使用部门需求），导致企业迟迟无法真正实施集中采购。

（3）部门及岗位"权、责、利"三者不对等，可能导致人员行为的严重异化。例如，在"有权无责"的情况下，人员可能过度冒险；在"有权责但无利"的情况下，人员则会缺乏激励，工作懈怠。

针对上述问题，企业应建立"流程、职责、素质及'权、责、利'闭环"（见图6-10），其关键要素包括：

图 6-10   流程、职责、素质及"权、责、利"闭环

第一，流程步骤通常应明确针对具体业务事项的操作步骤，同时需要明确各操作步骤所对应的部门及岗位职责。

第二，根据流程、职责的要求，应明确各具体岗位人员的专业胜任能力。在企业实际操作中，则体现为业务部门、制度流程管理部门与人资部门应充分配合，确保部门、岗位职责与人员招聘要求、培训以及考核筛选要求内在一致。

第三，对于具体部门和岗位，应根据其职能，实现"权、责、利"对等，即拥有具体的业务权限，则必须承担对应的责任，同时享受对应的利益。在企业具体操作中，则体现为针对特定部门和岗位的权限、绩效和考核机制。

第四，从动态发展的角度看，则表现为企业依据流程要求不断调整人员结构、素质的动态过程。

综上，两个企业具备完全相同的业务流程，但可能因为执行人员自身的差异而产生迥异的执行结果。反言之，具备相同胜任能力的人员，也可能在不同的流程设置中对企业发挥完全不同的价值。例如，在有的企业中，财务专业人员会在项目立项、成本核算、合同签订等关键业务活动中提供非常有价值的输入，而在另一些企业，则仅仅是一个操作层面的"账房先生"，价值差异显而易见。

4. 告别"时间维度碎片化"：建立"事前、事中与事后管控闭环"

"时间维度碎片化"是指企业内控体系在时间维度上形成割裂，典型表现为：

（1）只有出现了问题时，企业才会着手解决，缺乏针对问题的预判。

（2）企业只会用最直接的方式解决眼前已经出现的问题，不考虑当前的解决方案能否在长期内有效，更不考虑与企业长期发展相伴的各类变化因素。

例如，很多企业领导发现应收账款收不回来了，就责成对应销售人员去催；发现车间现场脏乱，就责令车间人员去清扫。事实上，降低应收账款收回难度更根本的方法应该是在销售前加强对客户的信用风险评估，在销售过程中加强对客户的监控，以及在销售后对账期进行跟踪控制；解决车间脏乱问题，则需要明确车间相关人员的工作职责、制订与车间清扫有关的工作计划并且加强现场检查。

在企业，无论是常规工作事项，还是"一事一议"的非常规事项，都应该建立涵盖"事前、事中与事后管控"的闭环，做到"计划先行，持续跟踪，事后评价反馈"。

以某企业的财务管理为例。

- 事前规划：企业在制订各项工作计划时，充分考虑财务预测及财务绩效期望。
- 事中控制：财务职能应持续关注财务事项规范性，同时不断将财务执行情况与事前计划进行比对并进行偏离分析及管理。例如，在工程项目工程款支付过程中，财务职能应对如下工作：①该工程项目是否属于经规范立项审核的项目；②相应款项支付是否经过专业部门的量价确认，相关原始凭证是否完整、规范；③所支付款项是否在适用资金预算范围（资金预算的制定同时要与整体工程预算存在合理的钩稽关系、对应合理性，这也是财务职能需要进行专业关注的事项）之内，如存在预算外支付是否经过预算外管理流程。

● 事后评价与反馈：应从财务指标的角度，对业务执行情况进行客观及时的反馈。

"事前、事中与事后管控闭环"如图 6-11 所示。

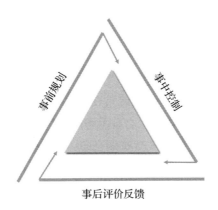

图 6-11　事前、事中与事后管控闭环

另外，有一些控制措施本身在建立过程中即需要"时间"变量的持续积累，比如对于高质量供应商库的建立，短期内往往难以达成，通常只能基于持续积累，在长期内逐渐积累形成。

5. 告别"流程衔接碎片化"：建立"流程衔接闭环"

企业出于专业分工、职能归口等考虑，会在企业架构中设置各类专业部门与岗位。但实际操作中，这种设置极易出现"部门墙""流程断点"，导致业务流、信息流被切断，对企业整体经营效率产生巨大影响。

例如，一家企业的财务部门职责中包括合同审核，然而，财务部门拿到合同时，常常既不知道这份合同前期履行了什么程序，也不清楚财务审核之后合同还将履行什么程序，财务部门只能基于自己的判断确认审核范围和审核重点，审核效果大打折扣。

某药企在研发过程中，"中试"阶段需要使用特定研究相关设备，但由于采购部门未及时启动对应设备采购工作，导致在前期研发工作完成后无法及时推进至"中试"阶段，严重影响研发工作进度。

管理流程需要进行紧密衔接，但经常被忽略的典型例子包括：

（1）"设备采购流程"与"设备资料档案流程"脱节，导致设备资料遗失，查阅混乱等问题。

（2）"采购验收流程"与"供应商评价流程"脱节，导致供应商缺乏有效评价，供应商整体质量低下等问题。

（3）各类业务管理流程与"合同管理流程"脱节，导致合同评审缺失，合同评审效率低下等问题。

（4）业务职能与法务及财务职能脱节，如财务付款阶段，未明确规范规定不同业务应提交的单据，影响执行效率；对持续性多笔付款又缺乏跟踪（如研发外包进度付款），甚至出现重复付款。

建立"流程衔接闭环"（见图 6-12），企业应该做到：

第一，在企业层面制定完整的流程体系框架，确保相关流程间能够相互支撑。例如，企业拟制定供应商评价流程，则需要为此流程设置能够输出供应商表现数据的配套流程（如采购验收流程输出供应商供货验收合格率数据）。

第二，在具体部门、岗位层面，明确流程间的衔接接口。例如，在财务支付流程层面，应明确各类可能产生款项支付需求的流程的输出要求，如应形成的记录、应获取的原始凭证、应获得的管理层授权等。

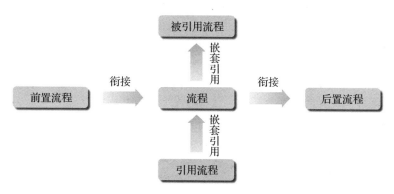

图 6-12　流程衔接闭环

6.告别"内控执行碎片化"：建立"内控体系落地闭环"

内控执行碎片化是指企业缺乏对制度流程自身的系统管理，导致制度流程实际落地执行效果大打折扣，甚至流于形式，其典型表现形式有：

（1）成文制度流程发布之后，无强有力的宣传贯彻手段，员工实际掌握情况也无有效的反馈手段。

（2）成文制度流程发布之后，对制度流程的执行效果无有效的反馈手段。

（3）对成文制度流程自身缺乏有效的维护机制，要素缺失，版本混乱。

针对这些问题，企业必须克服"制度只要发布了就一定会得到执行"的错误观点，构建"内控体系落地闭环"（见图6-13）。"内控体系落地闭环"的关键因素包括：

- 围绕成文制度流程的维护管理机制，如制度流程的分类、分级、要素、归口部门、版本、发布、修订、生效等工作内容。
- 成文制度流程发布后的培训、宣传贯彻工作机制，包括针对员工的制度流程培训、答疑等工作内容。
- 员工对成文制度流程掌握情况的反馈、考核机制，如员工制度流程掌握情况测试、反馈及结果考核等工作内容。
- 成文制度流程执行效果反馈机制，包括制度执行意见与建议反馈、内控评价等工作内容。

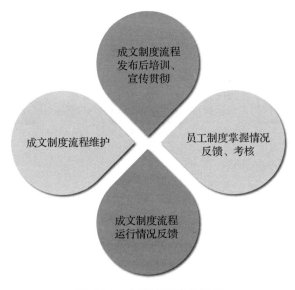

图 6-13　内控体系落地闭环

企业自身是一个复杂的系统，为了真正提升企业管理水平，企业内控体系必须具备系统化、动态化的特征。企业内控本身是一个渐进的过程，初期通常会呈现"碎片化"的特征，但从长期来看企业不能止步于"碎片化"，而必须不断努力建立内控闭环，这样才能从根本上发挥内控体系的价值，提升自身核心竞争力，支撑企业战略目标的实现。

6.3　企业中高层在内控中的角色

由于内控"从上至下"的特征，企业高层在内控体系中的作用非常突出。从正面讲，高层方法正确、全力推动，是内控工作取得成效的重要保障。从反面讲，如果高层自己内控意识淡薄，那么内控工作开展必然举步维艰。更有甚者，如果高层无视内控甚至将自己凌驾于内控之上，则会导致内控彻底无效。因此，"管理层凌驾"被视为内控内在局限性之一（另一个内控内在局限性为"串通舞弊"），这一点在华润集团宋林案[一]、云铜邹韶禄案[二]、中国移动鲁向东案[三]、中石油王永春李华林案[四]等重大案件中已得到突出体现。

6.3.1　一把手应该亲力亲为的八件事

笔者与不少企业内控工作归口管理部门的同人交流过，他们有一个普遍的观点，即企业建立有效的内控体系并发挥效果必须得到一把手的支持，成为所谓"一把手工程"。然而，我国很多企业一把手工作繁忙，加之我国部分企业的制度文化、风险管理文化缺失，一把手往往将内控视为执行层面的事务，交给具体部门去解决，使得内控体系高度先天不足，制约其管理价值的发挥。

在内控方面，一把手究竟需要做什么呢？笔者认为，"谱调子，定战略，找支撑，用法子"四个层面八件事情，必须由一把手亲力亲为，切不可当甩手掌柜。这八件事情如不到位，企业内控体系要么缺乏整体支撑，要么缺失关键要素，最终

㊀　资料来源：华润（集团）有限公司原党委书记、董事长宋林严重违纪违法被开除党籍，中共中央纪律检查委员会，2015 年 9 月 11 日。

㊁　资料来源："云铜窝案"揭秘：言传身教"邹老大"拉下三高管，中国新闻网，2009 年 1 月 8 日。

㊂　资料来源：中国移动原副总经理鲁向东因受贿被判处无期徒刑，中国共产党新闻网，2013 年11 月 25 日。

㊃　资料来源：中石油通报 4 名高层涉嫌违纪接受调查情况，新华社，2013 年 8 月 29 日。

造成内控体系"如墙上芦苇，头重脚轻根底浅"，对企业产生严重负面影响。

第1件事：认同内控理念

在企业正式推动内控建设前，一把手首先必须在管理理念上进行必要的调整，理解并接受一系列企业内控的核心观点。

内控核心观点可以概括为企业应基于风险评价结果，通过规范组织架构、职责体系、流程设置等手段对风险进行控制，以实现企业战略目标。与之相对应，我国企业一把手需要调整的典型管理观念如下。

一是主要基于"信任"进行管理。在缺乏制衡、监督的管理环境下，一把手的管理过程主要建立在信任的基础上，这种信任既包括对特定人员能力的信任，也包括对特定人员诚信度的信任，但管理效果往往比较尴尬。比如在一家企业，一工人未严格遵循安全操作规程，致其高空坠落重伤，董事长却将原因归结为工人"人不够机灵，身体不够强壮"等个人能力因素。而很多企业中普遍存在的不相容职责未分离的现象（如会计兼任出纳，仓管兼任记账，审核审批兼任执行等），则可以理解为一把手对人诚信度的信任。比如某企业一工程总监未严格遵循采购规程，通过手段指定某家供应商实施企业装修工程后离职，后审计发现采用该供应商比市场同级别供应商多花费两百余万元，报告至董事长后，董事长说："当初我不该那么信任他啊！"

二是主要基于"事事请示"进行管理。事实上，这体现了一种"用人管人，用人管事"的观点。客观上讲，"法制"和"人治"各有利弊，前者可能导致僵化，缺乏变通；后者则受制于管理人员的能力和视野。在企业的管理实践中，两者间应有一个平衡。一般而言，对于常规的、成熟的业务事项，采取规范化制度管理的方式，会显著提升效率并有效控制风险。

内控是一项长期的工作，一把手若仅对内控理念"表面接受"，往往也只能带来短期化、形式化的效果；长期内，企业因内控缺陷形成的"疼痛顽疾"则会出现反复。

第2件事：设定企业内控整体基调

任何企业内控的运行，都必须建立在一定的内控环境基础之上。而内控环境的建设，要求一把手必须为企业内控设定清晰的管理基调，并且用有效的方式在企业中进行宣传贯彻。一般而言，内控关键基调包括职业道德、诚信、合规、职业化等内容。

一把手可以通过演讲、正式邮件、视频讲话、接受媒体采访等多种渠道宣传贯彻方式阐述基调。比如，京东创始人刘强东曾在内部培训会上放出惩治舞弊的"狠话"；又如在华为引入 IBM 咨询服务的过程中，任正非强调"我们切忌产生中国版本、华为版本的幻想。引进要先僵化，后优化，再固化。在当前两三年之内以理解消化为主，两三年后，允许有适当的改进"⊖。

基调本身并不形成具体的内控措施，但基调奠定了企业制定各类政策、流程的原则基础，更会潜移默化地影响员工的日常行为，能够促进内控中的重要载体"制度"突破形式，落脚实质。这既是一把手的软实力，也是企业的核心竞争力之一。具体可以从以下几点着手。

（1）盯紧制度设计的根本目的。在整个制度执行的过程中，制度设计人以及执行人都应关注制度的制定目的，而非制度设定的程序形式。

（2）突出"企业长期价值 > 眼前蝇头小利"：内控体系以实现企业长期价值为出发点，眼前的利益必须让位。

（3）突出"企业整体价值 > 局部既得利益"：内控体系关注的是企业整体利益最大化，部门、业务线条、重要岗位的局部利益必须让位。

（4）尊重规则：先去执行，再谈改进。尊重规则是每一个专业人员必须具备的素质，面对可能存在瑕疵的制度，应该做到：先严格遵守，再积极评价是否需要改进。

（5）企业所有成员：既是制度遵守者，也是制度设计者。内控体系的建立过程本身就应该是企业所有成员智慧的汇集，从这个意义上说，企业成员必须理解自己不仅是制度的遵守者，同时更是制度的设计者。因此，遵守制度就是尊重自己的成果。

（6）建立完善的制度与流程评价更新机制。为了让制度动态化地配合经济环境的变化，制度与流程的更新应成为企业的常态工作。

（7）奖励守规矩的"游戏参与者"。对严格遵守制度的企业成员，企业应该积极给予精神与物质上的奖励。

第 3 件事：确认内控体系所需的战略输出

企业战略的制定是"自上而下"的过程，关键是明确战略目标（what to do，即企业希望做到什么）和实施策略（how to do，即企业准备以怎样的方式或路径来实现这些目标），具体通常表现为战略规划、中长期规划以及年度工作计划等战略输出。战略输出只有经过了企业一把手的主导和确认，才能确保其有效性和可执

⊖　任正非：20 年前华为花 40 亿元的咨询费到底值不值，2019 年 8 月 9 日，腾讯网。

行性，方可以作为解决以下两类内控核心问题的前提。

（1）需要建立哪些关键制度流程？企业的战略若涵盖大规模的市场拓展，则企业就需要建立与市场拓展工作相关的组织架构及配套制度流程。

（2）需要管理哪些重大风险？即有哪些重大威胁因素会影响战略目标实现或有碍于具体实施策略的执行？比如企业的战略中涵盖境外市场拓展，则企业就需要重点关注海外市场风险、国外法律风险、外币风险等风险因素。

很多企业，基于一把手自身的原因，战略输出往往存在不明确、不稳定的问题，导致内控体系缺乏方向和目的，这将对企业的整体运营效果产生实质性影响。

第4件事：确认关键风险评估结果

有效的风险评估是制定内控措施的逻辑前提。在风险评估过程中，基础准备工作（如形成初步风险评估结论）可由执行层来承担，但对风险评估结果的最终定调，必须由一把手亲自完成。一把手不仅需要确认重大风险的评价结果，还必须就针对这些风险的基本态度及策略给出意见，否则会出现如下两类常见的情况。

（1）执行层所识别的风险，并未得到一把手的确认，导致在后续风险管理过程中难以得到一把手的支持，甚至被一把手直接否定。比如一家企业的财务负责人基于历史销售回款情况认为企业销售信用风险过高，进而从财务角度制定了信用管理制度。在制度正式发布时，一把手并未明示反对。然而，财务负责人随后通过与一把手的几次交流，逐步意识到一把手其实认为企业信用风险完全可控，财务负责人的举动完全是束缚企业发展的"小题大做"。财务负责人在心灰意冷之余，不再严格执行该制度，最终让该制度"形同虚设"。

（2）一把手所意识到的重大风险，在企业执行层面未得到有效、完整的识别和管理。笔者曾经与一位董事长交流，他坦承，尽管他个人已经意识到强监管环境下企业所面临的税务、劳动纠纷等风险，但自己企业各个相关部门平时有没有充分关注并制定相关风险应对措施，他心中毫无概念。

一把手需基于执行层面的风险评估工作，明确风险评估结论，推动企业形成一致的风险应对策略，这样才能在企业运行过程中对风险实现高效管理。

第5件事：进行清晰明确的授权

内控体系中的一个关键构成要素是授权体系，而企业授权体系的关键边界在于一把手对下属（即对执行层）的整体授权。

一把手含糊的、口头的授权，可能导致各级下属无所适从，使得企业进入"事事请示"轨道，降低整体系统的运行效率。例如，有一家企业的各类合同，一把手时而表示"不需要看了"，时而表示"要看一看"。久而久之，企业各部门的合同都会给一把手，一把手表示不胜其烦，合同经办部门也不知道一把手会不会看，什么时候会反馈。

另外，一把手必须理解"授权不是放权"，对下放的权力事项需要建立监督与反馈机制，否则可能导致授权失控。又如，一家企业在没有任何制约机制的前提下，将与销售有关的主要关键权限（包括接单权、赊销权、发货权、客户管理权等）全部赋予销售部，最终导致企业信用失控，飞单严重。

第 6 件事：进行必要的内控技术决策

在内控体系建设过程中，很多问题通过部门层面的讨论是能够得到基本结论的。但对于一些关键决策（例如两个部门之间长期模糊职责的最终界定，在存在争议的多项控制措施中进行最终选择等），必须一把手"一锤定音"，才能保障内控体系权责清晰，有效运转。

一家企业在组织架构调整过程中，其管理层对仓储部门的设置方式产生了争议（是归属于采购部门，还是生产部门或单独设置）。在一把手犹豫不决的这段时间里，仓储物流各环节扯皮不断，经营效率显著下降。事实上，前述每一种设置方式各有利弊，这时，需要一把手尽快做出清晰的决策，并且对后续配套措施设计情况进行跟踪。

第 7 件事：落实内控监督奖惩

如果缺乏监督奖惩机制，那么内控措施将难以落地。在监督奖惩机制运行过程中，一把手需要充分参与如下两方面的工作。

（1）对企业监督机制的基本设计和运作思路进行决策。常见的决策事项包括：是否建立审计部、反舞弊机构，以及监督部门向谁汇报等。以万达为例，其内审部门直接向王健林汇报工作，以保证其具备突出的独立性和权威性。

（2）亲自操刀针对中高层的奖惩，特别是重大事件。例如，在 2011 年阿里巴巴 B2B 企业 CEO、COO 引咎辞职案中，马云亲自以内部邮件方式向集团全员通报。所谓"慈不掌兵"，在大是大非面前，一把手必须落实监督奖惩，毫不含糊。

第 8 件事：以身作则

在一家企业，一把手习惯跳过企业制度程序进行决策，经过一段时间后，执行层对企业一些重大决策基本上不再发表意见，形成了一把手"一言堂"的局面。

在另一家企业，一把手针对企业普遍存在的午间饮酒现象发布禁令。有一次，一把手因宴请重要客人，喝了一口红酒，宴请之后直接到财务部给自己开了一张 7000 元罚单用作员工福利。消息传开，企业午间饮酒现象基本绝迹。

所谓"上行下效"，一把手绝不能带头违反企业内控要求，否则必定影响企业内控执行效果。相反，如果一把手带头遵守内控要求，则会让内控要求深入人心。

企业内控建设不仅需要一把手口头上的支持，更需要一把手实实在在地参与。企业内控健全，运营高效，最大的受益者是一把手自己。从这个角度出发，企业一把手认真做好以上这八件事，想必也是值得的！

6.3.2　企业中高层角色分工

除了一把手，企业治理层与管理层在内控建设中同样发挥着重要作用，其关键职责等如表 6-4 所示。

表 6-4　内控工作关键角色、关键分工及常见问题

序号	关键角色	关键分工	常见问题
1	企业股东、所有者、实际控制人	• 整体上以可观察的方式给予内控工作足够重视，给予经营层足够的压力，制定内控工作整体基调 • 参与重大内控事项决策，进行公司层面的内控工作协调 • 对内控成果下发及实施给予有力的推动 • 落实与内控工作有关的考核奖惩 • 带头遵守内控要求	• "甩手掌柜" • "只管事，不管心" • "心慈手软" • "管下不管上"
2	总经理及高管层	• 积极领导企业具体内控工作的开展 • 参与重大内控事项决策，进行部门层面的内控工作协调 • 对内控成果下发及实施给予有力的推动 • 落实与内控工作有关的考核奖惩 • 带头遵守内控要求	• "甩手掌柜" • "只管事，不管心" • "心慈手软" • "管下不管上"

（续）

序号	关键角色	关键分工	常见问题
3	部门负责人	• 积极领导部门层面内控工作的开展 • 对基层员工进行积极的内控宣传贯彻 • 积极参与跨部门的内控工作沟通协调 • 积极参与部门层面内控成果的编制 • 有效履行对口流程主导部门工作职责 • 带头遵守内控要求	• "甩手掌柜" • "建部门墙、职能墙" • "本位主义"
4	内控工作团队	• 协调内控体系搭建工作 • 积极引导各执行部门参与内控工作	• "闭门造车" • "大包大揽" • "制造对立"
5	内部审计部门	• 建立内控工作意识，系统掌握企业各项内控工作要求 • 将内控体系纳入审计范围，审计成果中体现内控工作问题及后续改进要求	• "不管内控" • "流于形式" • "制造对立"

6.4　企业内部控制的"前瞻性"

6.4.1　企业内控为何需要具备前瞻性

我们先来看以下几组典型的控制活动。

- 在采购管理中：A.采购到货验收；B.供应商绩效评价；C.战略供应商发展。
- 在安全管理中：A.现场安全事件处置；B.安全设备点检维护；C.安全风险源辨识与控制。
- 在员工管理中：A.员工现场操作指导；B.员工岗前培训；C.员工岗位技能评价及发展规划。

比较一下，上述这些控制活动有什么不同？

在各组控制活动中，编号为 A 的控制活动都体现出"迫在眉睫，必须执行"的特点，编号为 C 的控制活动则体现了较大的提前量（当前可做可不做），而编号为 B 的控制活动则处于前二者之间。这些控制活动间最大的区别在于具备前瞻性的程度，即从 A 至 C 前瞻性逐渐增强。按照这个逻辑，企业的管理活动可以划分为如表 6-5 所示的两类。

表6-5 按照"是否立即影响业务"标准划分管理活动

管理活动	典型例子及说明
第一类：如缺失，会立即对业务产生直接影响的管理活动	采购中的验收、入库、付款等活动，这些活动一旦缺失，采购活动会立即被迫"中断"
第二类：如缺失，不会立即或直接影响业务的管理活动	资料归档、供应商评价、台账记录等活动。 此类活动即使缺失，企业业务本身通常不会受到直接影响，相关部门也不会立即感到"不适"，而对应的不良影响在长期内会慢慢显现。例如在设备使用一段时间后，因设备维修需要查阅设备资料时，才会发现资料因未得到妥善归档已经遗失

在2017年8月海底捞遭遇舆情危机（2017年8月25日下午1点34分，人民日报官方微博对海底捞两家门店存在的食品卫生等问题进行了曝光）的过程中，海底捞管理层在当天即进行了颇具危机处置专业性的回应。一个合理的解释是针对此类问题，海底捞已制定了对应的处置原则、组织配备及操作预案。与之相对应，2020年9月10日，一则探访狗不理包子北京王府井总店的视频引发广泛关注。视频中，博主"@谷岳"对店内包子品质、服务以及菜品价格等方面进行的点评，以负面评价为主。当天，该视频发出后不久，微博账号"@王府井狗不理店"发布声明称，该视频所有恶语中伤言论均为不实信息，已经报警，要求博主停止侵权行为并公开道歉，引起一片哗然。最终，2020年9月15日凌晨，狗不理集团通过其官方微信公众号发表声明称，狗不理集团解除与狗不理王府井店加盟方的合作，整个过程显得手忙脚乱。⊖通过上述比较不难发现，相对于狗不理，海底捞在舆情风险监测、分析解读、跟踪控制等方面体现出更强的前瞻性和专业性。

通过上述案例，不难感受到内控前瞻性的重要性。企业内控以有效降低风险为目标，而企业的业务活动及对应风险因素则分布在完整时间轴上（见图6-14）。当风险事件在某个时点真实发生时，一方面损失已经产生，业务活动不可回溯，另一方面在既定时间及其他资源约束下，往往控制成本高且难以有效止损。所谓"人无远虑，必有近忧"，通过提高内控前瞻性，能实现"防患于未然"或"有备无患"，可大幅度提高管理资源投入产出比。

⊖ 博主给差评店家报警，律师：无虚构恶意不构成侵权，2020年9月15日，中国新闻网。

图 6-14　企业的业务活动及对应风险因素的分布

6.4.2　如何提升企业内控前瞻性

基于企业经营特征，前瞻性更多地体现在业务和风险两个层面。

（1）针对业务建立前瞻性（即回答"企业将要做什么？"），对企业未来将实施的业务活动提早进行规划。例如，根据战略规划，某企业在未来 3 年内将通过海外并购等方式进军海外市场，企业决定尽快针对海外投资相关事项开展各项准备工作。

（2）针对风险建立前瞻性（即回答"企业将要遭遇什么？"），围绕当前业务所存在的（尽管可能还未发生）风险提早进行预判。例如，某企业针对已签署的合同执行情况进行持续跟踪，以在第一时间识别合同重大异常迹象。

在针对业务和风险建立前瞻性的基础上，企业还需要在控制措施制定方面具备前瞻性，即回答"现在需要采取什么措施或者做好哪些准备？"。例如，某企业结合其在未来 5 年业务所面临的风险敞口，预留自有资金及银行信贷额度冗余，以备不时之需。

综上，企业内控前瞻性关键领域及表现差异，如表 6-6 所示。

表 6-6　企业内控前瞻性关键领域及表现差异

关键领域	强前瞻性表现	弱前瞻性表现
业务活动	基于企业整体战略规划，积极预判并提前规划未来将采取行动的业务活动	不进行系统的业务规划、风险识别与评价及控制措施制定，"走一步看一步"，碰到具体问题再想办法
风险识别与评价	结合未来将要开展的业务活动，积极、系统地开展风险识别与评价工作	
控制措施	基于风险识别与评价结果，积极、专业、系统地设置控制措施（配置职能、准备预案、预留财务资源等），并匹配控制措施落地手段（组织、流程、人员、绩效等）	

由于前瞻性控制活动的特点，企业建立内控前瞻性还必须具备文化基础。

（1）克服侥幸心理，建立危机意识。

在复杂的经营环境中，企业即使在短期内躲过风险，但在长期内通常也很难幸免。如海尔张瑞敏所说，企业经营要"永远战战兢兢，永远如履薄冰"，只有具备危机意识的企业，才会具备持续进行风险预判并采取有效措施的动力。

（2）克服组织惰性，建立有远见的管理意识。

具备前瞻性的内控活动（如业务规划、风险识别与评价、控制措施制定等），在绝大多数情况下都是并不紧迫的，即使现在不处理，也不会立即产生显著的不利后果。参照经典的"重要/紧急四象限图"（见图6-15），这些活动往往属于"重要但不紧急"象限的范畴，而将"重要但不紧急"事项赋予高的优先级，是减少"重要又紧急"事项，提高组织整体绩效的重要前提。因此，企业必须建立有远见的管理意识，克服组织惰性，才有可能提升其内控的前瞻性。

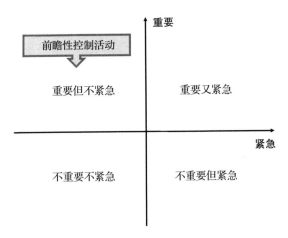

图 6-15　重要/紧急四象限图

所谓"宜未雨而绸缪，毋临渴而掘井"，特定企业内控前瞻性水平在很大程度决定了内控所能产生的价值，也是企业整体管理水平的风向标。在现实经营场景下，企业必须紧密围绕其整体战略，通过对控制活动专业的设计及有效的落地，获得内控前瞻性。

6.5　内控体系的落地

6.5.1　"制度不落地"顽疾

1. 企业管理顽疾：制度不落地

简单来说，"制度落地"是指企业制度出台后能够得到有效执行，即制度要求能够转化成企业成员的实际行动，管理产出满足制度[⊖]设计初衷。然而，我国部分企业仍然面临制度无法落地的现实，即一边是大堆各式各样的管理制度，另一边仍旧是混乱、低效的工作局面。内控体系不会自动有效运作，"不落地"并不是一个小概率事件。

（1）内控体系"不落地"的表现。

表现 1——空洞的制度：口号掩盖实际措施。这些制度通常通篇充斥着"加强管理""规范运作"的豪言壮语，但几乎看不到任何具体的流程设计、工作标准或者具体职责。

表现 2——形式执行，实质"放行"。在制度设计层面考虑了层层控制，但在执行层面，所有控制岗位几乎都是"闭着眼睛"签字。

表现 3——"管下不管上"。很多规章制度，领导带头破坏，并时时将自己的权威凌驾于已有的管理规范体系之上。最后，内控体系也只能沦落为惩罚基层员工的一种手段而已。

☕ **案例：人员培训严重缺失，制度形同虚设**

2019 年 9 月 29 日 13 时 10 分许，宁波市宁海县梅林街道梅林南路 195 号的宁波锐奇日用品有限公司发生重大火灾事故，事故造成 19 人死亡，3 人受伤，过火总面积约 1100m²，直接经济损失约 2380.4 万元。

调查认定，该起事故的直接原因是锐奇公司员工孙某松将加热后的异构烷烃混合物倒入塑料桶时，因静电放电引起可燃蒸气起火并蔓延成灾。监控视频显示，火灾发生初期，员工手足无措，灭火器就在旁边却不知使用，甚至采取了"用嘴吹"的灭火方式，令人震惊。

资料来源：监控曝光：员工救火"连吹带扇"，灭火器就在旁边！重大火灾事故致使 19 人遇难，2020 年 3 月 16 日，搜狐网。

⊖　请注意：这里的"制度"泛指包括制度、流程、政策、手册等在内的各类形式内控规范要求。

（2）通过各种借口导致"不落地"。

借口1——时间紧迫。在很多种情况下，当企业管理人员被问及为何未按制度或流程严格执行时，一种非常经典的回答是"时间太紧，为了保障工作进展，很多控制活动就免了"。言下之意——"制度太耗时，还好我反应敏捷，没有影响工作"。事实上，这里严重忽略了内控体系设计中的几个事实：内控体系强调尽早计划；内控体系强调相关部门间充分沟通配合；内控体系强调按照经过检验的、符合"最佳实践"的业务步骤推进；内控体系强调抓住最核心的关键控制点。更有甚者，有些管理层为了规避某些控制要求，故意拖延，将大量本来有充裕时间的工作人为"紧急化"。

借口2——情况特殊。第二个经典借口是"这个事情太特殊，没法按制度来，特事特办嘛！"。同样，这里忽略了内控体系的另外几个基本要求：当内控制度的一些细节不能参照时，应该转而参照制度目标以及基本原则；内控制度应该涵盖针对特殊情况的处理方式；当某种特殊情况持续出现时，应该及时更新制度体系。事实上，很多所谓"特殊情况"本不特殊，但经过当事人的一番解读，就特殊了。

借口3——制度跟不上形势。这一个借口与前一个借口原理上是一样的，但质疑的规模扩展到了整个制度体系。回应这样的借口其实只需要一句话：形势变化时，就更应该积极、主动地更新制度。

在制度本身并无重大缺陷，但由于各种"借口"而导致制度无法落地的情况下，企业应从文化建设、高层推进等方面应对解决。相关内容可参看第4.3节及第6.3节。

（3）制度质量低下导致无法落地。

无法落地的制度，通常会呈现如下特征。

- 员工对制度的应用水平低下，甚至不清楚制度要求。
- 制度适用范围狭窄，空白点多，现实业务操作中制度出现"空白情况""不适用情况"，或者制度之间"相互矛盾"的情况频繁出现。
- 制度中的具体操作流程模糊或者流程断点多，依照制度难以顺畅执行业务全过程。
- 在执行层面制度缺乏有效的操作指引，执行动作未细化到具体岗位或具体事项层面，相关人员无法根据制度自行操作。

2. 从制度自身管理角度促进制度落地

管理制度是用来管理经营活动的，但极易被忽略的一点是，制度自身也需要得到专业化、系统化的管理。在我国一些企业中，对制度自身缺乏有效管理的情况是比较普遍的，常见的表现包括以下几种。

- 制度缺乏整体框架：企业应该有哪些制度不清楚，各项制度之间是什么关系也不清楚。
- 制度关键权限混乱：企业组织架构中各个单元在制度管理中的权限不清。
- 制度层次混乱：不同类型制度之间的上下级或优先级关系不清晰，不同制度之间如出现内容冲突应如何处理不明确。
- 制度生效状态或版本信息混乱：各项制度的生效状态、最新版本状态等信息不明确。
- 制度缺乏动态管理：制度的新增、修订、废止、合并等工作要求不清晰。

出现上述问题的内在原因通常是制度管理职责不清或者设置不合理，同时缺乏围绕制度自身的基本管理制度和配套流程。具体的控制措施包括以下三条。

（1）措施 1：实现制度专业归口管理。

制度的"归口管理"体现在两方面：一方面，需要有专业部门对企业所有制度进行集中归口管理。这种归口管理不是指由这个部门完成所有的制度编制工作，而是指对企业各项制度管理中的关键环节进行集中管理，确保企业制度管理活动整体受控。另一方面，制度归口管理具体实施人员应该对企业整体业务有全面了解，且有过硬的内控专业技能。其中归口部门的基本职责如下。

- 制度框架及制度管理规范的维护，包括确保企业全员根据自身需求，能够高效地获取适用的管理制度。
- 组织制度的制定、评审、审批、发布、变更、废止等工作，且归口部门在各项工作流程中作为一个流程节点介入。
- 组织制度配套的培训、反馈、评价工作，包括组织完成制度时效性、适用性及一致性评价，其中典型的制度不一致情况包括：

　　a. 企业内不同制度的管理要求不一致，如财务部门和资产管理部门针对资产盘点的制度要求相互冲突，或者资产管理部门在不同时期出台的资产盘点制度要求相互冲突。

　　b. 上级单位与下级单位制度要求不一致，如集团管理制度与集团下属分子公司的对应制度要求不一致。

　　c. 企业内部管理制度与外部合规要求不一致，如企业内部人力资源管理相关制度不符合国家劳动法规。

　　（2）措施2：制定清晰的整体制度框架及制度类别与层次体系。

　　一方面，由专业部门或团队从企业整体战略、业务角度出发，提出完整的制度框架，明确每一个业务领域的制度内容。

　　另一方面，在我国企业实际操作中，制度会以多种形式出现。比较常见的提法包括制度、规范、实施细则、办法等，在这些提法前面，还可能出现"暂行""试行"等前缀；在一些特殊的情况下，企业所下发的一些"通知"类文件，实质上也起到了管理制度的功能。

　　针对上述现实情况，企业应该明确各类制度形式的上下级关系，明确参照关系及当出现冲突时的优先级排序。一般而言，优先级排序通常是：①上级制度优于下级制度，下级制度参照上级制度编制；②特殊制度优于一般制度，如针对某特殊情况制定的专门制度的优先级高于适用于一般情况下的制度。

　　不同层级的制度也对应不同的权限，低级别的制度对应较低的授权（如部门级制度的审批权在部门负责人），高级别的制度对应较高的授权（如公司级的制度的审批权在总经理或者董事会）。而对于处于"暂定""试行"状态的文件，应明确"暂定""试行"的期限要求以及到期后的处理方式，如延长期限、废止、经审批成为正式制度等。

　　（3）措施3：明确与制度管理有关的配套流程、权限和标准。

　　围绕制度管理本身，企业应设置必要的权限、流程和标准，以支撑制度自身能够得到有效运转。

　　其一，明确制度配套流程与职责权限，即企业应该在制度归口管理部门的统一协调下，设计并落实一系列与制度管理有关的流程。制度管理主要流程及其基本内容如表6-7所示。

表 6-7　制度管理主要流程及其基本内容

序号	流程名称	流程基本内容
1	制度框架与规划	制度整体体系框架划分（含各项制度的责任部门划分），制度编制的标准（格式与要素等），在长、中、短期内的制度管理工作规划
2	制度制定与发布	制度的编制、评审、审批、编号、生效、下发、宣传贯彻
3	制度评估与变更	制度执行情况的检查、评估与反馈，制度更新、合并、废止

在制度的编制、评审、审批、编号、下发、宣传贯彻、执行、反馈、备案、更新、合并、废止等职责权限中，制度的评审和审批权限的重要性非常突出，即各项具体制度由哪些部门或岗位来编制，编制之后需要经过怎样的评审，最终由哪些部门或岗位来审批方能生效。制度评审和审批的关键内容如表 6-8 所示。

表 6-8　制度评审和审批的关键内容

事项类型	评审或会签关键事项	评审或会签主体
业务适用性	• 制度是否涵盖主要业务事项？ • 制度是否具有可操作性？ • 制度部门权责划分是否清晰、合理？ • 流程接口是否清晰、合理？ • 相关制度之间是否协调一致？ • 是否认可制度配套监督及绩效考核要求？	• 业务部门负责人 • 业务分管领导
目标恰当性	• 制度是否体现了企业整体战略要求？ • 制度所体现的目标是否合理？	• 业务部门负责人 • 业务分管领导 • 企业经营负责人 • 公司治理层
制度合法合规性	• 制度是否存在重大法律瑕疵？	• 法务部门
内控恰当性	• 制度要素是否完备？ • 制度能否响应各类重大风险？ • 制度是否符合内控基本原则（不相容职责分离，权责清晰对等，等等）？ • 制度的审核审批级次恰当性如何？	• 内控部门
制度形式规范性	• 版式等是否规范？ • 版本号是否准确？ • 签批是否完整？	• 行政管理部门 • 归口管理部门

其二，制定制度相关标准，以确保制度能够系统完整地展现管理要求，同时确保企业制度的一致性。除了版式、格式等制度形式标准，重要的制度要素标准通常包括：①制度目标；②适用范围；③职责描述；④流程规范；⑤表单记录；

⑥权限划分；⑦监督检查；⑧奖惩考核；⑨制度审核审批要求；⑩生效日期及版本号等。

明确制度标准，可以增强制度的统一性，同时能够在很大程度上防止制度编写者故意回避某些关键管理要求的做法。

3. 从制度相关主体协调角度促进制度落地

管理制度，通常是在上级管理者的授权下，由制度编写人制定完成的，之后由制度执行人参照执行（在一些情况下，前述主体会出现重合）。管理制度无法脱离各类主体孤立运行，然而出于种种原因，我国一些企业的三类主体"制度编写人""制度执行人"与"上级管理者"无法实现有效协调，导致企业制度成果自身质量低下，在企业内宣传贯彻不足，制度运行情况缺乏有效跟踪和反馈等后果。企业"制度编写人""制度执行人"与"上级管理者"的关系如图 6-16 所示。

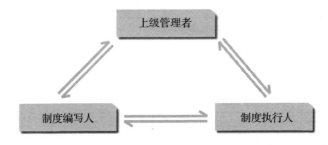

图 6-16　企业"制度编写人""制度执行人"与"上级管理者"的关系

首先，制度编写人与上级管理者之间的典型协调问题可以归纳为：

● 制度编写人未能有效掌握上级管理者的管理期望，导致其所编制的管理制度无法充分体现管理者的管理意图。
● 上级管理者未能全面、清晰理解制度编写人所编写的制度要求，一方面导致上级管理者无法有效利用管理制度实施管理；另一方面也可能出现上级管理者违背相关制度要求的情况。

针对上述问题，企业应采取的措施如下。

● 在制度的立项、编制过程中，制度编写人与上级管理者应保持良好的沟通，有效交换意见。

- 在制度评审过程中，上级管理者应充分履行评审职责，充分反馈评审意见。
- 上级管理者自身应加强制度学习。

其次，制度编写人与制度执行人之间的典型协调问题可以归纳为：

- 制度编写人未能全面掌握制度执行人所处的业务环境、基本运作机制及制度执行人的需求，一方面导致其所制定的制度不符合制度执行人的现实业务需要，另一方面导致其所编制的制度忽视制度执行人自身特点（如专业水平），不具备现实可操作性。
- 制度执行人未能有效理解制度编写人所编制的制度要求及编写意图，导致制度执行人不能理解各项制度的具体要求，无法"知其然"，执行时走样；或者，制度执行人不能领会各项制度要求的目的，无法"知其所以然"，执行时流于表面。

针对上述问题，企业应采取的措施如下。

- 审慎选择制度编写人，确保其具备所需的业务专业性。
- 在制度编制过程中：①制度编写人与制度执行人之间保持有效沟通；②落实制度跨职能推演及试运行管理。
- 在制度下发后：①制度编写人应对制度执行人开展有效的制度条款解读、答疑等工作；②在制度编写人和制度执行人之间建立有效的沟通机制，确保与制度有关的信息能够得到及时有效的归集和反馈。

最后，上级管理者和制度执行人之间的典型协调问题可以归纳为：

- 上级管理者无法及时了解制度执行人对制度的掌握与执行情况，也无法及时了解制度执行人对制度的意见反馈，导致上级管理者对制度运行情况做不到心中有数。
- 上级管理者无法对制度执行人的制度执行情况进行有效考核奖惩，影响制度执行主动性。

针对上述问题，企业应采取的措施如下。

- 针对制度学习掌握情况，建立检查、考核及反馈机制。例如，企业持续
对全员进行制度掌握情况测试，测试成绩与人员绩效直接挂钩。
- 对制度执行情况开展内部审计。

企业为了实现制度的有效落地，应从制度自身管理及制度相关主体协调两个
角度出发，落实关键管理活动。必须说明，进行这样的角度划分是为了清晰阐述，
在实际操作中两者相互融合、无法割裂。例如，制度自身管理中的制度评审工作，
也有助于制度相关主体间的相互协调。

为持续规范解决上述制度自身管理及制度相关主体协调两类问题，企业可建
立制度管理基本规范（如在一些企业已实施《制度管理办法》），作为企业制度管理
的"基本法"，对上述内容进行全面、系统的规范。

现阶段，中国很多企业已意识到制度的重要性，但在"制度落地"方面仍缺乏
足够的重视及配套资源投入，这在很大程度上制约了管理制度价值的发挥。企业
管理制度作为规则，不能期望其一旦发布就能"自动"有效落地执行。制度编制了
但落不了地，这在浪费制度管理资源的同时，还会恶化企业整体控制环境。为了
实现制度的有效落地，企业一方面必须加强对管理制度的自身管理，提高制度技
术管理水平；另一方面必须优化制度相关主体间的协调机制，增强制度相关主体在
制度运行过程中的参与有效性。此外，对于已完成信息化建设的企业，实现制度
要求在信息系统中的固化，也是实现制度落地的关键要点。

4.归纳：企业制度管理水平检查清单

- 是否制定了围绕企业管理制度框架的制定、执行、评价、修订等事项的
管理规范？
- 是否已经建立了基于整体战略分析及配套风险识别与评价的完整的管理
制度框架，并进行了科学的制度分级？
- 是否设置了管理制度归口管理部门及配套的流程？人员是否具备专
业性？
- 在制度编制过程中，是否充分考虑了编制人的专业性和独立性？制度实
施前，是否进行了高质量的专业评审？
- 是否对已颁布的管理制度进行了深入的培训、宣传贯彻？对于培训与宣
传贯彻效果，管理层是否取得了客观的反馈？

- 管理层是否做到了对制度的有效遵循？
- 是否对管理制度体系进行了持续有效的评价，并及时对管理制度进行了更新？
- 制度执行情况是否经过了专业审计？审计发现问题是否得到了有效整改？
- 执行情况是否纳入了对应责任人的绩效考核范围？
- 管理制度是否已与企业信息系统有效整合？

6.5.2　提高内控"可操作性"

1. 内控"缺乏可操作性"的表现和原因

在企业建立内部控制的过程中，常常能够听到一些控制措施"缺乏可操作性"的批评。制度流程制定者辛辛苦苦输出的成果，很可能因为一句"这个没有可操作性"而束之高阁。常见的"抱怨"包括：

（1）制度流程设计内容繁多复杂，来不及看，看不懂。

（2）制度流程写得太过原则化，没流程、没表单，没法执行。

（3）现有的人手配备无法满足制度管理要求。

（4）制度流程只考虑常规情况，遇到异常就"卡死"，无法参照执行。

（5）按这个制度流程操作，执行效率太低。

2. 内控如何具备"可操作性"

"具备可操作性"可以理解为：企业人员能够按照内控设计要求执行各项控制措施，并达到预期控制效果。内控是否具备可操作性，通常会受到多方面因素的影响。

（1）企业是否具备"制度文化"基础。

具备基本的"制度文化"，是企业内控体系具备可操作性的前提。在"制度文化"严重缺失的企业，即使最简单的内控措施，也无法执行。而在具备强制度文化基础的企业，貌似难以操作的控制措施也可以落地执行。

（2）能否取得必要的资源支持。

内控所需的资源支持既包括现有资源，也包括未来可取得的资源。资源不仅体现在数量上，也体现在质量上。典型的资源包括人力资源、信息系统资源、财务资源、资产资源、时间资源等。例如，某企业一方面为了提高采购规范性，将招标标准门槛定得很低；另一方面，由于其小批量、定制化产品的业务特征，从形成具体采购需求到完成产品交付之间的时间窗口往往十分狭窄（通常只有几周的时间），导致其在很多情况下没有足够的时间来履行完毕制度所要求的招投标程序，使得各相关部门无所适从。

（3）是否充分考虑异常情况。

很多时候，内控没有考虑异常情况，而当异常情况实际发生时，相关人员因无依据而无法操作。因此，企业内控应对异常事项留有冗余，即确保针对各可能出现的例外事项，制度也应尽可能提供处理方法。例如在采购制度中应该明确，当出现供应商突然断货等异常情况时采购部门应该采取的措施。

（4）内控文件实操要素是否完备，工作要求是否易于理解。提高可操作性的措施示例包括：

- 重要要求应形成书面文件。
- 表单健全；体系经测试能够运转，各实操要素（如表单、台账等）齐备。
- 易于理解，如采用流程图等可视化手段，提供更多的示例。
- 标准明确，提高量化水平。

（5）制度流程试运行、过渡期管理是否完备。

内控制度流程在正式执行之前，各类成果应经过缜密的实操推演，并设置试运行、过渡期管理程序。

6.5.3 建立内控"长效机制"

☕ 案例：某航空公司票价两次标错

2018 年 11 月 18 日《扬子晚报》的一篇文章《系统异常，票价低至 30 元（某航空公司）：售出"白菜价机票"有效》写道：部分网友的截图显示，重庆到北京经济舱机票价格仅为 30 元，而头等舱也仅 110 元。杭州到广州的公务舱价格仅 90 元。上海到北京的头等舱票价也不到 200 元。该航空公司官网发布了声明，称 2018 年 11 月 17 日零点时分进行价格维护时出现参数异常，导致部分网络销售平台出现异常票价的销售出票情况。公司和有关技术单位已于凌晨完成修复。紧接着，该航空公司在官方微博中发布声明称，11 月 17 日凌晨该航空公司在系统维护时售出的所有机票（支付成功并已出票）全部有效，旅客可正常使用。

　　8 年前的 2010 年 1 月 25 日《海峡都市报》的一篇文章《〈某航空公司〉头等舱只要 20 元？》则称：由于该航空公司南昌分公司工作人员操作失误，造成南昌起飞至上海、广州、深圳、厦门、北京、昆明等国内多个航线的机票出现 0.2 折的"跳楼价"。其中南昌至北京全价 1950 元的头等舱机票只要 60 元。该航空公司承诺，旅客已购机票均有效，买到 20 元机票的旅客可正常登机。

　　从企业自身的角度，相同的问题反复出现，必须认真反省企业是否存在缺乏内控长效机制的问题。

　　管理者经常讲的一句话是：出现问题不可怕，能够找到解决方案就好。这句话其实不够严谨，更加严谨的表述应该是：出现问题不可怕，能够找到持续有效的解决方案才行。企业作为一个持续运行的有机体，如果解决问题的机制存在短期化的特征，则只能是治标不治本——如某航空公司标错价一样，一段时期内解决了，但后面迟早还是会出问题。道理不难理解，但建立所谓的长效机制绝非一日之功，需要从内控的"常态化"和"动态化"两方面入手。

1. 常态化

（1）建章立制。

　　如果管理层的重视仅仅停留在口头上或者采取一些零散的措施（如下发一个通知）上，那么，由于此类手段往往无关问题根本症结，因此收效甚微。为了实现标本兼治，必须从优化组织架构、规范流程入手。以价格管理为例，建立定价相关决策机构（如价格管理委员会）并设置配套制度流程，实现从定价评估到最终对外定价的闭环管理，是降低风险的基本保障。跨过这道坎，企业需要建立系统性、规范性的管理机制。

（2）宣传贯彻并落实。

　　在建章立制的基础上，企业全员充分掌握各项管理要求，是实现措施真正落地的前提条件。2010 年某航空公司报价错误案中，公司即将问题归结为"由于分公司工作人员操作失误"，这个阶段的重要性可见一斑。跨过这道坎，企业需要实现从纸上的条款向企业全员日常操作的转化。

（3）充分重视。

一方面，企业以鸵鸟的态度看待问题，问题本身即被忽视，问题解决自然成了无本之木。内控措施的形成，往往都是"由上至下"的，管理层能够正视问题，是问题能够得到解决的基本前提。另一方面，很多企业若目光短浅，不能以发展的眼光看问题，不愿投入充分的精力从根本上解决问题，那么问题必然会重复发生，也难以夯实高层基调，提升企业整体内控环境。

（4）持续监督。

在人员充分掌握各项制度要求的基础上，企业必须针对关键事项建立配套的监督机制。例如针对价格管理，企业内部审计职能应持续实施严格审计，针对审计发现实施整改与追责，进而最大限度地保障价格管理机制的有效运行。

2. 动态化

企业发展到一定阶段，在风险因素、业务特点等条件不变的前提下，可以认为已建立了长效机制。但这种长效机制体现出静态的特征，即当一些条件（如业务类型、外部监管条件等）发生变化时，原本有效的控制措施可能变得无效，风险会再次暴露。例如2018年某航空公司报价错误案例中，该航空公司披露的问题是"进行价格维护时出现参数异常，导致部分网络销售平台出现异常票价的销售出票情况"而非2010年的"工作人员操作失误"，两次问题可能是由不同原因所致。

为了适应不断变化的企业内外部环境，企业内控机制也应该体现出动态特征。以定价风险为例，企业需要不断以定价风险识别为出发点，客观评价"当前业务条件下，现有的控制程序能否有效地应对此风险"，并基于评价结果对现有控制体系进行必要的调整。企业只有建立了能够有效应对动态环境的管理和自动更新机制，才能在严格意义上表明企业已建立长效内控机制。

对企业而言，内控长效机制的建立通常是一个艰苦的过程。企业只有经过不间断的自我突破，才能构建真正有效的内控体系，做到"前事不忘后事之师"，提升企业核心竞争力。

6.5.4　做好内控"减法"

1. 企业内控"做减法"的动因

大多数企业的内部控制发展，往往会经历从无到有、从简单到丰富的过程。

一些企业经过一段时间基本解决了内控缺失的问题之后，会面临内部控制过于庞杂的问题，这时则可能需要给企业内控"做减法"。企业可能需要考虑对内控"做减法"的典型迹象包括：

（1）管理制度（本节提及的"制度"泛指内控体系文件，除了一般意义上的管理制度，还包括职责描述、权限指引、流程文件等内容）出现大量重叠、重复甚至相互冲突。例如，有一家企业前前后后一共编制了几百项制度，其中围绕行政办公用品的管理制度近 10 项。

（2）大部分员工无法及时、有效地消化各类管理制度要求。例如在一次企业调研中，由于该企业制度数量众多，大多数员工无法相对完整地说出其所在岗位需遵循的主要管理制度，对各项制度所提出的关键要求更是心中无数。

（3）纯粹应付性工作开始消耗企业大量的资源。例如在一家企业，由于信息系统的设计存在问题，导致其员工非但无法依赖信息系统完成工作，而且必须用手工方式完成工作（如填写纸质表单）后，再花时间往信息系统里补录数据。

（4）一些管理过程所消耗的资源超过几乎所有人的合理预期。例如有一家企业，其管理高层、业务部门、财务部门无一例外都在抱怨企业的报销流程过于烦琐。

结合上述迹象，企业内控"做减法"的动因可以归纳为如下两个方面。

第一，提高效率。庞杂的内控体系会无谓消耗企业资源，需要通过"减法"消除内控体系中的冗余，提高企业整体执行效率。

第二，突出重点。庞杂的内控体系会让企业成员难以判断究竟什么是企业的管理重点，需要通过"减法"促使企业资源聚焦于重点风险、重点领域。

2. 企业内控"做减法"的类型与措施

根据是否涉及对控制措施本身的调整，内控"减法"可以划分为"形式减法"和"实质减法"两类，并将采取不同的措施。

（1）形式减法。

"形式减法"主要体现为对企业制度体系进行梳理，在减少数量的同时提高制度的逻辑性、易查询性、易读性。"形式减法"的具体措施包括：

- 对生效制度进行整合、重分类或重分级，消除重复、冲突并提高逻辑性，如一些企业明确提出"企业一项业务活动应遵循唯一制度"的要求。

- 对无效的制度及时进行废止。
- 将非制度形式管理要求（如企业各类《通知》中所提出的管理要求）及时整合至管理制度。
- 根据需要形成管理制度辅助工具（如指导手册、解读文件等），帮助企业人员理解制度要求。

整体上，企业管理要求不需要面面俱到，管理要求也并非都需要形成制度形式。企业通过有效实施内控"形式减法"，通常能够大幅度减少员工需要掌握的制度数量及内容，在提高制度使用效率的同时，也能够帮助员工正确感知企业内控重点。

（2）实质减法。

"实质减法"则不仅仅体现在形式上，同时会对管理活动及配套资源进行简化。"实质减法"的具体措施包括：

- 在风险评价基础上识别无效或低效控制措施，从控制要求、职责配置等方面进行简化。例如，某企业对各类存货采取基本相同的出库审批流程（最终审批权限通常到副总层级），虽然实现了存货规范管理，但在一些低货值品类存货（如低值易耗品）领用上则显得过于呆板。经过评估，企业决定在存货分类的基础上，针对不同类别的存货采取不完全一致的审批权限，其中低值易耗品领用在不突破预算的前提下，审批权限下放至部门。
- 将控制过程调整为关注结果，即在不影响实质性管理输出的前提下允许灵活变通。例如，某企业在销售部门招待费用的使用上，历史上通常采取事前报批的方式（即销售部门先报方案，经相关部门审核审批），因操作困难，效率低下，销售部门和审核审批部门怨声载道。经过探讨，企业将其调整为在满足合规要求（如不能踩"商业贿赂"红线）的前提下绩效挂钩预算的控制方式。
- 重新梳理流程，采取关键控制点的合并或集中，串行流程调整为并行流程等优化方式。例如，某企业采用将项目实施方案及对应关键合同条款草案同步评审的方式，显著提高了项目评审流程效率。
- 评估特定控制措施是否满足企业现实条件，如不满足应先采取措施使

　　其满足条件，在此之前暂停实施。例如，某企业发现某信息系统尚不
具备运行条件，果断决定暂停上线，在恢复原有操作流程的同时，通过
加强员工培训、系统反复调试等手段，最终实现了新系统的有效上线
运行。

3. 内控"减法"成功因素

　　内控"减法"的好处是显而易见的，然而将其落到实处还需要企业具备一系列
关键成功因素。

　　（1）健全制度管理规则，提升制度使用友好性。

　　首先，企业应通过健全管理制度的立项、编制、审批、下发等程序，从前端
降低形成制度冗余的概率。我国一些企业正是因为缺少对制度体系自身的有效管
理，才会不断从"关键制度缺失"的一个极端走向"制度泛滥"的另一个极端。例
如一家企业，对于贯标要求、上级检查后整改要求、领导会议强调要求等，几乎
统统采取新增管理制度的方式来应对。虽然在形式上确实响应了各类要求，但实
际上直接导致企业制度体系严重混乱。

　　其次，建立持续的、可操作的制度优化规则，确保管理制度本身处于不断地
被评价、被优化的过程之中。简化内控要求本身面临着风险（简化了，万一出了问
题怎么办？），在一些充满官僚气息的企业，即使针对显而易见的冗余控制，也不
会有人去推动实施"内控减法"，因此企业需要建立有效的评价及决策机制，针对
关键结论能够一锤定音。

　　最后，企业在保证管理制度规范性、严谨性的同时，要提升管理制度的易读
性、易查询性，提升制度使用友好性。

　　（2）落实风险导向。

　　一方面，无论是内控"加法"还是内控"减法"，都应该以风险为导向。应围
绕风险评价现有控制措施的必要性、有效性，并在此基础上简化内控，即内控"减
法"不应以重大风险失控为代价。

　　另一方面，在保持风险控制效果不受重大影响的前提下，企业应积极寻找效
率更高的控制手段。例如在很多情况下，与其持续增加控制环节（如增加某工作事
项的审核岗位数量），不如通过绩效手段"压实"现有审核人员的审核责任，提高
审核质量。

保持良好的新陈代谢是维持机体健康的重要保障，企业内控既不能止步不前，也不能只加不减。及时"减掉"不合时宜的控制措施，提升效率并实现管理聚焦，应成为优秀企业的核心能力。做到这些，企业需要具备务实的管理文化，全员能够实事求是地评价内控实际效果，并持续动态地对内控体系进行调整。

6.6 企业发展阶段、信任及效率的平衡

关于内控与企业发展阶段（如企业规模大小，是否处于创业阶段，家族化程度高低等）、信任，以及实施效率、成本的关系，在理论界和实务界存在很多争议。

6.6.1 内控与企业发展阶段的关系

毋庸置疑，内部控制作为企业管理风险的技术手段，其具体形式、控制重点当然因企业的行业、发展阶段、所有制特点等因素的不同而不同。但在必须有效管理风险这一目标上，各类企业则完全一致。

处于创业初期的企业，其内控体系往往存在不稳定的特点。常见的原因包括：①战略初期，经营目标本身也不一定非常明确；②业务模式本身在不断摸索当中，究竟存在什么重大风险，企业自己也在摸索识别；③即使对已识别的风险，究竟该怎么制定有效的控制措施，企业也需要不断试错。正因如此，创业初期企业必须关注并持续管理自身面临的各类风险。风险是客观存在的，不会因为企业处于创业期就会网开一面——诸如包括资金链风险、知识产权风险、股权争议风险在内的各类风险，已让大量创业初期企业折戟沉沙。

笔者有位童年伙伴，从2014年开始与2位朋友合伙开了一家淘宝店主营妇婴服装，生意蒸蒸日上，然而在2015年，其中一位合伙人私自挪用账上资金逾20万元，导致店铺几乎停摆。事件平息之后，合伙人修改了资金转账规则——对于超过限额的资金转账，每位合伙人分别掌握几位密码，付款时都到现场按顺序输入密码，且银行账户资金流水信息以手机短信的形式自动发给每位合伙人，这一规则沿用至今。

另外，无论处于初创期的企业还是家族企业，具有前瞻性地预判风险并采取措施都是有价值的。由于企业在发展过程中缺乏对各类风险的有效预判及处置，导致严重后果的典型案例不胜枚举。

在 2011 年胡某诉原大中电器创始人、国美电器时任董事会主席张某一案中，大中电器初期融资协议及后续履行程序的不规范不完备性是本案法律纠纷产生的主要原因。胡某起诉的事由是，1987 年其与张某签订了一份合作协议，协议约定：由原告"投资人民币三千元"，"大中电器支付全部利润的百分之十五"予原告，"利润根据资金周转情况发放"。按照胡某的起诉请求，其向一中院起诉的第一被告人是张某，第二被告人是北京市大中电器有限公司，胡某要求张某向其支付合作利润 7000 万元。①

在"真功夫"，蔡某、潘某的股权平分结构及战略思维所存在的重大分歧，为后来夫妻反目、公司无休无止的内斗埋下了伏笔。②

进入 2000 年后，中国联想要进军国际市场，但沿用 18 年的英文标识"Legend"已在多个国家被抢先注册，2003 年 4 月，联想集团在北京正式对外宣布启用集团新标识"Lenovo"，用"Lenovo"代替原有的英文标识"Legend"，并在全球范围内注册，代价不菲。③

① 资料来源：遭老友索赔 7000 万案宣判，国美董事长张大中一审胜诉，2011 年 12 月 27 日，中国经济网。
② 资料来源：真功夫，平分股权的惨痛案例！，2019 年 5 月 5 日，搜狐网。
③ 资料来源：联想正式更换沿用近 18 年的原有标识，启用"lenovo"，2003 年 4 月 29 日，网易科技。

为了说明标题观点，笔者选择所在小区的煎饼摊作为示例，选择理由是此煎饼摊具有如下特征：①规模迷你，就两个人；②家族管理，是夫妻店；③相对于成熟餐饮连锁店，煎饼摊可以牵强地理解为处于初创阶段的企业。基于内控体系（仅引入部分核心要素）的简单分析如表 6-9 所示。

表 6-9　一个煎饼摊的内控示例

典型内控要素	煎饼摊的情况与操作
控制环境	夫妻和谐，荣辱与共，共同养育一对子女
风险评估	风险评估结果：①挂靠门店（即在固定门店门口特定时限范围内经营）租金；②原材料质量与价格；③收款（收到伪钞）；④经营手续及证照要求、相关区域管理规则
控制措施	控制措施设计：①与所在地区多家门店沟通，同时争取较长租约；②与可靠的鸡蛋、面粉、食用油的供应商建立相对稳定的供应关系，验收环节要管好；③收到较大面值钞票时仔细现场查验，有疑虑即要求顾客调换；④按要求办理相关经营手续及证照（如健康证、卫生证等），及时获取、了解片区管理规则，降低违规经营风险
职责与流程	从原料（面糊、香菜、油条、油饼等）准备到现场制作，夫妻两人分工明确，程序清晰

综上，任何所有制、任何发展阶段的企业，为了实现其自身长期良性发展的目标，都需要建立相适应的内控体系，且内控体系的具体形式特征应该符合企业的实际情况。例如，在并没有建立董事会的企业，与董事会相关的很多内控操作就应被视为"不适用"。

建立有效的内控体系需要非常强的专业能力，当前不少企业确实存在"将内控作为管理的目的，为内控而内控"的情况，但"企业可以不需要内控"的观点作为另一个极端，其危害性不亚于"为内控而内控"。

6.6.2　内控与信任的关系

内控与信任绝非两个互斥的概念，具体表现为：①信任是企业内控体系运转的基础；②与信任有关的风险，应该纳入内控体系的管理范畴。缺乏对于信任的有效管理，本身就是一类典型的企业内控缺陷。

企业作为"一系列契约的集合"，各个主体的合作必须建立在一定的信任基础之上。在企业具体岗位层面，在企业能够监控的活动范围之外，至少隐藏着两方面的信任：①你能做好（专业能力）；②你愿意做好（职业操守）。

在企业成员间完全不信任的前提下，企业内的任何一项活动都将付出极其高昂的监督成本，这种情况下的企业内控是不存在的，因为企业本身就不可能存在。在企业运营必须存在信任的条件下，内控体系需要将信任因素纳入其管理范畴，具体体现在以下两个方面。

1. 从内控的角度，信任必须有边界与底线

在企业日常运营层面，对特定人员更多的信任通常意味着更多的授权，以及更少的复核、检查、监督。从严格意义上说，信任在降低业务执行成本的同时，可能导致相对更高的风险后果（存在"对方实际上不能够信任"的概率，比如诸葛亮信了马谡，失了街亭）。对任何特定人员的信任程度，都可以视为企业基于上述关系（执行成本 vs. 风险后果）进行评价的结果。笔者所接触的若干家族企业，都将对特定家族成员的业务授权限定在一定的业务领域之内，如一类原材料的采购，一个区域的销售渠道管理。而在具体业务中，无论前端业务放手得多么彻底，但在重大合同签署、资金支付等环节，企业实际控制人还是要亲力亲为的。

2. 从内控的角度，信任基础应该得到过程管理

内控不存在所谓"人不可信"的基本假设，而是在"风险导向"视角下，内控需要充分考虑人的道德风险（如 COSO 框架（2013 版）原则 1 "组织明确承诺将遵从职业操守及道德规范"；原则 8 "组织在评价威胁组织目标实现的风险时，考虑潜在的舞弊"。COSO 框架内控体系要素的详细分析可参看本书第 6.1.1 节），并且通过一定的控制措施使信任本身具备基础。从实践的角度，对信任基础的管理来自事前评价、事中强化和事后反馈。

- 围绕信任的事前评价。企业选人时常见的履历考查、熟人推荐、面试沟通，都可以视为企业对特定人员是否应该信任的评估程序。即使在家族企业中，对亲戚的选用及具体职责的分配，也要充分评估特定亲戚的"亲情基础"（直系、旁系）和"品行秉性"。笔者所接触的一家企业，要求应聘财务人员必须会说正宗本地方言，以便对其"知根知底"。所谓"疑人"就"不用"，也体现了用人前的信任基础风险评价思维。

- 围绕信任的事中强化。大量企业持续实施的在岗职业操守宣传贯彻等文化建设工作，就是强化信任基础的一类管理实践。笔者接触的另一家民营企业，它的实际控制人每个季度都要开一次高层恳谈会（请注意这个"恳"字），会上他与企业中包括家族成员在内的企业骨干充分交流谈心，强调创业之艰辛、对在座各位感情之深厚，同时听取各方意见。笔者认为，这就是实际控制人在夯实信任基础的一种努力。

- 围绕信任的事后反馈。在既定信任关系的基础上，特定人员"是否应该继续被信任"本身就是一个不断得到评价的过程。企业广泛采取的内部审计、沟通、业绩评价等操作，即是在事后对这种评价的现实管理操作。这些管理操作所反馈的经营业绩、工作规范性以及在一些重大事项上的工作表现等，都是企业调整对特定人员信任程度与范围的决策依据。例如，2011 年 2 月，阿里巴巴 B2B 平台供应商欺诈案曝光之后，其 CEO、COO 引咎辞职。

综上，关于内控和信任的关系，可以用"内控≠不信任"和"信任≠不控制"进行概括总结。

6.6.3　内控与效率的关系

1. 什么是效率

效率，一般是指工作产出与投入之比，即在进行某项任务时，取得的成效与所投入时间、精力、金钱等资源的比值。基于这个逻辑，所谓提高效率，是在保持投入不变的前提下提高产出，或者在保持产出不变的前提下降低投入。为了应对激烈的市场竞争，现代企业的管理者必须时刻关注企业经营效率的提升问题。

2. 正确地衡量收益与成本

一般而言，企业在特定事项上所投入的资金、时间及其他资源等，往往是比较容易观察和衡量的。而在收益方面，需要重点关注战略契合度、长期性及全面性等几个方面。具体表现为以下几点。

（1）"收益"应与企业的战略契合。

所谓"收益"的战略契合度，是指资源投入所形成的产出能够在多大程度上符合企业的战略目标。工作产出应符合企业的战略要求，不符合战略的产出属于"无效"产出。例如，与企业核心战略严重偏离的新增产能投资，即使在技术层面被认为顺利完成，其实际产出也应被认定为低水平。

（2）在长期内衡量"收益"。

对所投入资源形成的产出，应放在一个长的时间维度内加以考虑，即不仅考虑其短期的产出，也考虑其长期的产出。短期内产出不明显的，可能在长期内形成明显产出，而短期内能够形成产出的，在长期内可能产出很低，甚至出现长期内产出为负的情况。例如，加强售后服务，不会产生直接收益，但对未来继续成单会形成帮助。

（3）避免或减少损失也是"收益"。

对收益进行全面衡量，需要同时考虑正反两方面的影响。投入资源如能降低负面影响，也应视为收益。例如，企业在安全生产方面所投入的资源，虽不会产生直接经营收益，但会防范企业由于生产安全事故而经受损失。

（4）"收益"与"成本"的平衡。

首先，内控成本通常包括显性成本（如制度建设、流程再造、培训、组织适应成本）和隐性成本（如重新分配权力所导致的内部冲突）两个层面。

其次，从决策的角度，单纯讨论成本本身的高低没有太大意义，内控成本必须结合内控收益来讨论，内控收益又取决于通过控制措施降低风险的程度（控制措施的有效性）和风险本身的重要性（发生概率与发生后的后果严重性）。

因此，分析重点在于：①收益是否大于成本；②在收益一定的前提下如何降低成本；③在成本一定的前提下如何提高收益。在具体的内控操作中，对这些事项进行科学有效的评估恰恰是企业内控人员和外部专家必须根据企业实际情况认真求证、审慎判断和谨慎取舍的内容。比如，为了防范伪钞，煎饼摊可以买一台先进的验钞机，也可以选择目测"查水印"，手工"摸质感"。从财务角度考虑，前者成本无疑高于后者，但前者控制效果通常也会优于后者，如何选择，见仁见智。

3. 典型的"伪效率"

在企业内控工作的开展中，其实有很多看起来"立竿见影"的提高效率的手段，事实上，这些手段是欺骗性很强的"伪效率"。常见的企业"伪效率"形式包括以下几种。

（1）迅速而盲目的决策。

缩减决策阶段的时间，减少决策所需资源（如咨询专家）投入，跳过投资决策步骤（如可行性研究工作）以实现所谓的决策效率提高，这在我国一些企业中非常普遍——然而这样操作的代价往往是决策质量低下进而导致实际效率非常低下。例如，某餐饮企业在新设门店地点决策过程中，发现一处空置商铺价格诱人后立即入手并投入大额资金进行装修，经营两年后被告知该商铺为违规建筑必须予以拆除，围绕前期装修费及其他开业费用，不得不与出租方对簿公堂。

（2）看似迅速、实则违背客观规律的工作方式。

工作方式的选择，必须尊重客观规律，一味求快，最后会适得其反。最典型的如在"三边工程"场景下，业主企业只追求工程尽快开工，整个工程过程中设计、证照办理与施工现场管理相互掣肘，最后导致项目成本、进度和质量目标统统落空。

（3）砍掉不利后果会延时显现的工作内容。

在企业的运营过程中，弱化一些业务内容（如质量、安全、合同等环节），其影响的显现通常会存在时滞，因此成为很多企业追求局部效率或短期效率提升的突破口。例如，某企业在与客户的交易过程中，缺乏对销售合同关键条款的把控，导致客户利用合同漏洞拖延款项支付；另一家企业在给客户发货的过程中，弱化对发货内容的核对环节，却大大提高了发货差错概率，导致退货或客户满意度降低。

（4）治标不治本的问题解决方案。

当出现系统性问题时，企业只停留在表面上解决问题，而不从企业内在机制层面进行反思和优化，这往往也被当成一种"有效率"的表现，后果却是现有问题不断恶化或者类似的问题反复出现。例如，某企业产成品出现大量滞销，管理层只想到打折清理库存，而不从市场环境、客户需求、自身产品特点等方面加以改进，后果是损害品牌价值，市场占有率持续降低。又如，在日常工作中出现部门间责任不清、相互推诿的情况时，企业管理层宁可一次又一次亲自担任"救火队员"的角色来解决具体问题，也不愿意对现有职责体系进行一次彻底的梳理和界定，后果是随着时间的推移，管理层成为"救火队员"的频率会变得越来越高。

（5）拒绝对管理的投资。

企业为了在长期内提升效率，必须在维持日常经营的同时，对自身管理进行持续投资。然而，这些投资不仅很难立即产生成效，甚至可能会在短期内降低效率（如对组织、流程的再造往往会对原有经营活动产生冲击）。因此，减少甚至避免出现这些投资，也会被理解为对现有经营效率的保障。例如，一些企业宁可每次采购都去现找几家来路不明的供应商走完制度所规定的询比价程序，也不愿意努力建立自己的合格供方体系。又如，一些企业宁可在现有的低效手工环境下修修补补，也不愿意引入信息化管理手段。

4. 如何获得"真效率"

相对于前述那些似乎立竿见影的手段，组织获得"真效率"是一个艰苦的过程，其效果可能需要慢慢显现。笔者认为，企业至少可以从以下三个角度获得"真效率"。

（1）在不影响输出质量的前提下实现流程提速。

事实上，在不影响流程输出质量的前提下，企业通常仍然有巨大的流程提速潜力，这种潜力会体现在提升流程设计科学性、信息化以及提升企业成员执行力等多个方面。

首先，在流程优化方面，典型措施包括以下几种。

● 消除非增值的、不必要的流程步骤。例如，对重要性水平较低的管理事项，采取简化的采购程序；减少特定岗位针对同一事项的重复审核审批；消灭低效会议。

- 合理规划流程路径，如实现多条线并行审核、类似事项集中审核等。
- 利用信息化等先进工具，如由系统操作代替人工操作，提高信息传递的及时性、准确性；将多部门的信息整合至同一信息平台提高信息交换效率等。

同时，增强企业整体执行力，如强调"第一次就把事情做对""合作、补位意识""马上行动，不拖延意识"，提高工作质量，消灭组织拖延。

（2）充分利用职能专业性，加强职能间的相互协调。

现代企业需要依据专业性进行职能分工。各职能的专业性程度及各职能间的协调水平，是影响企业运营效率的重要因素。

一方面，企业应通过清晰职责、合理分工、理顺职能间工作接口实现：①突出专业性分工优势，即让具备专业优势的人员完成专业性的工作；②增强跨职能间的协作。例如，明确部门间流转文件的格式、内容标准，可以显著减少部门间的沟通成本；再如，财务团队与经营团队能够明确具体业务事项上的分工和配合要求，则能够大幅度提升业务推进效率。

另一方面，企业应通过强化工作目标与工作计划管理等规划类工作，实现：①目标聚焦，控制非重要工作对资源的消耗；②优化企业各职能的配合，增强工作的推进协调性；③通过节点跟进及纠偏，促进工作持续推进。例如，某企业通过加强设备采购计划与研发计划衔接，基本上消除了由于研发设备供应延期影响研发进度的情况，实现了研发工作效率的实质性提升。

（3）设计并落实工作闭环。

企业运营是一个长期的、持续的过程，这决定了当前的运营效率水平，很大程度上取决于在此之前的管理资源投入。从这个角度讲，为了实现长期的效率提升，企业应设计并落实工作闭环要求，即各项工作应实现完整循环而不要留"尾巴"，即不把问题留到未来。例如，持续进行供应商数据的归集和分析，会逐渐让企业建立符合自身需求的合格供应商体系；对设备的采购、保养、维修等配套资料及过程信息进行持续归档，能够有力地支撑未来各项设备管理工作的高效开展；当前工作中，相关人员暴露出专业能力不足、熟练程度不够的问题，企业就应该加强相关培训工作。

整体上，企业应该放眼未来建立持续改进的工作机制，在日本企业中常见的"改善"（Kaizen）实践，非常值得我国企业借鉴。

提高效率无疑是绝大多数企业的共同追求，然而企业管理的内在系统性决定了那些显而易见的"捷径"往往不会带来真正的效率提升。企业只有在科学的管理原则指导下，在实践中不断探索，才能找到标本兼治的效率提升路径。不仅如此，企业还必须具备强大的自我改进能力，这样才能将这些途径真正落地。另外，效率问题本身是一个复杂的问题，现实中企业"伪效率"和"真效率"形式多种多样，此处仅列出笔者所观察到的典型情况。

6.7　内控体系中的财务职能

作为顶层流程的设计者与参与者、多项重要内控工具的实施者和主导者等，财务部门在内控体系建设过程中起着重要作用，如何正确地理解财务职能及其定位，使其发挥价值，值得探究。

6.7.1　两类"期望差"：财务部门的现实困惑

当前环境下，一方面，伴随着财务转型和业财融合的呼声，很多企业高层对企业财务部门[⊖]的工作表现出不满；另一方面，财务部门对企业高层也普遍表现出不满，认为自己未得到足够的尊重及合理对待。究其原因，笔者认为是因为围绕企业财务部门功能定位存在两类"期望差"，这些"期望差"正在同时给企业财务部门、非财务部门及企业高层带来困惑甚至挫败感。

1. 第一类期望差

第一类期望差是指"企业财务部门实际发挥的功能"＜"企业财务部门能够或应该发挥的功能"，即财务部门客观上未能充分发挥其自身的专业潜力，未能给企业创造足够大的价值。

当前环境下，传统核算职能正在被集团核算集中化、财务服务外包及科技进步冲击。例如核算中心的组建将使得集团下属企业的财务核算职能上收，导致下属企业不再需要进行会计核算，而核算外包服务会让企业不再需要设置内部核算

⊖　为方便阐述，文中用"财务部门"指代企业财务部门、财务负责人、财务人员等概念。

部门或岗位。随着信息系统不断成熟，一些核算动作已能被信息系统直接完成（如销售系统直接生成销售业务相关记账凭证，生产系统自动归集成本信息并生成成本核算相关记账凭证）。

从客观上看，传统核算早已无法满足企业现实需求，财务部门仅仅把账做对已难以在企业中得到价值认同。如果缺乏对上述期望差的有效管理，企业财务部门将会面对被"边缘化"的威胁。

2. 第二类期望差

第二类期望差是指"企业财务部门能够或应该发挥的功能"<"企业高层期望财务部门发挥的功能"，即企业高层对财务部门提出了其并不胜任或者并不适合承担的工作要求。

在一些企业，由于对财务工作性质缺乏理解或对企业职责体系缺乏系统理解，企业高层可能会对财务部门提出不合理的工作期望，甚至出现"财务万能论"——凡是经营活动都与钱有关，凡是与钱有关的就是财务部门的事。典型表现包括：让财务部门履行其他部门的本职工作，让财务部门为其无法控制的风险承担责任，等等。第二类期望差的存在会对企业基本职责体系产生冲击，导致财务部门及非财务部门功能错位，制约企业发展。

6.7.2　弥合第一类"期望差"：财务部门的"有所为"

1. 企业的价值需求

从根本上来讲，企业的根本价值需求在于提升其自身的经营绩效，其中财务部门的价值创造可以体现为：

（1）提高业务执行效率，即在不影响业务质量的前提下，降低对组织资源的消耗。

（2）提高决策质量，即为企业的决策质量提供有效的数据、专业分析技术及专业判断输入。

（3）提高风险管控水平，即及时识别、分析企业所面临的各类风险，并且进行有效应对，降低企业损失。

上述几方面会相互衔接、相互影响，如决策质量低下即可能带来风险，降低经营效率。

2. 财务部门基本职能分析

对于财务部门的价值提升，需要从财务部门的基本职能及其特点出发。其中，分析财务部门基本职能能够回答"企业需要财务部门完成什么基础工作?"这个问题，分析财务部门基本职能的特点则能够回答"企业财务部门相对于其他部门的优势何在?"的问题。

财务部门的基本职能无外乎"管账"和"管钱"两个方面。"管账"具体表现为会计核算、账簿记录等工作，进而可以延伸至经济责任管理、税务申报、财务数据应用等内容。以经济责任管理为例，财务部门从基础核算延伸至对各项核算事项的主体责任进行跟踪认定。更具体地，从存货核算延伸至存货盘点及差异跟踪，并对存货管理部门的经济责任进行管理；从往来款核算延伸至往来对账及差异跟踪，对往来款项发生部门的经济责任进行管理；对工程项目成本核算延伸至实际成本与预算成本进行跟踪，对工程项目管理部门的经济责任进行管理。

"管钱"具体表现为对资金的管理，进而可以延伸至资金规划，在资金取得与资金使用方面延伸至筹资管理、资金支付规范性管理等内容。以资金支付规范性管理为例，当经济业务到了支付环节，财务部门必须介入，因此企业会要求财务部门对款项支付的规范性进行整体把关（如检查与支付相关的各项要件是否齐备）。

财务的基本职能及其延伸如表 6-10 所示。

表 6-10　财务基本职能及其延伸

财务基本职能	职能逻辑延伸	具体职责示例
会计核算、账簿记录等（"管账"）	经济责任管理	账务核对、资产盘点等
	税务申报	税务筹划、税务争议处理等
	账务数据应用	财务分析、财务数据支持、预算管理、绩效考核等
资金管理（"管钱"）	资金规划	资金计划管理、资本结构管理、投资管理、资本运作等
	资金取得	筹资管理、应收款管理等
	资金使用	资金支付规范性管理、费用管理等

另外，由于财务部门的工作性质、人才配备等因素，财务部门会具备如下相对优势。

（1）财务部门在具体业务中主要履行会计记录、资金管理职能，而不会直接执行特定业务环节操作（如销售发货、仓储出库、合同签订等），这使得财务部门具备相对独立性。

（2）财务部门掌握财务专业技能和数据，例如财务部门具备财务分析技能，能够有效获取并应用利率数据、汇率数据、成本数据等。

（3）在财务部门对企业各项经营活动进行核算的过程中，能够对企业业务形成整体理解。

（4）财务部门应该从自身基本职责出发，充分发挥其自身相对优势，以满足企业的价值需求。

3. 弥合第一类"期望差"：具体措施

结合财务部门的基本职能、相对优势，针对企业的价值需求，应从纵向和横向两个维度对财务部门进行价值提升：在纵向维度，财务部门应对财务基础职能价值进行深度挖掘；在横向维度，应加强财务部门与非财务部门的配合，实现专业资源整合。具体措施包括如下内容。

（1）拓展财务部门本职工作深度，挖掘基础财务工作价值。

对我国很多企业而言，仅仅在财务本职工作范畴之内，结合企业内在需求进行深化，就可以实现显著的价值提升。

在会计核算方面，可采取的措施包括：优化核算科目设置，强化账外资产管理，将会计核算与预算管理及项目管理等事项进行内在整合等。例如，某企业财务部门通过将工程会计核算科目与工程预算科目内在"打通"，实现了对工程项目成本费用的细化跟踪，在提高核算数据准确性的同时，还为企业工程项目成本控制提供了高质量、动态化的数据支持。

在资金管理方面，可采取的措施包括：提高资金计划质量及强化跟踪，科学进行资金整体平衡，优化资金审批权限设置，强化资金收支控制等。例如很多企业财务部门通过在集团层面进行现金池集中化管理，提高了资金使用效率，降低了资金成本。

（2）财务部门积极参与企业整体战略工作，聚焦战略重点。

企业的战略管理工作，需要财务部门的积极参与。在战略目标制定过程中，企业需要形成清晰的财务目标，如销售总额、利润增长率等；在具体战略落地措施中，也需要充分考虑财务资源，如对资金的需求等。财务部门充分参与战略管理工作，有助于其聚焦战略重点工作，识别重大风险。财务部门通过将资源优先适用于战略重点领域，可提升部门战略贡献度。例如，某企业财务部门会重点监控年度重点项目的财务预算执行情况，成为企业战略动态评价的重要支撑部门。

（3）财务部门与其他部门实现高效衔接，提高企业经营效率。

财务部门与其他部门加强工作衔接会显著提升企业整体经营效率。例如，某企业以联合工作组的方式，梳理并明确了财务部门与其他部门之间的衔接标准，包括明确财务表单的填写要求，明确费用报账规则，减少重复的财务审核，明确各项财务处理时间承诺等内容，大幅度提升了业务流程执行效率，亦同时提升了财务工作满意度。

（4）财务部门应对重点业务全流程持续监控，识别风险并参与风险管控。

财务部门应该参与重要经营事项的管控，并体现出管控节点前移、业务数据化与指标化特征。例如财务部门应参与计划与立项阶段工作，参与目标及配套预算制定，设置关键绩效指标，跟踪、分析并反馈经营事项的执行情况，识别重大财务风险并制定控制措施等。例如，某企业要求财务部门在年度重点研发外包项目的立项阶段即介入，并参与相关预算编制、资金配套、外包商遴选、合同签订、项目阶段性评价、项目结项验收等工作，使得财务部门在各个关键控制节点能够做到"知其然，且知其所以然"，在有效支撑项目主导部门的同时，实现了对项目风险的有效管控。

（5）财务部门应成为重要信息及专业判断的输入端，有效支持决策。

相对于其他部门，财务部门具备自身的专业及信息优势，因此在各类管理活动中，应提供所需高质量信息，并进行专业判断。例如，在很多企业的产品定价过程中，财务部门需提供产品成本、经营税负、可比产品历史经营数据、对应往来款资金占用等关键信息，同时应用本量利分析等工具进行专业判断，进而提高产品定价决策的科学性。又如，在进出口业务中，某企业财务部门提供当前汇率及变化趋势、关税等关键信息，同时在是否需要以及如何进行套期保值等方面进行专业判断，从而降低业务风险，提高业务盈利水平。

整体上，企业应充分整合财务及非财务团队的专业资源，做到优势互补，实现实质上的"业财融合"。财务团队与业务团队的思维特点对照如表6-11所示。

表 6-11　财务团队与业务团队的思维特点对照

序号	比较事项	财务团队的思维特点	业务团队的思维特点	备注
1	决策量化程度	量化程度较高，习惯用数据说话	量化程度较低，倾向于定性标准	—
2	目标差异与判断标准	更多地关注长期综合财务绩效	更多地关注短期直接经营绩效	财务团队会更倾向于测算项目全生命周期的报酬率水平
3	对成本的关注度	考虑成本范围相对全面；会关注长期内的成本项目；会关注间接成本影响	主要关注可观察的直接成本（可能视部分间接成本为"免费"）	财务团队会相对关注资金成本、对企业公用设备的占用成本等
4	对风险的关注度	会更多地考虑风险因素的影响（收入预测需是"风险调整后"），会考虑"最悲观"情况下的情形	更关注"机会"价值	—

6.7.3　弥合第二类"期望差"：财务部门的"有所不为"

在企业职能设置的过程中，应遵循"专业分工原则"和"权责利对等"基本原则。"专业分工原则"是指企业内的工作职责分配应根据各项具体工作的专业需要配备对应的专业岗位或部门，并进而根据部门或岗位的专业要求配备具备对应专业知识和技能的人员。"权责利对等"是指企业各部门或岗位的职权、职责及对应的考核内容要内在一致。

1. 财务部门职责不要逾越专业分工界限

基于专业分工原则，企业应充分尊重各部门的专业分工，在各个具体专业领域不应出现"越俎代庖"。如果让财务部门承担不属于其专业范畴的工作职责（实务中常见的情况包括：由财务部门主导完成供应商综合比选，应收款催收，工程量认定，仓储管理等），一方面会造成财务部门与其他专业部门（如采购部门、销售部门、工程管理部门等）职能重叠，同时也会出现人员专业不对口的问题。所谓"术业有专攻"，在时间精力有限的前提下，财务部门人员不可能在诸多领域兼具足够的专业性。专业性不足，必然会使工作质量受到严重影响。此外，让财务部门直接参与一些具体业务操作，也会导致财务部门丧失前文所述的相对独立性。例如，如果让财务部门负责仓储管理，实质上会让财务部门同时管理仓储实物和账簿，独立性不复存在。

此外，现实中一些企业会让财务部门承担独立审计职能也是不合理的，财务部门会实质性地参与到具体业务，⊖这并不满足审计独立性要求，同时财务人员往往也不具备独立审计所需的专业性。

2.财务部门职责不能破坏"权责利"基础结构

基于权、责、利对等原则，财务部门不应对其他部门的工作后果承担责任。例如，如果让财务部门对销售回款负责，对财务部门而言成了有"责"（收款责任）而无"权"（销售权限）无"利"（销售激励），这会使得财务部门缺乏激励，并且会产生不公平感（回款困难并非财务部门行为所导致）。对销售部门而言则变成了有"权"（销售权限）有"利"（销售激励）而无"责"（收款责任），这会导致对销售部门缺乏约束，甚至导致销售部门过度冒险。

出现上述几种情况，很多时候是因为企业高层对特定部门的工作能力甚至职业操守不放心。对此，笔者认为根本的解决方案是提升对应部门的人员素质并加强监督，而不是简单地让财务部门去顶替其职责。整体上，财务部门应该在自身专业领域做透做精，对财务部门不恰当的职能设置不仅违背专业分工要求，同时可能会让财务部门耗费其专业资源，丧失业务独立性优势，甚至对企业基本职责体系造成冲击。

两类"期望差"产生的原因，影响及其弥合手段如图6-17所示。

6.7.4　对企业的建议

在新的市场及技术环境下，我国企业财务部门、非财务部门以及高层都面临巨大挑战。企业财务部门绝不可继续满足于机械的财务工作而使自己成为一个纯粹的费用中心，必须以主动支撑企业改进绩效的积极态度努力进入企业价值链。建议企业财务部门：①积极主动地参与管理，而不仅仅视己为一个后台支持部门，如应主动接触市场，接触外部合作方（如税务局、银行、外部投资者、供应商、客户）等；②形成战略思维，并从战略高度识别重点工作、重大风险；③形成系统思维，有意识地和其他部门进行工作配合，形成专业互补；④对企业业务形成深刻理解，识别业务中的风险点及价值输入点。理解业务，是任何形式下价值提升的基

⊖　请注意：前文中所述的财务部门相对独立性，仅是相对于一些特定业务操作步骤而言。在具体业务中，财务部门负责资金管理、账簿记录，而资金与账簿恰恰是内部审计重点。

本前提！此外，同时建议财务部门结合自身职能，加强沟通，以做到有理有据有度的"有所不为"。

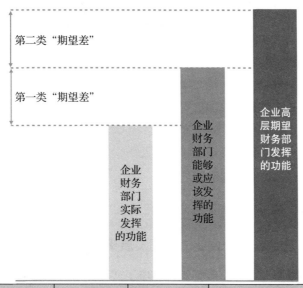

"期望差"类别	原因	对财务部门的主要影响	弥合手段
第一类 "期望差"	财务部门功能未达到客观要求	财务部门得不到尊重和重视，甚至被边缘化	围绕企业战略及经营需要，对财务部门进行功能提升
第二类 "期望差"	企业对财务部门提出过高要求	财务部门工作功能错位，勉为其难	根据专业分工、权责利关系，科学、合理设定财务部门职责

图 6-17　两类"期望差"产生的原因、影响及其弥合手段

从逻辑上来看，可能还存在第三类"期望差"，即"企业高层期望财务部门发挥的功能" < "企业财务部门能够或应该发挥的功能"，这意味着企业还没有意识到财务部门的潜在价值。从财务部门的角度，则需要通过自身的努力让企业认识自身价值；从企业高层的角度，则要重新认识财务部门的价值。

6.8　内控、内审、风险管理与合规关系辨析

6.8.1　问题的提出

当前，在企业内外部环境的共同作用之下，"内控""内审""风险管理"和"合

规"作为一项管理活动或具体部门，已在各类企业中频繁出现。与此同时，这些概念的范畴、相互关系以及在企业中如何实践，也已引发了广泛讨论。

笔者认为，对于这些问题的讨论不应脱离企业发展过程中所产生的内在管理需求，因此我们不妨从一家企业的发展史的视角展开讨论。我们给这家企业起名为 K 企业，并且给这家企业安排一位创始人、股东、老板兼总经理——Z 先生，以及其他几位关键角色（按出场先后顺序排列）。

- A 先生——K 企业内控部负责人。
- B 先生——K 企业内审部负责人。
- C 先生——K 企业风险管理部负责人。
- D 女士——K 企业合规部负责人。

请注意，这只是一个高度简化的示例。

6.8.2 探究视角：以一个企业的极简发展史为例

如中国大多数企业一样，K 企业也经历了从无到有、从小到大、从简单到复杂的发展历程，并最终成为一家涉足餐饮、金融等行业的企业集团。

1. 第一阶段：K 企业创立，Z 先生几乎掌控一切

Z 先生做快餐餐厅起家，第一家餐厅的收银兼出纳是自己的一位亲戚，还有后厨、服务员共 5~6 人，从原料采购、装修到菜单设计都是 Z 先生自己负责。甚至厨师忙不过来时，Z 先生也会去炒两个菜，餐厅里里外外都是自己张罗。会计是找的代账公司帮着记账。因为菜品有些特色，而且真材实料，生意一直不错。甚至附近写字间的企业专门在这里定了员工餐，生意越来越好。

客户订餐量与日俱增，Z 先生每天光菜市场都要跑好几次，发现自己忙不过来了，他意识到目前的管理模式已经不行了。

2. 第二阶段：内控部门的建立

K 企业初具规模，Z 先生开始分权，明确职责分工，建章立制，也开始从亲力亲为转向监督评价，并建立了专门的内控部门，系统化企业内控显现。

K 企业生意持续火爆，踌躇满志的 Z 先生决定扩大经营。Z 先生开始招聘包括采购人员、财务人员在内的专业人员。与此同时，饭店大厨和核心骨干分别入股，

餐厅也引入了外部投资人，在未来一年连续开了三个分店，为了实现集中管理，Z 先生组建了管理总部。

分店建立后，Z 先生有了新问题：他发现，老店还好，大家都熟悉。新店他虽然关注很多，但是经常出错。不是上错菜，就是有客户投诉，总之每天都有新的问题出现。最让他感到头疼的是，他对分店的现金流水情况总是不放心，可是又不知道如何去管。于是他派人去其他品牌餐饮店卧底，结果发现其他品牌餐饮店的各个分店出品都差不多，而且新人进入后很快就能上手，原因是不论分店数量有多少，它们都在一个统一的管理标准下经营运行。

Z 先生受到了触动，在外部咨询机构的协助下，K 企业逐步建立起自己的相关管理制度。例如分店财务管理模块，通过总部集中招募财务经理，直接对总经理负责，外派到各分店，同时采用收支两条线的方式，收入及时上交总部，采购资金与费用等定期拨付。在质量管理方面，K 企业组建了专门的质控部门，编制了标准化的质量管理手册；在信息化方面，K 企业购置了一套小型信息系统并顺利上线。发展到现在，内控作为一种内在机制，在 K 企业已逐步建立起来。

管理运作起来后，开始还很顺畅，但是餐饮行业人员流动快，餐饮品类不断增加，对管理制度进行持续更新改进的要求越来越迫切。但由于制度管理相关权限（典型权限包括具体制度谁来编制？谁来审批？谁来宣贯？谁来监督？等）模糊，制度编写标准不统一，管理制度自身越来越混乱。不仅如此，各部门之间经常会为自己的利益对制度流程产生不满，甚至吵到总经理办公室，这让 Z 先生焦头烂额。

Z 先生决定组建专业化的内控部门，并且招募了 A 先生加盟，成为内控部门负责人。A 先生思维缜密并拥有多年的企业流程管理经验，对于内控部门工作的开展，A 先生提出了如下观点。

（1）企业管理制度必须由内控部门来进行统筹，采取统一的分级分类标准，管理制度的发布、修订、废止必须经过内控部门的审核。

（2）内控部门应该充分参与各类制度的专业讨论，充分发表专业意见。

（3）内控部门应持续组织开展企业制度评价工作，进行风险识别和评价，以推进管理制度持续优化。

Z 先生对 A 先生的观点表示赞同，鼓励 A 先生尽快开展工作，尽早成为企业的"制度大管家"。事实证明，A 先生专业度很高，在其负责的内控部门的持续努力之下，

K 企业的制度系统性、规范性和科学性得到显著提升，各部门之间的衔接更加顺畅、有效。更重要的是，重大风险得到及时识别和应对，Z 先生的管理压力明显降低。

3. 第三阶段：内审正式登场

K 企业的规模持续扩大，Z 先生发现自己已看不过来，决定安排人专门负责检查，于是内审正式登场。

随着业务规模逐步扩大，K 企业已经发展到 10 家分店，分布于 3 个城市。Z 先生发现尽管整体经营还不错，但有两家分店总在亏钱，却不知道什么原因。有朋友建议他应该找审计人员检查一下。在找外部审计机构和建立内审部门之间，经过仔细思考权衡，Z 先生决定为了企业长远发展，组建自己的内审部门。通过专业猎头，Z 先生找到了 B 先生。B 先生之前在另一家知名餐饮企业集团担任审计部负责人，因全家迁往本市，需要选择新的企业就业。B 先生在了解了 K 企业是新建内审部门及其他相关基本情况之后，对 Z 先生提出了如下几点要求。

（1）内审部门负责人直接向 Z 先生汇报，以确保其审计工作开展具有足够的独立性和权威性。

（2）K 企业所有部门和岗位都纳入内审部门的审计范围，包括刚刚成立不久的内控部门，其审计范围不能受到任何形式的限制。

（3）关于内审部门与内控部门的关系，B 先生表示内控部门主要负责管理制度的建立，内审部门主要负责检查管理制度的执行情况，对制度设计不合理的地方，内审部门也会提出。

（4）关于审计重点，内审部门将独立进行风险评估和制定，同时将充分听取 Z 先生的意见。

（5）内审部门将受理并处理各类举报。

Z 先生听完 B 先生的要求，有点担心这样设置内审部门是否会引发内部冲突，后来转念一想，内审部门本来就是监督部门，引发冲突几乎是必然的，也就接受了 B 先生的要求。

在 Z 先生的大力支持之下，以 B 先生为首的内审部门成立了。针对前面所提到的两家分店存在的亏损问题，内审部门对比企业内部及竞品企业营业数据，发现这两家店经营成本异常偏高，除了公司统一配送的主材，其他当地自主采购的蔬菜等，较市场价格偏高。在此基础上，内审部门经过明察暗访，发现采购经理有舞弊嫌疑——安排了自己的亲属进行配送。Z 先生在查阅了内审报告之后，根据相关管理制度，立即对相关人员进行了严厉处罚，与直接责任人解除劳动合同。Z 先生对 B 先生及内审部门的工作非常满意，之前的顾虑也逐渐打消。

在此之后，内审部门对几项管理顽疾进行了专项检查，在查明原因之后提出了整改意见，并在内控部门的配合下对管理制度进行了优化，建立了长效机制。

4. 第四阶段：风险管理部门的出现

K 企业向投资集团转型，但投资及贷款业务风险频发，Z 先生决定安排专业人员集中管理投资及贷款风险，于是风险管理部门出现了。

随着 K 企业在业内的知名度越来越高，一些战略投资人开始与 Z 先生进行接触，并且达成注资意向。随着战略投资人资金的注入，Z 先生意识到需要进入新的业务领域，因此 Z 先生对 K 企业的组织架构进行了调整，将原有的餐饮业总部转换成投资平台并启动对外投资，传统餐饮业务以一个事业部的形式继续运营。经过高层研讨，K 企业的投资方向基本确定为新兴的非银行金融行业及餐饮行业。在金融行业，K 企业首先收购了一家小贷企业。

然而，K 企业的投资之路并不顺利。一次是小贷企业在进行贷款审核时，由于对债务人没有进行充分的风险评估，一笔资金借出后无法追回。另一次是餐饮企业准备和一个合作方共同开发一个西餐新品牌，在投资前没有对市场前景、合作方实力等进行有效投资风险评估，最终导致投资失败。

这时，Z 先生已经充分意识到金融业务及对外投资的风险与他之前买菜做饭时所面临的风险不可同日而语，他再次陷入迷茫。Z 先生组织团队进行了行业对比，认为一些企业所采取的组建专业的风险管理部门对这些风险进行集中管理是一种思路。但是，新设部门不是件小事情，Z 先生决定先征求一下内控部负责人 A 先生的意见，并且专门询问了就安排内控部行使专项风险管理的可行性。

A 先生问明 Z 先生来意，经过仔细思考提出了如下观点。

（1）认同应该由专业部门对投资等重大风险进行专门管理的合理性。

（2）不建议由内控部门履行风险管理职能，主要理由：首先，内控部门的核心职责是维护并且优化全企业的管理制度体系，不会介入具体业务，而风险管理必须介入具体业务，否则难以实现风险控制效果；其次，在风险识别方面，内控部门是组织相关部门进行全面的风险识别，而风险管理部门则需要聚焦特定重大风险并给出专业判断，两者的工作重点和专业要求都存在较大差异。

Z 先生虽然觉得这些事确实有点抽象，但基于对 A 先生专业度的信任，他决定先尝试一下。经人介绍，Z 先生决定招募 C 先生作为部门负责人组建企业风险管理部。C 先生具有丰富的投资管理经验，对 K 企业所在行业也有深入的了解。在正式履职之前，C 先生与 Z 先生也有一次深入的交流，结合之前的经验，C 先生提出：

- 风险管理部名称含义比较模糊，因此必须清晰界定风险管理部所管理的风险范畴，现在看主要是投资风险及金融业务的贷款风险。
- 风险管理部将集中于特定风险的识别、评价与应对，但这不能替代前端部门（如投资管理部）自身应履行的风险管理职责。
- 风险管理部应充分参与相关制度流程（如投资管理制度）的制定。
- 风险管理部应充分参与具体项目，充分获取信息并具有实质性的管理权限。
- 风险管理部有权对相关部门风险管理相关工作进行检查和评价。

C 先生领导下的风险管理部，一方面对相关管理制度进行了重大修订，对可行性研究、尽调、过会等关键环节的制度要求进行显著优化；另一方面直接介入项目尽调、评审等工作，促使风控措施真正落地。基于风险管理部专业工作，Z 先生及时否决、终止了几个高风险项目，避免了损失。

5. 第五阶段：合规部门的建立

外部合规压力激增，Z 先生意识到法律法规红线是碰不得的，决定集中力量搞合规，于是合规部门出现了。

随着 K 企业业务规模及业务范围的进一步扩大（除了传统餐饮和非银行金融行业，K 企业还涉足了中央厨房，涉及食品加工企业），Z 先生发现市场监督管理局、银保监会等政府部门对企业的监管越来越严，要求越来越细，特别是最近几次检查，检查组都提出了措辞严厉的合规问题。不仅如此，Z 先生还目睹了一些同行因为合规问题最终关门大吉甚至惹上官司的事例。作为企业的法定代表人，Z 先生非常紧张。对 Z 先生而言，各类监管文件犹如天书，一时间 Z 先生又没了主意。

Z 先生找来了 A 先生、B 先生和 C 先生一起讨论，Z 先生的本意是想请内控部或风险管理部来兼顾合规这一块，并且由内审部加强审计。对此，A 先生、B 先生和 C 先生给出了如下建议。

（1）考虑到 K 企业的行业特点，建议单独设置合规部，理由包括：能够让监管部门感受到 K 企业对合规工作的重视程度，同时能够清晰地与监管部门进行日常工作对接；由于在各个部门（如投资管理部门、菜品采购部门等）都可能存在合规风险敞口，合规部必须对各个部门进行持续的合规监控和督导，这与当前内控部和风险管理部的职能特征并不吻合；合规风险源主要来自外部监管要求，合规管理人员的专业性也具备自身特点。

（2）内控部将充分配合合规管理要求，如针对相关管理制度引入合规审查。

（3）风险管理部将在评估项目风险的过程中，进行充分的合规审查。

（4）内审部将合规管理活动纳入内部审计范围。

Z 先生虽然对又要新设一个部门有些犹豫，但上面第一点显然打动了 Z 先生——以后监管部门再来检查，如果可以告知他们企业已经组建了专门的合规部，确实会好很多。于是，K 企业合规部正式成立，并且聘请了干练的 D 女士担任合规部负责人。D 女士在走马上任之前，提出了如下要求。

- 在当前日趋严格的外部监管环境下，合规无小事，K 企业从上至下必须建立合规意识，不能有侥幸心理。
- 合规部必须有权参与涉及合规风险的重大决策，必须有权对其他部门的合规遵从情况进行检查和整改。
- 合规部应能主导合规相关管理制度的制定，并且对各类制度进行必要的合规审查。
- 合规部将持续对外部监管要求进行分析和评估，与监管部门保持有效沟通，在相关部门通力配合的前提下，将外部监管要求内化为企业内部管理要求。

Z 先生基本认同 D 女士的观点，表示将全力支持。随着合规部开始全面履职，经过一段时间的内部合规自查及整改，Z 先生明显感觉到政府监管部门对 K 企业的态度发生了转变，所提出的合规问题，无论从数量上还是性质上看，都得到了显著改善。

6.第六阶段：各风控部门的协调

各类风控专业部门似乎都齐全了，Z 先生又开始为这些职能之间该如何协调发愁了。

K企业已经发展成为一个大型企业集团，企业的内控、内审、风险管理和合规部门也运行了很长一段时间，Z先生渐渐发现，事情并没有预想得那么简单，这些部门都或多或少遇到了问题。

例如，风险管理部C先生开始抱怨：投资管理部门等部门针对不理想的投资项目，开始向风险管理部甩锅。不仅如此，风险管理部的管理范围被不断泛化，很多部门认为只要是有风险的事情，就应该找风险管理部，问题类型从各类业务合同签订到人员离职补偿，不一而足，让风险管理部应接不暇。

然而，更多的抱怨则来自各职能部门，例如，对于部门内的一些业务，合规部门会检查一遍，内审部门也会检查一遍，消耗时间、精力。不仅如此，合规部门和内审部门经常还会提出不同的整改意见，让人无所适从。又如风险评估工作，内控部、风险管理部和合规部都会进行组织，也让各部门觉得难以理解。其中，让Z先生更担忧的是，业务部门已经多次表示，风险管理部、合规部等部门提出的一些要求过于苛刻，已经严重制约业务发展。

还好，K企业拥有务实及开放的企业文化。通过沟通，Z先生采取了如下措施。

（1）将总经办作为日常工作协调的平台，明确以风险为导向对内控部门、内审部门及合规部门进行工作协调，并且通过不断优化管理制度对各部门的职责、配合流程进行明确。例如，在内审部门制订审计计划的过程中，应组织相关方识别、评价风险，其中内控、合规和风险管理部门的风险评价结论将作为重要输入。

（2）在董事会层面组建了风险管理委员会进行重大风险决策，提升风险评价、风险对策制定的层级，促成在企业内形成统一的风险评价结论。

（3）通过持续宣传贯彻、绩效管理等手段，明确前端部门（如业务部门）在风险控制中的关键作用，夯实"第一道防线"，遏制风险失控后的"甩锅"行为。

通过上述努力，企业风险政策更加统一和明确，内控、内审等工作的协调性得到加强，对业务部门的干扰也有所降低。

7. 归纳一：内控、内审、风险管理与合规各自如何应运而生

从上面K企业的发展史中，可以做出如下总结。

（1）作为渗透到企业各个业务领域的内在管理机制，从企业建立那天开始内控即存在，随着企业的不断发展，内控会不断演进得更系统化和规范化；随着企业

制度体系不断复杂化，内控部门会以制度集中归口管理部门的形式出现，并将负责组织全企业的风险识别、评价与应对措施制定工作。

（2）当股东或老板为自己的时间、精力或专业性所限，无法对企业进行有效监督时，则会对内审产生需求，这时独立的内审部门往往会出现。

（3）当企业对于特定风险存在重大顾虑，并且认为已有组织架构无法有效防范该风险时，即可能设置专门的风险管理部门，以提升对此特定风险的控制效果。⊖

（4）当企业面临较高的外部合规压力时，则会采取合规管理措施，并且可能单独设置合规部门。

（5）合规的出现是因为外部监管所带来的风险突出到必须专门设置人员予以关注。

8.归纳二：内控、内审、风险管理与合规部门如何分工协调

典型的分工协调方式归纳如下。

（1）风险管理部和合规部在自身所聚焦的风险领域，既可以主导特定制度流程编制，也可以要求其他部门根据其要求完善自身相关制度流程，但就制度流程的基础管理程序而言，需要在内控部门所维护的基本框架之下进行。

（2）风险管理部门和合规部可以在自身所聚焦的领域对其他部门进行检查，但应与内审部门进行协调，以减轻其他部门的配合压力。

（3）内审部门则是对包括内控、风险管理和合规部门在内的所有部门进行监督检查，在风险管理部和合规部所聚焦的风险领域，可以充分参考这两个部门的工作成果及检查发现。

（4）在风险识别与评估方面，整体工作由内控部门牵头，内控部门在具体工作开展中，针对风险管理部门和合规部所聚焦的风险领域，应充分参考风险管理部门和合规部的工作成果。而风险管理部门和合规部就其所聚焦的风险领域，应主导对应风险的识别和评价工作。

（5）内控、内审、风险管理与合规部门的日常工作协调在总经办平台上进行，涉及重大决策的，由董事会层面的风险管理委员会完成。

⊖ 在央企等实施全面风险管理标准的企业所设置的风险管理部，可能会全面负责各类风险的控制，和前文所提出的风险管理部职责将存在重大差异。对此，后文还将进行阐述。

6.8.3　回到"控制风险"本质

从 K 企业的发展简史可以看出，内控、内审、风险管理和合规的出现，本质上还是为了有效支持企业业务开展，更具体地，是为了企业能够有效控制风险。

1. 风险控制核心工作

先不考虑具体的实施主体，风险控制的核心工作事项包括：

（1）对风险进行识别和评价，并根据风险评价结果制定控制措施。

（2）将控制措施在原则、职责、流程和标准中明确，通过建章立制进行制度化管理。

（3）对制度运行及风险管理情况进行检查和评价，落实奖惩并持续改进。

2. 风险控制中需要考虑的因素

（1）是管"具体业务"还是管"游戏规则"？前者是针对具体风险本身（如对合同中常见条款陷阱的识别标准），后者是针对围绕风险的管理规则（如针对复杂的非标准合同设置专业评审机制）。

（2）是管"执行"（运动员）还是管"监督"（裁判员）？如果是管"监督"，是监督"过程"（业务执行过程规范性）还是监督"结果"（业务执行效果）？

（3）对"专业性"的考虑。不同的风险控制手段会对实施主体提出不同的专业性要求。

（4）对"独立性"的考虑。特定风险控制手段会对独立性提出较高的要求。

3. 关于部门的设置

企业应根据所处发展阶段、业务复杂度、所面临的风险情况等因素决定如何进行部门设置。在现实中，存在两类典型问题：首先是因人设部门，因人设岗，这样可能导致企业组织结构会随着人员更替频繁变化，管理体系频繁变动；其次是生搬硬套其他企业的组织架构，或造成机构臃肿，或导致部门间协调困难。

企业内控、内审、风险管理、合规部门如何设置呢？这里有三个核心问题：

（1）是否需要单设部门？

（2）如果单设部门，核心工作职责和权限包括哪些？

（3）如何与相关部门进行协调？

对于这三个问题，可以在表 6-12 的内容中寻找答案。

表 6-12　内控、内审、风险管理和合规管理部门的比较

事项	内控部	内审部	风险管理部①	合规部
风险控制价值点	• 提升风险识别、评价与控制措施制定的全面性和科学性 • 提升管理制度的系统性、规范性和科学性	• 对管理制度体系的设计及运行情况进行独立监督	• 特定风险的识别、评价与控制措施制定 • 针对具体业务中特定风险的评价与决策	• 合规风险的识别、评价及控制措施制定 • 针对具体业务合规风险的评价与决策 • 对接并响应外部监管部门
对具体业务的风险控制	• 通常不作为业务执行主体直接参与具体业务的风险控制	• 为确保独立性，不参与具体业务风险的控制	• 参与具体业务特定风险控制（如贷款发放评审）	• 参与具体业务合规风险控制（如合同合规审查）
制度管理（编制、修订、废止等）工作	• 对全企业管理制度进行集中归口管理 • 作为内部顾问，对关键业务流程进行梳理与优化	• 不参与具体制度管理，但基于审计发现对制度提出整改与优化意见	• 组织特定风险领域相关管理制度的制定、修订和评价工作 • 对相关管理制度，围绕特定风险进行评审	• 组织合规风险领域相关管理制度的制定、修订和评价工作 • 对相关管理制度进行合规性评审
对其他部门的检查与评价	• 对各部门的制度规范性进行检查和评价	• 对各部门管理制度的设计和执行情况进行检查与评价	• 对各部门的特定风险管理情况进行检查和评价	• 对各部门的合规风险管理情况进行检查和评价
组织相关部门进行风险识别与评价	• 负责组织企业风险识别与评价	• 在审计计划过程中会酌情组织相关部门进行风险识别和评价，并将充分考虑内控、风险管理和合规部门的风险评价输入 • 在审计报告中，基于审计发现进行风险提示	• 负责特定风险的识别与评价	• 负责合规风险的识别与评价

① 在一些企业（如实行全面风险管理框架的企业），可能会设置更加综合的"风险管理部"，部门职责会涵盖全面的风险识别、评价、控制措施制定，控制执行的事前、事中、事后监控（如监控特定动态风险指标），风险控制标准制定，参与重大风险决策，风险相关管理制度制定，监督检查，风险管理效果评价、报告，以及风险管理考核等职能，其职能可以理解为 K 企业内控部、内审部、风险管理部及合规部的综合。不仅如此，"合规""内控"等概念在不同企业也可能涵盖不同的范畴，如在一些企业，合规部门的职责既包括外部合规，也包括企业内部管理制度合规，其范畴大于本节中所描述的合规部职责。整体上，笔者认为在分析时应聚焦具体职责，而非概念或部门名称。

　　不难看出，K 企业的"风险管理部"和"合规部"都是因聚焦特定风险源而产生的，是职能必须向其他部门进行横向拓展的部门，具有这种特征的其实还有

"质量部""安全部"等部门。如质量部为从整个产品生命周期上强化质量管理，会对采购部、生产部进行工作检查，并且参与这些部门的制度、流程及标准的制定。

由于内控、内审、风险管理和合规都是围绕"风险"展开的，业界已提出"大风控"的概念，核心思想是"既然大家都是管风险的，为什么不合在一起呢？"。笔者认为，如前文所述，内控、内审、风险管理和合规职能在独立性要求、所聚焦风险领域、与其他部门的关系、人员专业技能等方面存在实质性差异，受到"专业化引力"[⊖]等因素的影响，在实践中仍会出现按照部门进行分工的趋势。根据前文分析，部门间潜在冲突会体现在独立性、工作范围和人员专业性要求三个方面（见表 6-13）。

- 独立性：是否参与具体业务活动（如是否参与具体业务决策）、汇报路径等。例如，如果风险管理部参与具体业务评审，其独立性会受到影响。
- 工作范围：如制度归口范围等。例如内控部门，相对其他部门需负责企业整体制度归口管理。
- 人员专业性要求：人员所需具备的专业知识，如特定风险领域的风控技能、部门间协调技能等。例如合规部门人员应熟悉企业所处监管环境的外部合规要求及合规方法。

表 6-13　部门间潜在冲突分析

	内控部	内审部	风险管理部	合规部
内控部	×	• 独立性、工作范围及人员专业性要求冲突 • 冲突等级：中	• 工作范围及人员专业性要求冲突 • 冲突等级：中	• 工作范围及人员专业性要求冲突 • 冲突等级：中
内审部	×	×	• 独立性、工作范围及人员专业性要求冲突 • 冲突等级：高	• 独立性、工作范围及人员专业性要求冲突 • 冲突等级：高
风险管理部	×	×	×	• 人员专业性要求冲突 • 冲突等级：低
合规部	×	×	×	×

⊖　亨利·明茨伯格.卓有成效的组织 [M].魏青江，译.杭州：浙江教育出版社，2020.

6.8.4　对企业的建议

围绕内控、内审、风险管理和合规的职能定位，很多企业存在困惑。结合前文，笔者提出如下建议，供企业参考。

1. 先识别和评价风险，再根据企业的实际情况考虑部门的设置

如前文所述，设置部门的基本目的是有效控制风险，支持业务的开展。企业应首先有效识别并评价其所面临的风险，从合理分配风险控制相关职责（如制度管理、检查评价等）的角度，根据业务复杂性、组织成熟度等因素考虑部门的设置，而非先设置部门再考虑部门职责。

如在前面的例子中，相对于内控部和内审部，K 企业设置了风险管理部和合规部，是因为该企业基于对特定业务风险和合规风险的评价结果，决定通过专设部门的方式增强对这些风险的控制效果，实质上是在前端部门之后增加了一道风险防线。然而，增加防线是需要增加组织成本的，是否合理取决于这些成本的投入产出比，即降低风险所带来的收益是否大于新增控制成本。

2. 将注意力放在具体风控措施的执行上，而非追求形式层面的部门齐备上

企业应将注意力先集中于风险控制相关措施是否到位，如前文所提到的风险是否已经全面有效地识别和评价，管理制度是否已经有效建设与维护，是否已经建立了有效的监督机制，等等。如经过评价，在现有架构下前述措施都已执行到位，则不需要在部门层面做过多调整；如果企业发现在现有架构下无法有效执行必要风控措施，则需要考虑在部门设置等方面予以调整。

3. 单设部门会带来专业化、独立性等好处，但也会增加协调等成本，这也需要企业进行评估取舍，并且加强协调

例如，由于风险管理部、合规部的职责是基于特定风险展开的，因此不可避免地会与内控部门和内审的职能重合。如在合规风险领域，合规部门在制度制定、评审及风险识别、评价方面会与内控部门的职能重合，在检查评价方面会与内审部门职能重合。

又如，风险管理部在具体业务过程中参与风险评价和决策，则会与前端部门的职能重合（如投资管理部也必须识别评价投资风险，并且在决策过程中充分考虑风险）。

因此，如果同时设置多个部门，应尽可能地避免多头及重复管理，并且需要建立部门间的横向沟通机制。

对企业内控、内审、风险管理与合规的关系，从理论到实践，都存在较大争议。笔者认为，针对这些问题的分析应该从企业发展阶段及各阶段内在需求出发，否则易陷入概念之争。

6.9　内控自我评价

6.9.1　内部控制评价的概念

根据《企业内部控制评价指引》，"内部控制评价"是指"企业董事会或类似权力机构对内部控制的有效性进行全面评价、形成评价结论、出具评价报告的过程"。同时也明确了"企业董事会应当对内部控制评价报告的真实性负责"。从这个定义可以看出：①内部控制评价是一个过程，评价对象是企业内部控制的有效性；②内部控制评价报告是评价过程所形成的结果；③内部控制评价由董事会发起，并由董事会对评价结果负责。内控自我评价会涉及内部控制设计有效性和执行有效性两个方面。

6.9.2　内控自我评价的目的

目前，企业实施内控评价的目的可以归纳为两类：①出于自身管理目的，即企业治理层需了解企业内控设计及运行情况；②出于合规目的，即根据适用的外部监管要求，企业需要实施内控评价。

根据《企业内部控制基本规范》第二条规定，《企业内部控制基本规范》适用于中华人民共和国境内设立的大中型企业；第四十六条规定，企业应当结合内部监督情况，定期对内部控制的有效性进行自我评价，出具内部控制自我评价报告。若企业需要满足《企业内部控制基本规范》的上述要求，则需要进行内部控制评价。

《上海证券交易所上市公司内部控制指引》《深圳证券交易所上市公司内部控制指引》中也明确了上市公司编制并披露《内部控制自我评价报告》的要求。

2012年，按照财政部等五部委印发的《企业内部控制基本规范》和配套指引的有关要求，国资委下发了《关于加快构建中央企业内部控制体系有关事项的通知》

（国资发评价〔2012〕68 号），要求各企业立足自身实际，建立健全内部控制体系；采取有效措施，确保内部控制有效执行；加强评价与审计，促进内部控制持续改进与优化。同时要求各中央企业自 2013 年开始，向国资委报送内部控制评价报告。从外部监管的角度，内控评价工作已成为国有企业每年开展的一项重要工作任务。

香港联交所《企业管治守则》要求上市公司的管理层要对风险管理及内部监控系统的有效性进行评价，并向董事会提供确认。

监管部门针对不同类型的企业有不同要求，如果是金融类企业，如银行，那么监管部门在消费者保护、反洗钱、征信、数据等多方面都要求企业开展内控自评，并需每年发送自查报告，以检查企业是否遵守合规方面的要求。

即使不存在外部合规要求，持续对企业自身内控体系的健全性进行评价，也是企业日常管理工作的重要组成部分，如一些企业每年都会对管理制度、流程适用性和执行情况进行评价，以对制度、流程进行更新。

6.9.3　内控自我评价的组织

《企业内部控制基本规范》第四十六条规定"定期对内部控制的有效性进行自我评价，出具内部控制自我评价报告"，那么如何理解自我评价中的"自我"？笔者认为，理解这个"自我"，可以从"企业作为一个整体"和从"企业内部"两个视角进行分析。

1. 将企业视为一个整体进行分析

如果将企业视为一个整体，则所谓"自我评价"是由企业自身作为实施内控评价的主体，而非第三方（如外部审计师、政府监管部门），并且自行编制经企业治理层审批的评价报告（是否需要对外披露取决于适用监管要求）。

2. 从企业内部视角进行分析

如果从企业内部视角，即从企业微观组织架构层面，"自我评价"的概念会变得相对复杂。从企业的内控体系运行机制来看，企业内部主体划分如表 6-14 所示。

表 6-14　企业内部主体划分

序号	主体分类	在内控体系中的主要功能
1	治理层	制定目标、监督、考核
2	总经理	负责内控体系整体搭建

（续）

序号	主体分类	在内控体系中的主要功能
3	分管领导	负责分管领域内控工作
4	业务执行部门（如"销售部"）	执行部门相关内控制度与流程
5	业务支持部门（如"财务部"）	执行部门相关内控制度与流程
6	独立监督部门（如"内审部"）	对内控体系的运行情况进行独立监督
7	内控工作归口管理部门（如"内控部"）	对各项内控工作进行组织协调

《企业内部控制评价指引》第十二条规定："企业应当按照内部控制评价办法规定的程序，有序开展内部控制评价工作。内部控制评价程序一般包括：制订评价工作方案、组成评价工作组、实施现场测试、认定控制缺陷、汇总评价结果、编报评价报告等环节。"简言之，在企业内控自我评价过程中，需要回答下列具体问题：

- 谁来进行整体组织？
- 谁来实施具体评价？
- 谁来编制报告？
- 谁来审批报告？

针对上述问题，结合内控自我评价工作的特点，至少需要考虑以下几个关键因素。

（1）内控运行情况掌握程度。

内控评价是对企业内控设计与运行的实际情况进行评价，因此实施内控评价工作的人员必须充分掌握企业经营、管理等情况，否则将无法保证内控评价工作的质量。

（2）日常工作相关性。

在安排内控自我评价相关工作时，还需要考虑所评价的内控要素（如制度、流程）为谁所用。理由是内控评价工作并不止于内控评价报告，内控评价工作的成果需体现为未来内控体系的优化才有意义，因此必须考虑优化后的内控体系的具体应用主体，即未来由哪些部门或岗位来执行这些改进后的制度、流程。

（3）内控评价技能。

内控评价工作开展需要一定的专业技能，理解内控标准、识别缺陷、执行测试方法等。一般而言，对于此类技能，业务部门或业务支持部门相对较弱，内控归口管理部门和独立监督部门相对较强。

（4）评价独立性。

《企业内部控制评价指引》第三条规定，企业实施内部控制评价至少应当遵循客观性原则，即评价工作应当准确地揭示经营管理的风险状况，如实反映内部控制设计与运行的有效性。此外，《企业内部控制评价指引》第十九条规定，企业对于认定的重大缺陷，应当及时采取应对策略，切实将风险控制在可承受度之内，并追究有关部门或相关人员的责任。

基于上述指引要求，在实施内控评价过程中，还应考虑实施主体是否存在独立性冲突。独立性冲突可以从"内控设计有效性"和"内控执行有效性"两个方面加以考虑。

- 设计有效性评价方面的独立性冲突：对企业内控设计有效性的评价主要体现为对企业各类管理制度、流程及其他内控文件的评价，这时如果评价人曾参与对应管理制度、流程的编制、审核、审批，则可能存在独立性冲突。
- 执行有效性评价方面的独立性冲突：对企业内控执行有效性的评价主要体现为相关部门或岗位对适用制度、流程的遵循情况，这时如果评价人就是对应制度、流程的执行主体，则可能存在独立性冲突。

从上面这些要素可以看出，企业在开展自我评价工作过程中，"由谁来评"存在一定的复杂性。前文中所述的各类主体（不考虑治理层、总经理和分管领导），在上述因素方面存在显著差异（见表 6-15）。

表 6-15　内控自评主体特征差异比较

序号	主体	内控运行情况掌握程度	日常工作相关性	内控评价技能	评价独立性
1	业务执行部门（如"销售部"）与业务支持部门（如"财务部"）	在自身业务领域：高	在自身业务领域：高	低	在自身业务领域：低
2	独立监督部门（如"内审部"）	在拟评价业务领域：中	在拟评价业务领域：中	高	高
3	内控工作归口管理部门（如"内控部"）	在拟评价业务领域：中	在拟评价业务领域：中	高	对其参与评审的制度的流程，在设计有效评价方面独立性较低

从表 6-15 可以看出，业务执行与支持部门具有更高的"内控运行情况掌握程度"和"日常工作相关性"，但在"内控评价技能"和"评价独立性"方面则存在显著不足。例如，销售部门对销售相关管理制度有效性及执行情况最为了解，如果销售管理制度得到优化，其自身也会直接受益。然而，如果经过评价，销售管理制度方面被认定存在重大缺陷（特别是执行缺陷），销售部门人员的绩效极可能受到负面影响，因此销售部门即使意识到问题，也缺乏动机将问题主动暴露出来。

正是由于上述因素的影响，《企业内部控制评价指引》中建议企业在明确牵头组织机构的基础上，兼顾专业性、独立性等因素，组建"评价工作小组"或者聘请外部机构实施评价，并且提出了"回避"要求。《企业内部控制评价指引》第十二条规定："企业可以授权内部审计部门或专门机构负责内部控制评价的具体组织实施工作。"第十四条规定："企业内部控制评价部门应当根据经批准的评价方案，组成内部控制评价工作组，具体实施内部控制评价工作。评价工作组应当吸收企业内部相关机构熟悉情况的业务骨干参加。评价工作组成员对本部门的内部控制评价工作应当实行回避制度。企业可以委托中介机构实施内部控制评价。为企业提供内部控制审计服务的会计师事务所，不得同时为同一企业提供内部控制评价服务。"

综上，这里的"自我评价"应该是宏观层面的，即相对于企业外审及其他外部监管而言，在企业内部应该体现为"部门与岗位自评"、部门间"互评"、独立部门"他评"以及公司治理层与管理层"自上而下评"的综合。

6.9.4　内控自我评价的实施要点

企业在开展内控评价的过程中，应关注如下内容。

1. 自我评价制度及评价主体

企业应通过建立内控自我评价制度对内控自我评价的实施目标、流程、内容、要求、缺陷认定等进行详细规范的说明，将其作为评价活动各项工作开展的指导性文件，支持自评工作的有序开展。

开展内控自我评价，需要明确自评组织部门和自评参与部门。其中，自评组织部门一般为独立监督部门，负责牵头组织开展具体评价工作，对自评工作的执行效果和工作质量整体负责。自评参与部门通常为具体业务执行及支持部门，主要负责依据自评标准，结合业务实际实施情况，填写完成自评底稿。企业治理层与管理层主要负责监督内控自评过程，审批自评报告。

2. 评价方案及程序

（1）制订评价方案。

企业应结合年度目标制订评价方案，评价方案一般包括确定评价范围、评价标准、评价参与主体、评价方法、缺陷认定及整体工作安排。企业应在风险评估的基础上，依据日常内控监督结果，结合管理层需求及期望，识别企业重点业务活动领域，明确评价范围；以《企业内部控制基本规范》《企业内部控制评价指引》及其他适用合规要求为基准，参考企业管理制度、内控手册、风险清单等文件制定评价标准。

（2）设计评价底稿。

评价底稿的设计通常采用评估问卷、检查清单等形式，具体内容一般包括评价标准、评价实施部门、关键控制活动描述、控制活动执行记录（如业务表单）、评价结果（缺陷）认定、整改建议以及整改跟踪记录等内容。

（3）执行评价程序。

评价方案及底稿确定之后，可由自评组织部门正式启动评价程序，一般包括下述步骤。

步骤 1：举办自评启动会与自评工作沟通及培训会。会议的主要目的是让参与自评工作的主体人员理解评价方案，掌握自评方法及自评底稿的填写要求。

步骤 2：自评工作实施及底稿填写。在实施自评工作及填写底稿时，自评参与部门的人员应在了解业务制度及实施流程、业务风险的基础上，结合业务开展实际情况进行评价，保留评价工作证据，识别缺陷并提出整改建议。

步骤 3：自评成果复核。在自评组织部门组织下，针对已提交的评价底稿，进行交叉复核并补充必要评价程序，以对底稿进行补充或调整。

步骤 4：缺陷认定及自评报告出具。针对自评中识别的缺陷点，由自评组织部门按照缺陷标准予以认定（如是一般缺陷、重要缺陷还是重大缺陷），由管理责任部门落实整改，由自评组织部门对整改进行跟踪。在缺陷认定基础上，自评工作主导部门负责将自评结果汇总形成报告，将报告上报至企业管理层与治理层，由管理层与治理层对报告进行审核、审批后定稿。如自评报告需接受外部审计或对外披露，则由自评组织部门负责跟进相关工作。

　　事实上，得到有效开展的内控自评工作，对企业内控体系持续优化能发挥实质性的作用，因此不应将其变成"外以欺于人，内以欺于心"的形式过场。对此，笔者提出如下几点建议。

　　第一，应充分发挥内控自我评价的管理提升价值，而不要囿于合规要求，将内控自评变成防控风险、提高竞争力的手段之一。做到这一点，需要企业高层对内控评价工作目的进行清晰的界定，并对整个评价工作予以足够的重视。

　　第二，构建开放的、有建设性的自评文化。在开放、有建设性的文化氛围下，内控评价能够成为调动企业各个主体主动去发现、识别、改正缺陷的机会。做到这一点，企业需要特别注意在"改进激励"和"缺陷问责"之间掌握平衡。

后　记

2000年，我自南京大学会计系毕业之后，进入复旦大学成为李若山教授的学生，硕博连读，并自此开始接触企业内部控制领域。博士毕业之后我入职德勤，然后创业从事内控领域的专业咨询与培训。因接触了大量企业并有深入调研，故诸多师长和同人都建议我将与企业深入交流的经验与思考汇册成书，为让中国企业少犯错误、少走弯路、提高核心竞争力、获得更好的发展，提供些许助力。

要在十多年的从业经历中选择角度搭建框架，精选案例充实内容，有点回顾职业半生的意味。整体成书之路既有困惑也有顿悟，于终稿之日翻看书稿，忍不住感叹不易。

首先要感谢恩师李若山教授，他不仅传授了海量的理论知识，更让我养成了"理论联系实际，学以致用，实践出真知"的学习习惯。在多年的专业服务中，我始终牢记李教授的教诲，努力让自己的工作成果能够贴合企业实际。李教授这些年不断推陈出新，最近更是成为B站当家UP主，这种与时俱进、终身学习的态度，也是对我作为后生晚辈的无形激励，让我终身受益。

由衷感谢机械工业出版社华章公司的石美华编辑，她异常耐心地等待我对书稿的打磨和思考，并持续多年鞭策。她的诸多建议与意见，均使得本书在最后呈现的面貌上，让读者在可读性与专业性上得到较高享受。感谢机械工业出版社的杨振英编辑在出版校稿阶段对书稿专业、细致的编辑工作。

深切感谢我的太太周洋玲女士，她不仅在生活上无微不至地照顾家庭，更是参与完成了大量书稿的审稿工作。也感谢我的儿子，持续用一句"爸爸你可不要写一本没人看的书啊"来鞭策鼓励我。感谢我的父母冯劲先生、赖胜梅女士，生恩养恩，无以为报。

另外，特别感谢我的公司建立的风控专业微信群里（排名不分先后）的张少锋先生、赵勇胜先生、黄海云女士、韩学恺先生、钱利琪先生、詹媛媛女士、晏紫女士、蒲红女士、胡翌女士、边叶青女士、王中宝先生、单立先生、周帅先生、马军生博士、马捷先生、乔文才先生、李子源先生、张亚凡先生、惠自立先生、傅宁军先生、徐晓波女士、毛欣慧女士、华余节先生。与你们持续多年不断的专业讨论拓展了我的视野，为本书的框架建立和结构完善提供了极大的帮助。

感谢何妮女士、韩屹先生、王海军先生、王超先生、陈璋博士、王中华先生、毕誉馨女士与我的专业交流。作为从业多年的企业高管，你们的无私分享、坦诚沟通，为我从更多角度认识中国企业打开了一扇窗。

感谢与我联名写作专业文章的合作者：王凯先生、张烨星先生、张康明先生。思想的碰撞落成文字，将会惠及更多的内控同人。

本书的另一位合著者宋志强先生，是阅洲咨询的高级经理。宋志强先生在取得上海大学硕士学位后，一直从事内控、审计等相关工作。在合著本书的过程中，宋志强先生贡献了诸多专业思考的精彩火花，是年轻一代从业者中的佼佼者。

阅洲咨询实习生陈蕙章同学，也参与了书稿的审阅与校对工作，在此一并致谢。

欢迎广大读者批评指正，期待交流。内控事业方兴未艾，愿与各位携手共进。

冯萌

2021 年 3 月

会 计 极 速 入 职 晋 级

书号	定价	书名	作者	特点
66560	39	一看就懂的会计入门书	钟小灵	非常简单的会计入门书；丰富的实际应用举例，贴心提示注意事项，大量图解，通俗易懂，一看就会
44258	30	世界上最简单的会计书	达雷尔·穆利斯	被当当、卓越读者誉为最具材实料的易懂又有用的会计入门书
59148	49	管理会计实践	郭永清	总结调查了近1000家企业问卷，教你构建全面管理会计图景，在实务中融会贯通地去应用和实践
55905	39	手把手教你编制高质量现金流量表：从入门到精通	徐峥	模拟实务工作真实场景，说透现金流量表的编制原理与操作的基本思路
38435	30	真账实操学成本核算	鲁爱民	作者是财务总监和会计专家；基本核算要点，手把手讲解；重点账务处理，举例综合演示
57492	49	房地产税收面对面（第3版）	朱光磊	作者是房地产从业者，结合自身工作经验和培训学员常遇问题写成，丰富案例
58610	39	中小企业税务与会计实务	张海涛	厘清常见经济事项的会计和税务处理，对日常工作中容易遇到重点和难点财税事项，结合案例详细阐释
62827	49	降低税负：企业涉税风险防范与节税技巧实战	马昌尧	深度分析隐藏在企业中的涉税风险，详细介绍金三环境下如何合理节税。5大经营环节，97个常见经济事项，107个实操案例，带你活学活用税收法规和政策
62750	99	一本书看透个人所得税	计敏 等	税务局所得税专业人士深度解读税法条例、部委文件重要政策问答形式，直击361项个税操作要点 115个案例，51张精心绘制图表从普遍到特殊、从简单到复杂 个税热点、难点、盲点问题一本书看透
42845	30	财务是个真实的谎言（珍藏版）	钟文庆	被读者誉为最生动易懂的财务书；作者是沃尔沃财务总监
64673	79	全面预算管理：案例与实务指引（第2版）	龚巧莉	权威预算专家，精心总结多年工作经验/基本理论、实用案例、执行要点，一册讲清/大量现成的制度、图形、表单等工具，即改即用
50885	49	全面预算管理实践	贾卒	不仅介绍原理和方法，更有59个案例示范如何让预算真正落地，附赠完整的全面预算管理表格和 "经营业绩考评会" 表格模板
61153	65	轻松合并财务报表：原理、过程与Excel实战	宋明月	87张大型实战图表，手把手教你用EXCEL做好合并报表工作；书中表格和合并报表的编制方法可直接用于工作实务！
64686	69	500强企业成本核算实务	范晓东	"详细的成本核算逻辑和方法，全景展示先进500强企业的成本核算做法"
60448	45	左手外贸右手英语	朱子斌	22年外贸老手，实录外贸成交秘诀，提示你陷阱和套路，告诉你方法和策略，大量范本和实例
63740	45	地道英语即学即用	毅冰	贸大咖毅冰的英语私房书；366个真实情景，浅显易懂；正确和错误表达对比讲解，一看就会
55681	59	美容院这样开才赚钱	张恒	中国美容院高业绩常态化的核心密码，美容院病态经营之盲区误区大起底，美容院院长运营管理的八大核心要素，美容院生态运营时代的案头读物
54616	39	十年涨薪30倍	李燕翔	实录500强企业工作经验，透视职场江湖，分享财务技能，让涨薪，让升职，变为现实

财务知识轻松学

书号	定价	书名	作者	特点
45115	39	IPO财务透视：方法、重点和案例	叶金福	大华会计师事务所合伙人经验作品，书中最大的特点就是干货多
58925	49	从报表看舞弊：财务报表分析与风险识别	叶金福	从财务舞弊和盈余管理的角度，融合工作实务中的体会、总结和思考，提供全新的报表分析思维和方法，黄世忠、夏草、梁春、苗润生、徐珊推荐阅读
62368	79	一本书看透股权架构	李利威	126张股权结构图，9种可套用架构模型；挖出38个节税的点，避开95个法律的坑；蚂蚁金服、小米、华谊兄弟等30个真实案例
52074	39	财报粉饰面对面	夏草	夏草作品，带你识别财报风险
62606	79	财务诡计（原书第4版）	（美）霍华德·M·施利特 等	畅销25年，告诉你如何通过财务报告发现会计造假和欺诈
58202	35	上市公司财务报表解读：从入门到精通（第3版）	景小勇	以万科公司财报为例，详细介绍分析财报必须了解的各项基本财务知识
67215	89	财务报表分析与股票估值（第2版）	郭永清	源自上海国家会计学院内部讲义，估值方法经过资本市场验证
58302	49	财务报表解读：教你快速学会分析一家公司	续芹	26家国内外上市公司财报分析案例，17家相关竞争对手、同行业分析，遍及教育、房地产等20个行业；通俗易懂，有趣有用
67559	79	500强企业财务分析实务（第2版）	李燕翔	作者将其在外企工作期间积攒下的财务分析方法倾囊而授，被业界称为最实用的管理会计书
67063	89	财务报表阅读与信贷分析实务（第2版）	崔宏	重点介绍商业银行授信风险管理工作中如何使用和分析财务信息
58308	69	一本书看透信贷：信贷业务全流程深度剖析	何华平	作者长期从事信贷管理与风险模型开发，大量一手从业经验，结合法规、理论和实操融会贯通讲解
55845	68	内部审计工作法	谭丽丽 等	8家知名企业内部审计部长联手分享，从思维到方法，一手经验，全面展现
62193	49	财务分析：挖掘数字背后的商业价值	吴坚	著名外企财务总监的工作日志和思考笔记；财务分析视角侧重于为管理决策提供支持；提供财务管理和分析决策工具
67624	49	新手读财报：业务、数据、报表与财务分析实战	郑瑞雪	零基础财报入门，业财融合视角，大量案例，配有练习题和答案
66825	69	利润的12个定律	史永翔	15个行业冠军企业，亲身分享利润创造过程；带你重新理解客户、产品和销售方式
60011	79	一本书看透IPO	沈春晖	全面解析A股上市的操作和流程；大量方法、步骤和案例
65858	79	投行十讲	沈春晖	20年的投行老兵，带你透彻了解"投行是什么"和"怎么干投行"；权威讲解注册制、新证券法对投行的影响
65894	79	一本书看透价值投资	林奇 何天峰	基金经理长线投资经验；13个行业专题研究，36家龙头上市公司案例分析，8大选股指标
67511	69	我在通用汽车的岁月	阿尔弗雷德·斯隆	经典商业著作，畅销50多年；译文准确、流畅